【权威解读】

中华人民共和国
安全生产法
释义

主编
尚勇　张勇

中国法制出版社
CHINA LEGAL PUBLISHING HOUSE

本书编委会

主　　编　尚　勇　应急管理部副部长（正部长级）

　　　　　　张　勇　全国人大常委会法制工作委员会副主任

执行主编　郭林茂　全国人大常委会法制工作委员会社会法室主任

　　　　　　王宛生　应急管理部政策法规司司长

参加编写人员

刘左军　余德旋　母光栋　王新建

曾明荣　朱　涛　徐潇枫　杨　帆

徐泽文　顾　冰　李延璟　于佳鑫

李一奇　王利群

前　言

2021年6月10日，十三届全国人大常委会第二十九次会议通过了《全国人民代表大会常务委员会关于修改〈中华人民共和国安全生产法〉的决定》，国家主席习近平签署第八十八号主席令予以公布，该修改决定自2021年9月1日起施行。修改安全生产法，是贯彻落实习近平总书记关于安全生产工作重要指示批示精神和党中央有关重大决策部署的迫切要求，是推进全面依法治国，促进实现安全生产治理体系和治理能力现代化的重要举措，是防范化解重大安全生产风险，建设更高水平平安中国的有力保障。这次安全生产法修改，以习近平新时代中国特色社会主义思想为指导，按照新发展阶段、新发展理念和新发展格局对安全生产提出的任务要求，认真总结近年来安全生产领域的实践经验和事故教训，始终坚持问题导向，积极回应社会关切，着重从完善安全生产工作原则、强化生产经营单位主体责任、加强监督管理力度、加大违法惩罚力度等方面进行修改完善，为依法防范化解重大安全生产风险，全面加强安全生产工作，提供更加有力的法治保障。

为配合修改后的安全生产法的学习宣传和贯彻执行工作，便于准确理解、掌握法律规定，提高全民安全生产意识，在全社会推动形成学好、用好安全生产法的浓厚氛围，全国人大常委会法制工作委员会、应急管理部组织参与修法工作的有关同志编写了本书，供大家学习参考。本书力求简明扼要、通俗易懂，准确反映立法原意，但因时间和水平有限，不妥和疏漏之处在所难免，敬请广大读者批评指正。

编　者
2021 年 6 月

安全生产法修改情况介绍

为进一步加强安全生产工作，防止和减少生产安全事故，保障人民群众生命和财产安全，促进经济社会持续健康发展，十三届全国人大常委会第二十九次会议于2021年6月10日通过了《全国人民代表大会常务委员会关于修改〈中华人民共和国安全生产法〉的决定》，国家主席习近平签署第八十八号主席令予以公布，该决定自2021年9月1日起施行。这次安全生产法修改，贯彻落实党中央关于安全生产工作重大决策部署，认真总结近年来安全生产领域实践经验和事故教训，积极回应社会关切，较大幅度地对安全生产法进行修改完善。

一、修改安全生产法的必要性

安全生产法于2002年公布施行，2009年和2014年进行了两次修正。安全生产法作为我国安全生产领域的基础性、综合性法律，对依法加强安全生产工作，预防和减少生产安全事故，保障人民群众生命财产安全，发挥了重要法治保障作用。我国生产安全事故死亡人数从历史最高峰2002年的约14万人，降至2020年的2.71万人，下降80.6%；每年重特大事故起数从最多时2001年的140起下降到2020年的16起，下降88.6%。以上数据，充分彰显了依法加强安全生产工作的重要性。

近年来，我国安全生产工作和安全生产形势发生较大变化，全国生产安全事故总体上虽呈下降趋势，但开始进入一个瓶颈期，传统行业领域存在的安全生产隐患尚未根本遏止，新兴行业领域的安全生产风险不断出现。新发展阶段、新发展理念、新发展格局对安全生产提出了更高要求，亟需认真总结近年来安全生产领域实践经验和事故教训，不断健全安全生产法治体系。在这种背景下修改安全生产法，显得尤为迫切，十分重要。

（一）修改安全生产法是贯彻落实党中央关于安全生产工作重大决策部署的迫切要求。安全生产是关系人民群众生命财产安全的大事，是经济社会高质量发展的重要标志，是党和政府对人民高度负责的重要体现。党的十八大以来，习近平总书记多次作出重要指示批示，强调各级党委政府务必把安全生产摆到重要位置，统筹发展和安全，坚持人民至上、生命至上，树牢安全发展理念，严格落实安全生产责任制，强化风险防控，从根本上消除事故隐患，切实把确保人民生命安全放在第一位落到实处。2016 年 12 月，《中共中央、国务院印发关于推进安全生产领域改革发展的意见》（以下简称《意见》），对安全生产工作作出重大系统性部署，着重解决安全生产体制机制等深层次问题。2018 年党和国家机构改革中，原国家安监总局的职责划入应急管理部，其他有关部门和职责也作了调整。2021 年 3 月，十三届全国人大四次会议通过的《国民经济和社会发展第十四个五年规划和 2035 年远景目标纲要》明确要求完善和落实安全生产责任制，建立公共安全隐患排查和安全预防控制体系；建立企业全员安全生产责任制度，压实企业安全生产主体责任等。贯彻落实习近平总书记关于安全生产工作的重要指示批示精神和党中央有关重大改革举措及任务要求，迫切需要修改安全生产法，为全面加强安全生产工作打下坚实法治根基。

（二）修改安全生产法是推进全面依法治国，促进实现安全生产治理体系和治理能力现代化的重要举措。习近平总书记指出，必须强化依法治理，用法治思维和法治手段解决安全生产问题，加快安全生产相关法律法规制定修订，加强安全生产监督执法，加强基层监管力量，着力提高安全生产法治化水平。这次安全生产法修改，着眼于贯彻落实党和国家推进全面依法治国总体目标的要求，紧密围绕安全生产工作实际，聚焦安全生产难题，统筹推进安全生产领域法治建设，及时健全安全生产领域法治体系。通过修法，积极借鉴吸纳安全生产领域有益经验做法，着力加强制度薄弱环节甚至空白领域，从根本上织密安全生产法治防护网，切实打牢安全生产法治根基，不断提升安全生产法治效能，依法促进实现安全生产治理体系和治理能力现代化。

（三）修改安全生产法是防范化解重大安全生产风险，建设更高水平平安中国的有力保障。《意见》指出，当前我国正处在工业化、城镇化持续推进过程中，生产经营规模不断扩大，传统和新型生产经营方式并存，各类事故隐患和安全风险交织叠加，安全生产基础薄弱、监管体制机制和法律制度不完善、企业主体责任落实不力等问题依然突出，生产安全事故易发多发，尤其是重特大安全事故频发势头尚未得到有效遏止，一些事故发生呈现由高危行业领域向其他行业领域蔓延趋势，直接危及生产安全和公共安全。近年来，一些重特大生产安全事故造成了重大人员伤亡和财产损失，后果极其严重，损失极其惨重，教训极其深刻。生产安全事故频繁发生，暴露出我国安全生产在爬坡过坎期仍面临较多严峻问题，亟需通过修法进一步压实各方安全生产责任，强化安全生产监督管理，完善安全生产保障措施，加大对违法行为的处罚力度，依法防范化解重大安全生产风险，为建设更高水平的平安中国提供有力法治保障。

二、修改安全生产法的总体思路

这次修改安全生产法，贯彻落实党中央有关重大决策部署，始终坚持问题导向，认真总结实践经验，积极回应社会关切，充分体现以下总体思路：

一是贯彻落实决策部署，确保转化执行到位。党和国家高度重视安全生产工作，习近平总书记对安全生产作出了一系列重要指示批示，中央有关文件对推进安全生产领域改革发展提出了明确要求。将习近平总书记关于安全生产工作的重要指示批示精神和党中央有关重大决策部署，全面准确地转化落实为法律规定，是修改安全生产法的首要任务，确保了党和国家加强安全生产法治建设的任务要求贯彻执行到位。切实运用法律的约束力和强制力，有力促进安全生产领域重大改革发展政策落地见效，依法保障安全生产工作行稳致远。

二是始终坚持问题导向，统筹兼顾安全发展。这次安全生产法修改，始终坚持问题导向，紧紧围绕安全生产突出难题，立足安全生产一线实际需求，注重倾听各方面意见建议，认真总结实践经验、汲取事故教训，补齐制度短板弱项；既注重化解安全生产领域传统风险，又注重防范安全生产领域出现新问题新风险。这次安全生产法修改，认真践行实事求是原则，做到法律制度来源于实践、服务于实践，科学统筹发展和安全两件大事，以安全促发展、以发展保安全，依法实现安全与发展良性循环。

三是压实企业主体责任，增强安全生产能力。生产经营单位是安全生产的首要参与者和直接受益者，理应承担起做好安全生产工作的主体责任。这次安全生产法修改，注重压实生产经营单位的安全生产主体责任，完善生产经营单位及其相关管理机构、管理人员的职责，明确要求健全安全生产保障措施，加强防范应对新风险，通过加大对安全生产资金、物资、技术、人员的投入保障力度，切实改善安全生产硬件设施和条件。同时，要求生产经营单位注重加强安全生产软环境建设，调动全体从业人员安全生产责任心和积极性，注重加强对从业人员人文关怀，防范行为异常导致事故发生，切实织密扎牢安全生产风险防护网。

四是强化政府监督管理，加大违法处罚力度。当前，我国安全生产形势依然复杂，安全生产工作面临较多难题，监管难度有所增加，对政府部门提出更高要求。这次安全生产法修改，着力堵塞监管漏洞，注重理顺安全生产监管体制机制，加强安全生产监管能力建设，特别是基层监管能力建设；加强部门之间协调力度，提升信息化管理水平，要求有关部门相互配合、齐抓共管、信息共享、资源共用，推动形成监管合力；通过编制安全生产权责清单，进一步明确工作职责，督促政府部门履职尽责，依法促进实现安全生产治理体系和治理能力现代化。针对部分行业领域存在的“屡禁不止、屡罚不改”现象，切实完善监管手段措施，加大对违法行为处罚力度，大幅提高违法成本，依法强化事故隐患排查治理，坚决遏制生产安全事故的发生。

三、安全生产法修改的工作过程

全国人大常委会高度重视安全生产法修改工作。2018 年，安全生产法修改列入十三届全国人大常委会立法规划第一类“条件比较成熟、任期内拟提请审议的法律草案”项目，此后多次列入全国人大常委会年度立法工作计划。2019 年 1 月，应急管理部向国务院报送了《〈中华人民共和国安全生产法〉修正案（草案送审稿）》。2019年1月、2020年2月，司法部会同应急管理部在征求各方面意见基础上，形成《中华人民共和国安全生产法（修正草案）》，经国务院第115次常务会议讨论通过后提请全国人大常委会审议。

2021年1月、6月，十三届全国人大常委会第二十五次会议、第二十九次会议进行了两次审议。在草案审议和完善过程中，认真学习、深刻领会习近平总书记关于安全生产的重要指示批示精神和中央有关文件规定，坚持科学立法、民主立法、依法立法，扎实细致开展以下工作：一是广泛征求意见。将草案印发各省（区、市）、部分基层立法联系点、地方和中央有关单位等100多家单位征求意见，在中国人大网公布草案全文，征求社会公众意见；全国人大宪法和法律委员会、社会建设委员会和常委会法制工作委员会召开中央有关部门座谈会，专门听取中央有关部门的意见建议；召开立法评估会，邀请部分全国人大代表、政协委员、专家学者和生产经营单位、安全技术服务机构、保险机构、基层应急管理部门、检察机关的代表，就草案主要制度规范的可行性、出台时机、实施的社会效果和可能出现的问题等听取意见。二是扎实开展调研。全国人大宪法和法律委员会、常委会法制工作委员会到江苏、湖南、山东实地调研，听取全国人大代表、地方有关部门、企业等方面的意见。三是深入开展研究。认真贯彻中央文件精神，结合全国人大常委会组成人员的审议意见和各方面意见，深入总结生产安全事故经验教训，对草案规定进行深入研究，将安全生产实践中行之有效的制度和做法补充完善到草案中。四是加强沟通协调。针对各方面意见比较集中的问题，与应急管理部、最高人民法院、最高人民检察院、住房和城乡建设部等有关部门深入交换意见，共同研究，不断对草案进行修改完善。在各方面共同努力下，修改安全生产法的决定经全国人大常委会审议后高票通过。

四、安全生产法修改的主要内容

这次安全生产法修改，修改力度大、涉及条文多，较大幅度地对安全生产法进行了完善。主要内容包括以下方面：

（一）完善工作原则要求。

一是明确坚持党的领导。党的领导是中国特色社会主义事业胜利的根本保证。针对安全生产出现的新情况新问题，党中央统揽全局、协调各方，持续推动安全生产领域改革发展取得新进展。实践充分表明，坚持党的领导是我国安全生产形势持续向好的决定性因素。贯彻落实党的十九届五中全会和《意见》精神，增加规定安全生产工作坚持中国共产党的领导，有利于强化党对安全生产工作的领导核心作用，统筹推进安全生产系统治理，大力提升我国安全生产整体水平。

二是贯彻新思想新理念。此次修改安全生产法，以习近平新时代中国特色社会主义思想为指导，立足人民群众对美好生活的向往，进一步突出强调以人为本，坚持人民至上、生命至上，把保护人民生命安全摆在首位，树牢安全发展理念，坚持安全第一、预防为主、综合治理的方针，从源头上防范化解重大安全风险。

三是明确“三个必须”原则。贯彻落实中央文件精神，此次修法增加规定安全生产工作实行管行业必须管安全、管业务必须管安全、管生产经营必须管安全，为厘清安全生产综合监管与行业监管的关系，明确应急管理部门、负有安全生产监督管理职责的有关部门、其他行业主管部门、党委和政府其他有关部门的责任，提供了法律依据。

（二）强化企业主体责任。

一是压实单位安全生产责任。规定生产经营单位应当建立健全全员安全生产责任制和安全生产规章制度，加大对安全生产资金、物资、技术、人员的投入保障力度，改善安全生产条件，加强标准化、信息化建设，构建安全风险分级管控和隐患排查治理双重预防机制，健全风险防范化解机制，提高安全生产水平，确保安全生产。

二是完善相关负责人职责。明确生产经营单位的主要负责人是本单位安全生产第一责任人，对本单位的安全生产工作全面负责，其他负责人对职责范围内的安全生产工作负责。完善生产经营单位主要负责人、安全生产管理机构以及安全生产管理人员的职责范围，加大事故责任单位和人员的法律责任。

三是加强安全生产预防措施。规定生产经营单位应当建立安全风险分级管控制度，按安全风险分级采取相应管控措施，重大事故隐患排查治理情况应当及时向负有安全生产监督管理职责的部门和职工代表大会或者职工大会报告，强化隐患排查治理监督，加强事故事前预防。

四是加大对从业人员关怀。规定生产经营单位应当关注从业人员的生理、心理状况和行为习惯，加强对从业人员的心理疏导、精神慰藉，严格落实岗位安全生产责任，防范从业人员行为异常导致事故发生。

五是健全安全生产责任保险制度。贯彻落实中央文件精神，要求属于国家规定的高危行业、领域的生产经营单位应当投保安全生产责任保险，注重加强市场机制对安全生产的推动作用，切实发挥保险机构参与事故预防功能。

六是明确新兴行业、领域生产经营单位的安全生产责任。规定平台经济等新兴行业、领域的生产经营单位应当根据本行业、领域的特点，建立健全并落实全员安全生产责任制，加强从业人员安全生产教育和培训，履行本法和其他法律、法规规定的有关安全生产义务。

七是针对餐饮等行业生产经营单位使用燃气存在的安全隐患，以及矿山、金属冶炼、危险物品等建设项目施工单位非法转让施工资质、违法分包转包等突出问题，作出专门规定。

（三）明确监督管理职责。

一是强化政府职能作用。进一步强化各级人民政府工作职责，增加和完善以下规定：各级人民政府应当加强安全生产基础设施和能力建设，所需经费列入本级预算；县级以上地方各级人民政府应当组织有关部门建立完善安全风险评估与论证机制，按照安全风险管控要求，进行产业规划和空间布局，并对位置相邻、行业相近、业态相似的生产经营单位实施重大安全风险联防联控；乡镇人民政府和街道办事处，以及开发区、工业园区、港区、风景区等，应当明确负责安全生产监督管理的有关工作机构及其职责，加强安全生产监管力量建设，制定相应的生产安全事故应急救援预案，协助人民政府有关部门或者按照授权依法履行生产安全事故应急救援工作职责；县级以上各级人民政府应当组织负有安全生产监督管理职责的部门依法编制安全生产权力和责任清单，公开并接受社会监督。

二是完善监督管理体制。根据机构改革要求，将本法中的

"安全生产监督管理部门"修改为"应急管理部门";规定国务院交通运输、住房和城乡建设、水利、民航等有关部门在各自的职责范围内对有关行业、领域的安全生产工作实施监督管理;对新兴行业、领域的安全生产监督管理职责不明确的,由县级以上地方各级人民政府按照业务相近的原则确定监督管理部门。要求监管部门加强合作,规定负有安全生产监督管理职责的部门应当相互配合、齐抓共管、信息共享、资源共用,依法加强安全生产监督管理工作。

(四)加强保障制度建设。

一是加强安全生产监管信息化建设。规定国务院应急管理部门牵头建立全国统一的生产安全事故应急救援信息系统,国务院交通运输、住房和城乡建设、水利、民航等有关部门和县级以上地方人民政府建立健全相关行业、领域、地区的生产安全事故应急救援信息系统,实现互联互通、信息共享,通过推行网上安全信息采集、安全监管和监测预警,提升监管的精准化、智能化水平。有关地方人民政府应急管理部门和有关部门应当通过相关信息系统实现信息共享。

二是明确安全生产强制性国家标准的制定程序。规定国务院有关部门按照职责分工负责安全生产强制性国家标准的项目提出、组织起草、征求意见、技术审查。国务院应急管理部门统筹提出安全生产强制性国家标准的立项计划。国务院标准化行政主管部门负责安全生产强制性国家标准的立项、编号、对外通报和授权批准发布工作。国务院标准化行政主管部门、有关部门依据法定职责对安全生产强制性国家标准的实施进行监督检查。

三是明确国家安全生产应急救援机构统一协调指挥职能。为便于整合优化应急力量和资源，提高事故救援能力，推动形成统一指挥应急管理体制，规定国家加强生产安全事故应急能力建设，在重点行业、领域建立应急救援基地和应急救援队伍，由国家安全生产应急救援机构统一协调指挥。

四是完善事故调查后的评估制度。要求负责事故调查处理的国务院有关部门和地方人民政府应当在批复事故调查报告后一年内，组织有关部门对事故整改和防范措施落实情况进行评估，并及时向社会公开评估结果；对不履行职责导致事故整改和防范措施没有落实的有关单位和人员，按照有关规定追究责任。

五是增加规定公益诉讼制度。根据中央有关文件精神，对安全生产领域的公益诉讼作出规定：因安全生产违法行为造成重大事故隐患或者导致重大事故，致使国家利益或者社会公共利益受到侵害的，人民检察院可以根据民事诉讼法、行政诉讼法的相关规定提起公益诉讼。

（五）加大违法处罚力度。

一是普遍提高罚款额度。在现行安全生产法规定的基础上，对涉及罚款的违法行为，普遍提高了罚款数额，加大惩戒力度。例如，修改后的第 114 条规定，发生生产安全事故，情节特别严重、影响特别恶劣的，应急管理部门可以按照相关罚款数额的 2 倍以上 5 倍以下对负有责任的生产经营单位处以罚款，最高处罚额度可高达 1 亿元。

二是新增按日连续处罚措施。规定生产经营单位违反本法规定，被责令改正且受到罚款处罚，拒不改正的，负有安全生产监督管理职责的部门可以自作出责令改正之日的次日起，按照原处罚数额按日连续处罚。坚决严厉打击拒不整改、虚假整改等恶劣违法行为。

三是加大对严重违法生产经营单位的关闭力度，依法吊销有关证照，对有关负责人实施职业禁入。规定生产经营单位存在严重违法情形的，负有安全生产监督管理职责的部门应当提请地方人民政府予以关闭，有关部门应当依法吊销其有关证照；生产经营单位主要负责人5年内不得担任任何生产经营单位的主要负责人；情节严重的，终身不得担任本行业生产经营单位的主要负责人。增加规定对承担安全评价、认证、检测、检验职责的机构租借资质、挂靠，出具虚假报告的机构及其直接责任人员，吊销其相应资质和资格，5年内不得从事安全评价、认证、检测、检验等工作；情节严重的，实行终身行业和职业禁入。

四是加大对违法失信行为的联合惩戒和公开曝光力度。增加规定有关部门和机构应当对存在失信行为的生产经营单位及其有关从业人员采取加大执法检查频次、暂停项目审批、上调有关保险费率、行业或者职业禁入等联合惩戒措施，并向社会公示。负有安全生产监督管理职责的部门应当加强对生产经营单位行政处罚信息的及时归集、共享、应用和公开，对生产经营单位作出处罚后7个工作日内在监督管理部门公示系统予以公开曝光，强化对违法失信生产经营单位及其有关从业人员的社会监督，提高全社会安全生产诚信水平。

法律的生命在于实施，法律的权威在于执行。修改安全生产法的决定通过后，有关方面应当做好以下三个方面的工作：一是加大普法宣传力度。安全生产法与企业生产经营密切相关，是我国安全生产领域的基础性、综合性法律。有关部门和生产经营单位应充分利用这次修法契机，加强安全生产法治宣传，让安全生产法更加深入人心，切实提高从业人员的安全生产法治素养，强化全社会安全生产法治意识，在全社会形成学好、用好安全生产法的浓厚氛围，依法推进全国安全生产工作再上新台阶。二是加强法律贯彻实施。这次安全生产法修改，从强化企业主体责任、加强政府监管力度、加大违法行为的处罚力度等方面作了规定，对有关部门和生产经营单位提出了明确要求。各级人民政府应当加强法律实施工作，切实将安全生产法落到实处、落到基层，保证安全生产法有效贯彻实施。三是及时完善配套法规政策。这次安全生产法修改，增加或者完善了一系列安全生产重要制度，需要有关部门及时制定和修改有关配套法规政策，确保相关制度落地实施。比如，国务院应急管理部门应当会同国务院财政部门、国务院保险监督管理机构和相关行业主管部门，制定安全生产责任保险的具体范围和实施办法；国务院应急管理部门应当会同国务院有关部门，制定承担安全评价、认证、检测、检验职责机构的资质条件等。通过这些工作，确保安全生产法有效实施，不断提高安全生产工作水平，依法推动我国安全生产形势持续向好。

目　录

第一章　总则

第二章 生产经营单位的安全生产保障

附　录

中华人民共和国安全生产法释义

第一章　总　　则

第一条　为了加强安全生产工作，防止和减少生产安全事故，保障人民群众生命和财产安全，促进经济社会持续健康发展，制定本法。

◆ 条文主旨

本条是关于立法目的的规定。

◆ 条文释义

立法目的是制定一部法律的宗旨和需要实现的目标。安全生产法作为我国安全生产领域的基础性、综合性法律，立法目的具有较强的综合性和概括性，主要体现在加强安全生产工作、防止和减少生产安全事故、保障人民群众生命和财产安全、促进经济社会持续健康发展等方面。

一、加强安全生产工作

所谓“安全生产”，是指在生产经营活动中，为避免发生造成人员伤害和财产损失的事故，有效消除或控制危险和有害因素而采取一系列措施，使生产经营过程在符合规定的条件下进行，以保证从业人员的人身安全与健康、设备和设施免受损坏、环境免遭破坏，保证生产经营活动得以顺利进行的相关活动。“安全生产”一词中所讲的“生产”，是广义的概念，不仅包括各种产品的生产活动，也包括各类工程建设和商业、娱乐业以及其他服务业的经营活动。

生产经营单位为了追求利益最大化，在生产经营活动中往往都以营利为目的，这是符合市场经济规律的。但是，追求利益绝不能以牺牲从业人员甚至公众的生命安全为代价。如果不注重安全生产，一旦发生事故，不但给他人的生命财产造成损害，生产经营单位自身也会遭受重大损失。因此，保证生产安全，首先是生产经营单位自身的责任，这既是对社会负责，也是对生产经营单位自身利益负责。同时，国家作为社会公共利益的维护者，为了保障人民群众的生命财产安全，为了全体社会成员的共同利益，也必须运用国家权力，加强安全生产工作，对安全生产实施有效的监督管理。

安全生产关系人民群众的生命财产安全，关系改革发展和社会稳定大局。党中央、国务院高度重视安全生产工作。新中国成立以来特别是改革开放以来，采取了一系列重大措施加强安全生产工作。国家相继出台了一系列政策规定，比如2004年印发了《关于进一步加强安全生产工作的决定》，2010年印发了《关于进一步加强企业安全生产工作的通知》，2011年印发了《关于坚持科学发展安全发展促进安全生产形势持续稳定好转的意见》，2016年印发了《中共中央、国务院关于推进安全生产领域改革发展的意见》[①]（以下简称《意见》）。此外，国务院办公厅、有关部门也

---

① 为便于阅读，本书中涉及《中共中央、国务院关于推进安全生产领域改革发展的意见》的表述均简称为《意见》。

先后印发了一系列加强安全生产工作的文件。

作为国家治理体系的一项重要内容，加强安全生产工作应当综合运用法律的、经济的和其他必要的手段。按照全面推进依法治国、建设社会主义法治国家的要求，我国安全生产法律制度体系经过了不断完善发展的过程。2002 年 6 月 29 日，九届全国人大常委会第二十八次会议通过了《安全生产法》[①]。法律实施以来，对预防和减少生产安全事故，保障人民群众生命财产安全发挥了重要作用。此后，根据不同时期安全生产的形势和任务要求，对安全生产法进行了修改。2009 年 8 月，十一届全国人大常委会第十次会议通过关于修改部分法律的决定，对安全生产法个别条文作出修改；2014 年 8 月，十二届全国人大常委会第十次会议通过了关于修改安全生产法的决定，对安全生产法第二次修正；2021 年 6 月，十三届全国人大常委会第二十九次会议通过了关于修改安全生产法的决定，对安全生产法第三次修正。制定和修改完善安全生产法，本身就是加强安全生产工作的一个重要方面。

二、防止和减少生产安全事故

所谓生产安全事故，是指生产经营单位在生产经营活动（包括与生产经营有关的活动）中突然发生的，伤害人身安全和健康、损坏设备设施或者造成直接经济损失，导致生产经营活动暂时中止或永远终止的意外事件。按照国务院《生产安全事故报告和调查处理条例》的规定，生产安全事故根据造成的人员伤亡或者直接经济损失，一般分为四个等级：特别重大事故、重大事故、较大事故、一般事故。

在生产经营活动中，从业人员处于室内、室外、井下、高空、

---

① 为便于阅读，本书中相关法律文件标题中的“中华人民共和国”字样都予以省略。

高温等不同的环境和场所，使用不同的机器设备和工具，进行采掘、砌筑、切屑、冲压、浇铸、焊接、切割、装配、爆破、驾驶、吊装等不同的作业活动。许多作业活动都存在某些可能会对人身和财产安全造成损害的危险因素。如果在生产经营活动中对各种潜在的危险因素缺乏认识，或者没有采取有效的预防、控制措施，这种潜在的危险就会造成诸如触电、淹溺、灼烫、火灾、坠落、坍塌、冒顶片帮、透水、爆炸、中毒、窒息等导致人身伤害和财产损失的生产安全事故。因此，保证生产安全，预防和减少事故发生，成为生产经营活动中最重要的主题。虽然有些事故还难以做到完全避免，但只要对安全生产高度重视，加大投入，严格遵守法律、法规、规章和操作规程，事故是可防可控的。从我国安全生产的现状看，由于党和国家的高度重视，经过各方面的努力，近年来安全生产状况总体上有所好转，工矿企业各类伤亡事故逐年下降，伤亡人数逐年减少。但是，由于我国正处于快速发展进程中，安全生产基础仍然比较薄弱，安全生产责任不落实、安全防范和监督管理不到位、违法生产经营建设屡禁不止等问题仍然较为突出，生产安全事故易发多发的局面还未得到根本扭转，特别是重特大事故尚未得到有效遏止，安全生产的各方面工作亟须进一步加强。制定并根据形势任务需要不断完善安全生产法，从法律制度上规范生产经营单位的安全生产行为，确立保障安全生产的法定措施，并以国家强制力保障这些法定制度和措施得以严格贯彻执行，就是为了防止和减少生产安全事故。

三、保障人民群众生命和财产安全

安全生产是关系人民群众生命财产安全的大事。这就要求生产经营单位必须始终把安全生产放在重中之重的位置，始终把保障人民群众生命财产安全放在首位，进一步牢固树立人民至上、生命至上的理念，严格落实全员安全生产责任制，绝不能以牺牲人的生命为发展的代价。通过立法，强化生产经营单位的主体责任，重视安全生产，防止和减少生产安全事故，最根本的目的还是保障人民群众的生命和财产安全，维护社会稳定，保证社会主义现代化建设的顺利进行。

四、促进经济社会持续健康发展

安全生产是安全与生产的统一，其宗旨是安全促进生产，生产必须安全。搞好安全工作，改善劳动条件，可以调动职工的生产积极性；减少职工伤亡，可以减少劳动力的损失；减少财产损失，可以增加企业效益，无疑会促进生产的发展；生产必须安全，是因为安全是生产的前提条件，没有安全就无法生产。安全生产与经济社会发展应当同步，要促进经济的健康发展，只有加强基础建设，加强责任落实，加强依法监管，全面推进安全生产各项工作，持续降低事故总量和伤亡人数，有效防范和遏制重特大事故，促进安全生产状况持续稳定好转，才能保障经济社会全面、协调、可持续健康发展，这是安全生产法的重要立法目的之一。

第二条 在中华人民共和国领域内从事生产经营活动的单位（以下统称生产经营单位）的安全生产，适用本法；有关法律、行政法规对消防安全和道路交通安全、铁路交通安全、水上交通安全、民用航空安全以及核与辐射安全、特种设备安全另有规定的，适用其规定。

◆ **条文主旨**

本条是关于本法适用范围和调整事项的规定。

◆ **条文释义**

安全生产法对安全生产领域的基本法律制度作了规定，适用于中华人民共和国领域内所有从事生产经营活动的单位的安全生产。同时，考虑到一些行业领域比较特殊，国家根据实际需要制定了专门的法律、行政法规，对这些领域的安全生产问题作出了特殊的规定。这些行业领域在适用安全生产法的同时，有关法律、行政法规另有规定的，应当适用其规定。

一、本法的适用范围

法律的适用范围，也称法律的效力范围，主要包括三个方面：

1. 法律适用的空间效力。即法律适用的地域范围，总的来说，本法在中华人民共和国领域内适用。按照法律空间效力范围的普遍原则，是适用于制定它的机关所管辖的全部领域，安全生产法作为全国人大常委会制定的法律，其效力自然及于中华人民共和国的全部领域。按照我国香港、澳门两个特别行政区基本法的规定，只有列入这两个基本法附件三的全国性法律，才能在这两个特别行政区适用。安全生产法没有列入两个基本法的附件三中，因此暂不适用于香港特别行政区和澳门特别行政区。香港和澳门的安全生产立法，由这两个特别行政区的立法机关自行制定。

2. 法律适用的主体范围。依照本条规定，本法适用的主体范围，是在中华人民共和国领域内从事生产经营活动的单位，是指一切合法或者非法从事生产经营活动的企业、事业单位和个体经济组织以及其他组织。包括国有企业事业单位、集体所有制的企业事业单位、股份制企业、中外合资经营企业、中外合作经营企业、外资企业、合伙企业、个人独资企业等，不论其性质如何、规模大小，只要是在中华人民共和国领域内从事生产经营活动，都应遵守本法的各项规定。

3. 法律适用的时间效力。即法律从什么时候开始发生效力和什么时候失效。关于本法的时间效力，附则第 119 条对本法的生效时间作了规定，即 2002 年 11 月 1 日。截至目前，安全生产法已经过三次修改，每次修改均会对当次修改决定的实施日期作出规定，三次修改决定的施行日期分别是 2009 年 8 月 27 日、2014 年 12 月 1 日、2021 年 9 月 1 日。需要说明的是，修改决定的施行日期并不影响本法的施行日期，从时间效力上讲，安全生产法仍然从 2002 年 11 月 1 日起生效，生效日期之后从事生产经营活动的单位的安全生产，都纳入本法调整范围。

二、本法的调整事项

本法的调整事项，是生产经营活动中的安全问题。因此，其适用的范围限定在生产经营领域。不属于生产经营活动中的安全问题，如台风和地震引发的自然灾害、公共场所集会活动中的安全问题等，不属于本法的调整范围。这里讲的“生产经营活动”，既包括资源的开采活动，各种产品的加工、制作活动，也包括各类工程建设和商业、娱乐业以及其他服务业的经营活动。按照依法治国、依法行政的要求，各级人民政府及政府有关部门对安全生产的监督管理，必须遵守本法规定。依照本法规定对安全生产工作负有监督管理职责的机关及其工作人员应当依法履行职责。

三、特殊领域安全生产的法律适用

考虑到国民经济行业分类较多，有一部分从事生产经营活动的单位或者某些安全事项具有特殊性，需要由专门的部门采取特殊的安全监管措施，对其单独立法进行规范是必要的。目前，已经有一些专门法律和行政法规对于特殊的生产经营活动及特殊的安全事项作出规定。如消防安全就属于特殊的安全事项，消防安全问题由消防法调整；道路、铁路、水运、空运等交通运输的安全问题，属于特殊的生产经营活动，其生产经营单位也比较特殊，从事的生产经营活动与一般生产经营单位在固定场所进行相比有所不同，是在移动中进行的，目前已有道路交通安全法、铁路法、海上交通安全法、民用航空法等法律专门调整；为保障核安全，预防与应对核事故，安全利用核能，已制定核安全法；为防治放射性污染，保障人体健康，已制定放射性污染防治法；为预防特种设备事故，保障人身和财产安全，已制定了特种设备安全法。除以上法律外，相关领域还制定了大量行政法规。也就是说，在这些领域中的安全事项，由有关的法律、行政法规进行调整，执行有关法律、行政法规中已作出的规定。对于一些安全生产方面的问题，上述法律、行政法规中未作规定的，仍然适用本法的规定。

需要说明的是，除了以上特殊领域安全生产法律的适用规则外，安全生产法的适用还需要与有关法律做好衔接。如矿山安全法对矿山安全生产、劳动法对劳动安全、煤炭法对煤矿安全、建筑法对建筑安全等都作了比较详细的规定，这些法律的规定与安全生产法的规定在原则、精神上是一致的，为了减少法律之间不必要的重复，对这些法律中已经作了比较具体规定的事项，安全生产法不再重复，只作出基本规定或原则规定。

第三条　安全生产工作坚持中国共产党的领导。

安全生产工作应当以人为本，坚持人民至上、生命至上，把保护人民生命安全摆在首位，树牢安全发展理念，坚持安全第一、预防为主、综合治理的方针，从源头上防范化解重大安全风险。

安全生产工作实行管行业必须管安全、管业务必须管安全、管生产经营必须管安全，强化和落实生产经营单位主体责任与政府监管责任，建立生产经营单位负责、职工参与、政府监管、行业自律和社会监督的机制。

◆ 条文主旨

本条是关于安全生产工作的指导思想、方针、原则和机制的规定。

◆ 条文释义

安全生产工作的指导思想、方针、原则和机制是立法价值取向和制度构建的重要基础，并随着经济社会不断发展而发展、充实和完善。此次修改安全生产法，将近年来安全生产领域改革发展中不断发展的指导思想和原则要求，在法律中予以明确，作为当前和今后一个时期安全生产工作的根本遵循。

一、安全生产工作的指导思想

1. 安全生产工作坚持中国共产党的领导。

当前，我国工业化、城镇化持续推进，生产经营规模不断扩大，传统和新型生产经营方式并存，各类事故隐患和安全风险交织叠加，生产安全事故易发多发的特点仍然比较明显。针对这些新情况和新问题，党中央统揽全局、协调各方，持续推动安全生产领域改革发展取得新进展，特别是2016年12月印发的《意见》，作为新中国成立以来第一个以党中央、国务院名义出台的安全生产工作的纲领性文件，对新时代我国安全生产领域改革发展的指导思想、基本原则、目标任务和具体措施提出了明确要求。《意见》提出，地方各级党委要认真贯彻执行党的安全生产方针，在统揽本地区经济社会发展全局中同步推进安全生产工作，定期研究决定安全生产重大问题。从这些年的实践看，坚持党的领导，是我国安全生产形势持续向好的决定性因素。此次修改安全生产法，贯彻落实党的十九届五中全会和《意见》精神，增加规定安全生产工作坚持中国共产党的领导，有利于统筹推进安全生产系统治理，大力提升我国安全生产整体水平。

2. 安全生产工作的基本理念。

中国特色社会主义进入新时代，安全生产工作的理念不断发展、丰富和完善。党的十九届五中全会提出，坚持人民至上、生命至上，把保护人民生命安全摆在首位，全面提高公共安全保障能力。此次修改安全生产法，贯彻落实党中央要求，结合近年来安全生产理念的发展，对有关规定作了进一步完善。

一是安全生产工作应当以人为本，坚持人民至上、生命至上，把保护人民生命安全摆在首位。以人为本，就是要以人的生命和健康为本。作为生产经营单位，在生产经营活动中，要做到以人为本，就要以尊重职工、爱护职工、维护职工的人身安全为出发点，以消灭生产经营活动中的潜在隐患为主要目的。要关心职工人身安全和身体健康，不断改善劳动环境和工作条件。真正做到干工作为了人，干工作依靠人，绝不能以牺牲人的生命作为代价发展经济。具体来讲就是，当人的生命健康与生产经营单位经济效益、财产保护面临冲突时，首先应当考虑人的生命健康，而不是考虑经济效益和财产利益。

二是树牢安全发展理念。坚持以人民为中心的发展思想，就是既要让人民富起来，又要让人民的安全和健康得到切实保障。发展是安全的基础和保障，安全是发展的前提和条件。血的教训表明，诸多事故都是“重发展轻安全、重效益轻安全”种下的苦果。发展理念上的失向、失序、失衡，往往是最大的风险隐患。2020 年 4 月，习近平就安全生产工作作出重要指示强调，各级党委和政府务必把安全生产摆到重要位置，树牢安全发展理念，绝不能只重发展不顾安全。安全发展理念要求在安全生产工作中坚持统筹兼顾，协调发展，正确处理安全生产与经济社会发展、安全生产与速度质量效益的关系，坚持把安全生产放在重要位置，促进区域、行业领域的科学、安全、可持续发展，绝不能以牺牲人的生命健康换取一时的发展。要自觉坚持安全发展，使经济社会发展切实建立在安全保障能力不断增强、劳动者生命安全和身体健康得到切实保障的基础上，确保人民群众平安幸福地享有经济发展和社会进步的成果。要大力实施安全发展战略，坚持依法依规，综合治理。健全完善安全生产法律法规、制度标准体系，严格安全生产执法，严厉打击非法违法行为，综合运用法律、行政、经济等手段，推动安全生产工作规范、有序、高效开展。

二、安全生产工作的基本方针

依照本条规定，安全生产工作应当坚持安全第一、预防为主、综合治理的方针，从源头上防范化解重大安全风险。这一方针是开展安全生产工作总的指导方针，是长期实践的经验总结。

1. 安全第一。在生产经营活动中，在处理保证安全与实现生产经营活动的其他各项目标的关系上，要始终把安全特别是从业人员、其他人员的人身安全放在首要位置，实行“安全优先”的原则。在确保安全的前提下，努力实现生产经营的其他目标。当安全工作与其他活动发生冲突与矛盾时，其他活动要服从安全，绝不能以牺牲人的生命、健康为代价换取发展和效益。安全第一，体现了以人民为中心的发展思想，是预防为主，综合治理的统帅，没有安全第一的思想，预防为主就失去了思想支撑，综合治理就失去了整治依据。

2. 预防为主。预防为主，是安全生产工作的重要任务和价值所在，是实现安全生产的根本途径。所谓预防为主，就是要把预防生产安全事故的发生放在安全生产工作的首位。对安全生产的管理，主要不是在发生事故后去组织抢救，进行事故调查，找原因、追责任、堵漏洞，而是要谋事在先，尊重科学，探索规律，采取有效的事前控制措施，千方百计预防事故的发生，做到防患未然，将事故消灭在萌芽状态。只要思想重视，预防措施得当，绝大部分事故特别是重大事故是可以避免的。坚持预防为主，就要坚持培训教育为主，在提高生产经营单位主要负责人、安全管理人员和从业人员的安全素质上下功夫，最大限度地减少违章指挥、违章作业、违反劳动纪律的现象，努力做到“不伤害自己，不伤害他人，不被他人伤害，保护他人不受伤害”。只有把安全生产的重点放在建立事故隐患预防体系上，超前防范，才能有效避免和减少事故，实现安全第一。

3. 综合治理。将综合治理纳入安全生产工作方针，标志着对安全生产的认识上升到一个新的高度，是贯彻落实新发展理念的具体体现。所谓综合治理，就是要综合运用法律、经济、行政等手段，从发展规划、行业管理、安全投入、科技进步、经济政策、教育培训、安全文化以及责任追究等方面着手，建立安全生产长效机制。综合治理，秉承“安全发展”的理念，从遵循和适应安全生产的规律出发，运用法律、经济、行政等手段，多管齐下，并充分发挥社会、职工、舆论的监督作用，形成标本兼治、齐抓共管的格局。综合治理，是一种新的安全管理模式，它是保证“安全第一，预防为主”的安全管理目标实现的重要手段和方法，只有不断健全和完善综合治理工作机制，才能有效贯彻安全生产方针。

4. 从源头上防范化解重大安全风险。2019 年 11 月 29 日，习近平总书记在主持中央政治局第十九次集体学习时讲话指出，要健全风险防范化解机制，坚持从源头上防范化解重大安全风险，真正把问题解决在萌芽之时、成灾之前。这一重要论述是对安全生产基本方针的进一步提炼和升华，对安全生产具有很强的指导意义。实践一再表明，许多事故的发生，都经历了从无到有、从小到大、从量变到质变的动态发展过程。因此，从以事故处置为主的被动反应模式向以风险预防为主的主动管控模式转变，是一种更经济、更安全、更有效的应急管理策略。具体而言，就是要严格安全生产市场准入，经济社会发展要以安全为前提，严防风险演变、隐患升级导致生产安全事故发生。比如，地方各级政府、有关生产经营单位应当建立完善安全风险评估与论证机制，科学合理确定企业选址和基础设施建设、居民生活区空间布局；高危项目审批必须把安全生产作为前置条件，国土空间规划布局、设计、建设、管理等各项工作必须以安全为前提，建立和实施超前防范的制度措施，实行重大安全风险“一票否决”，通过这些防范措施，最大限度地降低事故发生。

三、安全生产工作的基本原则

《意见》强调，明确部门监管责任，按照管行业必须管安全、管业务必须管安全、管生产经营必须管安全和谁主管谁负责的原则，厘清安全生产综合监管与行业监管关系，明确各有关部门安全生产工作职责，并落实到部门工作职责规定中。此次修改安全生产法，在法律中规定“三个必须”原则，进一步明确了各方面的安全生产责任，健全完善了安全生产综合监管与行业监管相结合的工作机制，有利于加强协作、形成合力，建立比较完善的责任体系。

“三个必须”原则明确了政府部门的安全监管职责。管行业必须管安全，明确了负有安全监管职责的各个部门，要在各自的职责范围内，对所负责行业、领域的安全生产工作实施监督管理。同时，“三个必须”原则也明确了生产经营单位的决策层和管理层的安全管理职责。管业务必须管安全，管生产经营必须管安全，具体到生产经营单位中，就是主要负责人是安全生产的第一责任人，其他负责人都要根据分管的业务，对安全生产工作承担一定的职责，负担一定的责任。在厘清责任、分清界限的同时，“三个必须”原则还要求负有安全监管职责的部门之间要相互配合、齐抓共管、信息共享、资源共用，依法加强安全生产监督管理工作，切实形成监管合力。

四、生产经营单位主体责任与政府监管责任

1. 生产经营单位主体责任。生产经营单位是生产经营活动的主体，也是安全生产工作责任的直接承担主体。生产经营单位安全生产主体责任，是指生产经营单位依照法律、法规规定，应当履行的安全生产法定职责和义务。生产经营单位承担的安全生产主体责任，是指生产经营单位在生产经营活动全过程中必须按照本法和有关法律法规的规定履行义务、承担责任。比如，应当按要求设置安全生产管理机构或者配备安全生产管理人员，保障安全生产条件所必需的资金投入，对从业人员进行安全生产教育和培训，建设工程项目的安全设施必须与主体工程同时设计、同时施工、同时投入生产和使用，等等。

生产经营单位既是社会经济活动中的建设者又是受益者，是安全生产中不容置疑的责任主体，在社会生产中负有不可推卸的社会责任。生产经营单位必须认识到安全生产既是坚持新发展理念的内在要求，也是生产经营单位生存与发展的必然选择。增强安全生产主体责任，实现安全生产，是生产经营单位追求利益最大化的最终目的，是实现物质利益和社会效益的最佳结合。强化和落实生产经营单位的主体责任，是保障经济社会协调发展的必然要求，是实现企业可持续发展的客观要求。因此，本条明确规定了要强化和落实生产经营单位的主体责任。

2. 政府监管责任。政府监管责任是与生产经营单位主体责任联系十分紧密的责任。按照“三个必须”和谁主管谁负责的原则，政府有关部门对安全生产负有监督管理的职责。应急管理部门负责安全生产法规标准和政策规划制定修订、执法监督、事故调查处理、应急救援管理、统计分析、宣传教育培训等综合性工作，承担职责范围内行业领域安全生产监管执法职责。负有安全生产监督管理职责的有关部门依法依规履行相关行业领域安全生产监管职责，强化监管执法，严厉查处违法违规行为。其他行业领域主管部门负有安全生产管理责任，要将安全生产工作作为行业领域管理的重要内容，从行业规划、产业政策、法规标准、行政许可等方面加强行业安全生产工作，指导督促企事业单位加强安全管理。

五、安全生产工作机制

根据本条的规定，安全生产工作要建立生产经营单位负责、职工参与、政府监管、行业自律和社会监督的机制。建立这一工作机制的主要目的，是形成安全生产齐抓共管的工作格局。

1. 生产经营单位负责，就要求落实生产经营单位的安全生产主体责任，生产经营单位必须严格遵守和执行安全生产法律法规、规章制度与技术标准，依法依规加强安全生产，加大安全投入，健全安全管理机构，加强对从业人员的培训，保持安全设施设备的完好有效。

2. 职工参与，就是通过安全生产教育，提高广大职工的自我保护意识和安全生产意识，职工有权对本单位的安全生产工作提出建议。对本单位安全生产工作中存在的问题，有权提出批评、检举和控告，有权拒绝违章指挥和强令冒险作业。要充分发挥工会、共青团、妇联组织的作用，依法维护和落实生产经营单位职工对安全生产的参与权与监督权，鼓励职工监督举报各类安全隐患，对举报者予以奖励。

3. 政府监管，就是要切实履行监管部门安全生产管理和监督职责。健全完善安全生产综合监管与行业监管相结合的工作机制，强化应急管理部门对安全生产的综合监管，全面落实行业主管部门的专业监管、行业管理和指导职责。各部门要加强协作，形成监管合力，在各级政府统一领导下，严厉打击违法生产、经营等影响安全生产的行为，对拒不执行监管监察指令的生产经营单位，要依法依规从重处罚。

4. 行业自律，主要是指行业协会等行业组织要自我约束，一方面各个行业要遵守国家法律、法规和政策，另一方面行业组织要通过行规行约制约本行业生产经营单位的行为。通过行业间的自律，促使相当一部分生产经营单位能从自身安全生产的需要和保护从业人员生命健康的角度出发，自觉开展安全生产工作，切实履行生产经营单位的法定职责和社会责任。

5. 社会监督，就是要充分发挥社会监督的作用，任何单位和个人有权对违反安全生产的行为进行检举和控告。要发挥新闻媒体的舆论监督作用。有关部门和地方要进一步畅通安全生产的社会监督渠道，通过设立举报电话等形式，接受人民群众的公开监督。

第四条 生产经营单位必须遵守本法和其他有关安全生产的法律、法规，加强安全生产管理，建立健全全员安全生产责任制和安全生产规章制度，加大对安全生产资金、物资、技术、人员的投入保障力度，改善安全生产条件，加强安全生产标准化、信息化建设，构建安全风险分级管控和隐患排查治理双重预防机制，健全风险防范化解机制，提高安全生产水平，确保安全生产。

平台经济等新兴行业、领域的生产经营单位应当根据本行业、领域的特点，建立健全并落实全员安全生产责任制，加强从业人员安全生产教育和培训，履行本法和其他法律、法规规定的有关安全生产义务。

◆ **条文主旨**

本条是关于生产经营单位安全生产基本义务的规定。

◆ **条文释义**

强化和落实生产经营单位主体责任，是安全生产法律制度体系设计的重要基础和基本要求。本条对生产经营单位安全生产的基本义务作出概括规定，具体的义务在第二章生产经营单位的安全生产保障以及本法有关条款中进一步规定。

一、遵守法律法规

根据本条的规定，生产经营单位必须遵守本法和其他有关安全生产的法律、法规。安全生产管理，必须坚持依法治理的原则。遵守安全生产法律法规，是所有生产经营单位必须履行的义务。本法是安全生产的专门法律，确立了有关安全生产的各项基本法律制度，是生产经营单位在安全生产方面必须遵守的行为规范；其他有关安全生产的法律，包括矿山安全法、建筑法、煤炭法等法律，以及特种设备安全法等专门领域的法律。此外，国务院也制定了若干有关安全生产的行政法规，各地方也根据法律、行政法规，结合本地实际情况，制定了一批有关安全生产的地方性法规。对这些有关安全生产的法律、法规，各生产经营单位都必须严格执行。

二、加强安全生产管理

安全生产管理是企业管理的重要内容。生产经营单位必须严格遵守安全生产法律法规，依法依规加强安全生产，要依法设置安全生产管理机构、配备安全生产管理人员，建立、健全本单位安全生产的各项规章制度并组织实施，保持安全设备设施完好有效。生产经营单位的主要负责人、实际控制人要切实承担起安全生产第一责任人的责任，带头执行现场带班等制度，加强现场安全管理。做好对从业人员的安全生产教育和培训，企业主要负责人、安全管理人员、特种作业人员一律经严格考核，持证上岗，职工必须全部经培训合格后才能上岗，坚持不安全不生产，搞好生产作业场所、设备、设施的安全管理等。

三、建立健全全员安全生产责任制和安全生产规章制度

1. 全员安全生产责任制，是根据我国的安全生产方针“安全第一、预防为主、综合治理”和安全生产法规建立的生产经营单位各级领导、职能部门、工程技术人员、岗位操作人员在劳动生产过程中对安全生产层层负责的制度。全员安全生产责任制是生产经营单位岗位责任制的细化，是生产经营单位中最基本的一项安全制度，也是生产经营单位安全生产、劳动保护管理制度的核心。全员安全生产责任制综合各种安全生产管理、安全操作制度，对生产经营单位及其各级领导、各职能部门、有关工程技术人员和生产工人在生产中应负的安全责任予以明确，主要包括各岗位的责任人员、责任范围和考核标准等内容。在全员安全生产责任制中，主要负责人应对本单位的安全生产工作全面负责，其他各级管理人员、职能部门、技术人员和各岗位操作人员，应当根据各自的工作任务、岗位特点，确定其在安全生产方面应做的工作和应负的责任，并与奖惩制度挂钩。实践证明，凡是建立、健全了全员安全生产责任制的生产经营单位，各级领导重视安全生产工作，切实贯彻执行党的安全生产方针、政策和国家的安全生产法规，在认真负责地组织生产的同时，积极采取措施，改善劳动条件，生产安全事故就会减少。反之，就会职责不清，相互推诿，而使安全生产工作无人负责，无法进行，生产安全事故就会不断发生。

2. 安全生产规章制度，是以全员安全生产责任制为核心制定的，指引和约束人们在安全生产方面行为的制度，是安全生产的行为准则。其作用是明确各岗位安全职责，规范安全生产行为，建立和维护安全生产秩序。安全生产规章制度包括全员安全生产责任制、安全操作规程和基本的安全生产管理制度，是生产经营单位制定的组织生产过程和进行生产管理的规则和制度的总和，也称为内部劳动规则，是生产经营单位内部的“法律”。安全生产规章制度的建立与健全是生产经营单位安全生产管理工作的重要内容，实践中一些生产经营单位不重视安全生产，尤其是不重视规章制度建设，有的甚至没有规章制度，全员安全生产责任制不落实，极易出现生产安全事故，因此，本法强调生产经营单位要建立健全安全生产规章制度。

四、加大对安全生产的投入保障力度，改善安全生产条件

安全生产投入是生产经营单位实现安全发展的前提，是做好安全生产工作的基础，安全生产投入总体上包括资金、物资、技术、人员等方面的投入。安全生产条件，是指生产经营单位在安全生产中的设施、设备、场所、环境等“硬件”方面的条件，这些条件是与安全生产责任制度相配套的。生产经营单位必须加大投入保障力度，保障安全生产的各项物质技术条件，其作业场所和各项生产经营的设施、设备、器材和从业人员防护用品等方面，都必须符合保障安全生产的要求。为了实现安全生产，生产经营单位要做出一切努力，包括硬件设施，如为工人配备安全帽等劳动防护用品，还包括软件方面，如安全生产教育、岗位培训等。国务院有关部门制定的有关行业的安全规程、规范和有关国家标准中，针对不同行业的生产经营特点及潜在的危险因素，规定了生产经营单位应当达到的基本安全生产条件，对国家的这些规定，生产经营单位必须严格执行，达不到规定的安全生产条件的，不得从事相关的生产经营活动。同时，要求生产经营单位在符合安全生产条件的基础上，还要不断改善安全生产条件，从根本上促进安全生产水平的提升。

五、加强安全生产标准化、信息化建设

1. 安全生产标准化建设。安全生产标准化体现了“安全第一、预防为主、综合治理”的方针，强调生产经营单位安全生产工作的规范化、科学化、系统化和法制化，强化风险管控和过程控制，注重绩效管理和持续改进，符合安全管理的基本规律，代表了现代安全管理的发展方向，是现代安全管理思想与我国传统安全管理方法、生产经营单位具体实际的有机结合，能有效提高企业安全生产水平，从而推动我国安全生产状况的持续稳定好转。2014 年安全生产法修改时，提出推进安全生产标准化建设，经过多年推动实施，安全生产标准化建设已成为规范生产经营单位安全生产工作、提升生产经营单位安全管理水平和保障能力的重要抓手，应当把加强安全生产标准化作为生产经营单位落实主体责任的重要手段之一进行全面推广。

安全生产标准化包含安全目标、组织机构和人员、安全责任体系、安全生产投入、法律法规与安全管理制度、队伍建设、生产设备设施、科技创新与信息化、作业管理、隐患排查和治理、危险源辨识与风险控制、安全文化、应急救援、事故的报告和调查处理、绩效评定和持续改进等方面，目的是提高安全生产水平，确保安全生产。

2. 安全生产信息化建设。加强信息化建设是提高安全生产管理水平的重要手段，是增强安全生产各项管理工作时效性的重要保障。安全生产信息化建设是安全生产的一项基础性工作，为各项安全管理提供技术保障。随着经济社会发展和科技进步，生产经营管理模式多样化，安全设施设备日益复杂，相关数据信息急剧增加，在这些因素作用下，安全管理工作任务变得日益繁重。因此，加强信息化建设，运用现代通信、大数据和互联网等科技手段服务于安全生产工作，建立稳定、高效、可靠的信息化支撑体系，有助于生产经营单位有关人员全面掌握安全生产动态，有效管控安全风险，及时发现并处置事故隐患，提升事故应急救援能力，切实提高本质安全水平。同时，生产经营单位加强信息化建设，能为安全生产监管信息平台及时汇集和提供安全生产的基础数据，通过覆盖全面的信息平台实现安全生产基础信息规范完整、动态信息随时调取、执法过程便捷可溯、应急处置快捷可视、事故规律科学可循，全面提升安全生产信息化水平。

六、构建安全风险双重预防机制

按照《意见》要求，企业要定期开展风险评估和危害辨识，针对高危工艺、设备、物品、场所和岗位，建立分级管控制度，制定生产安全事故隐患分级和排查治理标准。构建安全风险分级管控和隐患排查治理双重预防机制，健全风险防范化解机制的主要要求包括：一是坚持关口前移，超前辨识预判岗位、企业、区域安全风险，对辨识出的安全风险进行分类梳理，采取相应的风险评估方法确定安全风险等级，通过实施制度、技术、工程、管理等措施，有效管控各类安全风险；二是强化隐患排查治理，加强过程管控，完善技术支撑、智能化管控、第三方专业化服务的保障措施，通过构建隐患排查治理体系和闭环管理制度，强化监管执法，及时发现和消除各类事故隐患，防患未然；三是强化事后处置，及时、科学、有效应对各类重特大事故，最大限度减少事故伤亡人数、降低损害程度。此次修改安全生产法，增加构建安全风险分级管控和隐患排查治理双重预防机制的规定，主要目的是落实党中央、国务院有关工作要求，坚持把安全风险管控挺在隐患前面，把隐患排查治理挺在事故前面，实现生产经营单位安全风险自辨自控、隐患自查自治，形成政府领导有力、部门监管有效、企业责任落实、社会参与有序的工作格局。

七、平台经济等新兴行业、领域的生产经营单位的义务

近年来，我国经济产业结构转型升级加快，以平台经济为代表的新兴行业领域快速发展，新兴产业大量涌现，经济活动日益多元化，新兴行业领域在经济社会发展全局中的地位和作用日益凸显，在提高资源配置效率、促进社会充分就业等方面发挥了积极作用。新兴行业领域的生产经营活动涉及多专业、多领域交叉，部分行业领域涉及新工艺、新技术、新材料、新模式。随着新情况、新问题、新业态大量出现，“认不清、想不到、管不到”的问题突出，一些新兴行业领域相关法律法规及专业技术标准还不健全，特别是部分平台企业主体责任落实和从业人员安全权益保障不到位，从业人员安全意识和能力薄弱等问题也较为突出，一些重点领域、关键环节存在监管盲区，存在大量安全风险和事故隐患。此次修改增加规定“平台经济等新兴行业、领域的生产经营单位应当根据本行业、领域的特点，建立健全并落实全员安全生产责任制，加强从业人员安全生产教育和培训，履行本法和其他法律、法规规定的有关安全生产义务”，就是要督促平台企业等生产经营单位统筹发展与安全，履行安全生产法定义务，从全员安全生产责任制、规章制度、安全培训、安全投入等方面进行规范，牢固树立安全“红线”意识，始终把从业人员生命安全放在首位。

第五条 生产经营单位的主要负责人是本单位安全生产第一责任人，对本单位的安全生产工作全面负责。其他负责人对职责范围内的安全生产工作负责。

◆ **条文主旨**

本条是关于生产经营单位主要负责人和其他负责人责任的规定。

◆ **条文释义**

生产经营单位的安全生产工作是其各项工作的重中之重，生产经营单位的所有人员都应当高度重视安全生产工作。生产经营单位的主要负责人是本单位工作的主要决策者和决定者，只有主要负责人真正做到全面负责，才能搞好安全生产工作。其他负责人作为分管领域的直接领导人员，应当对其职责范围内的安全生产工作负责。

一、生产经营单位的主要负责人和其他负责人

本条所称的生产经营单位的主要负责人，对企业而言，不同组织形式的企业有所不同。根据《意见》的规定，生产经营单位的法定代表人和实际控制人同为安全生产的第一责任人。法定代表人，是指依法律或法人章程规定代表法人行使职权的负责人。我国法律实行单一法定代表人制，一般认为法人的正职行政负责人为其唯一法定代表人。对于公司制的企业，按照公司法的规定，有限责任公司（包括国有独资公司）和股份有限公司的董事长是公司的法定代表人，经理负责“主持公司的生产经营管理工作”。因此，有限责任公司和股份有限公司的主要负责人应当是公司董事长和经理（总经理、首席执行官或其他实际履行经理职责的企业负责人)。对于非公司制的企业，主要负责人为企业的厂长、经理、矿长等企业行政“一把手”。如《全民所有制工业企业法》规定，企业实行厂长（经理）负责制，厂长是企业的法定代表人，对企业负有全面责任。实际控制人，通常指虽不是企业的法定代表人或者股东，但通过投资关系、协议或者其他安排，能够实际支配公司行为的人。在一般情况下，企业法定代表人由董事长或总经理担任，也是企业实际控制人。但是，一些企业特别是一些中小企业的法定代表人背后往往另有实际控制人，他们对企业的重大事项有最终的决策权。其他负责人是指主要负责人以外的有关负责人员，比如生产经营单位一把手以外的副职等人员。

1. 主要负责人必须是生产经营单位开展生产经营活动的主要决策人，享有本单位生产经营活动包括安全生产事项的最终决定权，全面领导生产经营活动。例如，生产经营单位的重大生产经营事项应由董事会决策的，那么董事长是主要负责人，个人投资生产经营单位的投资人是主要负责人。

2. 主要负责人必须是实际领导、指挥生产经营日常活动的决策人。一般情况下，生产经营单位的主要负责人是其法定代表人。但是某些公司制企业，特别是一些特大集团公司的法定代表人，往往与其子公司的法定代表人同为一人，他不负责企业日常的生产经营活动和安全生产工作，通常是在异地。在这种情况下，那些真正全面组织、领导生产经营活动和安全生产工作的决策人就不一定是集团董事长，而是总经理或者其他人。还有一些不具备企业法人资格的生产经营单位不需要并且也不设法定代表人，这些单位的主要负责人就是其资产所有人或者生产经营负责人。

3. 主要负责人必须是能够承担生产经营单位安全生产全面领导责任的决策人。当董事长或者总经理长期缺位（因生病、学习等情况不能主持全面领导工作）时，将由其授权或者委托的副职或者其他人全面主持生产经营单位的工作，如果在这种情况下发生安全生产违法行为或者生产安全事故需要追究责任时，将长期缺位的董事长或者总经理作为责任人既不合情理又难以执行，只能追究其授权或者委托主持全面工作的实际负责人的法律责任。

二、主要负责人对本单位的安全生产工作全面负责

安全生产工作是生产经营单位管理工作中的重要内容，涉及生产经营活动的各个方面，必须要由“一把手”统一领导，统筹协调，负全面责任。此次修改安全生产法，增加规定生产经营单位的主要负责人是本单位安全生产的第一责任人，就是要突出和强调主要负责人的责任。生产经营单位可以安排其他负责人协助主要负责人分管安全生产工作，但不能因此减轻或免除主要负责人对本单位安全生产工作所负的全面责任。生产经营单位的安全生产不仅关系到本单位从业人员的人身安全和财产安全，还可能影响社会公共安全。生产经营单位的主要负责人对安全生产全面负责，不仅是对本单位的责任，也是对社会的责任。按照本法第21 条和第23 条的规定，生产经营单位的主要负责人对本单位安全生产工作所负的职责包括：建立健全并落实本单位全员安全生产责任制，加强安全生产标准化建设；组织制定并实施本单位安全生产规章制度和操作规程；组织制定并实施本单位安全生产教育和培训计划；保证本单位安全生产投入的有效实施；组织建立并落实安全风险分级管控和隐患排查治理双重预防工作机制，督促、检查本单位的安全生产工作，及时消除生产安全事故隐患；组织制定并实施本单位的生产安全事故应急救援预案；及时、如实报告生产安全事故；保证本单位应当具备的安全生产条件所必需的资金投入等。主要负责人因不履行上述职责或者履职不到位，导致发生生产安全事故的，应当承担相应的法律责任。

三、其他负责人对职责范围内的安全生产工作负责

除了主要负责人外，生产经营单位的其他负责人对职责范围内的安全生产工作负责，主要体现在以下方面：认真抓好有关安全生产法律法规和政策文件的贯彻落实；按照“谁主管谁负责”的原则对分管或者负责的部门担负直接领导责任；制定分管领域或者本部门年度安全生产工作规划，并抓好落实；经常组织分管领域的安全生产检查，及时消除安全隐患；组织开展安全生产教育，参与事故调查处理和善后处理；注重安全生产条件的改善，依法保护从业人员的安全和健康；定期组织分管部门开展应急救援演练；按照生产经营单位的规章制度做好本单位的其他安全生产工作。比如，很多企业都有管生产的副总经理，但是副总经理不能只抓生产，不顾安全，应在抓生产的同时抓好安全，否则发生生产安全事故后也要承担相应的责任。

第六条 生产经营单位的从业人员有依法获得安全生产保障的权利，并应当依法履行安全生产方面的义务。

◆ 条文主旨

本条是关于从业人员安全生产方面权利义务的规定。

◆ 条文释义

从业人员是生产经营单位中从事生产经营活动的主体，按照宪法、劳动法等法律的规定，应当受到劳动保护，同时也应当遵守法律、法规和生产经营单位的规章制度，履行安全生产义务。这是保证生产经营单位安全生产的重要方面。本法对从业人员应当享有的依法获得安全生产保障的权利，履行安全生产的义务在总则作了规定，并在分则中专章作出具体规定。

一、从业人员安全生产保障方面的权利

本法所称的生产经营单位的从业人员，是指该单位从事生产经营活动各项工作的所有人员，包括管理人员、技术人员和各岗位的工人，也包括生产经营单位临时聘用的人员和被派遣劳动者。

根据本条的规定，生产经营单位的从业人员有依法获得安全生产保障的权利。对从业人员的安全生产保障，关系到从业人员的生命安全和身体健康，是劳动者应享有的基本人权。各国和有关国际组织对此都给予高度重视，通过立法予以保障。本法作为安全生产的专门法，在有关条款中，对从业人员获得安全生产保障的权利作了具体规定，主要包括：对安全生产的知情权，包括获得安全生产教育和技能培训的权利，被如实告知作业场所和工作岗位存在的危险因素、防范措施及事故应急措施的权利；获得符合国家标准的劳动防护用品的权利；提出批评、建议的权利，包括有权对本单位安全生产管理工作存在的问题提出建议、批评、检举、控告；对违章指挥的拒绝权，对管理者作出的可能危及安全的违章指挥，有权拒绝执行；采取紧急避险措施的权利，发现直接危及人身安全的紧急情况时，有权停止作业或者在采取紧急措施后撤离作业场所；及时获得救治和赔偿的权利，在发生生产安全事故后，有获得及时抢救和医疗救治并获得工伤保险赔付的权利等。生产经营单位不得因从业人员行使上述权利，而对从业人员进行处分或者作出其他不利于从业人员的决定。

二、从业人员安全生产方面的义务

根据本条的规定，生产经营单位的从业人员应当依法履行安全生产方面的义务。从业人员在享有获得安全生产保障权利的同时，也负有以自己的行为保证安全生产的义务。主要包括：在作业过程中应当严格落实岗位安全责任，遵守本单位的安全生产规章制度和操作规程，服从管理，不得违章作业；接受安全生产教育和培训，掌握本职工作所需要的安全生产知识；发现事故隐患应当及时向本单位安全生产管理人员或主要负责人报告；正确使用和佩戴劳动防护用品。只有每一名从业人员都认真履行自己在安全生产方面的法定义务，生产经营单位的安全生产工作才能有保障。实践中，许多生产安全事故发生，都是由于从业人员违章操作，或者不遵守规章制度造成的。因此，从业人员认真履行安全生产义务，是生产经营单位能够真正实现安全生产的非常重要的因素。

第七条 工会依法对安全生产工作进行监督。

生产经营单位的工会依法组织职工参加本单位安全生产工作的民主管理和民主监督，维护职工在安全生产方面的合法权益。生产经营单位制定或者修改有关安全生产的规章制度，应当听取工会的意见。

◆ 条文主旨

本条是关于工会在安全生产方面职责的规定。

◆ 条文释义

工会是职工自愿结合的工人阶级的群众组织，维护职工合法权益是工会的基本职责。安全生产方面的合法权益是职工权益的重要内容，工会通过各种形式对生产经营单位的安全生产进行监督，畅通职工民主表达渠道，是工会职责的应有之义。

一、工会对安全生产工作的监督

按照本条第 1 款的规定，工会依法对安全生产工作进行监督。工会的基本职责是维护劳动者的合法权益，因此对生产经营单位事关职工人身安全的安全生产工作有权进行监督。按照工会法的规定，工会组织有权监督有关劳动安全卫生法律法规和政策措施的落实，督促企业认真执行国家有关劳动保护的法律和政策，落实安全生产责任制，不断改善职工的劳动安全卫生条件。根据本法的规定，工会对安全生产工作的监督可以表现在以下方面：有权对建设项目的安全设施与主体工程同时设计、同时施工、同时投入生产和使用进行监督，提出意见；对生产经营单位违反安全生产法律、法规，侵犯从业人员合法权益的行为，有权要求纠正；发现生产经营单位违章指挥、强令冒险作业或者发现事故隐患时，有权提出解决的建议；有权依法参加事故调查，向有关部门提出处理意见。

二、组织职工参加本单位安全生产民主管理

按照本条第 2 款的规定，生产经营单位的工会依法组织职工参加本单位安全生产工作的民主管理和民主监督。由于生产经营单位的安全生产工作直接涉及职工的人身安全，因此职工有权参加对本单位工作的民主管理和民主监督。由工会通过职工大会、职工代表大会或者其他形式，组织职工参加本单位安全生产工作的民主管理和民主监督，可以使职工在安全生产方面的民主管理和民主监督权利得到更充分的保障和更有效的行使。各级工会组织应当依法履行好这方面的职责。

三、维护职工在安全生产方面的合法权益

工会是劳动者利益的代表，是职工利益的表达者和维护者。表达职工合理诉求、维护职工合法权益，是工会的基本职责，是工会一切工作的出发点和落脚点。依照本法和工会法、劳动法等法律的规定，工会在维护职工安全生产方面权益的主要职责与工会的监督职责基本是一致的。主要包括：监督生产经营单位落实职工在安全生产方面的知情权；发现生产经营单位违章指挥、强令工人冒险作业或者生产过程中发现事故隐患，有权提出解决的建议；发现危及职工生命安全的情况时，有权建议生产经营单位组织职工撤离危险现场；对侵害职工在安全生产方面的合法权益的问题进行调查，代表职工与生产经营单位进行交涉，要求单位采取措施予以改正，单位拒不改正的，工会可以请求当地人民政府依法处理等。各级工会组织应当依照法律的规定，在安全生产方面替职工说话，为职工办事，认真履行自己在保障职工生产安全方面的合法权益的职责。

四、对生产经营单位制定安全生产规章制度的参与权

工会作为职工维权的第一知情人、第一责任人和第一实施人，用人单位制定或者修改有关安全生产方面的规章制度，应当听取工会的意见。有关安全生产规章制度，主要包括：安全生产职责、安全生产投入、文件和档案管理、隐患排查与治理、安全教育培训、特种作业人员管理、设备设施安全管理、建设项目安全设施“三同时”管理、生产设备设施验收管理、生产设备设施报废管理、施工和检修维修安全管理、危险物品及重大危险源管理、作业安全管理、防护用品管理、应急管理、事故管理等管理制度。根据本条的规定，生产经营单位制定或者修改上述规章制度时，应当听取工会的意见。

第八条 国务院和县级以上地方各级人民政府应当根据国民经济和社会发展规划制定安全生产规划，并组织实施。安全生产规划应当与国土空间规划等相关规划相衔接。

各级人民政府应当加强安全生产基础设施建设和安全生产监管能力建设，所需经费列入本级预算。

县级以上地方各级人民政府应当组织有关部门建立完善安全风险评估与论证机制，按照安全风险管控要求，进行产业规划和空间布局，并对位置相邻、行业相近、业态相似的生产经营单位实施重大安全风险联防联控。

◆ **条文主旨**

本条是关于负有安全生产规划、设施能力建设和风险评估论证机制的规定。

◆ **条文释义**

安全生产工作必须做到关口前移，从国民经济和社会发展规划等产业规划布局等源头强化预防措施，加大生产安全事故预防的纵深性和有效性，做到防患未然。本条明确提出各级人民政府加强地方政府安全生产基础设施和监管能力建设，强调地方政府建立完善安全风险评估与论证机制，实施重大安全风险联防联控，是落实党中央国务院强调源头防范、把好安全生产“准入关”的要求。

一、安全生产规划的制定

安全生产规划，是各级人民政府制定的比较全面长远的安全生产发展计划，是对未来整体性、长期性、基本性问题的考量，设计未来整套行动的方案，具有综合性、系统性、时间性、强制性等特点。按照本条第 1 款的规定，国务院和县级以上地方各级人民政府应当根据国民经济和社会发展规划制定安全生产规划，并组织实施。国务院于 2011 年发布了安全生产“十二五”规划、2017 年发布了安全生产“十三五”规划。制定安全生产规划应当根据国民经济和社会发展规划。国民经济和社会发展规划，是全国或者某一地区经济、社会发展的总体纲要，是具有战略意义的指导性文件，统筹安排和指导全国或某一地区的社会、经济、文化建设工作。2021年3月，十三届全国人大四次会议通过的“十四五”规划和2035年远景目标纲要，在全面提高公共安全保障能力一章中对提高安全生产水平提出了具体要求。各级政府对所制定的安全生产规划要组织实施，予以落实。

根据本条的规定，安全生产规划应当与国土空间规划等相关规划相衔接。2019年印发的《中共中央、国务院关于建立国土空间规划体系并监督实施的若干意见》提出，国土空间规划是国家空间发展的指南、可持续发展的空间蓝图，是各类开发保护建设活动的基本依据；建立国土空间规划体系并监督实施，将主体功能区规划、土地利用规划、城乡规划等空间规划融合为统一的国土空间规划，实现“多规合一”，强化国土空间规划对各专项规划的指导约束作用。国土空间规划综合考虑人口分布、经济布局、国土利用、生态环境保护等因素，与安全生产密切相关。安全生产规划与国土空间规划相衔接，主要是指安全生产规划中涉及国土空间规划的内容应当与其相衔接，例如安全生产规划中涉及危险化学品的化工园区、港区建设，化工产业布局等要求，应当与国土空间规划相衔接，保证从规划初期就充分考虑科学布局生产空间、生活空间、生态空间等方面要求。同时，也要求编制国土空间规划等相关规划时，应当考虑安全生产因素。

二、安全生产基础设施和监管能力建设

安全生产工作是关系人民群众的生命财产安全、关系国家经济发展和社会稳定的大事。本次修改增加了第2款，提出各级人民政府应当加强安全生产基础设施建设和安全生产监管能力建设，所需经费列入本级预算。各级人民政府承担安全生产监督管理的

领导责任，就必须从“硬件”和“软件”两方面入手，加强安全生产基础建设。

1. 安全生产基础设施建设。应当进一步落实安全生产责任制体系，坚持从制度、体制、机制等方面入手，优化升级监管手段，加强安全生产执法能力建设，推进安全科技创新，强化应急救援能力，健全责任考核机制，严格责任追究制度。同时，要加强安全基础设施建设，提高基础设施安全配置标准，提升建筑、交通、管网、消防等基础设施建设质量、安全标准和管理水平，实施公路安全生命防护工程、城市生命线工程等一批安全基础工程，加强安全基础建设的检测维护。

2. 安全生产监管能力建设。习近平总书记强调，要加强安全生产监管，分区分类加强安全监管执法，强化企业主体责任落实，牢牢守住安全生产底线，切实维护人民群众生命财产安全。加强安全生产监管能力建设，要求各级负有安全生产监管职责的部门的执法人员提高政治站位，牢固树立人民至上、生命至上的理念，强化履职尽责，努力提升业务素质和行政执法能力，敢于动真碰硬，精准执法，杜绝监管执法中的“宽松软”现象，党委政府和有关部门要加强安全监管队伍建设，进一步加大组织领导、政策支持、经费保障力度，关心关爱安全监管人员，坚持严管和厚爱相结合，提升安全监管队伍职业荣誉感。

3. 所需经费保障列入本级预算。预算是指经批准核定的一定时期内国家财政收支的预计，它是国家基本的财政计划，是国民经济计划的重要组成部分。预算法规定，政府的全部支出都应当纳入预算。加强安全生产基础设施建设和安全生产能力建设是各级人民政府承担的重要职责，相关经费来源于政府财政收入，因此应当列入本级预算予以安排和保障。

三、安全风险评估与论证机制

随着我国社会经济快速发展，新行业、新领域、新业态不断涌现，开发建设和生产经营活动中潜藏着许多新的安全风险，但部分安全风险由于各种原因并没有被准确识别或者纳入管控范围。近年来发生的一些重特大生产安全事故暴露出项目建设初期把关不严、风险管控不力等问题。《意见》要求，地方各级政府要建立完善安全风险评估与论证机制，科学合理确定企业选址和基础设施建设、居民生活区空间布局。

此次修改增加第3款，要求县级以上地方各级人民政府建立安全风险评估与论证机制，按照安全风险管控要求，进行产业规划和空间布局。位置相邻、行业相近、业态相似的生产经营单位在安全风险管控方面有着共同的、相似的要求，通过统筹管理，建立完善重大安全风险联防联控机制，能够将相邻或者相似的安全风险管控力量进行整合，形成管控合力，节约管控成本，提升管控效能，提高安全风险管控能力和水平。实施重大安全风险联防联控机制，可以通过建立联席会议制度、编制应急联动方案、组建区域通信联络和应急响应机制、定期组织安全生产交叉检查、开展联合应急救援演练和应急调度测试等方式，推动地区、行业间的信息资源共享，打破传统的区域、行业分割壁垒。

第九条 国务院和县级以上地方各级人民政府应当加强对安全生产工作的领导，建立健全安全生产工作协调机制，支持、督促各有关部门依法履行安全生产监督管理职责，及时协调、解决安全生产监督管理中存在的重大问题。

乡镇人民政府和街道办事处，以及开发区、工业园区、港区、风景区等应当明确负责安全生产监督管理的有关工作机构及其职责，加强安全生产监管力量建设，按照职责对本行政区域或者管理区域内生产经营单位安全生产状况进行监督检查，协助人民政府有关部门或者按照授权依法履行安全生产监督管理职责。

◆ **条文主旨**

本条是关于各级人民政府以及开发区等功能区在安全生产方面职责的规定。

◆ **条文释义**

加强对安全生产的领导和监督管理，是各级人民政府应当承担的法定职责；明确乡镇人民政府、街道办事处和开发区、工业园区、港区、风景区等功能区负责安全生产监督管理的有关工作机构及其职责，是进一步强化安全生产工作的必然要求。

一、国务院和县级以上地方各级人民政府的职责

1. 加强对安全生产工作的领导。按照政府职能转变要求，政府不应干预企业内部的生产经营活动，但安全生产作为生产经营活动中的重要环节，与可以由市场调节的其他环节和要素不一样，其直接关系到从业人员的生命，也关系到社会公共安全，必须要由政府这只“看得见的手”来发挥监督管理的作用。各级人民政府应当充分认识到加强安全生产工作领导的重要性和必要性，依法履行对本地区安全生产工作的领导责任，落实地方各级人民政府安全生产行政首长负责制和领导班子成员安全生产“一岗双责”制度，健全安全生产监管体制，认真研究解决本地区安全生产中的重大问题；确保有关法律、法规和国家关于安全生产方针政策的贯彻执行；要加强对事故预防工作的领导，按规定对危险性大、职业危害严重及重点项目的建设把好审批立项关，对威胁公众安全的重大事故隐患和危险设施、场所，要组织有关部门进行安全性评估；要加强安全生产的宣传教育，努力提高广大人民群众遵章守纪的自觉性和安全生产意识等。

2. 建立健全安全生产工作协调机制。安全生产工作涉及的行业领域广、监管部门多，组织任务重、协调难度大，需要建立健全安全生产工作协调机制，目前的主要做法是成立各级安全生产委员会。安全生产委员会是各级党委和政府组织领导安全生产工作的议事协调机构。2003 年，国务院成立了安全生产委员会，主任由国务院副总理担任；目前全国各地均已成立了安全生产委员会，多数由政府主要领导任安委会主任，对于指导推动本地区安全生产工作发挥了重要作用。安委会的主要职责是：加强组织领导，研究部署本地区安全生产工作；指导各有关部门单位切实履行职责，形成齐抓共管的局面；加强统筹协调，分析安全生产形势，提出安全生产工作政策措施，切实解决存在的突出矛盾和问题。

3. 支持、督促各有关部门依法履行安全生产监督管理职责。本法规定了各级人民政府应急管理部门和其他依法负有安全生产监督管理职责的部门对安全生产的监督管理职责。县级以上各级人民政府对本级政府所属各有关部门依法履行安全生产监督管理的职责，负有领导、支持和督促的责任。

4. 及时协调、解决安全生产监督管理中存在的重大问题。安全生产监督管理中的一些重大问题，如关闭不符合安全生产条件的企业的问题，淘汰安全隐患较多的落后生产工艺、设备的问题，对重大安全事故的抢救组织工作及事故的调查处理问题等，仅靠应急管理部门或者其他有关部门自身还难以解决，需要通过安全生产委员会等协调议事机构统筹协调，依法解决。

二、乡镇人民政府、街道办事处以及开发区等功能区的职责

1. 乡镇人民政府、街道办事处。乡镇人民政府、街道办事处是我国政府管理的末端触角。随着我国社会经济的高速发展和乡村振兴战略的有力实施，在县乡基层广泛分布着大量中小企业，其中不乏从事高危行业领域生产经营活动的企业。部分企业规模较小、安全基础薄弱、人员素质参差不齐、安全管理水平低下，极易发生生产安全事故。乡镇人民政府、街道办事处熟悉本地情况，通过加强其安全监管能力，积极探索优化基层监管执法模式，能够直接发挥属地管理优势。目前，许多省市都通过地方立法的形式，明确了乡镇人民政府、街道办事处在安全生产方面的职责，并在工作机构、人员等方面摸索了一些有效的做法，取得了良好效果。

2. 开发区等功能区。近年来，我国开发区、工业园区、港区、风景区等功能区发展迅速，聚集了大量企业，形成了专业化、集群化产业发展结构，推动了经济快速发展。但是部分功能区在安全生产监督管理方面仍存在监管体制不健全、条块交叉、职责不清、责任不落实等问题，一些开发区、工业园区受到投资结构、管理模式等方面影响，政企不分、监管力量薄弱甚至缺位等问题突出，导致这些功能区成为隐患集中区、政府监管盲区和事故多发区，发生了一些生产安全特别重大事故，如 2014 年 8 月发生的江苏苏州昆山市中荣金属制品有限公司特别重大爆炸事故，事故当日造成 75 人死亡、185 人受伤；2015 年 8 月 12 日发生的天津滨海新区天津港瑞海公司危险品仓库火灾爆炸事故，造成 165 人遇难、8 人失踪、798 人受伤。这些事故对人民群众生命安全造成了无法挽回的巨大损失。为了解决安全生产地方监管和部门监管责任不清的问题，《意见》要求，完善各类开发区、工业园区、港区、风景区等功能区安全生产监管体制，明确负责安全生产监督管理的机构，以及港区安全生产地方监管和部门监管责任。适应我国各类功能区发展的实际情况，进一步明确开发区、工业园区、港区、风景区等功能区职责，有利于解决功能区行业、属地监管责任不清晰、不明确等安全监管问题。

3. 乡镇人民政府、街道办事处和开发区等功能区的职责。本次修改在完善乡镇人民政府、街道办事处以及开发区等功能区监管体制，以及有关机构建设和职责方面作了进一步明确规定，具体包括三个方面：一是应当明确负责安全生产监督管理的有关工作机构及其职责，加强安全监管力量建设；二是按照职责对本行政区域或者管理区域内生产经营单位安全生产状况进行监督检查；三是协助人民政府有关部门或者按照授权依法履行安全生产监督管理职责。上述规定尽量考虑乡镇人民政府、街道办事处和开发区、工业园区、港区、风景区的不同特点和监管体制现实，比如乡镇人民政府和街道办事处是对本行政区域的生产经营单位进行监督检查，开发区、工业园区、港区、风景区负责的区域范围不是行政区域，所以要求其对管理区域的生产经营单位实施监督检查。同时，考虑到近年来各地行政监管和执法改革实际，上述单位中有的是协助人民政府履行安全生产监督管理职责，有的是根据授权可以直接履行安全生产监督管理职责。比如一些地区的安全生产地方性法规已规定，乡镇人民政府和街道办事处接受上级政府有关部门委托或者授权实施安全生产监管工作。有关地方人民政府因地制宜，既可以在权限范围内成立新的工作机构，也可以指定或者授权有关工作机构负责功能区的安全监管工作，强化并落实开发区、工业园区、港区、风景区等功能区的安全监管责任。

第十条 国务院应急管理部门依照本法，对全国安全生产工作实施综合监督管理；县级以上地方各级人民政府应急管理部门依照本法，对本行政区域内安全生产工作实施综合监督管理。

国务院交通运输、住房和城乡建设、水利、民航等有关部门依照本法和其他有关法律、行政法规的规定，在各自的职责范围内对有关行业、领域的安全生产工作实施监督管理；县级以上地方各级人民政府有关部门依照本法和其他有关法律、法规的规定，在各自的职责范围内对有关行业、领域的安全生产工作实施监督管理。对新兴行业、领域的安全生产监督管理职责不明确的，由县级以上地方各级人民政府按照业务相近的原则确定监督管理部门。

应急管理部门和对有关行业、领域的安全生产工作实施监督管理的部门，统称负有安全生产监督管理职责的部门。负有安全生产监督管理职责的部门应当相互配合、齐抓共管、信息共享、资源共用，依法加强安全生产监督管理工作。

◆ 条文主旨

本条是关于安全生产监督管理体制的规定。

◆ 条文释义

安全生产监督管理体制，是安全生产制度体系建设的重要内容。国务院应急管理部门和县级以上地方各级人民政府应急管理部门是对我国安全生产工作实施综合监督管理的部门，有关部门在各自职责范围内对有关行业、领域的安全生产工作实施监督管理。在加强行业、领域监督管理的基础上，此次修改对新兴行业、领域监管职责不明确时的处理原则，以及负有安全生产监督管理职责的部门相互配合等义务作了规定，进一步充实和完善了安全生产监督管理体制的内容。

一、应急管理部门的安全生产监督管理职责

为适应政府机构改革和职能转变的需要，安全生产法中承担安全生产综合监督管理职责的部门表述经过了变化发展的过程。2002 年安全生产法颁布时，法律规定的“国务院负责安全生产监督管理的部门”，是指当时由国家经贸委负责管理的国家安全生产监督管理局。2008 年，国务院办公厅印发《国家安全生产监督管理总局主要职责内设机构和人员编制规定的通知》（以下简称“三定”方案），规定设立国家安全生产监督管理总局（正部级），为国务院直属机构。“三定”方案明确国家安全生产监督管理总局加强对全国安全生产工作综合监督管理和指导协调职责。2014 年修改安全生产法，将“负责安全生产监督管理的部门”修改为“安全生产监督管理部门”。

根据 2018 年 3 月十三届全国人大一次会议决定批准的《国务院机构改革方案》，将国家安全生产监督管理总局的职责，国务院办公厅的应急管理职责以及其他有关部门的职责整合，组建应急管理部，作为国务院组成部门，不再保留国家安全生产监督管理总局。此后各地方也陆续成立了应急管理厅（局），原来各级安全生产监督管理部门承担的安全生产综合监督管理等职能，也相应由各级应急管理部门承担。适应这一改革需要，此次修改把安全生产法中的“安全生产监督管理部门”修改为“应急管理部门”。

依据本法规定以及应急管理部门的“三定”方案，国务院应急管理部门和县级以上地方各级人民政府应急管理部门负责安全生产综合监督管理和工矿商贸行业安全生产监督管理等职能。应急管理部门承担的综合监管职责主要包括两个方面：一是承担本级安全生产委员会的日常工作；二是指导协调、监督检查、巡查考核本级政府有关部门和下级政府安全生产工作。对工矿商贸行业的安全监督管理职责主要是直接监督管理的行业，比如冶金、有色、建材、轻工、纺织、机械、烟草、商贸这八大行业，还有危化品、烟花爆竹等。具体的监管形式包括：依照有关法律、法规的规定，对有关涉及安全生产的事项进行审批；依法对生产经营单位执行有关安全生产的法律、法规和国家标准或者行业标准的情况进行监督检查；按照国务院规定的权限组织对生产安全事故的调查处理；对违反本法的行为依法给予行政处罚等。

二、其他有关部门的安全生产监督管理职责

除应急管理部门外，国务院有关部门和县级以上人民政府有关部门依照法律、行政法规、地方性法规以及本部门“三定”方案，对有关行业、领域的安全生产工作实施监督管理。这就是说，安全生产监督管理工作不仅仅是应急管理部门的职责，政府其他有关部门在其职责范围内，也承担着安全生产监督管理的责任。例如，交通运输部门承担水上交通安全监管责任，指导公路、水路行业安全生产和应急管理工作等；住房和城乡建设部门承担建筑工程质量安全监管责任，拟订建筑安全生产和竣工验收备案的政策、规章制度并监督执行，组织或参与安全事故的调查处理等；水利部门负责水利行业安全生产工作，指导监督水利工程建设与运行管理，组织工程验收等有关工作；民航部门负责管理民用航空安全，组织调查处理民用航空飞行事故、地面事故和飞行事故征候及其他不安全事件，负责民用航空安全信息的收集、分析和发布等。此次修改安全生产法，在原法规定国务院有关部门的基础上，突出强调了交通运输、住房和城乡建设、水利、民航部门，主要是考虑到这些部门负责监管的安全生产工作具有较强的行业特征，长期以来形成了较为完整和成熟的监督管理体系。

三、新兴行业、领域监管职责不明确时的处理原则

按照有关法律法规政策和部门职责规定，目前负有安全生产监督管理的部门对主要行业、领域的监督管理职责是比较明确的。随着经济社会的快速发展，出现的一些新兴行业、领域性质比较特殊、情况比较复杂，在安全生产监管上可能涉及多个部门。比如，平台经济中的外卖行业，涉及食品安全、交通安全、网络安全等多个领域；一些综合性较强的新型农家乐，涉及旅游、餐饮、农业农村等多个领域。按照现有的规定，这些新兴的行业、领域可能一时难以归入某个具体的部门进行专门监管。为防止部门之间互相推责而形成监管盲区，需要由县级以上地方人民政府明确监督管理部门或者确定牵头的监督管理部门。因此，修改后的安全生产法规定：对新兴行业、领域的安全生产监督管理职责不明确的，由县级以上地方各级人民政府按照业务相近的原则确定监督管理部门。按照业务相近的原则，需要人民政府组织对这些行业、领域涉及的安全问题进行分析和判断，对应到现有的最为接近的行业、领域，并归口到相应的部门进行监督管理。通过一段时间的监督管理实践，监管模式和措施比较成熟后，县级以上地方人民政府需要及时组织对有关部门的职责作出调整，将这些新兴行业、领域的安全生产纳入相应监督管理部门法定的常态化监管。

四、负有安全生产监督管理职责的部门加强合作

根据本条第3款的规定，应急管理部门和对有关行业、领域的安全生产工作实施监督管理的部门，是对安全生产进行监督检查和行政执法的部门，依照本法规定的职责开展执法工作，因此统称为“负有安全生产监督管理职责的部门”。此次修改，增加规定了负有安全生产监督管理职责的部门之间的工作机制和要求，即应当相互配合、齐抓共管、信息共享、资源共用，依法加强安全生产监督管理工作。

第十一条 国务院有关部门应当按照保障安全生产的要求，依法及时制定有关的国家标准或者行业标准，并根据科技进步和经济发展适时修订。

生产经营单位必须执行依法制定的保障安全生产的国家标准或者行业标准。

◆ 条文主旨

本条是关于安全生产国家标准、行业标准的制定和执行的规定。

◆ 条文释义

加强对安全生产工作的监督管理，保障从业人员的人身安全，是国家应当承担的责任。按照保障安全生产的要求，科学、合理地制定有关安全生产的国家标准或者行业标准，包括生产作业场所的安全标准，生产作业、施工的工艺安全标准，安全设备、设施、器材和安全防护用品的产品安全标准等。确保这些标准在生产经营活动中严格执行，是国家履行安全生产监督管理职责的重要方面。

一、国务院有关部门应当及时制定有关国家标准或者行业标准

我国对于安全生产标准的制定工作十分重视。根据安委会相关成员单位的职责规定，成员单位的职责中多数都有制定相关标准的内容。例如，应急管理部负责制定和发布工矿商贸行业安全生产规章、标准和规程并组织实施；交通运输部负责制定公路、水路工程建设有关政策、制度和技术标准并监督实施；水利部负责制定水利水电工程建设有关政策、制度、技术标准和重大事故应急预案并监督实施。在我国批准加入的国际劳工组织制定的有关公约中，也有这方面的规定。例如，国际劳工组织《建筑业安全卫生公约》中就明确规定，凡批准本公约的会员国应制定相关的法律或条例，以保证本公约各项规定的实施；依此“制定的法律或条例可规定通过技术标准”等适当方法以保证其具体实施。

根据本条第1款规定，国务院有关部门应当按照保障安全生产的要求，依法及时制定有关的国家标准或者行业标准。这里讲的“依法”主要是指依照标准化法的规定。2017年修订后的《标准化法》第10条规定，对保障人身健康和生命财产安全、国家安全、生态环境安全以及满足经济社会管理基本需要的技术要求，应当制定强制性国家标准。按照现行的国务院机构设置，国务院标准化行政主管部门为国家市场监督管理总局。标准化法同时还规定，对满足基础通用、与强制性国家标准配套、对各有关行业起引领作用等需要的技术要求，可以制定推荐性国家标准；对没有推荐性国家标准、需要在全国某个行业范围内统一的技术要求，可以制定行业标准。

二、安全生产的国家标准或者行业标准应当适时修订

随着科学技术的进步，人们对安全生产规律的认识不断深化，对生产安全事故的防范措施和手段不断完善和进步。一方面，随着经济的发展，科技的进步，可以采用更先进、更安全的设施、设备、工具和工艺方法，以防止生产安全事故的发生；另一方面，由于生产经营活动中大量新产品、新材料和新工艺的使用，也可能产生新的安全问题。国务院标准化行政主管部门和有关部门应当根据新情况和新问题，及时制定新的标准或对原有的标准进行修订，以适应保障安全生产的要求。标准化法对标准的修订和废止工作提出了要求：国务院标准化行政主管部门和国务院有关行政主管部门、设区的市级以上地方人民政府标准化行政主管部门应当建立标准实施信息反馈和评估机制，根据反馈和评估情况对其制定的标准进行复审。标准的复审周期一般不超过五年。经过复审，对不适应经济社会发展需要和技术进步的应当及时修订或者废止。

三、生产经营单位必须执行保障安全生产的国家标准或者行业标准

2015 年，国务院印发的《深化标准化工作改革方案》提出，将政府主导制定的标准由 6 类整合精简为 4 类，分别是强制性国家标准和推荐性国家标准、推荐性行业标准、推荐性地方标准；市场自主制定的标准分为团体标准和企业标准。按照上述改革方案要求，2017 年修订后的标准化法对标准进行了重新分类，包括国家标准、行业标准、地方标准和团体标准、企业标准；国家标准分为强制性标准、推荐性标准，行业标准、地方标准是推荐性标准。强制性标准必须执行，国家鼓励采用推荐性标准。

上述标准分类和执行要求是针对一般情况作出的规定。考虑到一些领域的标准比较特殊，历史上形成的标准管理模式需要沿用，《深化标准化工作改革方案》和修改后的标准化法作了衔接性规定。比如，《深化标准化工作改革方案》提出，法律法规对标准制定另有规定的，按现行法律法规执行。环境保护、工程建设、医药卫生强制性国家标准、强制性行业标准和强制性地方标准，按现有模式管理。安全生产、公安、税务标准暂按现有模式管理。核、航天等涉及国家安全和秘密的军工领域行业标准，由国务院国防科技工业主管部门负责管理。2017 年修订后的《标准化法》

第10条规定，法律、行政法规和国务院决定对强制性标准的制定另有规定的，从其规定。其中的“国务院决定”就是指《深化标准化工作改革方案》等决定。

目前，安全生产的国家标准和行业标准共3500项左右，其中行业标准有2500项左右，这些行业标准对规范企业安全生产工作还发挥着非常重要的作用。应当说，在安全生产标准模式管理等方面，修订后的标准化法与本法作了较好的衔接，也就是安全生产方面的标准暂时按照现有模式进行管理。本条第2款规定，生产经营单位必须执行依法制定的保障安全生产的国家标准或者行业标准。根据以上情况，这一规定符合《深化标准化工作改革方案》和修订后的标准化法的有关规定。

第十二条 国务院有关部门按照职责分工负责安全生产强制性国家标准的项目提出、组织起草、征求意见、技术审查。国务院应急管理部门统筹提出安全生产强制性国家标准的立项计划。国务院标准化行政主管部门负责安全生产强制性国家标准的立项、编号、对外通报和授权批准发布工作。国务院标准化行政主管部门、有关部门依据法定职责对安全生产强制性国家标准的实施进行监督检查。

◆ 条文主旨

本条是关于安全生产强制性国家标准制定程序的规定。

◆ 条文释义

强制性国家标准是经济社会活动的重要技术依据，在国家治理体系和治理能力现代化建设中，发挥着基础性、引领性、战略性作用。按照保障安全生产的要求，科学、合理地制定有关安全生产的强制性国家标准，并确保这些标准在生产经营活动中严格执行，是国家履行加强对安全生产工作监督管理职责的重要方式和手段。

一、安全生产强制性国家标准

2017 年修订后的标准化法规定了国务院标准化行政主管部门及有关部门在国家强制性标准的提出、起草、征求意见、技术审查、发布及执行情况监督检查中的职责，按照中央有关要求和法律法规及部门职责规定，结合安全生产强制性国家标准制定工作的实际，此次修改增加了本条规定。

根据安全生产“十三五”规划，国家建立以强制性标准为主体、推荐性标准为补充的安全生产标准体系。根据安全生产执法结果、事故原因分析和新工艺技术装备应用等情况，及时制修订相关技术标准。鼓励有条件的地区、协会、企业率先制定新产品、新工艺、新业态的安全生产技术标准。支持企业制定高于国家、行业、地方标准的安全生产标准。建立与“一带一路”沿线国家安全生产标准的对标衔接机制。修订后的标准化法，进一步理顺了我国标准管理体系，明确以标准作为农业、工业、服务业以及社会事业的各个领域中统一的技术要求。

二、安全生产强制性国家标准的制定程序

根据《意见》要求，国务院应急管理部门统筹提出安全生产强制性国家标准立项计划，有关部门按照职责分工组织起草、审查、实施和监督执行，国务院标准化行政主管部门负责及时立项、编号、对外通报、批准并发布。本条修改落实《意见》要求和机构改革精神，并与修订后的标准化法相衔接，进一步明确了国务院标准化行政主管部门、应急管理部门及有关部门在安全生产国家强制性标准方面的职责，主要包括四个方面：一是标准起草。国务院有关部门按照职责分工负责安全生产强制性国家标准的项目提出、组织起草、征求意见、技术审查。二是立项计划。国务院应急管理部门统筹提出安全生产强制性国家标准的立项计划。三是批准发布。国务院标准化行政主管部门负责安全生产强制性国家标准的立项、编号、对外通报和授权批准发布工作。四是监督检查。国务院标准化行政主管部门、有关部门依据法定职责对安全生产强制性国家标准的实施进行监督检查。

第十三条 各级人民政府及其有关部门应当采取多种形式，加强对有关安全生产的法律、法规和安全生产知识的宣传，增强全社会的安全生产意识。

◆ 条文主旨

本条是关于加强安全生产宣传教育的规定。

◆ 条文释义

安全生产工作事关人民群众的生命财产安全。做好安全生产工作，必须有广大职工和社会公众的积极主动参与。各级人民政府应当采取多种形式，充分利用广播、电视、报刊、互联网等媒体，大力开展对安全生产法律、法规的宣传，使有关安全生产的法律、法规的规定为广大职工和公众所熟悉。

一、安全生产宣传形式

我国历来十分重视安全生产的宣传和教育工作。1980 年 6 月，经国务院批准，在全国开展安全生产月，并确定今后每年 6 月开展安全生产月活动。“全国安全生产月”从 1980 年一直持续到

1984 年，通过宣传教育工作，使安全意识深入人心。1985 年“全国安全生产月”活动暂停，但各地区、各部门针对实际情况认真组织安全生产宣传活动。2002 年，中共中央宣传部、原国家安全生产监督管理局等部门结合当时安全生产工作的形势，在总结经验的基础上，确定从 2002 年开始，每年 6 月开展安全生产月活动，通过对典型事故和身边事故案例进行剖析等形式，增强企业自我防范意识和自主保护能力，采取切实有效的措施防止同类事故发生，坚决遏制重特大事故。

根据近些年安全生产规划要求，各级人民政府及有关部门鼓励主流媒体开办安全生产节目、栏目，加大安全生产公益宣传、知识技能培训、案例警示教育等工作力度；加强微博、微信和客户端建设，形成新媒体传播模式；推动传统媒体与新兴媒体融合发展，构建以“传媒云集市、信息高速路、卫星互联网”为标志的安全生产新闻宣传渠道；开展“安全生产月”、“安全生产万里行”等宣传活动；制定实施安全生产新闻宣传专业人才成长规划，加强新闻发言人、安全生产理论专家、通讯员和社会监督员等队伍建设；加强舆论引导，坚持正确舆论导向，规范网上信息传播技术，建立重特大事故舆情收集、分析研判和快速响应机制。

同时，各级人民政府及其有关部门还积极鼓励和引导社会力量参与安全文化产品创作和推广；广泛开展面向群众的安全教育活动，推动安全知识、安全常识进企业、进学校、进机关、进社区、进农村、进家庭；推动安全文化示范企业、安全发展示范城市等建设；强化汽车站、火车站、大型广场、大型商场、重点旅游景区等公共场所的安全文化建设；创新安全文化服务设施运行机制，推动安全文化设施向社会公众开放。

二、安全生产宣传的内容和目的

安全生产不仅与生产经营单位及职工有关，而且是全社会都应当关注和重视的问题。根据本条规定，加强对有关安全生产的法律、法规和安全生产知识的宣传的主要目的，是增强全社会的安全生产意识。通过宣传和教育，充分发挥职工和公众的监督作用，对政府及其有关部门在安全生产工作方面依法行政的情况，对生产经营单位贯彻执行安全生产法律、法规的情况进行监督，保证有关安全生产的法律、法规真正落到实处，充分发挥社会监督、舆论监督和群众监督的作用。同时，政府及有关部门要针对不同行业生产经营活动的特点，对包括生产经营单位负责人在内的全体职工进行有关安全生产知识的宣传教育，引导和推动各级管理人员和职工群众掌握本职工作所需要的安全生产知识，做到管理人员不违章指挥，作业人员不违章作业，人人增强安全生产意识，加强自我保护，尽可能防止和减少生产安全事故的发生。

第十四条　有关协会组织依照法律、行政法规和章程，为生产经营单位提供安全生产方面的信息、培训等服务，发挥自律作用，促进生产经营单位加强安全生产管理。

◆ 条文主旨

本条是关于协会组织在安全生产方面的职责内容的规定。

◆ 条文释义

随着社会组织管理体制改革，行政机关的一些职责逐步分离给协会组织承担；协会组织逐步与行政机关脱钩，强化行业自律，真正成为为行业提供服务、反映诉求、规范行为的主体。因此，安全生产有关的协会组织应当立足“提供服务、反映诉求、规范行为”的职责定位，在促进我国安全生产状况的根本好转方面发挥更大的作用。

协会组织是依法成立的社团法人，依据其成员共同制定的章程体现其组织职能，维护本行业企业的权益，规范市场行为，增强抵御市场风险的能力。协会组织的功能主要体现在：一是协调职能。协会组织作为行业整体的代表，能利用行业整体实力较好地处理和协调各类关系，从而减少单个企业的运作成本，提高效率。二是服务职能。协会组织为会员单位、政府等机构提供各种市场信息，提供法律方面的咨询与服务，协调与仲裁贸易纠纷，举办产品信息发布和展销，进行业务培训等。三是监督职能。对本行业产品和服务质量、竞争手段等进行严格监督，维护行业信誉，鼓励公平竞争。根据本条的规定，有关协会组织依照法律、行政法规和章程，一方面要做好服务工作，为生产经营单位提供安全生产方面的信息、培训等服务；另一方面要发挥自律作用，促进生产经营单位加强安全生产管理。

第十五条 依法设立的为安全生产提供技术、管理服务的机构，依照法律、行政法规和执业准则，接受生产经营单位的委托为其安全生产工作提供技术、管理服务。

生产经营单位委托前款规定的机构提供安全生产技术、管理服务的，保证安全生产的责任仍由本单位负责。

◆ 条文主旨

本条是关于提供安全生产服务机构的规定。

◆ 条文释义

为了使企业适合安全生产的要求，依照法律、法规的规定，需要对企业的安全生产条件和工程建设项目进行安全评价，对有关设施、设备进行安全性能的检测、检验或者认证，并对生产经营单位的有关人员进行安全生产管理、安全教育等方面的培训等。这些技术、管理方面的服务往往需要由专业的机构提供。

一、安全生产服务机构的资质和要求

为了保证有关安全性评价、检测、检验或者认证等工作的客观性、公正性和权威性，要求承担相关工作的机构具有一定的专业性和中立性。因此，这些工作应当由既独立于政府监督管理部门，又独立于生产经营单位的第三方机构承担。同时，安全生产管理中的许多工作，专业性和技术性较强，需要由具有专门知识和丰富经验的专业人员来完成。而一些生产经营单位，特别是一些中小企业，缺少具有专门知识和经验的安全工程技术人员，希望能从有关机构聘请到专业人员为其安全生产工作提供技术、管理服务。为了适应安全生产工作对有关服务、管理的需求，规范安全生产服务机构的执业行为，完善安全生产的社会化服务体系，本条对有关安全生产服务机构作了专门规定。

从事专业安全生产服务机构必须要符合法律、法规等规定的设立条件，其人员也要有一定的资质条件，以保证能提供专业化的服务。专业安全生产服务机构可以申请专业技术服务资质证书，并在许可的范围内开展活动。安全生产服务机构开展安全生产技术服务，应当遵守公开、公正、诚信和自愿的原则，按照政府指导价或者行业自律价，与委托方签订委托协议，明确双方的权利和义务。安全生产服务机构必须遵守法律、行政法规的有关规定

和执业准则，按照生产经营单位的委托，提供有关的安全评价、检测、检验、认证、咨询、培训、管理等服务。生产经营单位对安全生产服务机构有自主选择权。有关政府部门不得强令生产经营单位接受其指定机构的服务。

二、委托提供技术、管理服务的责任承担

接受生产经营单位的委托后，从事安全生产服务机构与生产经营单位之间是一种委托关系。按照民法典的规定，在委托范围之内，受托机构的一切行为后果都由委托的生产经营单位承担。生产经营单位委托相关机构为其安全生产提供技术、管理服务，属于单位内部安全生产管理的一种方式，对生产经营单位的安全生产责任本身没有任何影响，其安全生产责任并不因为委托相关机构就减轻或者免除。因此本条第 2 款特别强调，生产经营单位委托机构提供技术、管理服务的，保证安全生产的责任仍由本单位负责。

第十六条 国家实行生产安全事故责任追究制度，依照本法和有关法律、法规的规定，追究生产安全事故责任单位和责任人员的法律责任。

◆ 条文主旨

本条是关于生产安全事故责任追究制度的规定。

◆ 条文释义

生产经营活动中发生安全事故的原因多种多样，但大多数情况都是因为违反安全生产的法律、法规、标准和有关技术规程、规范等人为因素造成的。例如，生产经营活动的作业场所不符合保证安全生产的规定；设施、设备、工具、器材不符合安全标准，存在缺陷；未按规定配备安全防护用品；未对职工进行安全教育培训，职工缺乏安全生产知识；劳动组织不合理；管理人员违章指挥；职工违章冒险作业等。鉴于生产安全事故对人民群众的生命、财产造成严重的损害，对人为原因造成的责任事故，必须依法追究相关单位和人员的法律责任，以示警戒和教育。为此，本条明确规定，对生产安全事故实行责任追究制度。依照本法和有关法律、行政法规的规定，生产安全事故责任单位和责任人员承担的法律责任主要有：

一、行政责任

行政责任是指违反有关行政管理的法律、法规的规定所依法应当承担的法律后果。行政责任包括政务处分和行政处罚。政务处分是对公务员、参公管理人员和法律、法规授权或者受国家机关依法委托管理公共事务的组织中从事公务的人员、国有企业管理人员等人员违法违纪行为给予的制裁性处理。按照公务员法、公职人员政务处分法的有关规定，政务处分的种类包括警告、记过、记大过、降级、撤职、开除等。“行政处罚”是指行政机关依法对违反行政管理秩序的公民、法人或者其他组织，以减损权益或者增加义务的方式予以惩戒的行为。按照行政处罚法的规定，行政处罚的种类包括：警告、通报批评；罚款、没收违法所得、没收非法财物；暂扣许可证件、降低资质等级、吊销许可证件；限制开展生产经营活动、责令停产停业、责令关闭、限制从业；行政拘留；法律、行政法规规定的其他行政处罚。在对生产安全事故的调查处理中，必须实事求是地查明事故的性质和责任。对确定为责任事故的，既要查清事故单位责任者的责任，也要查清对安全生产负有监督管理职责的有关部门是否有违法审批或不依法履行监督管理职责的责任，特别是要严肃查处安全生产领域项目审批、行政许可、监管执法中的失职渎职和权钱交易等腐败行为，并根据不同情节，分别给予政务处分或者行政处罚，构成犯罪的，依法追究刑事责任。为了进一步强化安全生产责任单位和责任人员的责任，修订后的安全生产法进一步扩大了对生产经营单位的安全生产管理人员罚款适用的范围，并加大了罚款的力度。

二、民事责任

依照民法典的有关规定，因生产安全事故造成人员、他人财产损失的，生产事故责任单位和责任人员应当承担赔偿责任。赔偿责任主要包括造成人身和财产损害两方面的责任。侵害他人造成人身损害的，应当赔偿医疗费、护理费、交通费等为治疗和康复支出的合理费用，以及因误工减少的收入。造成残疾的，还应当赔偿残疾生活辅助具费和残疾赔偿金。造成死亡的，还应当赔偿丧葬费和死亡赔偿金。侵害他人财产的，财产损失按照损失发生时的市场价格或者其他方式计算。

三、刑事责任

刑事责任是指有依照刑法规定构成犯罪的严重违法行为所应承担的法律后果。刑法在“危害公共安全罪”一章中规定了重大责任事故罪、重大劳动安全事故罪、危险物品肇事罪、工程重大安全事故罪、危险作业罪等重大责任事故犯罪的刑事责任。本法“法律责任”一章对生产安全事故造成严重事故后果的，明确依照刑法追究刑事责任。

需要说明的是，为有效地防范特大安全事故的发生，严肃追究特大安全事故的行政责任，2001 年，国务院公布了《关于特大安全事故行政责任追究的规定》，明确规定对于特大火灾事故；特大交通安全事故；特大建筑质量安全事故；民用爆炸物品和化学危险品特大安全事故；煤矿和其他矿山特大安全事故；锅炉、压力容器、压力管道；特种设备等特大安全事故，除了对地方人民政府主要领导人和政府有关部门正职负责人可以依法追究行政责任和刑事责任外，对市（地、州）、县（市、区）人民政府依照本规定应当履行职责而未履行，或者未按照规定的职责和程序履行，本地区发生特大安全事故的，对政府主要领导人，根据情节轻重，给予降级或者撤职的行政处分；负责对安全生产有关事项行政审批的政府部门或者机构、负责安全监督管理的政府有关部门，未依照本规定履行职责，发生特大安全事故的，对部门或者机构的正职负责人，根据情节轻重，给予撤职或者开除公职的行政处分；发生特大安全事故，社会影响特别恶劣或者性质特别严重的，由国务院对负有领导责任的省长、自治区主席、直辖市市长和国务院有关部门正职负责人给予行政处分。2010 年，国务院发布了《关于进一步加强企业安全生产工作的通知》，进一进强化了安全事故的责任追究制度，明确发生特别重大生产安全事故的，要根据情节轻重，追究地市级分管领导或主要领导的责任；后果特别严重、影响特别恶劣的，要按规定追究省部级相关领导的责任。2018 年，中共中央办公厅、国务院办公厅印发了《地方党政领导干部安全生产责任制规定》，明确规定，地方党政领导干部在落实安全生产工作责任中存在履职不到位、阻挠干涉监管执法或事故调查处理等五种情形将受到问责，涉嫌职务违法犯罪的，由监察机关依法调查处置。要严格落实安全生产“一票否决”制，对因发生生产安全事故被追究领导责任的地方党政领导干部，在相关规定时限内，取消考核评优和评选先进资格，不得晋升职务、级别或者重用任职。对工作不力导致生产安全事故人员伤亡和经济损失扩大，或者造成严重社会影响负有主要领导责任的地方党政领导干部，应当从重追究责任。地方党政领导干部对发生生产安全事故负有领导责任且失职失责性质恶劣、后果严重的，不论是否已调离转岗、提拔或者退休，都应当严格追究责任。《意见》

也明确要求，坚持党政同责、一岗双责、齐抓共管、失职追责；严格安全生产履职绩效考核和失职责任追究；实行党政领导干部任期安全生产责任制，日常工作依责尽职、发生事故依责追究。

第十七条 县级以上各级人民政府应当组织负有安全生产监督管理职责的部门依法编制安全生产权力和责任清单，公开并接受社会监督。

◆ 条文主旨

本条是关于依法编制安全生产权力和责任清单的规定。

◆ 条文释义

推行政府部门权责清单制度，是贯彻落实党的十九届三中、四中全会精神的重要举措，是党中央、国务院部署的重要改革任务，也是推进国家治理体系和治理能力现代化的重要基础性制度。此次修改根据党中央要求和新的形势任务需要，增加了编制安全生产权力和责任清单的规定。依法编制安全生产权力和责任清单，需要负有安全生产监督管理职责的部门通过梳理、编制权责清单，全面履行核心职能，切实发挥权责清单的基础性制度作用，加快形成边界清晰、分工合理、权责一致、协同合作、运转高效的安全生产管理体系。

依法开展权责清单编制工作，要充分发挥县级以上各级人民政府的组织领导作用，强化协作配合和统筹协调，确保负有安全生产监督管理职责的部门步调一致、协调统一，按时间进度、高质量完成编制工作。在具体组织编制过程中，负有安全生产监督管理职责的部门既要做好基础清单编制工作，也要提前谋划规范权责事项、公开权责清单等后续工作。要准确把握权责清单编制的重点，全面梳理与安全生产有关的权责事项，做到无死角、无盲区，确保清单全面准确。

要充分发挥安全生产权力和责任清单的作用，一方面，是确保负有安全生产监督管理职责的部门依法行使公权力，推动实现依法用权、依法履职、依法追责。另一方面，通过向社会公开，接受社会监督，提高安全生产有关监督管理行为的社会公信力。

第十八条 国家鼓励和支持安全生产科学技术研究和安全生产先进技术的推广应用，提高安全生产水平。

◆ 条文主旨

本条是关于国家鼓励和支持提高安全生产科学技术水平的规定。

◆ 条文释义

安全生产管理工作的重点，是预防和减少生产安全事故的发生。加强对安全生产先进管理方法的研究，依靠科学技术保障安全生产是保障安全生产的重要环节。安全生产的科学技术研究成果，只有在生产经营实践中得到推广应用，才能发挥保障生产安全的实际作用。因此，国家鼓励和支持安全生产科学技术的研究，安全生产先进技术的推广应用。

一、国家鼓励和支持安全生产科学技术研究

生产安全事故虽然有意外性、偶然性和突发性，但它也有一定的规律。要达到预防和减少生产安全事故的目的，就要努力去发现这种规律，并采取有效措施加以防范。因此，必须加强安全生产科学技术的研究工作，针对各行业生产经营活动的特点，加强对安全高效的设备、工具、工艺方法和有效的安全防护用品的研究开发，加快安全生产关键技术装备的换代升级，特别是加大对高危行业安全技术、装备、工艺和产品研发的支持力度，推动工业机器人、智能装备在危险工序和环节广泛应用，引导高危行业提高机械化、自动化生产水平，合理确定生产一线用工。政府及政府有关部门应当从资金、税收、人才等多方面采取优惠措施，鼓励和支持安全生产科学技术研究的工作。加强安全生产理论和政策研究，运用大数据技术开展安全生产规律性、关联性特征分析，提高安全生产决策科学化水平。

二、国家鼓励和支持安全生产先进技术的推广应用

生产经营单位应当以高度负责的态度，努力采用保障生产安全的先进技术；政府及有关部门应当采取有效的措施，鼓励和支持安全生产技术的推广应用。例如，根据国务院的相关规定，要求矿山制定和实施生产技术装备标准，安装监测监控系统、井下人员定位系统、紧急避险系统、压力自救系统、供水施救系统和通信联络等技术装备；运输危险化学品、烟花爆竹、民用爆炸物品的道路专用车辆要安装使用具有行驶记录功能的卫星定位装置；大型尾矿库要安装全过程在线监控系统；大型起重机械要安装安全监控管理系统等。因此，国家要大力推广保障安全生产的新工艺、新设备、新材料等的应用以及信息化建设，努力提高生产经营单位的安全防护水平。

第十九条 国家对在改善安全生产条件、防止生产安全事故、参加抢险救护等方面取得显著成绩的单位和个人，给予奖励。

◆ 条文主旨

本条是对在安全生产方面取得显著成绩的单位和个人给予奖励的规定。

◆ 条文释义

为了保证生产安全，预防和减少事故的发生，保障国家和人民群众的生命财产安全，有关单位和个人在安全生产方面取得显著成绩的，国家应当给予奖励，通过彰显他们的先进事迹，在全社会树立榜样，提高全社会的安全意识，推动安全生产工作。

一、奖励的情形

根据本条规定，在以下三个方面的安全生产工作中取得显著成绩的，由国家给予奖励：一是在改善安全生产条件方面取得显著成绩的。例如，通过发明创造、技术革新，发明了新的安全高效的机器、设备、工具；或者对原有的机器、设备、工具做了改进，显著提高了安全性能；或者改进了作业场所的安全生产条件；或者改进了工艺方法，大大减少了作业中的危险性；或者发明了更为安全有效的防护用品等，使生产经营活动中的安全条件显著提高的，都应当给予奖励。二是在防止生产安全事故方面取得显著成绩的。例如，及时发现、消除了生产安全事故隐患，防止了重大事故的发生；提出了行之有效的事故预防、控制方法等。三是参加抢险救护取得显著成绩的。在事故的抢险救护工作中尽职尽责、见义勇为、不怕牺牲、不畏艰险，为抢救国家和人民的生命财产作出重要贡献的。

二、奖励的范围

给予奖励的主体可以是各级人民政府，也可以是政府有关部门、行业组织或者生产经营单位。受奖励的主体，可以是单位，也可以是个人。

三、奖励的方式

奖励的方式可以是荣誉奖励，比如授予安全生产先进单位或者先进工作者等荣誉称号，颁发奖状、奖旗，记功、通令嘉奖等；也可以是物质奖励，如发给奖金，奖励住房等实物；也可以采取对相关人员提职、晋级奖励等方式。这些奖励方式，可以单独实施，也可以共同实施。除了国家层面的奖励外，生产经营单位也应当按照本单位内部的奖惩制度，对在安全生产方面取得显著成绩的集体和个人给予奖励。

第二章　生产经营单位的安全生产保障

第二十条　生产经营单位应当具备本法和有关法律、行政法规和国家标准或者行业标准规定的安全生产条件；不具备安全生产条件的，不得从事生产经营活动。

◆ 条文主旨

本条是关于生产经营单位应当具备安全生产条件的规定。

◆ 条文释义

生产经营单位保证生产经营活动安全进行，防止和减少生产安全事故发生，必须在生产经营设施、设备、人员素质、管理制度、采用的工艺技术等方面达到相应要求，具备必要的安全生产条件。

一、具备法律、行政法规规定的安全生产条件

1. 本法和其他有关法律、行政法规对生产经营单位必须具备的安全生产条件作了规定。例如本法规定：生产经营单位新建、改建、扩建工程项目的安全设施，必须与主体工程同时设计、同时施工、同时投入生产和使用。矿山、金属冶炼、建筑施工、运输单位和危险物品的生产、经营、储存、装卸单位，应当设置安全生产管理机构或者配备专职安全生产管理人员；其他生产经营单位从业人员超过100人的，应当设置安全生产管理机构或者配备专职安全生产管理人员；从业人员在100人以下的，应当配备专职或者兼职的安全生产管理人员。生产经营单位应当在有较大危险因素的生产经营场所和有关设施、设备上，设置明显的安全警示标志。生产经营单位应当建立健全并落实生产安全事故隐患排查治理制度，采取技术、管理措施，及时发现并消除事故隐患。生产经营单位进行爆破、吊装、动火、临时用电以及国务院应急管理部门会同国务院有关部门规定的其他危险作业，应当安排专门人员进行现场安全管理，确保操作规程的遵守和安全措施的落实。生产经营场所和员工宿舍应当设有符合紧急疏散要求、标志明显、保持畅通的出口、疏散通道。禁止占用、锁闭、封堵生产经营场所或者员工宿舍的出口、疏散通道。生产经营单位应当安排用于配备劳动防护用品、进行安全生产培训的经费。

2. 其他法律、行政法规也针对不同行业、领域安全生产的特点，对生产经营单位应当具备的安全生产条件作出了相应规定。例如，建筑法规定，建筑施工企业在编制施工组织设计时，应当根据建筑工程的特点制定相应的安全技术措施；对专业性较强的工程项目，应当编制专项安全施工组织设计，并采取安全技术措施。建筑施工企业应当在施工现场采取维护安全、防范危险、预防火灾等措施；有条件的，应当对施工现场实行封闭管理。施工现场对毗邻的建筑物、构筑物和特殊作业环境可能造成损害的，建筑施工企业应当采取安全防护措施。《安全生产许可证条例》规定，国家对矿山企业、建筑施工企业和危险化学品、烟花爆竹、民用爆炸物品生产企业实施安全生产许可证制度。企业取得安全生产许可证，应当具备相应的安全生产条件。《危险化学品安全管理条例》规定，生产、储存危险化学品的单位，应当对其铺设的危险化学品管道设置明显标志，并对危险化学品管道定期检查、检测。生产经营单位必须具备法律、行政法规规定的安全生产条件，否则不得从事有关生产经营活动。

二、具备国家标准或者行业标准规定的安全生产条件

安全生产的国家标准或者行业标准是有关安全生产的技术、管理性规范，是执行安全生产法律、行政法规的具体保证，贯穿于生产经营单位生产经营活动的全过程，对于保障生产经营单位的安全生产起着重要的作用。本法规定的安全生产国家标准或者行业标准，是指依法制定的与安全生产有关的、对生产经营活动中的设计、施工、作业、制造、检测等技术事项所作的一系列统一规定。目前，我国安全生产的国家标准或者行业标准主要包括安全生产技术、管理方面的标准，生产设备、工具的安全标准，生产工艺的安全标准，劳动防护用品标准等。据初步统计，涉及安全生产方面的国家标准代号是 GB，如《爆破安全规程》、《金属非金属矿山安全规程》、《烟花爆竹作业安全技术规程》、《烟花爆竹安全与质量》、《头部防护 安全帽》等；行业标准代号有 AQ、MT、HG、SH、NB、YB、YS 等，如《地质勘探安全规程》、《尾矿库安全技术规程》、《金属非金属矿山排土场安全生产规则》等。为此，本法重申，生产经营单位的安全生产条件必须达到有关安全生产的国家标准或行业标准规定的安全生产条件。

为了进一步强调安全生产条件对于保障安全生产的重要性，本条又从禁止性的角度，规定不具备安全生产条件的生产经营单位不得从事生产经营活动。这样规定主要是考虑安全生产条件是保障安全生产的基础，如果不具备安全生产条件，会给生产经营留下严重隐患。因此，明确规定不具备安全生产条件的生产经营单位不得从事生产经营活动，从根本上防止生产安全事故的发生，是非常必要的。

第二十一条　生产经营单位的主要负责人对本单位安全生产工作负有下列职责：

（一）建立健全并落实本单位全员安全生产责任制，加强安全生产标准化建设；

（二）组织制定并实施本单位安全生产规章制度和操作规程；

（三）组织制定并实施本单位安全生产教育和培训计划；

（四）保证本单位安全生产投入的有效实施；

（五）组织建立并落实安全风险分级管控和隐患排查治理双重预防工作机制，督促、检查本单位的安全生产工作，及时消除生产安全事故隐患；

（六）组织制定并实施本单位的生产安全事故应急救援预案；

（七）及时、如实报告生产安全事故。

◆ 条文主旨

本条是关于生产经营单位主要负责人安全生产职责的规定。

◆ 条文释义

管生产经营必须管安全、谁主管谁负责，这是我国安全生产工作长期坚持的一项基本原则。生产经营单位的主要负责人，作为单位的主要领导者，对单位的生产经营活动全面负责，必须同时对单位的安全生产工作负责。生产经营单位的主要负责人有责任、有义务在搞好单位生产经营活动的同时，搞好单位的安全生产工作，坚持以人为本的原则，坚持安全发展，认真贯彻落实

“安全第一、预防为主、综合治理”的方针，正确处理好安全与发展、安全与效益的关系，做到生产必须安全、不安全不生产。

一、建立健全并落实本单位全员安全生产责任制，加强安全生产标准化建设

贯彻中央文件有关规定，将“安全生产责任制”修改为“全员安全生产责任制”，是本次修改的内容之一。实践证明，侧重强调单位的主要负责人与其他负责人员是片面的、被动的，不利于调动一线员工安全生产的积极性和主动性，不利于培养和增强一线员工的安全意识和责任意识。企业安全生产工作不单单是安全管理部门、安全管理人员的责任，企业每一个部门、每一个岗位、每一个员工都不同程度地直接或者间接地影响安全生产，迫切需要把全体员工积极性和创造性调动起来，形成人人关心安全生产、人人提升安全素质、人人做好安全生产的局面，提升企业整体安全生产水平，形成全面遏制生产安全事故的良好生产经营环境。

生产经营单位的主要负责人和其他负责人员必须亲自带头，自觉执行责任制的规定，经常或定期检查全员安全生产责任制的执行情况，奖优罚劣，提高本单位全体从业人员执行全员安全生产责任制的自觉性，使全员安全生产责任制的执行得以巩固；从事具体生产经营活动的一线员工，也要自觉落实全员安全生产责任制，承担起安全生产的责任和义务。生产经营单位需要根据业务要求和岗位实际，不断建立健全本单位全员安全生产责任制，更要注重将相关制度落到实处。实践中，有些生产经营单位的全员安全生产责任制度停留在纸面上，相关制度规定流于形式，未能切实发挥作用，因而这次修法增加“落实”二字，强调把全员安全生产责任制度扎根到生产经营每个环节、落实到生产经营一线的重要性。

《意见》提出，大力推进企业安全生产标准化建设，实现安全管理、操作行为、设备设施和作业环境的标准化。这次修改贯彻落实以上内容，增加规定生产经营单位主要负责人负有加强安全生产标准化建设的职责。推进安全生产标准化建设，是加强安全生产工作的一项带有基础性、长期性、根本性的工作，是落实企业主体责任、建立安全生产长效机制的有效途径。企业在具体实践中，要通过落实安全生产主体责任，全员全过程参与，建立并保持安全生产管理体系，全面管控生产经营活动各环节的安全生产与职业卫生工作，实现安全健康管理系统化、岗位操作行为规范化、设备设施本质安全化、作业环境器具定置化，并持续改进。

二、组织制定并实施本单位安全生产规章制度和操作规程

生产经营单位的安全生产规章制度和操作规程是根据其自身生产经营范围、危险程度、工作性质及具体工作内容，依照国家有关法律、行政法规、规章和标准的要求，有针对性规定的、具有可操作性的、保障安全生产的工作运转制度及工作方式、方法和操作程序。安全生产规章制度是一个单位规章制度的重要组成部分，是保证生产经营活动安全、顺利进行的重要手段，其主要包括两个方面的内容：一是安全生产管理方面的规章制度，包括全员安全生产责任制、安全生产教育和培训、安全生产现场检查、生产安全事故报告、特殊区域内施工审批、危险物品安全管理、安全设施管理、要害岗位管理、特种作业安全管理、安全值班、安全生产竞赛、安全生产奖惩、劳动防护用品的配备和发放等；二是安全生产技术方面的规章制度，包括电气安全技术、锅炉压力容器安全技术、建筑施工安全技术、危险场所作业安全技术、矿山灾害治理等。规程是对工艺、操作、安装、检测、安全、管理等具体技术要求和实施程序所作的统一规定。

安全操作规程是指在生产经营活动中，为消除能导致人身伤亡或者造成设备、财产破坏以及危害环境的因素而制定的具体技术要求和实施程序的统一规定。安全操作规程与岗位紧密联系，是保证岗位作业安全的重要基础。生产经营单位的主要负责人应当组织制定本单位的安全生产规章制度和操作规程，并保证其有效实施。

三、组织制定并实施本单位安全生产教育和培训计划

生产经营单位的安全生产教育和培训计划是根据本单位安全生产状况、岗位特点、人员结构组成，有针对性地规定单位负责人、职能部门负责人、车间主任、班组长、安全生产管理人员、特种作业人员以及其他从业人员的安全生产教育和培训的统筹安排，包括经费保障、教育培训内容以及组织实施措施等内容。从业人员既是安全生产的保护对象，同时又是保证安全生产的决定因素。具有高安全素质和技能的从业人员，是保证生产经营活动安全进行的前提。安全生产教育和培训计划是具体落实从业人员教育和培训任务，保证教育和培训质量，提高从业人员安全素质和安全操作技能的重要保障。

安全生产教育和培训工作是一项系统工程，涉及本单位主管人事培训、财务劳资、安全管理、业务主管等多个部门以及人、财、物的安排。实践中，往往是安排人员参加安全生产教育和培训最难处理和协调，安全生产管理机构要求培训，人事培训部门想组织培训，业务主管部门不愿意培训，特别是涉及车间主任、班组长等人员，负责生产经营的业务主管部门担心影响本部门的生产经营业务活动和经济效益，不愿意安排进行教育和培训。因此，主要负责人有职责义务，组织有关人事培训、财务劳资、安全管理、业务主管等部门认真制定好本单位的安全生产教育和培训计划，并保证计划的落实，重点应当抓好新员工和调换工种的员工的安全生产教育和培训工作。

四、保证本单位的安全生产投入有效实施

生产经营单位为了具备法律、行政法规以及国家标准或者行业标准规定的安全生产条件，需要一定的资金投入，用于安全设施设备建设、安全防护用品配备等。安全生产投入是保障生产经营单位具备安全生产条件的必要物质基础。对大量生产安全事故的分析表明，生产经营单位的安全生产投入不足是导致事故发生的重要原因之一。生产经营单位的资金投入，一般都是由主要负责人决策，可谓“大权在握”。市场经济条件下，生产经营单位的主要负责人往往更重视经济效益，认为安全生产投入会影响经济效益，或者存在侥幸心理，不想或不愿在安全方面过多地投入。因此，本法和有关法律、行政法规、规章要求生产经营单位必须有必要的安全生产投入。生产经营单位的主要负责人应当保证本单位有安全生产投入，并保证这项投入真正用于本单位的安全生产工作，在经济效益与安全生产方面找到最佳结合点，促进安全地生产经营。

五、组织建立并落实安全风险分级管控和隐患排查治理双重预防工作机制

《安全生产法》第4条增加规定生产经营单位“构建安全风险分级管控和隐患排查治理双重预防机制”，生产经营单位的主要负责人的职责范围作相应完善，要求“组织建立并落实安全风险分级管控和隐患排查治理双重预防工作机制”。安全风险分级管控和隐患排查治理双重预防工作机制，是贯彻落实坚持源头防范的重要预防措施，做到防患于未然，牢牢把握安全生产工作的主动权。

“安全风险”是事故发生可能性和后果严重程度的综合。风险是客观存在的，针对不同的风险应当采取不同的管控手段进行控制，确保风险不会演变为事故，为了提高风险管控效能，节约管理成本，应当对风险进行分级，以便选择最优管控手段。

“事故隐患”是指生产经营单位在生产设施、设备以及安全管理制度等方面存在的可能引发事故的各种自然或者人为因素，包括物的不安全状态、人的不安全行为以及管理上缺陷等。隐患是导致事故的根源，隐患不除、事故难断。生产经营单位的主要负责人应当经常性地对本单位的安全生产工作进行督促、检查，对检查中发现的问题及时解决，对存在的生产安全事故隐患及时予以排除。

六、组织制定并实施本单位的生产安全事故应急救援预案

生产安全事故应急救援预案，是指生产经营单位根据本单位的实际，针对可能发生的事故的类别、性质、特点和范围等情况制定的事故发生时组织、技术措施和其他应急措施。生产安全事故应急救援预案对于防止事故扩大和迅速抢救受害人员，尽可能地减少损失，具有重要的作用。它是一个涉及多方面工作的系统工程，需要生产经营单位主要负责人组织制定和实施，一旦发生事故也要亲自指挥、调度。

七、及时、如实报告生产安全事故

发生生产安全事故，及时向有关部门报告，一方面可以使有关部门及时配合生产经营单位进行抢救，防止事故扩大，减少人员伤亡和损失，如实掌握事故的情况，按照规定向社会披露相关事故信息；另一方面也有利于有关部门对事故进行调查处理，分析事故的原因，处理有关责任人员，提出防范措施。生产经营单位的主要负责人应当按照本法和其他有关法律、行政法规、规章的规定，及时、如实地报告生产安全事故，不得隐瞒不报、谎报或者迟报。

第二十二条　生产经营单位的全员安全生产责任制应当明确各岗位的责任人员、责任范围和考核标准等内容。

生产经营单位应当建立相应的机制，加强对全员安全生产责任制落实情况的监督考核，保证全员安全生产责任制的落实。

◆ 条文主旨

本条是关于全员安全生产责任制的规定。

◆ 条文释义

安全生产人人有责、各负其责，是保证生产经营单位的生产经营活动安全进行的重要基础。生产经营单位应当建立纵向到底、横向到边的全员安全生产责任制，以保证安全生产工作人人有责、各负其责。

一、全员安全生产责任制的主要内容

本法第4条规定，生产经营单位应当建立健全全员安全生产责任制。从具体内容上看，全员安全生产责任制应当包括以下主要方面：一是生产经营单位的各级负责生产和经营的管理人员，在完成生产或经营任务的同时，对保证生产安全负责；二是各职能部门的人员，对自己业务范围内有关的安全生产负责；三是班组长、特种作业人员对其岗位的安全生产工作负责；四是所有从业人员应在自己本职工作范围内做到安全生产；五是各类安全责任的考核标准以及奖惩措施。全员安全生产责任制应当内容全面、要求清晰、操作方便，各岗位的责任人员、责任范围及相关考核标准一目了然。当管理架构发生变化、岗位设置调整，从业人员变动时，生产经营单位应当及时对全员安全生产责任制内容作出

相应修改，以适应安全生产工作的需要。

二、全员安全生产责任制的落实

全员安全生产责任制应当定岗位、定人员、定安全责任，根据岗位的实际工作情况，确定相应的人员，明确岗位职责和相应的安全生产职责，实行“一岗双责”。

生产经营单位根据本单位实际，建立由本单位主要负责人牵头、相关负责人、安全生产管理机构负责人以及人事、财务等相关职能部门人员组成的全员安全生产责任制监督考核领导机构，协调处理全员安全生产责任制执行中的问题。主要负责人对全员安全生产责任制落实情况全面负责，安全生产管理机构负责全员安全生产责任制的监督和考核工作。

生产经营单位应当建立完善全员安全生产责任制监督、考核、奖惩的相关制度，明确安全生产管理机构和人事、财务等相关职能部门的职责。全员安全生产责任制的落实情况应当与生产经营单位的安全生产奖惩措施挂钩。对于严格履行安全生产职责、未超出责任制考核标准要求的，应当予以奖励；对于弄虚作假、未认真履行安全生产职责或者存在重大事故隐患、发生生产安全事故等超出责任制考核标准要求的，给予严惩。充分发挥工会的作用，鼓励从业人员对全员安全生产责任制落实情况进行监督。

第二十三条　生产经营单位应当具备的安全生产条件所必需的资金投入，由生产经营单位的决策机构、主要负责人或者个人经营的投资人予以保证，并对由于安全生产所必需的资金投入不足导致的后果承担责任。

有关生产经营单位应当按照规定提取和使用安全生产费用，专门用于改善安全生产条件。安全生产费用在成本中据实列支。安全生产费用提取、使用和监督管理的具体办法由国务院财政部门会同国务院应急管理部门征求国务院有关部门意见后制定。

◆ 条文主旨

本条是关于生产经营单位的决策机构、主要负责人或者个人经营的投资人必须保证安全生产资金投入的规定。

◆ 条文释义

《意见》明确要求建立企业全过程安全生产和职业健康管理制度，做到安全责任、管理、投入、培训和应急救援"五到位"。落实企业安全生产费用提取管理使用制度，建立企业增加安全投入的激励约束机制。

一、具备安全生产条件所必需的资金投入

安全生产资金投入，是生产经营单位生产经营活动安全进行、防止和减少生产安全事故的重要前提和物质保障。生产经营单位从事生产经营活动必须具备本法和有关法律、行政法规和国家标准或者行业标准规定的安全生产条件。生产经营单位要达到以上要求，必须要有一定的资金保证，用于安全设施的建设、安全设备的购置、为从业人员配备劳动防护用品、对安全设备进行检测、维护、保养等。因此，本法规定生产经营单位必须保证本单位的安全生产资金投入。有关法律法规也对生产经营单位的安全生产资金投入问题进行了规定，例如，《铁路安全管理条例》第5条规定，从事铁路建设、运输、设备制造维修的单位应当加强安全管理，建立健全安全生产管理制度，落实企业安全生产主体责任，设置安全管理机构或者配备安全管理人员，执行保障生产安全和产品质量安全的国家标准、行业标准，加强对从业人员的安全教育培训，保证安全生产所必需的资金投入。

从很多事故分析看出，一些生产经营单位，安全生产资金投入严重不足，安全设施、设备陈旧甚至带病运转，防范事故的能力下降，是事故多发的重要原因之一。特别是个别生产经营单位为了追求经济利益，千方百计减少安全生产资金投入，甚至根本不投入，连起码的安全生产条件都不具备，事故隐患严重，导致事故发生。为此，本条规定，生产经营单位应当具备的安全生产条件所必需的资金投入，由生产经营单位的决策机构、主要负责人或者个人经营的投资人予以保证。这一规定，一方面明确了资金投入的最低要求，即必须保证生产经营单位能够持续地具备本法和有关法律、行政法规、国家标准或者行业标准所规定的安全生产条件；另一方面根据生产经营单位的经济成分、经营方式的不同，明确了资金保证义务的承担主体，即生产经营单位的决策机构、主要负责人或者个人经营的投资人。例如，对于实行公司制的生产经营单位，就要由其决策机构如股东会、董事会，保证其安全生产的资金投入；非公司制的国有生产经营单位、集体生产经营单位就要由主要负责人保证其安全生产的资金投入；个人经营的生产经营单位，如私营企业、合伙企业和个体户等，就要由投资人保证安全生产的资金投入。

二、资金投入不足的责任承担

生产经营单位的决策机构、主要负责人或者个人经营的投资人应当对由于安全生产所必需的资金投入不足导致的后果承担责任。该规定明确了安全生产资金投入的保证主体与法律责任之间的关系。因安全生产所必需的资金投入不足导致生产安全事故发生，造成人员伤亡和财产损失的，生产经营单位的决策机构、主要负责人或者个人经营的投资人应当对后果负责，即承担相应的法律责任，包括民事赔偿责任、行政责任以及刑事责任。本条所称的生产经营单位的决策机构，是指对生产经营单位的经营方案和投资计划等重大事项进行决策的机构，主要包括对安全生产资金投入进行决策的机构，如有限责任公司、股份有限公司的股东会或者董事会。

三、安全生产费用的提取、使用和监督管理

生产经营单位应当按照规定提取和使用安全生产费用，专门用于改善安全生产条件。部分法律、行政法规对安全生产费用的提取和使用提出了明确要求。例如，《矿山安全法》规定，矿山企业必须从矿产品销售额中按照国家规定提取安全技术措施专项费用，全部用于改善矿山安全生产条件。《矿山安全法实施条例》规定，矿山企业必须按照国家规定的安全条件进行生产，并安排一部分资金，用于下列改善矿山安全生产条件的项目：（1）预防矿山事故的安全技术措施；（2）预防职业危害的劳动卫生技术措施；（3）职工的安全培训；（4）改善矿山安全生产条件的其他技术措施。所需资金，由矿山企业按矿山维简费（矿山企业的一种特殊费用，专项用于企业简单再生产支出和企业安全生产设施支出的资金）的 20% 的比例据实列支；没有矿山维简费的矿山企业，按固定资产折旧费的 20% 的比例据实列支。

为保证生产经营单位按照规定提取和使用安全生产费用，并专项用于改善安全生产条件，授权规定安全生产费用提取、使用和监督管理的具体办法由国务院财政部门会同国务院应急管理部门征求国务院有关部门意见后制定。为了建立企业安全生产投入长效机制，加强安全生产费用管理，保障企业安全生产资金投入，维护企业、职工以及社会公共利益，财政部、原国家安全生产监督管理总局联合制定发布了《企业安全生产费用提取和使用管理办法》（财企〔2012〕16 号），规定安全生产费用（以下简称安全费用）是指企业按照规定标准提取在成本中列支，专门用于完善和改进企业或者项目安全生产条件的资金。安全费用按照“企业提取、政府监管、确保需要、规范使用”的原则进行管理；明确煤炭生产、非煤矿山开采、建设工程施工、危险品生产与储存、交通运输、烟花爆竹生产、冶金、机械制造、武器装备研制生产与试验（含民用航空及核燃料）的企业以及其他经济组织必须按照规定的标准提取安全生产费用，并专项用于规定的范围。

第二十四条 矿山、金属冶炼、建筑施工、运输单位和危险物品的生产、经营、储存、装卸单位，应当设置安全生产管理机构或者配备专职安全生产管理人员。

前款规定以外的其他生产经营单位，从业人员超过一百人的，应当设置安全生产管理机构或者配备专职安全生产管理人员；从业人员在一百人以下的，应当配备专职或者兼职的安全生产管理人员。

◆ 条文主旨

本条是关于生产经营单位设置安全生产管理机构或者配备安全生产管理人员的规定。

◆ 条文释义

生产经营活动的安全进行，除了必要的物质保障和制度保障外，还要从人员上加以保障。对于从事一些危险性较大的行业的生产经营单位或者是从业人员较多的生产经营单位，应当有专门的人员从事安全生产管理工作，对生产经营单位的安全生产工作进行经常性检查，及时督促处理检查中发现的安全生产问题，及时监督排除生产事故隐患，提出改进安全生产工作的建议。

一、国外有关情况

在生产经营单位内设置安全生产管理机构或者配备安全生产管理人员，也是各国立法对保证安全生产的基本要求。如《加拿大安大略省职业安全健康法》规定，经常雇用工人在20人及20人以上的作业场所以及存在特殊危险物质的作业场所，需要建立联合安全卫生委员会；《瑞典工作环境法》规定，在每个正式雇用5名或者更多人员的工地上，应委托1名或者多名雇员作为安全代表，在每个正式雇用50名或50名以上人员的工地上，应有一个由雇主和雇员代表组成的安全委员会；《日本劳动安全健康法》规定，对规模符合政令规定的每个企业单位，企业主必须按劳动省令规定，选拔任用安全健康总管理员，在行业和规模均符合政令规定的每个企业单位，企业主必须按照劳动省令规定，从具有劳动省令规定资格的人员中选拔任用安全管理员；我国台湾地区劳工安全卫生法规定，事业单位平时雇佣劳工人数在100人以上者，应设立劳工安全卫生组织；雇佣劳工人数未满100人者，应置劳工安全卫生管理人员，实施自动检查。本条也对安全生产管理机构和安全生产管理人员作出了类似规定。

二、应当设置安全生产管理机构或者配备专职安全生产管理人员的单位

矿山、金属冶炼、建筑施工、运输和危险物品生产、经营、储存、装卸是危险性比较大的生产经营活动，从事这些活动的单位是危险性比较大的单位。因而，规定矿山、金属冶炼、建筑施工、运输单位和危险物品的生产、经营、储存、装卸单位，应当设置安全生产管理机构或者配备专职安全生产管理人员。这些单位必须成立专门从事安全生产管理工作的机构或者配备专职的人员从事安全生产管理工作。这里讲的“安全生产管理机构”，是指生产经营单位内部设立的专门负责安全生产管理事务的独立的部门；“专职安全生产管理人员”，是指在生产经营单位中专门负责安全生产管理、不再兼任其他工作的人员。

除矿山、金属冶炼、建筑施工、运输单位和危险物品的生产、经营、储存、装卸单位外，其他生产经营单位，从业人员在100人以上的，应当设置安全生产管理机构或者配备专职安全生产管理人员。从业人员超过100人的生产经营单位是规模比较大的生产经营单位，大多是人员密集的作业场所，如服装加工企业、人工装配、包装等场所。对于这类生产经营单位，考虑到其人员较多，一旦发生事故，造成的损失也可能较大，安全生产工作尤其重要。因此，必须在单位内成立专门从事安全生产管理工作的机构或者配备专职的人员从事安全生产管理工作。

三、应当配备专职或者兼职的安全生产管理人员的单位

除矿山、金属冶炼、建筑施工、运输单位和危险物品的生产、经营、储存、装卸单位外，其他生产经营单位，从业人员在100人以下的，应当配备专职或者兼职的安全生产管理人员。从业人员在100人以下的其他生产经营单位，从事的生产经营活动风险较小，生产经营的规模也较小。因此，法律规定不要求其必须设置安全生产管理机构，可以配备专职的安全生产管理人员，也可以配备兼职的安全生产管理人员，具体人员配备与其安全生产工作相适应。

需要注意的是，矿山、金属冶炼、建筑施工、运输单位和危险物品的生产、经营、储存、装卸单位和从业人员超过100人的其他生产经营单位，可以根据本单位的规模大小、安全生产风险等实际情况，自主作出决定。一般来讲，规模较小的生产经营单位，例如，个别危险物品的经营单位，人数较少，可只配专职安全生产管理人员；规模较大的生产经营单位则应当设置安全生产管理机构。无论是配备专职安全生产管理人员还是设置安全生产管理机构，必须以满足本单位安全生产管理工作的实际需要为原则。

第二十五条　生产经营单位的安全生产管理机构以及安全生产管理人员履行下列职责：

（一）组织或者参与拟订本单位安全生产规章制度、操作规程和生产安全事故应急救援预案；

（二）组织或者参与本单位安全生产教育和培训，如实记录安全生产教育和培训情况；

（三）组织开展危险源辨识和评估，督促落实本单位重大危险源的安全管理措施；

（四）组织或者参与本单位应急救援演练；

（五）检查本单位的安全生产状况，及时排查生产安全事故隐患，提出改进安全生产管理的建议；

（六）制止和纠正违章指挥、强令冒险作业、违反操作规程的行为；

（七）督促落实本单位安全生产整改措施。

生产经营单位可以设置专职安全生产分管负责人，协助本单位主要负责人履行安全生产管理职责。

◆ 条文主旨

本条是关于安全生产管理机构以及安全生产管理人员职责的规定。

◆ **条文释义**

本条规定的主要目的是明确安全生产管理机构以及安全生产管理人员的职责，督促以上机构和人员履职尽责，加强生产经营单位的安全生产管理。

一、组织或者参与拟订本单位安全生产规章制度、操作规程和生产安全事故应急救援预案

生产经营单位的主要负责人负责组织制定并实施本单位安全生产规章制度和操作规程，组织制定并实施本单位的生产安全事故应急救援预案。生产经营单位的安全生产规章制度和操作规程，是根据其自身生产经营范围、危险程度、工作性质及具体工作内容，依照国家有关法律、行政法规、规章和标准，有针对性规定的、具有可操作性的、保障安全生产的工作运转制度及工作方式、方法和操作程序。生产安全事故应急救援预案，是指生产经营单位根据本单位的实际，针对可能发生的事故的类别、性质、特点和范围等情况制定的事故发生时组织、技术措施和其他应急措施。安全生产规章制度和操作规程、生产安全事故应急救援预案，是保证生产经营安全进行以及事故发生后，及时开展救援，防止事故扩大，最大限度减少人员伤亡的最基本制度和有效手段，是生产经营单位实现科学发展、安全发展的重要保障。

安全生产管理机构作为本单位具体负责安全生产管理事务的部门，是贯彻落实有关安全生产方针、政策、法律、法规、标准以及规章制度等事项的具体执行者，从某种意义讲，也是主要负责人在安全生产方面的重要助手。安全生产管理机构对本单位的安全生产状况最了解、最熟悉。因此，本条规定，安全生产管理机构有职责和义务，根据主要负责人的安排，负责组织或者参与拟订本单位安全生产规章制度和操作规程、生产安全事故应急救援预案，以确保相关制度、规程和预案符合本单位安全生产的实际，起到应有的作用。

二、组织或者参与本单位安全生产教育和培训，如实记录安全生产教育和培训情况

安全生产最关键的是人的因素。生产经营单位的安全生产教育和培训计划是贯彻安全生产法律、法规、标准、规章制度和操作规程，保证安全生产教育和培训质量，提高广大从业人员安全素质和操作技能的重要保障。因此，本法规定由生产经营单位的主要负责人负责组织制定并实施本单位安全生产教育和培训计划。安全生产管理机构协助本单位贯彻落实有关安全生产方针、政策、法律、法规、标准以及规章制度，对本单位安全生产工作最了解、最熟悉。为了使安全生产教育和培训计划更有针对性、操作性，并保证计划的有效贯彻实施，安全生产管理机构有职责和义务，根据主要负责人的安排，负责组织拟订本单位的安全生产教育和培训计划，或者积极参与人事培训部门组织拟定本单位的安全生产教育和培训，以保证教育和培训计划符合本单位安全生产的实际，起到应有的作用。同时，安全生产管理机构还应当详细记录本单位安全生产教育和培训情况，及时掌握安全生产教育和培训计划的实施进展动向，向本单位主要负责人报告。

三、组织开展危险源辨识和评估，督促落实本单位重大危险源的安全管理措施

危险源辨识和评估，是构建安全风险分级管控和隐患排查治理双重预防机制，严防风险演变、隐患升级导致生产安全事故发生的重要举措。加大事故预防的有效性，一定要强调源头防范，只有从源头上、根子上进行危险源辨识并进行科学评估，按照不同安全风险等级进行分级管控，有针对性地强化预防措施，才能做到防患于未然，牢牢把握安全生产工作的主动权。这次修改安全生产法，增加规定生产经营单位的安全生产管理机构以及安全生产管理人员负有“组织开展危险源辨识和评估”的职责，要求以上机构和人员充分利用自身专业知识和技能，做好本单位生产经营活动中危险源的发现、辨别和评估工作。

重大危险源，是指长期地或者临时地生产、搬运、使用或者储存危险物品，且危险物品的数量等于或者超过临界量的单元（包括场所和设施）。构成重大危险源，需是危险物品的数量等于或者超过临界量。所谓临界量，是指一个数值，当某种危险物品的数量达到或者超过这个数值时，就有可能发生危险。重大危险源是危险物品大量聚集的地方，具有较大的危险性，如果发生生产安全事故，将会对从业人员及相关人员的人身安全和财产造成比较大的损害。生产经营单位对重大危险源应当严格登记建档，采取有效的防护措施，并定期进行检查、检测、评估；有些重大危险源较多、情况严重的生产经营单位，还应当建立专门的安全监控系统，对重大危险源实施不间断的监控。实践中，一方面，重大危险源与生产作业活动难以分开，分布在生产经营区域内，应由相应的业务部门负责建档、检查、检测、评估等管理。另一方面，重大危险源安全管理的专业性较强，管理人员需要有相应的专业知识背景。安全生产管理人员进行现场检查中发现重大危险源未按照有关规定进行管理的，有权要求相应的业务部门进行整改。

四、组织或者参与本单位应急救援演练

开展应急救援演练是提高应急能力，检验生产安全事故应急救援预案有效性的重要途径。生产经营单位应当定期开展应急救援演练，及时修订应急预案，切实增强应急预案的有效性、针对性和操作性。通过应急救援演练，让每个可能涉及的部门、从业人员熟知事故发生后如何进行现场抢救、如何联络人员、如何避灾以及采取何种技术措施的方式和程序，提高广大从业人员的应急处置能力。一旦发生生产安全事故，将起到有效防止事故扩大、极大减少人员伤亡的作用。安全生产管理机构应当根据本单位的安排，积极组织本单位的应急演练，制定详细的工作方案，精心组织实施，确保应急演练取得效果。对于有关主管部门组织的区域应急演练，其中要求本单位参加的应急演练活动，或者本单位其他部门，包括应急救援机构组织的应急演练，安全生产管理机构都应当积极参与，并积极配合做好应急演练的相关工作。

五、检查本单位的安全生产状况，及时排查生产安全事故隐患，提出改进安全生产管理的建议

隐患是导致事故的根源，隐患不除事故不断，因此，隐患也称作生产安全事故隐患。安全生产管理机构以及安全生产管理人员的根本职责，就是及时排查生产安全事故隐患。安全生产管理机构应当根据本单位生产经营特点、风险分布、危害因素的种类和危害程度等情况，制定检查工作计划，明确检查对象、任务和频次。安全生产管理机构以及安全生产管理人员应当有计划、有步骤地巡查、检查本单位每个作业场所、设备、设施，不留死角。对于安全风险大、容易发生生产安全事故的地点，应当加大检查频次。对于检查中发现的生产安全事故隐患，应当要求立即整改或排除；不能立即整改或排除的，要求暂时停止作业或施工，责令有关业务部门、车间、班组提出整改措施，限期整改；如果有可能发生生产安全事故，危及从业人员生命健康的，应当立即采取撤离从业人员到安全地点的措施；对于迟迟未整改完成的事故隐患，应当及时向本单位主要负责人或者主管安全生产工作的负责人报告。在排查生产安全事故隐患的过程中，发现本单位在安全生产管理、技术、装备、人员等方面存在问题的，安全生产管理机构以及安全生产管理人员有责任及时提出改进的建议，相关建议应具有科学性、针对性、有效性。

六、制止和纠正违章指挥、强令冒险作业、违反操作规程的行为

根据现行的标准规定，生产安全隐患包括三个方面：人的不安全行为、物的不安全状态和管理上的缺陷。根据发生的生产安全事故分析，造成事故发生的主要隐患是人的不安全行为，尤其是违章指挥、强令从业人员冒险作业、违反操作规程的行为较多。实践中，有法不遵、有章不循，是生产经营单位普遍存在的问题。有些生产经营单位的负责人、车间主任、班组长往往存在侥幸心理，违章指挥作业，甚至强令从业人员冒险作业。有些从业人员对本身安全不够重视，存在侥幸心理，违反操作规程进行作业。针对以上情况，本条明确规定，安全生产管理机构以及安全生产管理人员对检查中发现的违章指挥、强令冒险作业、违反操作规程的行为，应当立即制止和纠正。该项法定义务，必须严格执行，不得讲情面、讲私情。

为促进从业人员遵章守纪，安全生产管理机构还应当将从业人员的违规记录纳入安全生产奖惩的内容，对违规者严肃处理；对于经常违规的人员，重新安排进行安全生产教育和培训；必要时，建议本单位主要负责人及相关负责人、有关职能部门、人事部门调离其原工作岗位；情节严重的，建议本单位予以开除。通过严格执行安全生产有关规定，从根本上扭转违章指挥、强令冒险作业、违反操作规程造成的安全生产隐患。

七、督促落实本单位安全生产整改措施

安全生产整改措施，包括重大事故隐患整改措施以及其他不安全问题整改措施，它是一项复杂的系统工程，包括整改的目标和任务、采取的方法和措施、经费和装备物资的落实、负责整改的机构和人员、整改的时限和要求、相应的安全措施和应急预案等，涉及人、财、物多个方面。仅由安全生产管理机构落实安全生产整改措施，是难以做到的。按照“管生产经营必须管安全”的原则，落实安全生产整改措施应当由相关业务部门负责。

实践中，业务主管部门了解实际情况，有能力做好此项工作，他们掌握相应资源，包括具有专业人员、丰富的实践经验等。例如危险物品生产单位某车间发生危险物品管道泄漏，由车间负责人组织相关人员进行整改较为妥当。因此，本条规定，安全生产管理机构以及安全生产管理人员督促落实本单位的安全生产整改措施，这样规定是合适的。为了保证安全生产整改措施及时得到落实，安全生产管理机构以及安全生产管理人员应当加强对有关业务主管部门的监督；对不按照规定落实安全生产整改措施的，应当及时向本单位主要负责人报告。

八、专职安全生产分管负责人的设置

有些生产经营单位规模较大、专业性较强，为便于主要负责人更好地履行安全生产管理职责，需要具备安全生产专业知识人员的协助。各地积极探索生产经营单位设置专职安全生产分管负责人的经验，如安全总监等岗位，协助本单位主要负责人履行安全生产管理职责。这次安全生产法修改，认真总结吸纳安全生产实践有益经验和做法，在法律中予以体现，授权生产经营单位根据自身实际情况，设置专职安全生产分管负责人。

第二十六条　生产经营单位的安全生产管理机构以及安全生产管理人员应当恪尽职守，依法履行职责。

生产经营单位作出涉及安全生产的经营决策，应当听取安全生产管理机构以及安全生产管理人员的意见。

生产经营单位不得因安全生产管理人员依法履行职责而降低其工资、福利等待遇或者解除与其订立的劳动合同。

危险物品的生产、储存单位以及矿山、金属冶炼单位的安全生产管理人员的任免，应当告知主管的负有安全生产监督管理职责的部门。

◆ 条文主旨

本条是关于安全生产管理机构以及安全生产管理人员履职要求和履职保障的规定。

◆ 条文释义

安全生产管理机构、安全生产管理人员履职尽责，是生产经营单位防范安全生产风险的重要保障。本条对安全生产管理机构、安全生产管理人员专门提出要求，同时对其履行职务给予应有保障，免受其他因素的干扰。

一、对安全生产管理机构、安全生产管理人员的要求

恪尽职守是安全生产管理人员应当具备的最基本的道德素质。恪尽职守，是指安全生产管理人员应当充分认识自己肩负的重大职责，对工作尽职尽责，积极、主动、认真、谨慎地依法履行各项安全生产管理职责，完成各项工作任务。既不能不履行职责，对生产经营单位存在的安全生产问题不闻不问，视职责为儿戏，也不能马马虎虎，敷衍了事，使安全管理和现场检查流于形式。这里讲的依法履行职责，即指依照本法和其他有关法律、法规、规章规定的职责。如本法第25条规定了安全生产管理机构以及安全生产管理人员的职责范围。第46条规定，生产经营单位的安全

生产管理人员应当根据本单位的生产经营特点，对安全生产状况进行经常性检查；对检查中发现的安全问题，应当立即处理；不能处理的，应当及时报告本单位的负责人，有关负责人应当及时处理。检查及处理情况应当如实记录在案。生产经营单位的安全生产管理人员在检查中发现的重大事故隐患，依照前款规定向本单位有关负责人报告，有关负责人不及时处理的，安全生产管理人员可以向主管的负有安全生产监督管理职责的部门报告。第59条规定，从业人员发现事故隐患或者其他不安全因素，应当立即向现场安全生产管理人员或者本单位负责人报告；接到报告的人员应当及时予以处理。这些规定，安全生产管理人员都应当依法执行。

二、生产经营单位应听取安全生产管理机构和人员的意见

生产经营单位的经营决策，是指决定本单位的生产经营目标和达到生产经营目标的战略和策略，即决定做什么和如何去做的过程。安全生产的经营决策，是指决定本单位安全生产经营目标和达到安全生产经营目标的战略和策略，即如何实现生产经营单位科学发展、安全发展的战略和策略。这些战略和策略包括：安全投入计划，新建、改建、扩建建设项目计划，重大设备、设施换代更新计划，重大生产工艺流程改变计划，生产经营布局调整措施，生产经营场所、项目、设备的发包出租计划等。

生产经营单位作出以上涉及生产经营活动的安全生产决策时，应当听取安全生产管理机构以及安全生产管理人员的意见。这是生产经营单位的法定义务，是加强安全生产工作从源头治理的治本之策，必须认真执行。同时，这也是法律赋予安全生产管理机构以及安全生产管理人员的权利和职责，安全生产管理机构以及安全生产管理人员应当严格按照有关安全生产法律、法规、国家标准或者行业标准等规定，积极提出相应的意见和建议。

三、安全生产管理人员履行职责受法律保护

生产经营单位应当保障安全生产管理人员履行法定职责，任何人不得侵犯安全生产管理人员依法享有的权利。如果生产经营单位因为安全生产管理人员依法行使法律规定的权利，比如，安全生产管理人员在检查中发现生产经营单位存在重大事故隐患，向本单位有关负责人报告，有关负责人不及时处理，安全生产管理人员向主管的负有安全生产监督管理职责的部门报告，生产经营单位有关负责人便对该安全生产管理人员通过降低其工资、福利待遇等方式，对其进行打击报复，或者因此解除与该安全生产管理人员订立的劳动合同，就是对安全生产管理人员行使正当权利的侵犯。对这类打击报复行为，本条明确规定予以禁止。

四、特殊生产经营单位安全生产管理人员的任免

从事危险物品生产、储存以及矿山开采、金属冶炼活动，安全风险较大，极易发生生产安全事故。为此，本法对危险物品的生产、储存单位以及矿山、金属冶炼单位作了相应规定，涉及建设项目安全管理、安全生产管理机构及安全生产管理人员配备、应急救援物资器材配备等多个方面。依照本法第 27 条的规定，危险物品的生产、储存单位以及矿山、金属冶炼单位的安全生产管理人员必须具有相应的安全生产知识水平和安全管理技能，并经主管的负有安全生产监督管理职责的部门对其考核合格。

为了加强危险物品的生产、储存单位以及矿山、金属冶炼单位安全管理，及时了解、掌握安全生产管理人员的配备及调整情况，本条规定，危险物品的生产、储存单位以及矿山、金属冶炼单位的安全生产管理人员的任免，应当告知主管的负有安全生产监督管理职责的部门。这里讲的告知，是一种告知性备案，仅是向主管的负有安全生产监督管理职责的部门告知，不是审批。这样规定，有利于加强生产经营单位和有关主管部门就安全生产工作方面的沟通。危险物品的生产、储存单位以及矿山、金属冶炼单位有权任免安全生产管理人员，这是一项生产经营自主权利，主管的负有安全生产监督管理职责的部门不得干涉，更不能打击报复。

第二十七条 生产经营单位的主要负责人和安全生产管理人员必须具备与本单位所从事的生产经营活动相应的安全生产知识和管理能力。

危险物品的生产、经营、储存、装卸单位以及矿山、金属冶炼、建筑施工、运输单位的主要负责人和安全生产管理人员，应当由主管的负有安全生产监督管理职责的部门对其安全生产知识和管理能力考核合格。考核不得收费。

危险物品的生产、储存、装卸单位以及矿山、金属冶炼单位应当有注册安全工程师从事安全生产管理工作。鼓励其他生产经营单位聘用注册安全工程师从事安全生产管理工作。注册安全工程师按专业分类管理，具体办法由国务院人力资源和社会保障部门、国务院应急管理部门会同国务院有关部门制定。

◆ 条文主旨

本条是对生产经营单位的主要负责人和安全生产管理人员的安全生产知识和管理能力要求的规定。

◆ 条文释义

主要负责人、安全生产管理人员等人员的安全生产知识和管理能力，与生产经营单位的风险防范能力直接相关。为依法提高相关人员安全生产专业素养，本条对有关人员的安全生产知识和管理能力提出明确要求。

一、对生产经营单位的主要负责人和安全生产管理人员的要求

1. 生产经营单位的主要负责人对本单位的安全生产工作负责，组织、领导本单位的安全生产管理工作，并承担保证安全生产的责任。这就要求生产经营单位的主要负责人必须具备与本单位所从事的生产经营活动相应的安全生产知识，同时具有领导安全生产工作和处理生产安全事故的能力。近年来发生的生产安全事故表明，生产经营单位的主要负责人缺乏基本的安全生产知识，安全生产管理和组织能力不强，指挥不当、调度不及时，措施不得力，是导致事故发生的重要原因之一。因此，提高生产经营单位主要负责人的安全生产知识水平和管理能力，对于加强单位的安全管理、改善劳动条件、保障从业人员的安全健康、促进单位安全生产、防止和减少生产安全事故，具有重要意义。

生产经营单位主要负责人必须具备与本单位所从事的生产经营活动相应的安全生产知识和管理能力，这是一项原则要求。如何确定“相应的安全生产知识和管理能力”，既要考虑单位的生产经营范围，又要考虑经营规模，还要考虑单位的性质、危险程度等因素。一般说来，生产经营单位的主要负责人应当具备下列条件：（1）熟悉和了解并能认真贯彻国家有关安全生产的法律、法规、规章以及方针政策，以及与本单位有关的安全标准；（2）基本掌握安全分析、安全决策及事故预测和防护知识，具有审查安全建设规划、计划、大中修施工方案的安全决策知识；（3）具有一定文化程度，受过一定的安全技术培训，具有一定的从事本行业工作的经验，基本熟悉和掌握对本单位所从事的生产经营活动必需的安全知识；（4）具有一定组织管理能力，较好地组织和领导本单位的安全生产工作。

2. 生产经营单位的安全生产管理人员是直接、具体承担本单位日常的安全生产管理工作的人员。根据本法规定，这些人员组织或者参与拟订本单位安全生产规章制度、操作规程和生产安全事故应急救援预案；组织或者参与本单位安全生产教育和培训，如实记录安全生产教育和培训情况；督促落实本单位重大危险源的安全管理措施；组织或者参与本单位应急救援演练；检查本单位的安全生产状况，及时排查生产安全事故隐患；制止和纠正违章指挥、强令冒险作业、违反操作规程的行为；督促落实本单位安全生产整改措施。他们安全素质的高低将直接影响生产经营单位的安全生产工作的好坏。

生产经营单位的安全生产管理人员必须具备与本单位所从事的生产经营活动相应的安全生产知识和管理能力，这是原则性要求。一般来讲，生产经营单位的安全生产管理人员的安全生产专业知识要求高于主要负责人，并要有相应的现场安全管理能力，应当具备下列条件：（1）熟悉并能认真贯彻国家有关安全生产的法律、法规、规章以及方针政策，以及与本单位有关的安全生产规章制度、操作规程和有关的安全标准；（2）掌握安全分析、安全决策及事故预测和防护知识，具有审查安全建设规划、计划、大中修施工方案的安全决策知识；（3）具有一定文化程度，受过一定的安全技术培训，具有从事本行业工作的经验，熟悉和掌握对本单位所从事的生产经营活动必需的安全知识，并能够熟练地在安全生产管理工作中运用；（4）具有一定组织管理能力，较好地组织和领导相应的安全生产工作，具有较好的现场安全生产管理能力。

二、对特殊单位主要负责人和安全生产管理人员的要求

由于危险物品的生产、经营、储存、装卸单位以及矿山、金

属冶炼、建筑施工、运输单位专业性强、危险性大，属于事故多发的领域，对这类生产经营单位的主要负责人和安全生产管理人员，应当有更加严格的要求。本条规定，危险物品的生产、经营、储存、装卸单位以及矿山、金属冶炼、建筑施工、运输单位的主要负责人和安全生产管理人员，应当由主管的负有安全生产监督管理职责的部门对其安全生产知识和管理能力考核合格。负有安全生产监督管理职责的部门发现这类单位的主要负责人和安全生产管理人员未按照规定考核合格的，将依法给予生产经营单位相应处罚。

2015 年，原国家安全监管总局办公厅发布《关于印发安全生产知识和管理能力考核合格证式样的通知》，式样适用于危险物品的生产、经营、储存单位以及矿山、金属冶炼单位的主要负责人和安全生产管理人员，依法接受安全生产知识和管理能力考核合格后，予以颁发的证书；安全生产知识和管理能力考核合格证由主管的负有安全生产监督管理职责的部门按统一样式自行印制。

有关主管部门对上述生产经营单位的主要负责人和安全生产管理人员的安全生产知识和管理能力进行考核，不得收取费用。这是考虑到实践中考核、培训乱收费的问题严重，生产经营单位反映强烈的现实而作出的针对性很强的规定。这一规定有利于防止有关主管部门重收费、轻考核，不注意考核的实际效果，乱发考核合格证的现象，使考核能够真正起到把关的作用，也有利于改善政府部门的形象，减轻生产经营单位的负担，使考核工作能够顺利进行。

三、注册安全工程师的设置

本条规定的注册安全工程师，是指经全国统一考试合格，取得中华人民共和国注册安全工程师执业资格证书和执业证，在生产经营单位从事安全生产管理技术工作或者在安全生产中介机构从事有关安全生产技术服务工作的人员。当前，中小企业安全生产“无人管、不会管”问题非常突出。一些中小企业，特别是中小矿山、化工等生产经营单位从业人员安全素质低，无专业化的安全生产管理技术人员，是导致事故发生的重要原因。为此，借鉴注册律师、执业医师、注册会计师等做法，建立注册安全工程师制度，逐步推动生产经营单位安全生产管理专业化，提高安全生产水平。对安全专业人员实行执业资格制度，也是很多国家和地区通行的做法。美国、日本、新加坡和我国香港、我国台湾地区等都制定了相应的法律法规，分别实施注册安全师、劳动安全咨询师、安全主任、劳工安全管理师、劳工卫生管理师等职业资格。

我国长期实践证明，注册安全工程师制度对防范化解生产安全事故，提高安全生产水平，发挥了重要作用。2007 年，原国家安全生产监督管理总局就颁布了《注册安全工程师管理规定》，明确注册安全工程师是指取得注册安全工程师执业资格证书，在生产经营单位从事安全生产管理、安全技术工作或者在安全生产中介机构从事安全生产专业服务工作，并按照本规定注册取得注册安全工程师执业证和执业印章的人员。以上规定，对注册安全工程师的注册、执业、继续教育、权利和义务等作了详细规定，对依法培养注册安全工程师，发挥了重要保障作用。2017 年 11 月，原国家安全生产监督管理总局、人力资源社会保障部颁布《注册安全工程师分类管理办法》，人力资源社会保障部、原国家安全生产监督管理总局负责注册安全工程师职业资格制度的制定、指导、监督和检查实施，统筹规划注册安全工程师专业分类；注册安全工程师专业类别划分为：煤矿安全、金属非金属矿山安全、化工安全、金属冶炼安全、建筑施工安全、道路运输安全、其他安全

（不包括消防安全）。如需另行增设专业类别，由国务院有关行业主管部门提出意见，人力资源社会保障部、原国家安全生产监督管理总局共同确定；注册安全工程师级别设置为：高级、中级、初级（助理）。为加强安全生产专业技术人才队伍建设，提高安全生产专业技术人才能力素质，完善注册安全工程师职业资格制度，2019 年 1 月应急管理部、人力资源社会保障部颁布了《注册安全工程师职业资格制度规定》和《注册安全工程师职业资格考试实施办法》。

本条规定，危险物品的生产、储存、装卸单位以及矿山、金属冶炼单位应当有注册安全工程师从事安全生产管理工作。鼓励其他生产经营单位聘用注册安全工程师从事安全生产管理工作，提高安全生产管理专业化水平，有效解决安全生产管理“无人管、不会管”的问题。

第二十八条 生产经营单位应当对从业人员进行安全生产教育和培训，保证从业人员具备必要的安全生产知识，熟悉有关的安全生产规章制度和安全操作规程，掌握本岗位的安全操作技能，了解事故应急处理措施，知悉自身在安全生产方面的权利和义务。未经安全生产教育和培训合格的从业人员，不得上岗作业。

生产经营单位使用被派遣劳动者的，应当将被派遣劳动者纳入本单位从业人员统一管理，对被派遣劳动者进行岗位安全操作规程和安全操作技能的教育和培训。劳务派遣单位应当对被派遣劳动者进行必要的安全生产教育和培训。

生产经营单位接收中等职业学校、高等学校学生实习的，应当对实习学生进行相应的安全生产教育和培训，提供必要的劳动防护用品。学校应当协助生产经营单位对实习学生进行安全生产教育和培训。

生产经营单位应当建立安全生产教育和培训档案，如实记录安全生产教育和培训的时间、内容、参加人员以及考核结果等情况。

◆ 条文主旨

本条是关于安全生产教育和培训的规定。

◆ 条文释义

安全生产教育和培训是安全生产管理工作的重要组成部分，是实现安全生产的基础性工作。加强从业人员的安全生产教育和培训，对防范化解安全生产风险，切实防止生产安全事故的发生，效果明显，十分重要。

一、对生产经营单位开展安全生产教育和培训的要求

分析生产安全事故的发生根源，从业人员违规操作行为所导致的生产安全事故在事故总数中占比较大。人是生产经营活动的第一要素，生产经营活动最直接的承担者就是从业人员，每个岗位从业人员的具体生产经营活动安全了，整个生产经营单位的安全生产就得到了保障。对从业人员进行安全生产教育和培训，控制人的不安全行为，对减少生产安全事故极为重要。有些从业人员存在文化素质较低、安全意识较差，缺乏防止和处理事故隐患及紧急情况的能力等问题。通过安全生产教育和培训，可以使广大从业人员按章办事，严格执行安全生产操作规程，认识生产中的危险因素和掌握生产安全事故的发生规律，并正确运用科学技术知识加强治理和预防，及时发现和消除事故隐患，保证安全生产。

本条规定的从业人员，主要是指生产经营单位新招收录用的人员、转岗人员等。安全生产教育和培训的内容，主要包括以下几个方面：（1）安全生产的方针、政策、法律、法规以及安全生产规章制度的教育和培训；（2）安全操作技能的教育和培训，我国目前一般实行入厂教育、车间教育和现场教育的三级教育和培训；（3）安全技术知识教育和培训，包括一般性安全技术知识，如单位生产过程中不安全因素及规律、预防事故的基本知识、个人防护用品的佩戴使用、事故报告程序等，以及专业性的安全技术知识，如防火、防爆、防毒等知识；（4）发生生产安全事故时的应急处理措施，以及相关的安全防护知识；（5）从业人员在生产过程中的相关权利和义务；（6）特殊作业岗位的安全生产知识和操作要求等。

生产经营单位应当按照本单位安全生产教育和培训计划的总体要求，结合各个工作岗位的特点，科学、合理安排教育和培训工作。采取多种形式开展教育和培训，包括组织专门的安全教育培训班、作业现场模拟操作培训、召开事故现场分析会等，确保取得实效。通过安全生产教育和培训，生产经营单位要保证从业人员具备从事本职工作所应当具备的安全生产知识，熟悉有关的安全生产规章制度和安全操作规程，掌握本岗位的安全操作技能，了解事故应急处理措施，知悉自身在安全生产方面的权利和义务。对于没有经过安全生产教育和培训，包括培训不合格的从业人员，生产经营单位不得安排其上岗作业。

二、对被派遣劳动者进行安全教育和培训的要求

加强对被派遣劳动者的教育和培训，是实现生产安全的重要保证。根据劳动合同法的规定，被派遣劳动者不是与生产经营单位建立劳动合同关系的人员，但生产经营单位是实际用工单位，被派遣劳动者在日常工作中直接接受生产经营单位的劳动监督和管理，被派遣劳动者的安全素质和操作技能的高低直接影响生产经营单位的安全生产。实践中，许多生产经营单位为了减轻劳动力成本，规避责任，大量使用被派遣劳动者，但不负责对被派遣劳动者进行相应的安全生产教育和培训，致使被派遣劳动者不了解、不熟悉所从事生产经营活动的安全生产规章制度、操作规程和标准，违章指挥、违章作业，导致生产安全事故发生。

针对以上情况，规定生产经营单位应当将被派遣劳动者纳入本单位从业人员统一管理，对被派遣劳动者进行岗位安全操作规程和安全操作技能的教育和培训。统一管理，是指生产经营单位将被派遣劳动者与本单位的从业人员一样对待和管理，统一纳入安全生产教育和培训计划。生产经营单位应当严格按照岗位特点、人员结构、新员工或者调换工种人员等情况，统一组织安全生产教育和培训，包括对被派遣劳动者进行岗位安全操作规程和安全操作技能的教育和培训，保证相同岗位、相同人员（被派遣劳动者和从业人员）达到同等的水平。劳务派遣单位作为被派遣劳动者的管理单位，应当组织本单位的有关人员，或者聘请本单位以外的人员对被派遣劳动者进行必要的安全生产教育和培训。

三、对中等职业学校、高等学校实习学生进行安全生产教育和培训的要求

加强和规范中等职业学校、高等学校实习学生的安全生产教育和培训，是保障实习学生安全和健康的重要基础。近几年，中等职业学校、高等学校学生到生产经营单位实习时发生多起生产安全事故，调查发现学生不了解基本的安全生产知识，不掌握相应的操作技能，缺乏相应的应急处置能力是造成事故的主要原因之一。因此，生产经营单位接收中等职业学校、高等学校学生实习的，应当根据本单位生产经营的特点、各种危险性的状况，对实习学生进行相应的安全生产教育和培训，并提供必要的劳动防护用品。

学校作为实习学生的管理方，应当协助和配合生产经营单位对实习学生进行安全生产教育和培训。生产经营单位是实习学生安全生产教育和培训的责任主体，应当针对实习学生，制定专门的安全生产教育和培训计划。通过安全生产教育和培训，保证中等职业学校、高等学校的实习学生了解和熟悉有关的安全生产法律法规、安全生产规章制度和操作规程，了解相应的安全生产知识，掌握基本的应急处理措施，能够适应所实习的工作。

四、对安全生产教育和培训档案管理的要求

安全生产教育和培训档案，不仅是从业人员安全生产教育和培训的记录轨迹，了解从业人员是否掌握足够安全生产知识的重要参考，也是生产安全事故发生后追究相关人员责任的重要依据。生产经营单位应当指定专人负责本单位的安全生产教育和培训档案。档案的范围应当包括本单位的主要负责人、有关负责人、安全生产管理人员、特种作业人员、职能部门工作人员、班组长以及其他从业人员。档案的内容应当详细记录每位从业人员参加安全生产教育和培训的时间、内容、考核结果以及复训情况等，包括按照规定参加政府组织的安全培训的主要负责人、安全生产管理人员和特种作业人员的情况。档案应当按照有关法律法规的要求进行保存，不得擅自修改、伪造。档案除电子文档形式保存外，原则上还应当有纸质文件形式。2012 年，原国家安全生产监督管理总局颁布了《安全生产培训管理办法》，此后历经两次修改，对安全培训、考核和监督管理等作出规定。

第二十九条　**生产经营单位采用新工艺、新技术、新材料或者使用新设备，必须了解、掌握其安全技术特性，采取有效的安全防护措施，并对从业人员进行专门的安全生产教育和培训。**

◆ 条文主旨

本条是关于生产经营单位采用新工艺、新技术、新材料或者使用新设备时的安全生产教育和培训的规定。

◆ 条文释义

随着我国经济的迅速发展、科学技术的长足进步和国外先进技术设备引进的增加，越来越多的新工艺、新技术、新材料和新设备被广泛应用于生产经营活动，这对促进生产经营单位生产经营效率的提高和产品的升级换代具有重要意义，也给经济发展带来巨大的生机与活力。但部分因生产经营单位对所采用的新工艺、新技术、新材料或者使用的新设备了解与认识不足，对其安全技术性能掌握得不充分，没有采取必要的有针对性的安全防护措施，导致生产安全事故的发生；或者是在发生生产安全事故时，没能实施正确的、有针对性的处理措施，导致事故损失扩大，这些情况都时有发生。针对以上情况，本条专门作出规定。

一、对生产经营单位了解、掌握安全技术特性的要求

生产经营单位对采用的新工艺、新技术、新材料或者使用的新设备，必须要了解、掌握其安全技术特性，对该工艺、技术的原理、操作规程有清楚的把握，了解该材料、设备的构成、性质。对采用的新工艺、新技术、新材料或者使用的新设备在生产经营过程中可能产生的危险因素的性质、可能产生的危害后果、如何预防这种危险因素造成事故的措施以及一旦发生事故时如何妥善处理等事项，都要了解和掌握。只有这样，生产经营单位才能有针对性地采取必要的防范措施，防止生产安全事故的发生和扩大。

所谓“工艺”，是指劳动者利用生产工具通过对各种原材料、半成品进行加工或者处理，如切割、粉碎等，最后使之成为产品的方法，是人类在劳动中积累起来并经过总结的操作技术经验。所谓“技术”，是指根据生产劳动实践经验和自然科学原理而发展成的各种工艺操作方法与技能，如焊接技术、石材加工技术等。所谓“材料”，是指经过人类劳动取得的劳动对象，如开采出来的矿砂是冶炼金属的原料。所谓“设备”，是指可供人们在生产中长期使用，并在反复使用中基本保持原有实物形态和功能的生产资料和物质资料的总称。所谓“新工艺、新技术、新材料、新设备”，是指在我国最新开始使用的工艺、技术、材料、设备。

二、对从业人员进行专门安全生产教育和培训的要求

新工艺、新技术、新材料的采用或者新设备的使用，对从业人员来说较为陌生，如果仍按照老知识、老方法来操作使用，就可能会出现操作不当等现象，引发生产安全事故。因此，生产经营单位采用新工艺、新技术、新材料或者使用新设备后，应当对相关的从业人员进行专门的安全生产教育和培训，使其掌握相关的安全规章制度和安全操作规程，具备必要的安全生产知识和安全操作技能。这既是对从业人员知情权的保障，也是保障生产安全的重要措施。

除本法外，有关部门规章也对生产经营单位采用新工艺、新技术、新材料或者使用新设备时对从业人员进行安全教育和培训作了规定。比如，原国家安全生产监督管理总局颁布的《安全生产培训管理办法》第 10 条第 1 款规定，生产经营单位应当建立安全培训管理制度，保障从业人员安全培训所需经费，对从业人员进行与其所从事岗位相应的安全教育培训；从业人员调整工作岗位或者采用新工艺、新技术、新设备、新材料的，应当对其进行专门的安全教育和培训。未经安全教育和培训合格的从业人员，不得上岗作业。原国家安全生产监督管理总局颁布的《生产经营单位安全培训规定》第 17 条第 2 款规定，生产经营单位采用新工艺、新技术、新材料或者使用新设备时，应当对有关从业人员重新进行有针对性的安全培训。生产经营单位违反本条规定，采用新工艺、新技术、新材料或者使用新设备而未对从业人员进行专门的安全生产教育和培训的，将承担相应的法律责任。

第三十条 生产经营单位的特种作业人员必须按照国家有关规定经专门的安全作业培训，取得相应资格，方可上岗作业。

特种作业人员的范围由国务院应急管理部门会同国务院有关部门确定。

◆ 条文主旨

本条是关于生产经营单位的特种作业人员从业资格的规定。

◆ 条文释义

特种作业人员所从事的工作，在安全程度上与单位内的其他工作有较大差别。特种作业人员在工作中接触的危险因素较多，危险性较大，很容易发生生产安全事故，发生事故不仅对作业人员本人，而且会对他人和周围设备、设施造成较大危害。对特种作业人员进行专门的培训教育，实行严格的管理，减少他们的失误，对防止和减少生产安全事故具有重要意义。

一、特种作业的范围

特种作业，是指容易发生事故，对操作者本人、他人的安全健康及设备、设施的安全可能造成重大危害的作业。根据原国家安全生产监督管理总局颁布的《特种作业人员安全技术培训考核管理规定》，特种作业的范围由特种作业目录规定。根据现行特种作业目录，特种作业大致包括：（1）电工作业。指对电气设备进行运行、维护、安装、检修、改造、施工、调试等作业（不含电力系统进网作业）。（2）焊接与热切割作业。指运用焊接或者热切割方法对材料进行加工的作业（不含《特种设备安全监察条例》规定的有关作业）。（3）高处作业。指专门或经常在坠落高度基准面 2 米及以上有可能坠落的高处进行的作业。（4）制冷与空调作业。指对大中型制冷与空调设备运行操作、安装与修理的作业。（5）煤矿安全作业。（6）金属非金属矿山安全作业。（7）石油天然气安全作业。（8）冶金（有色）生产安全作业。（9）危险化学品安全作业。指从事危险化工工艺过程操作及化工自动化控制仪表安装、维修、维护的作业。（10）烟花爆竹安全作业。指从事烟花爆竹生产、储存中的药物混合、造粒、筛选、装药、筑药、压药、搬运等危险工序的作业。（11）原国家安全生产监督管理总局认定的其他作业。直接从事以上特种作业的从业人员，就是特种作业人员。

除本条外，《特种作业人员安全技术培训考核管理规定》第 5 条也规定，特种作业人员必须经专门的安全技术培训并考核合格，取得《中华人民共和国特种作业操作证》后，方可上岗作业。没有取得特种作业相应资格的，不得上岗从事特种作业。特种作业人员的资格是安全准入类，属于行政许可范畴，由主管的负有安全生产监督管理职责的部门实施特种作业人员的考核发证工作。特种作业人员未按照规定经专门的安全作业培训并取得相应资格就上岗作业的，其所在的生产经营单位将根据规定承担相应的法律责任。

二、特种作业人员的范围

特种作业人员，是指直接从事特种作业的从业人员。根据《特种作业人员安全技术培训考核管理规定》，特种作业人员应当符合以下条件：年满18周岁，且不超过国家法定退休年龄；经社区或者县级以上医疗机构体检健康合格，并无妨碍从事相应特种作业的器质性心脏病、癫痫病、美尼尔氏症、眩晕症、癔病、震颤麻痹症、精神病、痴呆症以及其他疾病和生理缺陷；具有初中及以上文化程度；具备必要的安全技术知识与技能；相应特种作业规定的其他条件。危险化学品特种作业人员还应当具备高中或者相当于高中及以上文化程度。

不同行业、不同领域存在的特种作业类别不同，以前国务院有关主管部门都曾经对特种作业人员的范围进行过规定。为了统一标准，便于管理，提高政府管理的公开性和透明度，使管理相对人能够明确哪些方面必须接受政府部门的管理，减轻生产经营单位的负担，避免其无所适从，本条作出授权规定，由国务院应急管理部门会同国务院有关部门确定特种作业人员的范围。有关特种作业人员的范围应以国务院应急管理部门会同国务院有关部门确定的为准。有关部门应当相互协作，科学、合理、及时确定特种作业人员范围，满足实际工作需要。

第三十一条 生产经营单位新建、改建、扩建工程项目（以下统称建设项目）的安全设施，必须与主体工程同时设计、同时施工、同时投入生产和使用。安全设施投资应当纳入建设项目概算。

◆ **条文主旨**

本条是关于建设项目安全设施“三同时”原则的规定。

◆ **条文释义**

较多生产经营单位为最大限度地追求经济利益，不重视安全设施建设的问题较为严重。在建设项目的设计和施工阶段忽视生产的安全要求，没有配备应有的安全设施，从而导致项目建成后，存在着严重的设计性安全隐患。消除这些隐患往往需要付出巨大的代价，有些甚至不可挽回，从而造成严重的资金浪费并可能造成生产安全事故。在建设项目的设计施工阶段就做好生产安全事故的预防工作，对防止和减少生产安全事故，具有重要意义。为确保生产经营单位建设项目安全设施的建设，本条专门作出规定。

一、相关工程项目安全设施须符合“三同时”原则

新建工程项目，是指从基础开始建造的建设项目，按照国家规定也包括原有基础很小，经扩大建设规模后，其新增固定资产价值超过原有固定资产价值一定倍数，并需要重新进行总体设计的建设项目；迁移厂址的建设工程（不包括留在原厂址的部分），符合新建条件的建设项目。改建工程项目，是指不增加建筑物或建设项目体量，在原有基础上，为提高生产效率，改进产品质量，改变产品方向，或改善建筑物使用功能、改变使用目的，对原有工程进行改造的建设项目。装修工程也是改建。生产经营单位为了平衡生产能力，增加一些附属、辅助车间或非生产性工程，也属于改建项目。在改建的同时，扩大主要产品的生产能力或增加新效益的项目，一般称为改扩建项目。扩建工程项目，是指在原有基础上加以扩充的建设项目，包括扩大原有产品生产能力、增加新的产品生产能力以及为取得新的效益和使用功能而新建主要生产场所或工程的建设活动。对于建筑工程，扩建主要是指在原有基础上加高加层（需重新建造基础的工程属于新建项目）。建设项目安全设施，是指生产经营单位在生产经营活动中用于预防生产安全事故的设备、设施、装置、构（建）筑物和其他技术措施的总称。根据有关规定，生产经营单位是建设项目安全设施建设的责任主体。

"三同时"原则是我国安全生产实践中长期坚持的一项制度。1978 年，《中共中央关于认真做好劳动保护工作的通知》中就明确提出，凡新建、改建、扩建的工矿企业和革新、挖潜的工程项目，都必须有保证安全生产和消除有毒有害物质的设施，这些设施要与主体工程同时设计、同时施工、同时投产，不得削减。后来，党中央、国务院在有关安全生产的文件中也多次强调建设项目安全设施必须坚持"三同时"原则。有关法律也对"三同时"原则进行了规定，如《劳动法》第 53 条第 2 款规定，新建、改建、扩建工程的劳动安全卫生设施必须与主体工程同时设计、同时施工、同时投入生产和使用。《矿山安全法》第七条也规定，矿山建设工程的安全设施必须和主体工程同时设计、同时施工、同时投入生产和使用。本条对"三同时"原则作了强调。

本条规定安全设施投资应当纳入建设项目概算。概算也称设计概算，发生在初步设计或扩大初步设计阶段。概算需要具备初步设计或扩大初步设计图纸，对项目建设费用计算确定工程造价；编制概算要注意不能漏项、缺项或重复计算，标准要符合定额或规范。

二、落实"三同时"原则的具体要求

生产经营单位新建、改建、扩建工程项目的安全设施落实"三同时"原则，应当符合以下要求：

1. 建设项目的设计单位在编制建设项目投资计划文件时，应同时按照有关法律、法规、国家标准或者行业标准以及设计规范，编制安全设施的设计文件。安全设施的设计不得随意降低安全设施的标准。

2. 生产经营单位在编制建设项目投资计划和财务计划时，应将安全设施所需投资一并纳入计划，同时编报。

3. 对于按照有关规定项目设计需报经主管部门批准的建设项目，在报批时，应当同时报送安全设施设计文件；按照规定，安全设施设计需报主管的负有安全生产监督管理职责的部门审批的，应报主管的负有安全生产监督管理职责的部门批准。

4. 生产经营单位应当要求具体从事建设项目施工的单位严格按照安全设施的施工图纸和设计要求施工。安全设施与主体工程应同时进行施工，安全设施的施工不得偷工减料，降低建设质量。

5. 在生产设备调试阶段，应同时对安全设施进行调试和考核，并对其效果进行评价。

6. 建设项目验收时，应同时对安全设施进行验收。

7. 安全设施应当与主体工程同时投入生产和使用，不得只将主体工程投入使用，而将安全设施摆样子，不予使用。

第三十二条 矿山、金属冶炼建设项目和用于生产、储存、装卸危险物品的建设项目，应当按照国家有关规定进行安全评价。

◆ 条文主旨

本条是关于对矿山、金属冶炼建设项目和用于生产、储存、装卸危险物品的建设项目进行安全评价的规定。

◆ **条文释义**

从事矿山、金属冶炼和危险物品生产、储存、装卸作业活动，危险因素较多、危险性较大，是事故多发的领域。相关行业、领域发生生产安全事故，通常会给本单位从业人员的生命安全及财产造成重大损害，还可能殃及周围群众的生命和财产安全。在建设项目期间，对项目进行安全评价，可以为建设项目安全设施设计以及安全生产管理提供依据，对防止和减少生产安全事故的发生有重要意义。

建设项目安全评价，是指在建设项目的可行性研究阶段的安全预评价，即根据建设项目可行性研究阶段报告的内容，运用科学的评价方法，分析和预测该建设项目存在的危险、危害因素的种类和危险、危害程度，提出合理可行的安全技术和管理对策，作为该建设项目初步设计中安全设计和建设项目安全管理、监察的重要依据。安全预评价通过分析生产过程中固有的或潜在的危险因素、危害后果以及消除和控制这些危险因素的技术措施和方案，分析建设项目选址、平面位置、安全措施是否符合法律、法规、国家标准或者行业标准、设计规范等国家规定，提出评价建议，并要预求在安全设计中实施这些措施，从而保证建设项目的安全。安全预评价一般由生产经营单位委托取得相应资质的为安全生产提供技术服务的机构承担。

《建设项目安全设施“三同时”监督管理办法》第 8 条规定，生产经营单位应当委托具有相应资质的安全评价机构，对其建设项目进行安全预评价，并编制安全预评价报告。建设项目安全预评价报告应当符合国家标准或者行业标准的规定。生产、储存危险化学品的建设项目和化工建设项目安全预评价报告除符合建设项目安全预评价报告应当符合国家标准或者行业标准的规定外，还应当符合有关危险化学品建设项目的规定。

第三十三条 建设项目安全设施的设计人、设计单位应当对安全设施设计负责。

矿山、金属冶炼建设项目和用于生产、储存、装卸危险物品的建设项目的安全设施设计应当按照国家有关规定报经有关部门审查，审查部门及其负责审查的人员对审查结果负责。

◆ 条文主旨

本条是关于建设项目安全设施的设计人、设计单位以及矿山、金属冶炼建设项目和用于生产、储存、装卸危险物品的建设项目的安全设施设计的审查部门及人员的责任的规定。

◆ 条文释义

建设项目安全设施的前期设计，对相关设施后续能否正常运转使用十分重要。为依法保障安全设施的正常使用，本条对相关设计单位和人员的责任等作出专门规定。

一、对建设项目安全设施的设计人、设计单位的要求

建设项目安全设施是建设项目投入生产和使用后安全进行的物质基础，其质量的好坏直接影响建设项目的生产经营单位的安全生产状况。建设项目安全设施的设计质量如何，对于安全设施能否真正“安全”，具有决定性的影响。设计质量如何，又与设计人、设计单位的设计能力和工作态度密切相关。因此，要求建设项目安全设施的设计人、设计单位对安全设施设计负责，对于增强设计人、设计单位的责任心，保证安全设施设计的质量，明确发生事故后的有关责任划分，意义重大。

建设项目安全设施的设计人、设计单位对安全设施设计负责，应当达到下列要求：设计人、设计单位必须按照资质等级承担相应的安全设施设计任务，不得擅自超越资质等级及业务范围承接任务。设计人、设计单位应当保证安全设施的设计质量。应当严格按照技术标准和合同约定进行设计，加强设计过程的质量控制，保证设计文件符合国家现行的有关法律、法规、工程设计技术标准和合同的规定；设计文件的深度，应当满足相应设计阶段的技术要求，设计质量必须满足工程质量、安全需要并符合设计规范的要求。施工图应配套，细部节点应交代清楚，标注说明应清楚、完整；设计中选用的材料、设备等，应注明其规格、型号、性能、色泽等，并提出符合国家规定的质量要求。设计人、设计单位对因安全设施设计问题造成的后果负责。对于因安全设施设计给生产经营单位造成损失的，应当承担赔偿责任；造成生产安全事故的，还应承担相应的行政责任；造成严重后果，构成犯罪的，依法承担刑事责任。

根据《建设项目安全设施“三同时”监督管理办法》的规定，建设项目安全设施设计有下列情形之一的，不予批准，并不得开工建设：(1) 无建设项目审批、核准或者备案文件的；(2) 未委托具有相应资质的设计单位进行设计的；(3) 安全预评价报告由未取得相应资质的安全评价机构编制的；(4) 设计内容不符合有关安全生产的法律、法规、规章和国家标准或者行业标准、技术规范的规定的；(5) 未采纳安全预评价报告中的安全对策和建议，且未作充分论证说明的；(6) 不符合法律、行政法规规定的其他条件的。建设项目安全设施设计审查未予批准的，生产经营单位经过整改后可以向原审查部门申请再审。已经批准的建设项目及其安全设施设计有下列情形之一的，生产经营单位应当报原批准部门审查同意；未经审查同意的，不得开工建设：（1）建设项目的规模、生产工艺、原料、设备发生重大变更的；（2）改变安全设施设计且可能降低安全性能的；（3）在施工期间重新设计的。

二、对特殊建设项目安全设施设计的要求

矿山、金属冶炼建设项目和用于生产、储存、装卸危险物品的建设项目，同其他建设项目相比具有更大的危险性。这些项目除了依照本法规定进行安全评价外，还需要按照本条第二款的规定，由有关主管部门对其安全设施的设计进行审查，主要是审查安全评价报告对建设项目提出的安全措施和要求，是否贯彻落实到建设项目安全设施的设计中，安全设施的设计是否符合有关法律、法规、规章、国家标准或者行业标准的规定等。只有符合这些规定，经审查同意的，方可施工。例如，《煤矿安全监察条例》第二十一条规定，煤矿建设工程设计必须符合煤矿安全规程和行业技术规范的要求。煤矿建设工程安全设施设计必须经煤矿安全监察机构审查同意；未经审查同意的，不得施工。煤矿安全监察机构审查煤矿建设工程安全设施设计，应当自收到申请审查的设计资料之日起30日内审查完毕，签署同意或者不同意的意见，并书面答复。

参加矿山、金属冶炼建设项目和用于生产、储存、装卸危险物品的建设项目的安全设施设计审查的有关部门及其负责审查的人员，应当坚持原则，认真履行审查职责，对符合要求的安全设施设计，予以批准；对不符合要求的安全设施设计，有权责令有关设计人、设计单位重新设计或进行修改，经重新设计或修改后仍不符合安全要求的，不予批准。审查部门和负责审查的人员对审查结果负责。滥用职权、玩忽职守，对不符合要求的安全设施设计予以批准，造成生产安全事故的，依法追究审查部门有关负责人及其他负有直接责任的人员的责任；构成犯罪的，依法追究刑事责任。

第三十四条　矿山、金属冶炼建设项目和用于生产、储存、装卸危险物品的建设项目的施工单位必须按照批准的安全设施设计施工，并对安全设施的工程质量负责。

矿山、金属冶炼建设项目和用于生产、储存、装卸危险物品的建设项目竣工投入生产或者使用前，应当由建设单位负责组织对安全设施进行验收；验收合格后，方可投入生产和使用。负有安全生产监督管理职责的部门应当加强对建设单位验收活动和验收结果的监督核查。

◆ 条文主旨

本条是关于特殊建设项目安全设施的施工和竣工验收及其监督检查的规定。

◆ 条文释义

矿山、金属冶炼建设项目和用于生产、储存、装卸危险物品的建设项目的施工、竣工验收等环节，对保障后续安全生产尤为重要，有必要作出专门规定，明确提出严格要求。

一、对矿山、金属冶炼等建设项目施工的要求

根据本法有关规定，有关主管部门对矿山、金属冶炼建设项目和用于生产、储存、装卸危险物品的建设项目的安全设施设计进行审查，对符合有关法律、法规、规章、国家标准或者行业标准的设计，予以批准。矿山、金属冶炼建设项目和用于生产、储存、装卸危险物品的建设项目的施工单位必须按照批准的安全设施设计施工，任何单位和个人不得擅自决定不按照批准的安全设施设计施工或者擅自更改设计文件。凡属安全设施设计内容变更和调整的，都必须编制施工调整方案，报原审批部门批准后方可

执行。这是对施工单位提出的法定要求，施工单位必须遵守。这也是保证矿山、金属冶炼建设项目和用于生产、储存、装卸危险物品的建设项目安全设施质量的基础。

建设项目施工过程中，在项目的勘察、设计质量都没有问题的前提下，整个项目的质量状况最终决定于施工质量。在实践中，不少建设项目的质量问题，都发生在建设项目的施工阶段。因此，施工单位应当严把施工质量关，做好施工的各项质量控制与管理工作，严格按照批准的设计文件和技术标准进行施工。一般来讲，施工单位应当围绕以下方面进行施工管理：一是安全设施的施工必须按照设计编制施工组织设计或方案，否则不准开工。二是开工前必须编制分工计划，逐级向下进行施工组织设计交底，同时进行对有关部门和专业人员的横向交底，并有相应的交底记录。三是加强施工全过程控制，分别对基础施工、结构施工和装修三个阶段，进行施工组织设计实施情况的中间检查。四是工程完成时，必须及时按原安全设施设计作出技术总结，并上报原审批单位。

对于因施工原因造成的质量问题，施工单位承担全部责任。这些责任包括由施工单位对项目存在的质量问题给予修复和赔偿所造成损失的民事责任；由有关主管部门对违法施工的单位给予行政处罚的行政责任；以及对造成重大质量事故、构成犯罪的，由依照刑法有关规定追究的刑事责任。实行总承包的工程，总承包单位对安全设施工程质量负责。实行分包的工程，分包单位要对其分包的工程质量负责。总承包单位应当与分包单位就分包工程的质量承担连带责任。

二、对矿山、金属冶炼等建设项目安全设施验收的要求

矿山、金属冶炼建设项目和用于生产、储存、装卸危险物品的建设项目安全设施的验收，是指安全设施已经按照设计要求完成全部施工任务，准备交付建设单位投入生产和使用时，由建设单位对该安全设施是否符合设计要求和工程质量标准进行的检查、考核工作。这是安全设施建设全过程的最后一道程序，是对安全设施质量控制的最后重要环节。

认真做好安全设施验收工作，对保证安全设施质量具有重要意义。建设单位是建设项目的投资主体，应当对建设项目安全设施投入生产和使用后的安全质量和效果负责，保证建设项目安全进行。因此，本条规定，矿山、金属冶炼建设项目和用于生产、储存危险物品的建设项目竣工投入生产或者使用前，应当由建设单位负责组织对安全设施进行验收；验收合格后，方可投入生产和使用。验收的内容，主要是安全设施是否与主体工程同时建成，是否严格按照批准的设施进行施工，工程质量是否符合法律、法规、安全规程和技术标准的要求等。建设单位必须认真负责，严格按照有关规定对其安全设施进行验收。对于未经验收或者经验收但不合格的安全设施，建设单位不得将其投入生产和使用。否则，建设单位将依法承担相应的法律责任。

为了促使建设单位按标准认真做好验收工作，本条规定负有安全生产监督管理职责的部门应当加强对验收活动和验收结果的监督核查，包括可以对有关重要项目或重要部位进行现场检查，或者对验收结果进行核实。

第三十五条 生产经营单位应当在有较大危险因素的生产经营场所和有关设施、设备上，设置明显的安全警示标志。

◆ **条文主旨**

本条是关于生产经营单位设置安全警示标志的规定。

◆ **条文释义**

在生产经营中存在危险因素的地方，设置安全警示标志，是对从业人员知情权的保障，有利于提高从业人员的安全生产意识，防止和减少生产安全事故的发生。实践中，对于生产经营场所或者有关设备、设施存在的较大危险因素，从业人员或者其他有关人员不够清楚，或者忽视，是造成严重后果的重要原因。因此，本条规定，生产经营单位应当在有较大危险因素的生产经营场所和有关设施、设备上，设置明显的安全警示标志。这里的“危险因素”主要指能对人造成伤亡或者对物造成突发性损害的各种因素。同时，安全警示标志应当设置在作业场所或者有关设施、设备的醒目位置，一目了然，让每一个在该场所从事生产经营活动的从业人员或者该设施、设备的使用者，都能够清楚地看到，不能设置在让从业人员很难找到的地方。这样才能真正起到警示作用。而且警示标识不能模糊不清，必须易于辨识。

关于安全警示标志。一般由安全色、几何图形和图形符号构成，其目的是要引起人们对危险因素的注意，预防生产安全事故的发生。根据现行有关规定，我国目前使用的安全色主要有四种：（1）红色，表示禁止、停止，也代表防火；（2）蓝色，表示指令或必须遵守的规定；（3）黄色，表示警告、注意；（4）绿色，表示安全状态、提示或通行。而我国目前常用的安全警示标志，根据其含义，也可分为四大类：（1）禁止标志，即圆形内画一斜杠，并用红色描画成较粗的圆环和斜杠，表示“禁止”或“不允许”的含义；（2）警告标志，即“△”，三角的背景用黄色，三角图形和三角内的图像均用黑色描绘，警告人们注意可能发生的各种危险；(3) 指令标志，即“○”，在圆形内配上指令含义的颜色——蓝色，并用白色绘画必须履行的图形符号，构成“指令标志”，要求到这个地方的人必须遵守该指令；(4) 提示标志，以绿色为背景的长方几何图形，配以白色的文字和图形符号，并标明目标的方向，即构成提示标志，如消防设备提示标志等。国家颁布了《安全标志及其使用导则》《矿山安全标志》等标准。生产经营单位应当按照这些规定设置安全警示标志。

第三十六条 安全设备的设计、制造、安装、使用、检测、维修、改造和报废，应当符合国家标准或者行业标准。

生产经营单位必须对安全设备进行经常性维护、保养，并定期检测，保证正常运转。维护、保养、检测应当作好记录，并由有关人员签字。

生产经营单位不得关闭、破坏直接关系生产安全的监控、报警、防护、救生设备、设施，或者篡改、隐瞒、销毁其相关数据、信息。

餐饮等行业的生产经营单位使用燃气的，应当安装可燃气体报警装置，并保障其正常使用。

◆ 条文主旨

本条是关于生产经营单位安全设备管理的有关规定。

◆ 条文释义

安全设备作为生产经营活动的重要设备，其性能优劣以及使用是否得当，直接关系到生产经营活动的安全性，以及在发生生产安全事故时能否及时救援、减少损失。对安全设备从设计到报废的每个环节都实行标准化管理，对于保证安全设备的性能具有重要意义。生产经营单位作为安全设备的使用单位，规定其使用安全设备过程中的维护、保养、检测等义务，以确保安全设备可以发挥效用。

一、安全设备应符合国家标准或者行业标准

安全设备，主要是指为了保护从业人员等生产经营活动参与者的安全，防止生产安全事故发生以及在发生生产安全事故时用于救援而安装使用的机械设备和器械，如矿山使用的自救器、灭火设备以及安全检测系统、瓦斯检测器、测风仪表、氧气检测仪、顶板压力监测仪器等各种安全检测仪器。安全设备有的是作为生产经营装备的附属设备，需要与这些装备配合使用；有的则是能够在保证安全生产方面独立发挥作用。这些安全设备需要按照国家有关要求在生产经营活动中配备，以确保生产安全和事故救援顺利进行。

标准化管理是生产经营活动现代化的重要标志之一。标准化法规定，工业产品的安全要求及其生产、储存、运输过程中的安全要求，以及建设工程的安全要求应当制定标准，制定标准应当有利于保障安全和人民的身体健康。国务院有关部门应当按照保障安全生产的要求，依法及时制定有关的国家标准或者行业标准，并根据科技进步和经济发展适时修订。根据关于标准的要求，本条规定安全设备从设计到报废各个环节都应当符合国家标准或者行业标准的要求。

实践中，因安全设备的设计、制造、安装、使用、检测、维修、改造和报废不符合有关标准而导致发生生产安全事故或损失扩大的情况屡见不鲜。在一起 16 名矿工集体中毒身亡的事故中，主要原因就是该矿的机电设备过流保护装置安装不符合有关标准，设顶值偏大，失去过流保护作用，造成机电硐室中变压器烧坏起火，使几千米正在安装的皮带化为灰烬，产生大量的有毒气体造成中毒事故。为了防止类似事故的发生，需要对安全设备进行全方位、全过程的管理，要实现管理目的，就要通过制定标准，使生产经营单位有章可循。实际上，安全设备的管理涉及多个环节，监管部门对每个环节都进行具体的监管是不实际的，通过制定标准，使安全设备的设计、制造、安装、使用、检测、维修、改造和报废都符合相应的国家标准或者行业标准，生产经营单位严格执行标准来开展有关的活动，可以有效地降低监管成本，监管部门可以通过抽样的方式进行监督检查，实现保障安全的目的。除本法外，有关法律对安全设备标准也作出具体规定。如《煤炭法》第38条规定："煤矿企业使用的设备、器材、火工产品和安全仪器，必须符合国家标准或者行业标准。"《国务院关于预防煤矿生产安全事故的特别规定》第8条规定，煤矿的通风、防瓦斯、防水、防火、防煤尘、防冒顶等安全设备、设施和条件应当符合国家标准、行业标准。

二、安全设备的维护、保养和定期检测

安全设备发挥效用主要在于安装后投入使用的环节。安全设备在使用过程中，可能出现各种各样的问题，因此，使用安全设备的生产经营单位必须对其进行经常性维护、保养，并定期检测，保证安全设备正常运转并处于良好的状态，发挥保证安全的效用。通过经常性维护、保养和定期检测，可以及时发现并处理安全设备存在的问题，这是使用单位的义务，也是提高安全设备使用年限的重要途径。比如，煤矿企业使用的防爆电器设备，由于运输、闲置等原因的影响，可能会造成防爆面以及某个元件的损坏或变形，致使设备不密封而达不到防爆性能，因此一般要求企业必须每月检查一次。另外，矿山企业使用的瓦斯检测仪器，无论是光学原理，还是催化元件原理的，使用时间久了，就会出现零点漂移，影响应有的精度。而如果瓦斯检测仪器精度不准，就不能正确反映作业环境的瓦斯浓度，容易造成生产安全事故的发生，因此按规定矿山企业必须定期进行校正。

除本条规定外，有关法律法规对安全设备的使用作了专门规定，与本法相衔接。如《矿山安全法》第16条规定："矿山企业应当对机电设备及其防护装置、安全检测仪器，定期检查、维修，保证使用安全。"《危险化学品安全管理条例》第20条第1款也规定："生产、储存危险化学品的单位，应当根据其生产、储存的危险化学品的种类和危险特性，在作业场所设置相应的监测、监控、通风、防晒、调温、防火、灭火、防爆、泄压、防毒、中和、防潮、防雷、防静电、防腐、防渗漏以及防护围堤或者隔离操作等安全设施、设备，并按照国家标准、行业标准或者国家有关规定对安全设施、设备进行经常性维护、保养，保证安全设施、设备的正常使用。"

经常性维护、保养和定期检测情况，应当做好记录。为明确对安全设备进行维护、保养、检测责任，增强生产经营单位有关人员的责任心，促使认真按照要求对安全设备进行维护、保养、检测，本条规定对维护、保养、检测的有关情况应当作好记录，并由有关人员签字。记录的内容，一般应当包括经常性维护、保养和定期检测的时间、地点、人员、安全设备的名称，维护、保养、检测的结果，发现的问题以及问题的处理情况等。记录是相关工作开展的见证，是重要的追溯资料，也是相关单位履行义务的凭证。需要在记录上签字的有关人员，包括直接从事维护、保养、检测的技术人员以及相关的安全生产管理人员。必要时，生产经营单位的主要负责人也要签字确认。这样规定，有利于发生事故时的责任划分，为正确追究有关人员的法律责任提供第一手证据材料。

三、对生产安全的设备、设施及数据、信息的规定

2020年12月，十三届全国人大常委会第二十四次会议通过的刑法修正案（十一）针对生产安全事故频发增加规定了危险作业罪，对在生产、作业中违反有关安全管理的规定，关闭、破坏直接关系生产安全的监控、报警、防护、救生设备、设施，或者篡改、隐瞒、销毁其相关数据、信息的行为，规定了刑事责任。这次安全生产法修改审议期间，有的全国人大常委会委员提出，应在监督管理上做好安全生产法与刑法修正案（十一）关于危险作业罪规定的衔接。为此，增加规定生产经营单位不得关闭、破坏直接关系生产安全的监控、报警、防护、救生设备、设施，或者篡改、隐瞒、销毁其相关数据、信息。

与生产安全存在直接关系的监控、报警、防护、救生设备、设施及相关数据、信息，是有效防止生产安全事故发生的重要保障。实践中，有些生产经营单位和责任人员出于节省运营成本、逃避监管等方面的考虑，关闭、破坏相关设施或者篡改、隐瞒、销毁相关数据、信息的行为，致使相关设备设施不能发挥应有的预防和保护功能，导致生产安全事故发生或者扩大事故后果。这里所讲的关闭、破坏的“设备、设施”，属于“直接关系生产安全的”设备、设施，关闭、破坏后可能直接导致事故发生，具有客观现实危险性。篡改、隐瞒、销毁的数据、信息，是与生产安全存在直接关系的设备设施的数据、信息。篡改、隐瞒、销毁这些数据、信息，将影响生产安全，妨碍有关部门的监督管理。

四、对餐饮等行业的生产经营单位使用燃气的规定

近年来餐饮等行业发生的燃气爆炸事故，给人民群众的生命财产造成重大损失。总结分析该类生产安全事故，未能及时发现燃气泄漏，是导致事故发生的重要原因。在总结实践经验和事故教训基础上，综合考虑安全生产现实需要和企业成本负担，这次

安全生产法修改增加规定餐饮等行业的生产经营单位使用燃气的，应当安装可燃气体报警装置，并保障其正常使用。

关于燃气的范围，根据《城镇燃气管理条例》的规定，燃气是指作为燃料使用并符合一定要求的气体燃料，包括天然气（含煤层气）、液化石油气和人工煤气等。关于可燃气体报警装置，是指用来检测可燃气体泄漏的设备设施。当工业环境中有可燃气体泄漏或者可燃气体报警装置检测到气体浓度达到爆炸临界点时，可燃气体报警装置就会发出报警信号，以提醒现场工作人员采取安全措施，并驱动排风、切断、喷淋系统，防止发生爆炸、火灾、中毒事故，从而保障安全生产。可燃气体报警装置的种类，应当符合实际需求，针对不同可燃气体安装相应的报警装置。如《海洋石油安全管理细则》中规定在已知存在硫化氢的生产装置上，安装硫化氢报警装置。

生产经营单位应当在可能存在安全生产隐患的场所安装可燃气体报警装置，也应当保障报警装置能够正常使用，及时更新、维修、保养，不得擅自关闭、破坏甚至移除，切实发挥报警装置功能，提前预警燃气泄漏等风险，及时采取有效切断危险源、疏散人员等防范措施。有关生产经营单位未按照以上规定履行生产安全义务的，按照本法第 99 条的规定承担法律责任。

第三十七条　生产经营单位使用的危险物品的容器、运输工具，以及涉及人身安全、危险性较大的海洋石油开采特种设备和矿山井下特种设备，必须按照国家有关规定，由专业生产单位生产，并经具有专业资质的检测、检验机构检测、检验合格，取得安全使用证或者安全标志，方可投入使用。检测、检验机构对检测、检验结果负责。

◆ 条文主旨

本条是关于危险物品的容器、运输工具以及部分特种设备生产、检验、检测的特殊管理的规定。

◆ 条文释义

危险物品的容器、运输工具和特种设备，由于其危险性较大，与其他生产经营所使用的工具有较大区别，一般实行特殊管理，在生产、检测、检验方面进行严格要求。

一、特殊管理的对象

1. 危险物品的容器、运输工具。

根据本法附则相关规定，危险物品是指易燃易爆物品、危险化学品、放射性物品等能够危及人身安全和财产安全的物品。这些物品的容器、运输工具对保障危险物品的储存、运输安全至关重要，需要进行特殊的管理，国家对其实行生产许可制度。2005年制定的《工业产品生产许可证管理条例》明确规定，国家对危险化学品及其包装物、容器等影响生产安全、公共安全的产品实行生产许可证制度。2013年12月7日修订的《危险化学品安全管理条例》规定，危险化学品包装物、容器的材质以及危险化学品包装的型式、规格、方法和单件质量（重量），应当与所包装的危险化学品的性质和用途相适应。取得许可证的企业生产的危险化学品包装物、容器经国务院质量监督检验检疫部门认定的检验机构检验合格，方可出厂销售。运输危险化学品的船舶及其配载的容器，应当按照国家船舶检验规范进行生产，并经海事管理机构认定的船舶检验机构检验合格，方可投入使用。对重复使用的危险化学品包装物、容器，使用单位在重复使用前应当进行检查；发现存在安全隐患的，应当维修或者更换。使用单位应当对检查情况作出记录，记录的保存期限不得少于2年。

2010年8月25日，国家质量监督检验检疫总局发布了《关于公布实行生产许可证制度管理的产品目录的公告》（2010年第90号），将“危险化学品包装物、容器”纳入实行生产许可证制度管理的产品目录。生产列入国家实行生产许可证制度的工业产品目录的危险化学品包装物、容器的企业，应当依照工业产品生产许可证管理条例的规定，取得工业产品生产许可证；其生产的危险化学品包装物、容器经国务院质量监督检验检疫部门认定的检验机构检验合格，方可出厂销售。

2. 涉及人身安全、危险性较大的海洋石油开采特种设备和矿山井下特种设备。

特种设备因设备本身和外在因素的影响容易发生事故，并且一旦发生事故就会造成人身伤亡及重大经济损失，具有较大的危险性。特种设备安全法对特种设备的范围，以及特种设备的生产（包括设计、制造、安装、改造、修理）、经营、使用、检验、检测和特种设备安全的监督管理作出了严格规定，并明确特种设备是指对人身和财产安全有较大危险性的锅炉、压力容器（含气瓶）、压力管道、电梯、起重机械、客运索道、大型游乐设施、场（厂）内专用机动车辆，以及法律、行政法规规定适用该法的其他特种设备。特种设备实行目录管理，纳入目录的特种设备实行特殊的管理，有效地解决了管理对象的问题。特种设备安全法规定，特种设备目录由国务院负责特种设备安全监督管理的部门制定，报国务院批准后执行。根据这一规定，有关海洋石油开采特种设备和矿山井下特种设备的种类，统一纳入全国统一的特种设备目录，不再另行制定目录。

根据现有的特种设备安全管理体制，负责特种设备安全监督管理的部门主要是指各级质量监督部门，也有其他一些部门对民航、铁路、矿山、海洋石油开采等领域使用的特种设备安全进行监督管理。《特种设备安全法》第100条第2款规定：“铁路机车、海上设施和船舶、矿山井下使用的特种设备以及民用机场专用设备安全的监督管理，房屋建筑工地、市政工程工地用起重机械和场（厂）内专用机动车辆的安装、使用的监督管理，由有关部门依照本法和其他有关法律的规定实施。”特种设备安全法的这一条例外规定中，海上设施和船舶上用于海洋石油开采的特种设备、矿山井下使用的特种设备，根据现有安全监管体制，由应急管理部门依照本法和特种设备安全法的有关规定实施管理。因此，本条特别规定涉及人身安全、危险性较大的海洋石油开采特种设备和矿山井下特种设备的生产、检测、检验，就是与特种设备安全法的上述规定相衔接。

二、对生产、检测、检验的要求

1. 由专业生产单位生产。由于危险物品的容器、运输工具，以及海洋石油开采特种设备和矿山井下特种设备比较特殊，为保证其安全使用，需要由专业的生产单位进行生产。根据《危险化学品安全管理条例》的规定，生产列入国家实行生产许可证制度的工业产品目录的危险化学品包装物、容器的企业，应当依照工业产品生产许可证管理条例的规定，取得工业产品生产许可证。根据特种设备安全法的规定，国家按照分类监督管理的原则对特种设备生产实行许可制度，特种设备生产单位应当具备下列条件，并经负责特种设备安全监督管理的部门许可，方可从事生产活动：（1）有与生产相适应的专业技术人员；（2）有与生产相适应的设备、设施和工作场所；（3）有健全的质量保证、安全管理和岗位责任等制度。对于生产单位的专业性要求，能有效保证产品的安全使用效能。

2. 经检测、检验合格。危险物品的容器、运输工具，以及涉及人身安全、危险性较大的海洋石油开采特种设备和矿山井下特种设备投入使用前，必须经专业资质的机构检测、检验合格。目前，从事危险物品的容器、运输工具检测、检验的机构，由国务院质量监督检验检疫部门认定。从事海洋石油开采特种设备和矿山井下特种设备的检测、检验的机构，由国务院应急管理部门认定。为了确保检测、检验机构依法履行职责，公正、客观地对涉及生命安全、危险性较大的特种设备和危险物品的容器、运输工具进行检测、检验，本条还明确规定，检测、检验机构对检测、检验结果负责。检测、检验机构在检测、检验时，必须认真负责，按照规定的技术标准和要求进行检测、检验，提出科学、客观的结论。检测、检验机构应当出具专业检测、检验证明或报告。检测、检验合格的，发给安全使用证或者安全标志，不合格的，不得发给安全使用证或者安全标志。因检测、检验机构的原因，致使不合格的特种设备和危险物品的容器、运输工具投入使用，并造成后果的，检测、检验机构及其有关人员应当承担相应的法律责任。

第三十八条 国家对严重危及生产安全的工艺、设备实行淘汰制度，具体目录由国务院应急管理部门会同国务院有关部门制定并公布。法律、行政法规对目录的制定另有规定的，适用其规定。

省、自治区、直辖市人民政府可以根据本地区实际情况制定并公布具体目录，对前款规定以外的危及生产安全的工艺、设备予以淘汰。

生产经营单位不得使用应当淘汰的危及生产安全的工艺、设备。

◆ **条文主旨**

本条是关于危及生产安全的工艺、设备实行淘汰制度的规定。

◆ **条文释义**

在发生的生产安全事故中，有的是生产经营单位采用落后的、严重危及生产安全的工艺或者设备造成的。如果生产经营单位采用了这些落后的工艺或者生产设备，生产过程中就存在较大的危险，在生产的安全防护方面就需要投入更多的资金，以防止生产安全事故的发生；而且这些安全防护措施往往是治标不治本，有时即使采取了防护措施，也不能杜绝生产安全事故的发生。因此，为从根本上防止生产安全事故发生，减少资金浪费，应当对落后的、严重危及生产安全的工艺、设备实行淘汰制度，这样既有利于保障安全生产，也体现了优胜劣汰的市场经济运行规律，有利于提高生产经营单位的工艺水平，促进设备更新。

一、危及生产安全的工艺、设备

根据本条的规定，危及生产安全的工艺、设备分两个等级，一是严重危及生产安全的工艺、设备，二是其他危及生产安全的工艺、设备。

1. 严重危及生产安全的工艺、设备是指不符合生产安全要求，极有可能导致生产安全事故发生，致使人民群众生命和财产遭受重大损失的工艺、设备。工艺、设备在生产经营活动中属于物的因素，相对于人的因素来说，这种因素对生产安全的影响是一种“硬约束”，只要是使用严重危及生产安全的工艺、设备，即使安全生产管理得再好，人的作用发挥得再充分，也仍然难以避免生产安全事故的发生。对于这些严重危及生产安全的工艺、设备，必须予以淘汰，且这种淘汰不因地域差异和经济发展水平的不同而有所区别，在全国范围内都应当予以淘汰。

2. 其他危及生产安全的工艺、设备，与严重危及生产安全的工艺、设备相比，危险性较低，有的工艺、设备在生产经营单位及其从业人员履行了适当的注意义务或者附加了必要的防护条件后，可以尽量避免事故的发生。考虑到各地经济发展程度和技术装备水平的差异，国家对于这些工艺、设备不一概予以淘汰，由各省、自治区、直辖市根据本地区的实际情况决定是否淘汰。

二、淘汰目录

对应当淘汰的工艺、设备实行目录管理，有利于生产经营单位对照执行，也方便负有安全生产监督管理的部门进行执法和监督检查。2010 年，国务院下发《关于进一步加强企业安全生产工作的通知》，要求强制淘汰落后技术产品，对于不符合有关安全标准、安全性能低下、职业危害严重、危及安全生产的落后技术、工艺和装备要列入国家产业结构调整指导目录，予以强制性淘汰。通知同时要求，各省级人民政府也要制定本地区相应的目录和措施。淘汰目录的制定分两个层次：

1. 严重危及生产安全的工艺、设备的淘汰目录。

本条规定，严重危及生产安全的工艺、设备淘汰的具体目录，由国务院应急管理部门会同国务院有关部门制定并公布。法律、行政法规对目录的制定另有规定的，适用其规定。国务院应急管理部门对全国安全生产工作实施综合监督管理，由其牵头并会同国务院有关部门制定并公布应当淘汰的严重危及生产安全的工艺、设备的具体目录，可以充分考虑各种因素和各方面的意见，使制定的目录更加科学、合理，具有可操作性。近些年来，有关部门制定了多个关于淘汰落后设备、工艺的相关文件，不断健全危及生产安全的相关设备和技术，从根本上提升企业安全水平，切实防范化解重大安全风险。原安全生产监督管理总局先后发布四批《禁止井工煤矿使用的设备及工艺目录》和两批《金属非金属矿山禁止使用的设备及工艺目录》；2017年，原国家安全生产监督管理总局发布了《金属冶炼企业禁止使用的设备及工艺目录（第一批）》；2020年，应急管理部办公厅发布了《淘汰落后危险化学品安全生产工艺技术设备目录（第一批）》，交通运输部、应急管理部发布了《公路水运工程淘汰危及生产安全施工工艺、设备和材料目录》等。以上规定，为淘汰危及生产安全的设备、工艺提供了明确依据。比如，根据《禁止井工煤矿使用的设备及工艺目录（第一批）》的规定，柳条（藤条、竹条）矿用安全帽、非阻燃电缆、黑火药、冻结或半冻结的硝化甘油类炸药等就属于禁止井工煤矿使用的设备，高瓦斯矿井（区域）、煤与瓦斯突出矿井、开采易自燃和自燃煤层（薄煤层除外）矿井的采煤工作面采用的前进式采煤方法属于禁止井工煤矿使用的工艺。根据《禁止井工煤矿使用的设备及工艺目录（第四批）》规定，防爆特殊型矿灯本身不能完全满足防爆安全要求，安全性较低，在瓦斯超限等紧急情况下使用时存在较大安全风险，自发布之日起煤与瓦斯突出矿井立即禁止使用，替代产品是矿用本安型矿灯。

本条同时规定，法律、行政法规对目录的制定另有规定的，适用其规定。这主要考虑到实践中有的行业主管部门对本行业、领域的工艺、设备有特殊的管理要求，有的已经以目录或其他形式制定并公布了应当淘汰的严重危及生产安全的工艺、设备的清单，与本条所指的目录不尽一致，要予以特别规定。如固体废物污染环境防治法规定，工业和信息化主管部门应当会同国务院有关部门组织研究开发、推广减少工业固体废物产生量和降低工业固体废物危害性的生产工艺和设备，公布限期淘汰产生严重污染环境的工业固体废物的落后生产工艺、设备的名录；列入限期淘汰名录被淘汰的设备，不得转让给他人使用。该法所指的列入限期淘汰名录的工艺、设备，有的也属于严重危及生产安全的工艺、设备，应纳入对应的行业主管部门予以管理和监督检查。特种设备安全法也规定，禁止销售国家明令淘汰和已经报废的特种设备。

2. 其他危及生产安全的工艺、设备的淘汰目录。

如前所述，由于各地经济发展程度和技术装备水平的差异，对于严重危及生产安全的工艺、设备以外的工艺、设备的淘汰目录，由各省、自治区、直辖市人民政府根据本地区实际情况制定并公布。需要注意的是，制定此处工艺、设备淘汰目录的主体是省级人民政府，地市级以下的人民政府和省级人民政府的职能部门都不能作为主体制定和公布此类淘汰目录。将制定主体限定在一定的层级，可以确保目录的权威性和可执行性，也可以避免因制定目录的主体和层级太多，形成地方保护，阻碍工艺、设备的共享和自由流通。

第三十九条 生产、经营、运输、储存、使用危险物品或者处置废弃危险物品的，由有关主管部门依照有关法律、法规的规定和国家标准或者行业标准审批并实施监督管理。

生产经营单位生产、经营、运输、储存、使用危险物品或者处置废弃危险物品，必须执行有关法律、法规和国家标准或者行业标准，建立专门的安全管理制度，采取可靠的安全措施，接受有关主管部门依法实施的监督管理。

◆ 条文主旨

本条是对生产、经营、运输、储存、使用危险物品或者处置废弃危险物品监督管理的规定。

◆ **条文释义**

危险物品具有较大危险性，需要从生产到处置的各个环节对危险物品实行规范管理，制定相应的法律、法规和标准，采取必要监管措施，降低危险物品发生事故概率，确保与危险物品相关生产经营活动能够安全、顺利进行。

一、主管部门的审批和监督管理

由于危险物品涉及的行业领域较多，许多法律、法规和标准对危险物品相关活动的监管均有规定，按照这些规定，除安全监督管理部门外，对应的主管部门也要根据危险物品相关的活动特点，进行审批并实施监督管理。

1. 审批和监管的依据。

对危险物品有关活动的审批和监管依据，除本法外还有产品质量法、道路交通安全法、环境保护法等法律，以及公路安全保护条例、危险化学品安全管理条例、易制毒化学品管理条例、烟花爆竹安全管理条例、民用爆炸物品安全管理条例、监控化学品管理条例、农药管理条例、城镇燃气管理条例等行政法规，以及有关地方性法规、标准等。

关于处置废弃危险物品，固体废物污染环境防治法中对危险废物污染环境防治作了专章规定。根据该法，危险废物，是指列入国家危险废物名录或者根据国家规定的危险废物鉴别标准和鉴别方法认定的具有危险特性的固体废物。该法对产生、收集、贮存、运输、利用、处置危险废物各个环节作了详细规定。

2. 审批和监管的部门。

由于监管的环节较多，危险物品的审批和监管涉及应急管理、公安、交通运输、市场监督管理等多个部门。比如，根据《危险化学品安全管理条例》，危险化学品的生产、经营、运输、储存和使用涉及多个部门的分工合作。应急管理部门负责危险化学品安全监督管理综合工作，组织确定、公布、调整危险化学品目录，对新建、改建、扩建生产、储存危险化学品的建设项目进行安全条件审查，核发危险化学品安全生产许可证、危险化学品安全使用许可证和危险化学品经营许可证，并负责危险化学品登记工作。

除应急管理部门外，其他有关部门也根据职责对危险化学品的生产经营活动实施监督管理。公安机关负责危险化学品的公共安全管理，核发剧毒化学品购买许可证、剧毒化学品道路运输通行证，并负责危险化学品运输车辆的道路交通安全管理。质量监督检验检疫部门负责核发危险化学品及其包装物、容器（不包括储存危险化学品的固定式大型储罐）生产企业的工业产品生产许可证，并依法对其产品质量实施监督，负责对进出口危险化学品及其包装实施检验。生态环境主管部门负责废弃危险化学品处置的监督管理，组织危险化学品的环境危害性鉴定和环境风险程度评估，确定实施重点环境管理的危险化学品，负责危险化学品环境管理登记和新化学物质环境管理登记；依照职责分工调查相关危险化学品环境污染事故和生态破坏事件，负责危险化学品事故现场的应急环境监测。交通运输主管部门负责危险化学品道路运输、水路运输的许可以及运输工具的安全管理，对危险化学品水路运输安全实施监督，负责危险化学品道路运输企业、水路运输企业驾驶人员、船员、装卸管理人员、押运人员、申报人员、集装箱装箱现场检查员的资格认定。铁路主管部门负责危险化学品铁路运输的安全管理，负责危险化学品铁路运输承运人、托运人的资质审批及其运输工具的安全管理。民用航空主管部门负责危险化学品航空运输以及航空运输企业及其运输工具的安全管理。卫生健康主管部门负责危险化学品毒性鉴定的管理，负责组织、协调危险化学品事故受伤人员的医疗卫生救援工作。市场监督管理部门依据有关部门的许可证件，核发危险化学品生产、储存、经营、运输企业营业执照，查处危险化学品经营企业违法采购危险化学品的行为。邮政管理部门负责依法查处寄递危险化学品的行为。

3. 审批的具体形式和要求。

行政审批是从源头上管理危险物品相关生产、经营等活动的有效方式。生产经营单位必须按照规定取得相应的许可后，方可从事危险物品有关的活动。如《危险化学品安全管理条例》规定，新建、改建、扩建生产、储存危险化学品的建设项目，应当由应急管理部门进行安全条件审查。使用危险化学品从事生产并且使用量达到规定数量的化工企业（属于危险化学品生产企业的除外），应当依照该条例的规定取得危险化学品安全使用许可证。国家对危险化学品经营（包括仓储经营，下同）实行许可制度。未经许可，任何单位和个人不得经营危险化学品。依法设立的危险化学品生产企业在其厂区范围内销售本企业生产的危险化学品，不需要取得危险化学品经营许可。从事危险化学品道路运输、水路运输的，应当分别依照有关道路运输、水路运输的法律、行政法规的规定，取得危险货物道路运输许可、危险货物水路运输许可，并向市场监督管理部门办理登记手续。危险化学品道路运输企业、水路运输企业的驾驶人员、船员、装卸管理人员、押运人员、申报人员、集装箱装箱现场检查员应当经交通运输主管部门考核合格，取得从业资格。

有关主管部门在对生产、经营、运输、储存、使用危险物品或者处置废弃危险物品进行审批时，应当严格按照法律、法规以及国家标准或者行业标准规定的条件和程序进行审批，对不符合条件的，不得批准，不能降低条件，放松要求。对经审查批准从事与危险物品有关的活动的单位和个人要加强监督管理，及时进行严格的监督检查，不能一批了事，或者重审批、轻监督。对因失职、渎职行为，对有关危险物品的事故负有责任的审批部门负责人及其他直接责任人员，依照有关规定追究法律责任。

二、生产经营单位的义务

生产经营单位生产、经营、运输、储存、使用危险物品或者处置废弃危险物品，应当履行以下义务：

1. 执行有关法律、法规和国家标准或者行业标准。如前所述，危险物品从生产到处置的各项活动环节较多，涉及的法律、法规和标准也较多，生产经营单位开展生产、经营、运输、储存、使用危险物品或者处置废弃危险物品等活动，必须首先执行这些规定。实践证明，严格按照规定和操作规程开展生产经营活动，是避免发生生产安全事故的基本条件，特别是涉及危险物品的生产经营活动，更不能凭经验判断，存侥幸心理，而是要严格按照规定按部就班地进行。

2. 建立专门的安全管理制度。安全管理制度是法律、法规和标准在生产经营单位的体现，能将国家的有关规定在生产经营中具体化。国家对危险物品涉及的生产经营活动有严格要求，需要相关的生产经营单位建立专门的安全管理制度。比如，按照有关行政法规的规定，民用爆炸物品从业单位（包括生产、销售、爆破等企业）应当建立安全管理制度、岗位安全责任制度，制订安全防范措施和事故应急预案、设置安全管理机构或者配备专职安全管理人员。

3. 采取可靠的安全措施。由于危险物品的生产、经营、储存、使用、运输以及处置废弃危险物品等活动具有较大的危险性，一旦发生事故，将会对国家和广大人民群众的生命财产安全造成重大损害，因而需要生产经营单位采取安全、可靠的安全防护和应急处置措施。比如，生产、储存危险化学品的单位，应当根据其生产、储存的危险化学品的种类和危险特性，在作业场所设置相应的监测、监控、通风、防晒、调温、防火、灭火、防爆、泄压、防毒、中和、防潮、防雷、防静电、防腐、防泄漏以及防护围堤或者隔离操作等安全设施、设备，并在其作业场所和安全设施、设备上设置明显的安全警示标志。机动车载运爆炸物品、易燃易爆化学物品以及剧毒、放射性等危险物品，应当按指定的时间、路线、速度行驶，悬挂警示标志并采取必要的安全措施。这些措施能够有效降低危险物品生产经营活动风险，避免事故发生。

4. 接受有关主管部门依法实施的监督管理。生产经营单位在开展有关危险物品的生产、使用等活动时，除了遵守有关法律、法规和标准做好自身安全生产工作外，对于有关主管部门依法实施的监督管理，应当积极配合，不得拒绝或阻挠。对于有关主管部门违反法定的程序，或者以监督管理为名影响生产经营单位正常的生产经营活动，甚至牟取私利的行为，生产经营单位不仅有权拒绝、抵制，还有权向有关机关检举和控告。

第四十条　生产经营单位对重大危险源应当登记建档，进行定期检测、评估、监控，并制定应急预案，告知从业人员和相关人员在紧急情况下应当采取的应急措施。

生产经营单位应当按照国家有关规定将本单位重大危险源及有关安全措施、应急措施报有关地方人民政府应急管理部门和有关部门备案。有关地方人民政府应急管理部门和有关部门应当通过相关信息系统实现信息共享。

◆ **条文主旨**

本条是关于生产经营单位重大危险源管理和信息共享的规定。

◆ **条文释义**

重大危险源是危险物品聚集的场所或设施，具有较大的危险性，重大危险源一旦引发生产安全事故，很有可能对从业人员以及相关人员的人身安全和财产造成较大的损害。生产经营单位对重大危险源应当严格管理，采取有效的防护措施，定期检查，防止生产安全事故的发生。本条对重大危险源的管理和信息共享作出特别规定，旨在强调生产经营单位对于重大危险源的管理义务和责任，为强化重大危险源的监控、管理提供法律上的依据。

一、重大危险源的概念

根据本法第117条的规定，重大危险源是指长期地或者临时地生产、搬运、使用或者储存危险物品，且危险物品的数量等于或者超过临界量的单元（包括场所和设施）。重大危险源是由危险物品组成的集合体。构成重大危险源，必须是危险物品的数量等于或者超过临界量。所谓临界量，是指一个数值，当某种危险物品的数量达到或者超过这个数值时，就有可能发生危险。重大危险源中很大一部分是属于危险化学品构成的。目前，我国已经颁布了《危险化学品重大危险源辨识》国家标准（GB 18218－2018），对各种危险化学品的临界量作了明确规定，依据这些临界量，可以辨识某一危险品的聚集场所或设施是否构成重大危险源。

二、重大危险源的管理措施

依据本条规定，生产经营单位对重大危险源的管理措施主要有以下几个方面：

1. 登记建档。登记建档是为了对重大危险源的情况有一个总体的掌握，做到心中有数，便于采取进一步的措施。比如，危险化学品单位应当对辨识确认的重大危险源及时、逐项进行登记建档。重大危险源档案应当包括的文件、资料有：辨识、分级记录；重大危险源基本特征表；涉及的所有化学品安全技术说明书；区域位置图、平面布置图、工艺流程图和主要设备一览表；重大危险源安全管理规章制度及安全操作规程；安全监测监控系统，措施说明，检测、检验结果；重大危险源事故应急预案、评审意见、演练计划和评估报告；安全评估报告或者安全评价报告；重大危险源关键装置、重点部位的责任人、责任机构名称；重大危险源场所安全警示标志的设置情况；其他文件、资料。登记建档应当注意保证档案的完整性、连贯性。

2. 定期检测、评估、监控。检测是指通过一定的技术手段，利用仪器工具对重大危险源的一些具体指标、参数进行测量。评估是指对重大危险源的各种情况进行综合的分析、判断，掌握其危险程度。监控是指通过监控系统等装置、设备对重大危险源进行观察、监测、控制，防止其引发危险。检测、评估、监控是为了更好地了解和掌握重大危险源的基本情况，及时发现事故隐患，采取相应措施，防止生产安全事故的发生。生产经营单位应当将对重大危险源的检测、评估、监控作为一项经常性的工作定期进行。检测、评估、监控工作可以由本单位的有关人员进行，也可以委托具有相应资质的中介机构进行。检测、评估、监控应当符合有关技术标准的要求，详细记录有关情况，并出具检测、评估或者监控报告，由有关人员签字并对其结果负责。

3. 制定应急预案。应急预案是关于发生紧急情况或者生产安全事故时的应对措施、处理办法、程序等的事先安排和计划。生产经营单位应当根据本单位重大危险源的实际情况，依法制定重大危险源事故应急预案，建立应急救援组织或者配备应急救援人员，配备必要的防护装备及应急救援器材、设备、物资，并保障其完好和方便使用；配合地方人民政府应急管理部门制定所在地区涉及本单位的危险化学品事故应急预案。对存在吸入性有毒、有害气体等重大危险源，生产经营单位应当按规定配备必要的器材和设备。生产经营单位还应当制定重大危险源事故应急预案演练计划，按要求进行事故应急预案演练。应急预案演练结束后，应当对应急预案演练效果进行评估，撰写应急预案演练评估报告，分析存在的问题，对应急预案提出修订意见，并及时修订完善。

4. 告知应急措施。生产经营单位应当告知从业人员和相关人员在紧急情况下应当采取的应急措施。这是生产经营单位的一项法定义务。告知从业人员和其他可能受到影响的相关人员在紧急情况下应当采取的应急措施，有利于从业人员和相关人员对自身安全的保护，也有利于他们在紧急情况下采取正确的应急措施，防止事故扩大或者减少事故损失。这里讲的相关人员主要是指重大危险源发生事故时，可能受到损害的生产经营单位以外的人员，如工厂周围的居民等。

三、关于重大危险源安全措施和应急措施的备案

根据本条规定，生产经营单位应当按照国家有关规定将本单位重大危险源及有关安全措施、应急措施报有关地方人民政府应急管理部门和有关部门备案。之所以这样规定，主要是考虑到安全生产工作的重点在于预防，为便于应急管理部门和有关部门及时、全面地掌握生产经营单位重大危险源的分布以及具体危害情况，可以有针对性地采取措施，加强监督管理，经常性进行检查，防止生产安全事故的发生。同时，了解生产经营单位重大危险源的情况、安全措施以及应急措施，也有利于应急管理部门和有关部门在发生生产安全事故时及时组织抢救，并为事故原因的调查处理提供方便。生产经营单位应当认真执行这一规定，及时备案。

应急管理部门和有关部门应当建立、完善有关备案的工作制度和程序，方便有关生产经营单位进行备案，管理好报备的有关材料，并做好对生产经营单位的监督工作。

根据有关规定，生产经营单位在完成重大危险源安全评估报告或者安全评价报告后一定时间内，应当填写重大危险源备案申请表，连同重大危险源档案材料，报送所在地县级人民政府应急管理部门备案，应急管理部门应当每季度将辖区内的一级、二级重大危险源备案材料报送至设区的市级人民政府应急管理部门。设区的市级人民政府应急管理部门应当每半年将辖区内的一级重大危险源备案材料报送至省级人民政府应急管理部门。重大危险源出现重新辨识、评估和定级后，生产经营单位应当及时更新档案，并向所在地县级人民政府应急管理部门重新备案。此外，生产经营单位新建、改建和扩建危险物品建设项目，应当在建设项目竣工验收前完成重大危险源的辨识、安全评估和分级、登记建档工作，并向所在地县级人民政府应急管理部门备案。此外，根据《危险化学品安全管理条例》，对剧毒化学品以及储存数量构成重大危险源的其他危险化学品，储存单位还应当将其储存数量、储存地点以及管理人员的情况，向公安机关备案。

四、关于重大危险源信息共享

根据本条规定，有关地方人民政府应急管理部门和有关部门应当通过相关信息系统实现信息共享，这是本次法律修改新增内容。主要是针对我国一些高危行业领域经过多年粗放式增长、低水平发展，由于管理体制、监控手段等原因，相当一部分重大危险源，政府缺乏有效的监控手段。近些年发生的一些事故，也反映出通过高新技术加强监管的必要性。《意见》提出，应当构建国家、省、市、县四级重大危险源信息管理体系，对重点行业、重点区域、重点企业实行风险预警控制。地方政府应急管理部门和其他有关部门通过相关信息系统整合各方资源，实现重大危险源信息共享共用，有助于对重大危险源进行严格控制和管理，防范和减少生产安全事故的发生。

第四十一条 生产经营单位应当建立安全风险分级管控制度，按照安全风险分级采取相应的管控措施。

生产经营单位应当建立健全并落实生产安全事故隐患排查治理制度，采取技术、管理措施，及时发现并消除事故隐患。事故隐患排查治理情况应当如实记录，并通过职工大会或者职工代表大会、信息公示栏等方式向从业人员通报。其中，重大事故隐患排查治理情况应当及时向负有安全生产监督管理职责的部门和职工大会或者职工代表大会报告。

县级以上地方各级人民政府负有安全生产监督管理职责的部门应当将重大事故隐患纳入相关信息系统，建立健全重大事故隐患治理督办制度，督促生产经营单位消除重大事故隐患。

◆ 条文主旨

本条是关于生产经营单位安全风险管控及事故隐患排查治理和报告的规定。

◆ 条文释义

生产经营单位建立安全风险管控制度及事故隐患排查治理制度，把风险控制在隐患形成之前、把隐患消灭在事故前面，是预防和减少生产安全事故的关键举措。本条主要是进一步细化本法总则中有关“构建安全风险分级管控和隐患排查治理双重预防机制”的要求，具体包括三个方面：一是要求生产经营单位建立风险分级管控制度，采取风险管控措施；二是增加生产安全事故隐患“双报告”要求；三是要求负有安全生产监督管理职责的部门将重大事故隐患纳入相关信息系统。

一、安全风险分级管控制度

本条第1款是本次法律修改新增内容，旨在防范化解重大安全风险，生产经营单位可以通过定期组织开展全过程、全方位的危害辨识、风险评估，严格落实管控措施；针对高风险工艺、高风险设备、高风险场所、高风险岗位和高风险物品等，建立分级管控制度，有效落实管控措施，防止风险演变引发事故。其中，安全生产风险，是指生产经营单位在生产经营活动中可能造成生产安全事故的可能性，与随之引发的人身伤害或者财产损失严重性的组合。由于生产技术的快速发展，生产经营活动呈现出日益复杂化、多样化趋势，生产经营单位应当对生产活动中各系统、各环节可能存在的安全风险进行辨识评估，对辨识评估出的安全风险采取分级管控的管理措施。

《意见》提出，企业要定期开展风险评估和危害辨识。针对高危工艺、设备、物品、场所和岗位，建立分级管控制度，制定落实安全操作规程。国务院安委会办公室《关于实施遏制重特大事故工作指南构建双重预防机制的意见》，对生产经营单位建立安全风险管控制度提出了进一步的要求。一是要全面开展安全风险辨识。企业要针对本企业类型和特点，制定科学的安全风险辨识程序和方法，全面开展安全风险辨识。二是要科学评定安全风险等级。企业要对辨识出的安全风险进行分类梳理，综合考虑起因物、引起事故的诱导性原因、致害物、伤害方式等，确定安全风险类别。三是要有效管控安全风险。企业要根据风险评估的结果，针对安全风险特点，从组织、制度、技术、应急等方面对安全风险进行有效管控。四是要实施安全风险公告警示。企业要建立完善的安全风险公告制度，并加强风险教育和技能培训，确保管理层和每名员工都掌握安全风险的基本情况及防范、应急措施，等等。

二、事故隐患排查治理和“双报告”制度

生产安全事故隐患是指生产经营单位违反安全生产法律、法规、规章、标准、规程和安全生产管理制度的规定，或者因其他因素在生产经营活动中存在可能导致事故发生的物的危险状态、人的不安全行为和管理上的缺陷。事故隐患是导致事故发生的主要根源之一。根据现行标准的规定，隐患主要有三个方面：人的不安全行为、物的不安全状态和管理上的缺陷。生产经营单位的事故隐患分为一般事故隐患和重大事故隐患。一般事故隐患，是指危害和整改难度较小，发现后能够立即整改排除的隐患。重大事故隐患，是指危害和整改难度较大，应当全部或者局部停产停业，并经过一定时间整改治理方能排除的隐患，或者因外部因素影响致使生产经营单位自身难以排除的隐患。《意见》提出，企业要树立隐患就是事故的观念，建立健全隐患排查治理制度、重大隐患治理情况向负有安全生产监督管理职责的部门和企业职代会“双报告”制度。

生产经营单位应当建立健全并落实生产安全事故隐患排查治理制度，不能把事故隐患排查制度只写在纸上、贴在墙上、锁在抽屉里，要逐步建立并落实从主要负责人到从业人员的事故隐患排查责任制。生产经营单位应当为隐患排查治理工作提供必要的资金和技术保障，定期组织安全生产管理人员、注册安全工程师、工程技术人员和其他相关人员开展事故隐患排查工作。对排查出的生产安全事故隐患，应当按照事故隐患的等级进行登记，建立事故隐患信息档案。对于一般事故隐患，由生产经营单位的车间、班组负责人或者有关人员立即组织整改排除。对于重大事故隐患，由生产经营单位主要负责人或者有关负责人组织制订并实施隐患治理方案。重大事故隐患治理方案应当包括治理的目标和任务、采取的方法和措施，经费和装备物资的落实、负责整改的机构和人员，治理的时限和要求、相应的安全措施和应急预案等内容，做到“五落实”，即整改责任人、整改措施、整改资金、整改时限和应急救援预案的落实。

生产经营单位在事故隐患排查和治理过程中，应当将排查治理情况如实记录，并通过职工大会或者职工代表大会、信息公示栏等方式向从业人员通报，确保从业人员的知情权。此外，本次法律修改还增加了“双报告”制度，即对于重大事故隐患排查治理情况，要求生产经营单位既要及时向负有安全生产监督管理职责的部门报告，又要向职工大会或者职工代表大会报告。

三、重大事故隐患督办制度

重大事故隐患的危害大、整改难度大，一旦引发事故将造成严重后果。加强重大事故隐患的治理，是防范和遏制重特大生产安全事故的重要措施。为此，本条规定，县级以上地方人民政府负有安全生产监督管理职责的部门应当将重大事故隐患纳入相关信息系统，建立健全重大事故隐患治理督办制度，督促生产经营单位消除重大事故隐患。通过相关信息系统，能够帮助相关监管执法部门及时掌握企业隐患排查治理情况、加强对企业重大事故隐患治理情况的监督检查。重大隐患督办的方式，可以采取下达督办指令或网上公示等。对于某些生产经营单位自身难以解决的重大事故隐患，负有安全生产监督管理职责的部门应当积极协调，指导帮助生产经营单位消除隐患。负有安全生产监督管理职责的部门应当加强重人事故隐患治理过程中的监督检查，发现问题、及时督促整改。重大事故隐患治理结束后，应当及时核销。对于未按期消除重大事故隐患的生产经营单位，又没有其他客观原因的，负有安全生产监督管理职责的部门应当依法责令其停产整顿，直至提请县级以上人民政府予以关闭。

治理工作结束后，有条件的生产经营单位应当组织本单位的技术人员和专家对重大事故隐患的治理情况进行评估；其他生产经营单位应当委托具备相应资质的安全评价机构对重大事故隐患的治理情况进行评估。经治理后符合安全生产条件的，生产经营单位应当向负有安全生产监督管理职责的部门提出恢复生产的书面申请，经负有安全生产监督管理职责的部门审查同意后，方可恢复生产经营。申请报告应当包括治理方案的内容、项目和安全评价机构出具的评价报告等。

第四十二条 生产、经营、储存、使用危险物品的车间、商店、仓库不得与员工宿舍在同一座建筑物内，并应当与员工宿舍保持安全距离。

生产经营场所和员工宿舍应当设有符合紧急疏散要求、标志明显、保持畅通的出口、疏散通道。禁止占用、锁闭、封堵生产经营场所或者员工宿舍的出口、疏散通道。

◆ **条文主旨**

本条是生产经营场所、员工宿舍安全管理要求的规定。

◆ **条文释义**

实际中，有的危险物品的生产经营单位为了降低成本，将员工宿舍与车间、商店、仓库等安排在同一座建筑物内，或者为防止员工在工作时间休息、盗窃产品而锁闭、封堵经营场所，一旦发生火灾、爆炸、地震等情况，员工因无法逃生而酿成的事故屡有发生。本条对生产经营单位的这些行为予以禁止。本条是对2014年《安全生产法》第39条的修改，将原第2款中的“锁闭、封堵”修改为“占用、锁闭、封堵”，“出口”修改为“出口、疏散通道”。

一、对员工宿舍的安全要求

本条第1款规定，生产、经营、使用、储存危险物品的车间、商店、仓库不得与员工宿舍在同一座建筑物内，并应当与员工宿舍保持安全距离。这一规定的目的是保障单位员工的生命财产安全。实践中，确有一些生产、经营、使用、储存危险物品的生产经营单位为了追求经济利益，节省开支，不顾员工的生命财产安全，将单位的生产车间、仓库和员工宿舍设在同一座建筑物内，一旦发生安全事故，特别是发生爆炸、中毒、火灾事故，往往蔓延迅速，极易导致群死群伤的恶性事故。

历史上，我国发生了多起这样的事故。如，2008年12月4日，山东省青岛市城阳区青岛佳元迈克食品有限公司的员工宿舍发生火灾，造成11名职工死亡，10名职工轻伤。2012年10月10日，陕西省西安市黄草坡中铁十八局引汉济渭工程项目部生活区某职工宿舍发生火灾，造成12人死亡，24人受伤，其中5人重伤。2021年4月22日，上海市金山区林盛路胜瑞电子科技（上海）有限公司发生火灾事故，造成8人遇难，其中2人为消防救援人员。这些事故的一个共同特点就是都造成群死群伤的恶性后果，原因就是将生产、经营、使用、储存危险物品的车间、商店、仓库与员工宿舍设在同一座建筑物内。因此，总结现实中血的教训，本条明确规定，生产、经营、使用、储存危险物品的车间、商店、仓库与员工宿舍不得在同一座建筑物内。生产经营单位不得以任何理由违反上述规定，员工也应当提高自我保护意识，拒绝使用生产经营单位提供的违反安全要求的宿舍，并有权向有关部门检举和控告。与此同时，生产、经营、使用、储存危险物品的车间、商店、仓库与员工宿舍还应当保持安全距离。所谓安全距离，是指达到这个距离的要求，即使发生事故，也不致损害宿舍内员工的人身安全。

二、对生产经营场所或者员工宿舍出口和疏散通道的要求

本条第 2 款规定，生产经营场所和员工宿舍应当设有符合紧急疏散要求、标志明显、保持畅通的出口、疏散通道。禁止占用、锁闭、封堵生产经营场所或者员工宿舍的出口、疏散通道。安全生产，预防为主，生产经营单位应当采取措施，防止生产安全事故的发生。但是，生产经营活动是一个复杂的过程，多种因素都可能对生产经营单位的安全生产造成影响，即使采取了防范措施，也不可能完全杜绝生产安全事故的发生。因此，生产经营单位应当事先做好发生事故的准备，并采取措施防止事故扩大。这其中，保证生产经营场所和员工宿舍出口和疏散通道的畅通十分重要。这一方面有利于发生生产安全事故时从业人员的撤离，减少人员的伤亡；另一方面也有利于救援队伍及时进入事故现场，开展抢救工作，防止事故扩大，尽量减少事故造成的损失。实践中，一些生产经营单位的生产经营场所或者员工宿舍的建设不符合安全要求，不设紧急出口、疏散通道。有的虽然设了紧急出口和疏散通道，但标志不明显或者不能保持畅通，发生事故时起不到紧急疏散作用。也有一些生产经营单位出于各种目的，占用、锁闭、封堵生产经营场所或者员工宿舍的出口，致使发生事故时员工不能及时疏散，逃生出去，造成大量人员伤亡。

2013 年 6 月 3 日，吉林省长春市德惠市的吉林宝源丰禽业有限公司主厂房发生特别重大火灾爆炸事故，共造成 121 人死亡、76 人受伤，造成事故的主要原因之一就是主厂房内逃生通道复杂，且南部主通道西侧安全出口和二车间西侧直通室外的安全出口被锁闭，火灾发生时人员无法及时逃生。2015 年 1 月 2 日，黑龙江省哈尔滨市道外区太古头道街的北方南勋陶瓷大市场三层仓库起火，火灾扑救过程中，起火建筑多次坍塌，坍塌面积 3000 平方米，造成 5 名消防员牺牲，14 人受伤，燃烧 40 多个小时的火灾才得到控制。在救援的过程中，消防车赶到现场，曾试图从消防通道进入院内起火地点进行救援，可几个出入口都变成了商铺，消防车绕了几圈都没有找到入口，只能徘徊在楼外，错过了宝贵的救援时间。本条对生产经营场所或者员工宿舍的出口和疏散通道的要求作了明确规定。需要注意的是，疏散通道和禁止占用的表述是本次法律修改新增的内容，目的是吸取现实中已发生的事故教训，进一步依法保障“生命通道”畅通。

第四十三条　生产经营单位进行爆破、吊装、动火、临时用电以及国务院应急管理部门会同国务院有关部门规定的其他危险作业，应当安排专门人员进行现场安全管理，确保操作规程的遵守和安全措施的落实。

◆ 条文主旨

本条是关于爆破、吊装、动火、临时用电等危险作业的现场安全管理的规定。

◆ 条文释义

爆破、吊装、动火、临时用电作业具有较大的危险性，容易发生事故，而且一旦发生事故，将会对作业人员和有关人员造成较大的伤害。因此，进行危险作业时，作业人员必须严格按照操作规程进行操作，同时生产经营单位应当采取必要的事故防范措施，以防止生产安全事故的发生。

一、爆破、吊装、动火、临时用电的危险性

考虑到爆破、吊装、动火、临时用电等作业的危险性，在事故防范措施中，很重要的一项就是安排专门的人员进行作业场所的安全管理。现场安全管理人员一方面可以检查作业场所的各项安全措施是否得到落实，另一方面可以监督从事危险作业的人员是否严格按照有关操作规程进行操作。同时，现场安全管理人员可以对作业场所的各种情况进行及时协调，发现事故隐患及时采取措施进行紧急排除。

需要注意的是，动火和临时用电是本次法律修改新增内容，主要考虑是吸取近些年有关生产安全事故的教训和经验。2021 年 1 月山东栖霞笏山金矿重大爆炸事故和 2021 年 2 月山东招远曹家洼金矿较大火灾事故，都是因为企业项目管理混乱，动火、临时用电等危险作业管理不规范，从而导致了事故灾难的发生。

二、爆破、吊装、动火、临时用电的安全要求

爆破、吊装、动火、临时用电是比较常见的作业方式，特别是在矿山、建筑施工以及在大型机械制造等单位更是经常采用这几种作业方式。由于爆破、吊装、动火、临时用电是危险作业，为达到既方便施工又保证安全的目的，必须规定一些特殊的安全管理要求，这也是实践中的一贯做法。比如，申请从事爆破作业的单位，应当具备一定的条件，如有符合国家有关标准和规范的民用爆炸物品专用仓库，有具备相应资格的安全管理人员、仓库管理人员和具备国家规定执业资格的爆破作业人员，有符合国家标准、行业标准的爆破作业专用设备等。爆破作业单位应当对本单位的爆破作业人员、安全管理人员、仓库管理人员进行专业技术培训。爆破作业人员应当经设区的市级人民政府公安机关考核合格，取得《爆破作业人员许可证》后，方可从事爆破作业。爆破作业单位应当按照其资质等级承接爆破作业项目，爆破作业人员应当按照其资格等级从事爆破作业。实施爆破作业，应当遵守国家有关标准和规范，在安全距离以外设置警示标志并安排警戒人员，防止无关人员进入；爆破作业结束后应当及时检查、排除未引爆的民用爆炸物品。

三、爆破、吊装、动火、临时用电的现场管理

现行的《爆破安全规程》《建筑安装工人安全技术操作规程》《建筑机械使用安全技术规程》等专门的操作规程，对爆破、吊装作业应当遵守的具体程序和要求作了具体规定。例如，吊装时吊物要捆扎牢靠，吊钩要找准重心；吊物要垂直，不准斜吊或斜拉；物体吊起时，禁止人员站在吊物之上，其下方禁止有人；起重机在起吊满载荷时，应先将重物吊起地面 20 厘米至 50 厘米停止提升，检查起重机的稳定性、制动器的可靠性、重物的平衡性、绑扎的牢固性，确认无误后方可再进行下一步的提升；对于有可能晃动的重物，必须拴拉绳；进行爆破器材加工和爆破作业人员禁止穿化纤衣服；在大雾天、雷雨时、黄昏、夜晚，禁止进行爆破；在道路不安全或阻塞时禁止进行爆破作业等。

实践中，由于在危险作业现场没有专门的安全管理人员进行协调、管理，导致作业人员错误操作，从而引发事故的情况时有发生。2001 年 7 月 17 日，在上海市沪东造船（集团）有限公司由上海电力建筑工程公司承担的 600 吨门式起重机在吊装过程中，由于没有现场安全管理人员，各作业人员之间缺乏协调，导致操作上的失误，使龙门吊坠地，造成 36 人死亡，3 人重伤的特大事故。为保证危险作业的安全进行，本条明确规定生产经营单位进行爆破、吊装、动火、临时用电等危险作业应当安排专门人员进行现场安全管理，确保操作规程的遵守和安全措施的落实。这是法律的强制性规定，生产经营单位必须严格执行。

四、关于危险作业目录

除爆破、吊装、动火、临时用电作业外，目前还有一些作业也很危险，如有限空间作业、地下挖掘作业、悬吊作业、临近高压线作业等。因此，本条通过授权的方式明确，其他危险作业由国务院应急管理部门会同国务院有关部门规定。这样规定，有利于根据安全生产工作的实际，及时公布调整相应的危险作业目录，加强对危险作业的动态安全管理。

第四十四条　生产经营单位应当教育和督促从业人员严格执行本单位的安全生产规章制度和安全操作规程；并向从业人员如实告知作业场所和工作岗位存在的危险因素、防范措施以及事故应急措施。

生产经营单位应当关注从业人员的身体、心理状况和行为习惯，加强对从业人员的心理疏导、精神慰藉，严格落实岗位安全生产责任，防范从业人员行为异常导致事故发生。

◆ **条文主旨**

本条是关于生产经营单位对从业人员相关安全管理义务的规定。

◆ **条文释义**

生产经营单位履行安全生产义务，除了企业负责人和其他管理人员遵守法律、法规和有关标准的规定，制定各项安全管理制度外，更重要的是采取各种措施提供从业人员的安全意识和安全操作水平，使每一名从业人员都行动起来，确保安全管理的各项规定落实到生产经营活动的每一个环节，这样才能切实提高企业的生产安全水平。本条是对 2014 年安全生产法第 41 条的修改，增加一款有关生产经营单位应当关注从业人员的身体、心理状况和行为习惯等义务。

一、督促从业人员执行规章制度和安全操作规程

安全生产规章制度是一个单位规章制度的重要组成部分，是保证生产经营活动安全、顺利进行的重要手段。生产经营单位的安全生产规章制度主要包括两个方面的内容：一是安全生产管理方面的规章制度；二是安全技术方面的规章制度。规程是对工艺、操作、安装、检定、安全、管理等具体技术要求和实施程序所作的统一规定。安全操作规程是指在生产活动中，为消除导致人身伤亡或者造成设备、财产破坏以及危害环境的因素而制定的具体技术要求和实施程序的统一规定。安全生产规章制度和安全操作规程，是保证生产经营活动安全进行的重要制度保障，从业人员在进行作业时必须严格执行。实践中，一些企业不制定安全生产规章制度，或者不教育和督促从业人员严格执行安全生产规章制度和安全操作规程，使得从业人员盲目操作，从而导致生产安全事故的发生。针对这种情况，本条规定，生产经营单位应当教育和督促从业人员严格执行本单位的安全生产规章制度和安全操作规程。生产经营单位应当严格遵守这一规定。

二、保障从业人员的安全生产知情权

本条第 1 款还对从业人员知情权的保障作出了规定。知情权是一种基本人权，属于生存权和发展权的一部分。劳动者职业安全健康知情权的范围很广，与生命健康权有着密切的联系。对于可能造成本人人身伤害的职业危害及其避免遭受危害的知情权的实现，是保护劳动者自身生命健康权的重要前提。本条第 1 款主要从要求生产经营单位对作业场所和工作岗位存在危险因素、防范措施以及应急措施等情况向从业人员予以告知的角度，对保障从业人员的知情权问题进行了规定。

向从业人员告知作业场所和工作岗位的危险因素、防范措施以及事故应急措施，是保障从业人员知情权的重要内容。因此，本条把这一告知义务规定为生产经营单位强制性的法定义务，生产经营单位必须遵守。生产经营单位应当如实告知，是指按实际情况告知从业人员，不得隐瞒，不得省略，更不能欺骗从业人员。告知的内容包括三个方面：（1）作业场所和工作岗位存在的危险因素的种类、性质以及可能导致何种生产安全事故；（2）对这些危险因素的防范措施；（3）针对该作业场所和工作岗位的可能导致的生产安全事故的种类和特点，事先制定的在发生生产安全事故时的应急措施。告知的形式可以是多种多样的，如组织从业人员进行学习，或者在作业场所和工作岗位设置公告栏，将有关内容予以公告等。

三、关注从业人员的身体、心理状况和行为习惯

本条第 2 款是本次法律修改新增内容，主要考虑是汲取实践有关事故的经验教训，规定生产经营单位除了应当督促从业人员执行规章制度和安全操作规程，以及保障从业人员的安全生产知情权外，还应当关注从业人员的身体、心理状况和行为习惯，加强对从业人员的心理疏导、精神慰藉，严格落实岗位安全生产责任，防范和避免因从业人员行为异常从而导致事故发生的情况。

实践中，因从业人员行为异常而引发生产安全事故的情况时有发生。例如，2020 年 7 月 7 日贵州安顺市公交车坠湖事故的起因，是公交车司机因生活不如意和对拆除其承租公房不满，针对不特定人群实施的危害公共安全犯罪，造成 21 人死亡，15 人受伤，公共财产遭受重大损失。因此，本条要求生产经营单位关注从业人员身体、心理状况，就是为了确保从业人员的身体、心理状况和行为习惯符合岗位的安全生产要求。同时，本条还要求生产经营单位要加强对从业人员的心理疏导和精神慰藉，重视对从业人员进行心理上的关注和安慰，并及时对从业人员的情绪问题或发展困惑进行疏导和引导，防范从业人员的行为异常，避免事故发生。

第四十五条 生产经营单位必须为从业人员提供符合国家标准或者行业标准的劳动防护用品，并监督、教育从业人员按照使用规则佩戴、使用。

◆ **条文主旨**

本条是关于生产经营单位提供劳动防护用品等的规定。

◆ **条文释义**

劳动防护用品是保护职工安全所采取的必不可少的辅助措施，在某种意义上它是劳动者防止职业伤害的最后一项措施。在劳动条件差、危害程度高或集体防护措施起不到防护作用的情况下（如抢修或检修设备、野外露天作业、处理事故隐患等），劳动防护用品会成为保护劳动者的主要措施。因此，劳动防护用品的质量好坏，对于保障劳动者的劳动安全是很重要的。特别是特种劳动防护用品，如果其质量出现问题，将直接危及作业人员的生命健康。因此，劳动防护用品必须保证质量，安全可靠，起到应有的劳动保护的作用。

一、劳动防护用品的定义和种类

劳动防护用品主要是指劳动者在生产过程中为免遭或者减轻事故伤害和职业危害所配备的防护装备。劳动防护用品根据不同的分类方法，可分为很多种类。如按照人类的生理部位分类，有头部的防护、面部的防护、眼睛的防护、呼吸道的防护等；按照使用原材料分类，有棉纱棉布制品、丝绸呢绒制品、皮革制品、橡胶制品和五金制品等；按照使用性质分类，有防尘用品，防毒用品，防酸、碱用品，防油用品，防高温用品，防冲击用品等；按照用途分类，有通用防护用品（也称一般防护用品）、专用防护用品（也称特种防护用品）等。2018 年原国家安全生产监督管理总局修改的《用人单位劳动防护用品管理规范》将劳动防护用品分为十大类：（1）防御物理、化学和生物危险、有害因素对头部伤害的头部防护用品；（2）防御缺氧空气和空气污染物进入呼吸道的呼吸防护用品；（3）防御物理和化学危险、有害因素对眼面部伤害的眼面部防护用品；（4）防噪声危害及防水、防寒等的听力防护用品；（5）防御物理、化学和生物危险、有害因素对手部伤害的手部防护用品；（6）防御物理和化学危险、有害因素对足部伤害的足部防护用品；（7）防御物理、化学和生物危险、有害因素对躯干伤害的躯干防护用品；（8）防御物理、化学和生物危险、有害因素损伤皮肤或引起皮肤疾病的护肤用品；（9）防止高处作业劳动者坠落或者高处落物伤害的坠落防护用品；（10）其他防御危险、有害因素的劳动防护用品。

二、应提供合格劳动防护用品并正确佩戴、使用

国家对劳动防护用品的产品质量指标和技术条件，制定了一系列技术标准。如对安全帽、自吸过滤式防尘口罩、防冲击眼护具、阻燃防护服等防护用品，均制定了国家标准，并根据情况变化，适时修订。生产经营单位为劳动者提供的劳动防护用品，应该是符合国家标准或者行业标准的、合格的劳动防护用品，只有这样，才能真正起到保障劳动者劳动安全的作用。实践中需要注意的是，生产经营单位必须把劳动防护用品发放到从业人员手中，不得以货币或其他物品替代应当配备的劳动防护用品。生产经营单位还应当建立健全劳动防护用品的购买、验收、保管、发放、使用、更换、报废等管理制度，并应按照劳动防护用品的使用要求，在使用前对其防护功能进行必要的检查。

实践中，生产经营单位依法向从业人员提供了劳动防护用品，但从业人员由于缺乏相关操作知识、安全意识不强、图省事等原因，不按照规定佩戴或使用相关的劳动防护用品，这也可能造成很大的事故隐患。因此本法规定生产经营单位应当采取措施，使劳动者掌握劳动防护用品的使用规则，并在实践中监督、指导劳动者按照使用规则佩戴、使用劳动防护用品，使其真正发挥作用。2015 年原国家安全生产监督管理总局颁布实施的《用人单位劳动防护用品管理规范》明确规定，劳动者在作业过程中，应当按照规章制度和劳动防护用品使用规则，正确佩戴和使用劳动防护用品。

第四十六条 生产经营单位的安全生产管理人员应当根据本单位的生产经营特点，对安全生产状况进行经常性检查；对检查中发现的安全问题，应当立即处理；不能处理的，应当及时报告本单位有关负责人，有关负责人应当及时处理。检查及处理情况应当如实记录在案。

生产经营单位的安全生产管理人员在检查中发现重大事故隐患，依照前款规定向本单位有关负责人报告，有关负责人不及时处理的，安全生产管理人员可以向主管的负有安全生产监督管理职责的部门报告，接到报告的部门应当依法及时处理。

◆ 条文主旨

本条是关于安全生产管理人员的安全检查和报告义务的规定。

◆ 条文释义

本条规定了生产经营单位的安全生产管理人员的安全检查和报告义务，并明确了安全生产管理人员发现重大事故隐患的，可以向有关主管部门报告的权利，以及有关主管部门应当依法处理的职责，及时排除重大隐患，防止生产安全事故的发生。

一、安全生产管理人员的安全检查义务

人的不安全行为和物的不安全状态，是造成生产安全事故发生的重要因素。为了消除这些因素的存在，排除隐患，就要设法及时发现它，进而采取消除的措施。这就需要对生产经营单位的安全生产状况进行经常性的检查。安全检查根据主体的不同，可分为有关主管部门进行的检查和生产经营单位自行检查两种形式。其中，尤以生产经营单位的自查最为常见和普遍。

生产经营单位的安全生产管理人员应当根据本单位的生产经营特点，对本单位的安全生产状况进行经常性的检查。一般来说，安全检查主要涉及安全生产规章制度是否健全、完善，安全设备、设施是否处于正常的运行状态，从业人员是否具备应有的安全知识和操作技能，从业人员在工作中是否严格遵守安全生产规章制度和操作规程，从业人员的劳动防护用品是否符合标准以及是否有其他事故隐患等。

二、安全生产管理人员的报告义务

生产经营单位的安全生产管理人员在对本单位的安全生产状况进行检查的过程中，发现存在的安全问题，可以处理的应当立即采取措施进行处理，如发现劳动者没有穿戴安全防护用品，应当立即要求其改正。对于不能当场处理的安全问题，如安全设施

不合格，需要改建等情况，安全生产管理人员无法立即采取措施进行处理的，应该立即将这一情况报告本单位的主要负责人或者主管安全生产工作的其他负责人，报告应当包括安全问题发现的时间、具体情况以及如何解决等内容。有关负责人在接到报告后，应当及时处理。

生产经营单位的安全生产管理人员还应当将安全检查的情况，包括检查的时间、范围、内容，发现的问题及其处理情况等都详细地记入本单位的安全生产档案，作为日后完善相关制度的参考或者在发生事故时作为调查事故原因的依据等。

生产经营单位的安全生产管理人员在检查中发现重大事故隐患，已经向本单位主要负责人或者主管安全生产工作的其他负责人报告，主要负责人或者主管安全生产工作的其他负责人接到报告后，可能由于各种原因，采取不予处理或者不立即处理的措施。如针对有些重大隐患的整改需要大量资金，单位难以承受，主要负责人不愿投入，也不采取相应措施；也有一些重大事故隐患，主要负责人主观上存在侥幸心理，认为不可能发生生产安全事故，行动上采取拖延缓办措施。针对这些情况，本条规定，安全生产管理人员可以向主管的负有安全生产监督管理职责的部门报告，这是法律赋予安全生产管理人员的报告重大事故隐患权利。同时，还规定接到报告的部门应当依法及时处理。这里讲的依法及时处理，是指依照本法和其他有关法律、法规、规章的规定及时进行处理。

第四十七条　生产经营单位应当安排用于配备劳动防护用品、进行安全生产培训的经费。

◆ 条文主旨

本条是关于生产经营单位保障用于配备劳动防护用品、进行安全生产培训的经费的规定。

◆ 条文释义

安全生产必须有一定的资金保证，用于提高劳动者的安全意识和安全操作技能，改善劳动者的劳动条件，为劳动者提供必要的劳动防护用品，否则生产经营单位的安全生产将很难实现。生产经营单位的安全生产经费问题，是关系到本法是否能够得到有效实施的一个重要问题。本法用多个条款对这一问题作了规定，包括要求生产经营单位的决策机构、主要负责人或者个人经营的投资人保证本单位应当具备的安全生产条件所必需的资金投入；生产经营单位应当按照规定提取和使用安全生产经费专门用于完善和改进安全生产条件的有关支出；要求生产经营单位将新建、改建、扩建工程项目的安全设施投资纳入建设项目概算，等等。

要求生产经营单位安排一定的经费用于安全生产工作，是实践中的一贯做法。例如，根据矿山安全法及其实施细则的规定，矿山企业必须安排一部分资金，用于下列改善矿山安全生产条件的项目：预防矿山事故的安全技术措施，预防职业危害的劳动卫生技术措施，职工的安全培训，改善矿山安全生产条件的其他技术措施。

本法规定生产经营单位应当对从业人员进行安全生产教育和培训，必须为从业人员提供符合国家标准或者行业标准的劳动防护用品，对于提高从业人员的安全知识和安全操作技能，防止或者减轻从业人员在生产过程中遭受事故伤害，保证从业人员的劳动安全，具有重要意义。为了保证这些制度的实施，生产经营单位应当按照本条的规定安排必要的经费用于配备劳动防护用品和进行安全生产培训。

需要注意的是，为从业人员配备劳动防护用品、进行安全生产培训是生产经营单位的法定义务，本法规定由生产经营单位安排相关经费，生产经营单位不得让从业人员承担这些费用，不得让从业人员缴纳劳动防护用品费、培训费等费用，不得以这些费用为由克扣从业人员的工资、福利等待遇。

第四十八条 两个以上生产经营单位在同一作业区域内进行生产经营活动，可能危及对方生产安全的，应当签订安全生产管理协议，明确各自的安全生产管理职责和应当采取的安全措施，并指定专职安全生产管理人员进行安全检查与协调。

◆ **条文主旨**

本条是关于不同生产经营单位安全生产协作的规定。

◆ **条文释义**

随着经济的发展和社会化大生产的扩大，生产经营单位之间的联系日益紧密。一个单位安全生产工作的好坏，不仅关系着本单位从业人员人身和财产的安全，而且还可能对其他单位产生影响。特别是在同一作业区域内进行生产经营活动的不同单位，如果一个单位发生了生产安全事故，会直接威胁其他单位的安全生产。要求在同一作业区域内进行生产经营活动、可能危及对方生产安全的生产经营单位进行安全生产方面的协作，是安全生产管理中的一项重要制度。

在同一作业区域内进行生产经营活动的单位，进行安全生产方面的协作的主要形式是签订并执行安全生产管理协议。各单位应当通过安全生产管理协议互相告知本单位生产的特点、作业场所存在的危险因素、防范措施以及事故应急措施，以使各个单位对该作业区域的安全生产状况有一个整体上的把握。同时，各单位还应当在安全生产管理协议中明确各自的安全生产管理职责和应当采取的安全措施，做到职责清楚，分工明确。为了使安全生产管理协议真正得到贯彻，保证作业区域内的生产安全，各生产经营单位还应当指定专职的安全生产管理人员对作业区域内的安全生产状况进行检查，对检查中发现的安全生产问题及时进行协调、解决。

在法律中规定企业进行安全生产方面的协作，也是各国安全生产管理中的通常做法。新的《德国劳动保护法》第 8 条就明确规定，如果若干个用工者所负责的劳动者在一个劳动场所从事劳动，用工者之间在执行劳动安全健康保护规定方面必须进行合作。如果这种合作对劳动者在劳动过程中搞好劳动安全健康保护是必要的，用工者要按照工种相互告知和重点告知自己的人员注意与劳动有关的安全健康方面的危险，并协调一致采取防止危险的措施。《瑞典工作环境法》第 6 条也规定，在公共工地上同时从事活动的两个或多个合法人员应同另外一个协商，并就得到令人满意的安全条件进行合作。日本和我国台湾地区在安全生产方面的法律中也有类似的规定。

需要注意的是本条规定是强行性规定。各生产经营单位之间的谈判过程可以是自由进行的，谈判达成的协议中关于安全生产管理职责和责任的分配也可以自主决定，但是，多个生产经营单位只要符合本条规定的情形，就必须签订安全生产管理协议，并且协议中应当有关于各方安全生产管理职责和应当采取的安全措施的内容。安全生产管理协议不同于一般的业务合同，它本身与生产经营单位的营利业务没有直接关系，相反地却增加了生产经营单位的职责，很可能被生产经营单位视为“累赘”，得不到应有的重视。同时，安全生产管理协议既是有关生产经营单位履行各自安全生产管理职责的依据，也是判明生产安全事故责任的一个重要依据。因此，本条规定必须签订安全生产管理协议，违反规定的，应当承担相应的法律责任。

第四十九条 生产经营单位不得将生产经营项目、场所、设备发包或者出租给不具备安全生产条件或者相应资质的单位或者个人。

生产经营项目、场所发包或者出租给其他单位的，生产经营单位应当与承包单位、承租单位签订专门的安全生产管理协议，或者在承包合同、租赁合同中约定各自的安全生产管理职责；生产经营单位对承包单位、承租单位的安全生产工作统一协调、管理，定期进行安全检查，发现安全问题的，应当及时督促整改。

矿山、金属冶炼建设项目和用于生产、储存、装卸危险物品的建设项目的施工单位应当加强对施工项目的安全管理，不得倒卖、出租、出借、挂靠或者以其他形式非法转让施工资质，不得将其承包的全部建设工程转包给第三人或者将其承包的全部建设工程支解以后以分包的名义分别转包给第三人，不得将工程分包给不具备相应资质条件的单位。

◆ 条文主旨

本条是关于生产经营项目、场所、设备发包或出租的安全生产责任的规定。

◆ **条文释义**

本条是对2014年安全生产法第46条的修改，与原法条相比增加了第3款，规定了矿山、金属冶炼建设项目和用于生产、储存、装卸危险物品的建设项目的施工单位的特殊义务。主要考虑是，近几年在各类检查和事故调查中发现，部分建设项目实施过程中存在倒卖、出租、出借、挂靠或者以其他形式非法转让施工资质，非法转包分包等问题，严重影响建设项目的生产安全。因此，本次法律修改专门新增一款予以规范这类行为。

一、不得发包或者出租给不具备安全生产条件或者相应资质的单位或者个人

根据本法相关规定，生产经营单位应当具备法律、行政法规和国家标准或者行业标准规定的安全生产条件，不具备安全生产条件的，不得从事生产经营活动。同时，生产经营单位为了保证生产安全，还必须建立、健全全员安全生产责任制和安全生产规章制度，建立安全生产防范措施，为劳动者提供符合标准的劳动防护用品，等等。如果生产经营单位不具备上述安全生产条件而从事生产经营活动，则安全生产就无法得到保证。因此本条第1款规定，生产经营单位不得将生产经营项目、场所、设备发包或者出租给不具备安全生产条件的单位或者个人。

在实际生活中，生产经营活动的种类很多，不同生产经营活动的规模以及技术要求的复杂程度也有很大的差别，对从事该活动的生产经营单位的经济、技术条件也就有不同的要求。因此，将不同的生产经营单位按照其具有的不同的经济、技术条件，划分为不同的资质等级，并对不同资质等级的单位所能从事的生产经营活动的范围作出明确规定，是维护正常的生产经营秩序，保证生产安全的一项重要措施。我国在实践中也采取了这种做法。如《建筑法》第13条规定："从事建筑活动的建筑施工企业、勘察单位、设计单位和工程监理单位，按照其拥有的注册资本、专业技术人员、技术装备和已完成的建筑工程业绩等资质条件，划分为不同的资质等级，经资质审查合格，取得相应等级的资质证书后，方可在其资质等级许可的范围内从事建筑活动。"第29条又规定，禁止总承包单位将工程分包给不具备相应资质条件的单位。生产经营单位从事其资质等级许可的范围外的生产经营活动，由于资金、技术、人员等方面的条件达不到要求，而使得生产安全无法得到保障，因此，本条对这种情况严格禁止。

二、发包或者出租给其他单位的安全生产责任

随着改革开放和经济发展，企业所有制发生了重大变化，一些企业采用租赁、承包、合作经营等多种经营方式，个人、私营企业、家庭作坊式企业以及个人承包的公共娱乐场所也大量涌现。其中确有一些企业的安全管理工作混乱，以租代管、以包代管的问题始终存在。有些生产经营单位只管收取租金或者承包费，对承包单位、承租单位的安全生产问题不闻不问，导致安全隐患大量存在。为了有效解决这一问题，本条第2款专门作出规定，生产经营项目、场所有多个承包单位、承租单位的，生产经营单位应当与承包单位、承租单位对安全生产管理方面的问题予以约定。生产经营单位与承包单位、承租单位就安全生产管理问题进行约定的方式有两种：一种是签订专门的安全生产管理协议；另一种是不签订专门的协议，而是在承包合同、承租合同中对各自的安全生产管理职责进行约定。在约定中，生产经营单位可以与承包单位、承租单位就各自在安全生产管理中权利、义务以及事故发生时的责任承担等问题进行协商确定。

生产经营单位与承包单位、承租单位在安全生产管理方面的约定，只对约定双方有约束力，不具有对外效力。也就是说，生产经营单位不能因为有了约定而减轻自己在安全生产方面的责任，生产经营单位应对该项目、场所的安全生产全面负责。生产经营单位对承包单位、承租单位的安全生产工作统一协调、管理，还要定期进行安全检查，发现安全问题的，应当及时督促整改。如果该生产经营项目、场所有违反本法或有关法律、行政法规关于安全生产的管理规定的行为，应由生产经营单位承担相应的责任；如果发生了生产安全事故，生产经营单位应承担相应的责任。生产经营单位在承担了相应的责任后，可以根据安全生产管理协议的约定，追究承包单位、承租单位的责任。

三、矿山、金属冶炼建设项目和用于生产、储存、装卸危险物品的建设项目的施工单位的特殊规定

矿山、金属冶炼、危险物品等建设项目专业性强、建设要求高，如果管理不规范极易导致重特大事故发生。《民法典》《建筑法》《建设工程质量管理条例》等法律法规对建设项目发包承包、资质管理等都有明确的规定。例如，《民法典》第791条规定，承包人不得将其承包的全部建设工程转包给第三人或者将其承包的全部建设工程支解以后以分包的名义分别转包给第三人。禁止承包人将工程分包给不具备相应资质条件的单位。《建筑法》第28条规定，禁止承包单位将其承包的全部建筑工程转包给他人，禁止承包单位将其承包的全部建筑工程肢解以后以分包的名义分别转包给他人。第29条规定，禁止总承包单位将工程分包给不具备相应资质条件的单位。

其中，分包是指从事工程总承包的单位将所承包的建设工程的一部分依法发包给具有相应资质的承包单位的行为，该总承包人并不退出承包关系，其与第三人就第三人完成的工作成果向发包人承担连带责任。合法的分包须满足以下几个条件：（1）分包必须取得发包人的同意；（2）分包只能是一次分包，即分包单位不得再将其承包的工程分包出去；（3）分包必须是分包给具备相应资质条件的单位；（4）总承包人可以将承包工程中的部分工程发包给具有相应资质条件的分包单位，但不得将主体工程分包出去。转包是指承包人在承包工程后，不履行合同约定的责任和义务，未获得发包方同意，以营利为目的，将其承包的全部建设工程转给他人或者将其承包的全部建设工程肢解以及以分包的名义分别转给其他单位承包，并不对所承包工程的技术、管理、质量和经济承担责任的行为。由于转包容易使不具有相应资质的承包者进行工程建设，以致造成工程质量低下、建设市场混乱，所以我国法律、行政法规均作了禁止转包的规定。

近年来，一些生产经营单位为了谋取不正当利益，不惜铤而走险，倒卖、出租、出借、挂靠或者以其他形式非法转让施工资质，以及非法转包、支解分包的现象屡禁不止，一些施工项目管理混乱，特别是在矿山、金属冶炼建设项目和用于生产、储存、装卸危险物品等特殊行业领域违法转包、支解发包工程项目，由于缺乏专业技术能力水平，导致施工现场缺乏统一的安全管理和应有的组织协调，不仅承建单位容易出现推诿扯皮，还会造成施工现场混乱、责任不清，极易引发生产安全事故。例如，2021 年 1 月山东栖霞笏山金矿重大爆炸事故和 2021 年 2 月山东招远曹家洼金矿较大火灾事故等暴露出企业在项目管理、工程发包等方面的问题，教训极其深刻。因此，本次法律修改新增对矿山、金属冶炼建设项目和用于生产、储存、装卸危险物品的建设项目的施工单位的特殊规定，目的是督促引导企业加强上述项目安全管理，严把入口关，确保建设项目施工安全和质量。

第五十条 生产经营单位发生生产安全事故时，单位的主要负责人应当立即组织抢救，并不得在事故调查处理期间擅离职守。

◆ **条文主旨**

本条是生产经营单位主要负责人组织事故抢救职责的规定。

◆ **条文释义**

本法第5条明确规定，生产经营单位的主要负责人是本单位安全生产第一责任人，对本单位的安全生产工作全面负责。按照这一规定，生产经营单位的主要负责人不但负有采取各种措施、防止发生生产安全事故的责任，而且负有在发生生产安全事故后组织抢救、减少事故造成损害的责任。因此，本条规定，生产经营单位发生生产安全事故时，单位主要负责人应当立即组织抢救。

根据本法第83条规定，生产经营单位发生生产安全事故后，事故现场有关人员应当立即报告本单位负责人。单位负责人接到事故报告后，应当迅速采取有效措施，组织抢救，防止事故扩大，减少人员伤亡和财产损失，并按照国家有关规定立即如实报告当地负有安全生产监督管理职责的部门，不得隐瞒不报、谎报或者迟报，不得故意破坏事故现场、毁灭有关证据。另外，第82条规定，危险物品的生产、经营、储存单位以及矿山、金属冶炼、城市轨道交通运营、建筑施工单位应当建立应急救援组织；生产经营规模较小的，可以不建立应急救援组织，但应当指定兼职的应急救援人员。这些单位的主要负责人在到达事故现场后，应当组织上述的专业救援人员进行抢救。同时，生产经营单位的主要负责人还可以组织事故现场的人员根据本单位的事故应急救援预案进行自救。

生产经营单位的主要负责人作为本单位的主要领导以及安全生产的第一责任人，在事故发生后，应当坚守岗位，组织事故抢救，并积极配合有关部门进行事故调查处理。一方面，因为单位的主要负责人对单位的场地、布局、设备、人员通信以及其他生产经营状况比较熟悉，由其在现场参加、组织救援，可以比较顺利地进行事故抢救、事故原因的调查和对事故的处理。另一方面，单位的主要负责人是本单位安全生产方面的第一责任人，应当对单位发生的生产安全事故负责。特别是如果单位发生的生产安全事故属于重大责任事故，且有关人员的行为构成刑法规定的重大责任事故罪、重大劳动安全事故罪以及其他犯罪的规定，还可能要追究主要负责人的刑事责任。因此，单位的主要负责人不得擅离职守，而应坚守岗位并等候处理。如果单位的主要负责人违反这一规定，根据本法第 110 条的规定，生产经营单位的主要负责人在本单位发生生产安全事故时，不立即组织抢救或者在事故调查处理期间擅离职守或者逃匿的，给予降级、撤职的处分，并由应急管理部门处上一年年收入 60% 至 100% 的罚款；对逃匿的处 15 日以下拘留；构成犯罪的，依照刑法有关规定追究刑事责任。

第五十一条　生产经营单位必须依法参加工伤保险，为从业人员缴纳保险费。

国家鼓励生产经营单位投保安全生产责任保险；属于国家规定的高危行业、领域的生产经营单位，应当投保安全生产责任保险。具体范围和实施办法由国务院应急管理部门会同国务院财政部门、国务院保险监督管理机构和相关行业主管部门制定。

◆ **条文主旨**

本条是关于工伤保险和安全生产责任保险的规定。

◆ **条文释义**

本条是对2014年安全生产法第48条的修改，与原法条相比，在第2款中增加规定高危行业、领域的生产经营单位必须投保安全生产责任保险的规定，并明确强制投保安全生产责任保险的具体范围和实施办法由国务院应急管理部门会同国务院财政部门、国务院保险监督管理机构和相关行业主管部门制定。

一、关于工伤保险

社会保险是国家和用人单位依照法律规定或合同的约定，对与用人单位存在劳动关系的劳动者在暂时或永久丧失劳动能力以及暂时失业时，为保证其基本生产需要，给予物质帮助的一种社会保障制度。社会保险作为安全保障制度的一个重要组成部分，具有普遍性、公平性、预防性、互济性以及自我保障性的特点。同时，社会保险还具有法律的强制性，即社会保险的对象、范围、条件及其待遇标准，通常都是由法律法规明确规定，任何用人单位不得擅自降低或者取消职工的保险待遇；国家对职工享有的各种社会保险待遇，予以强制性保护，所有属于保险范围内的用人单位都必须参加社会保险，缴纳保险费，否则就要承担相应的法律责任。

我国目前已经建立的社会保险包括养老保险、失业保险、医疗保险、生育保险以及工伤保险等。其中工伤保险是与生产经营单位的安全生产工作关系最为密切的社会保险。这是因为，即使采取了各种严密的安全防范措施，也不可能完全杜绝生产安全事故的发生，而在生产安全事故发生后，对事故中受到伤害的从业人员的救治以及生活保障将是一笔十分庞大的费用。这笔费用如果完全由发生事故的单位承担，对其无疑是一个沉重的负担，不利于其恢复生产，而且有些情况下事故单位根本承担不起这部分费用，从而使在事故中受到伤害的劳动者的生活得不到保障。这就需要通过工伤保险，发挥全社会的力量来解决这一问题。

工伤保险是指职工在劳动过程中发生生产安全事故以及职业病，暂时或者永久地丧失劳动能力时，在医疗和生活上获得物质帮助的一种社会保险制度。2003 年，国务院制定公布了《工伤保险条例》，2010 年进行了修订。根据修订后的《工伤保险条例》，中华人民共和国境内的企业、事业单位、社会团体、民办非企业单位、基金会、律师事务所、会计师事务所等组织和有雇工的个体工商户应当依照本条例规定参加工伤保险，为本单位全部职工或者雇工缴纳工伤保险费。中华人民共和国境内的企业、事业单位、社会团体、民办非企业单位、基金会、律师事务所、会计师事务所等组织的职工和个体工商户的雇工，均有依照本条例的规定享受工伤保险待遇的权利。职工发生事故伤害或者按照职业病防治法规定被诊断、鉴定为职业病，所在单位应当自事故伤害发生之日或者被诊断、鉴定为职业病之日起 30 日内，向统筹地区社会保险行政部门提出工伤认定申请。遇有特殊情况，经报社会保险行政部门同意，申请时限可以适当延长。用人单位未按前款规定提出工伤认定申请的，工伤职工或者其近亲属、工会组织在事故伤害发生之日或者被诊断、鉴定为职业病之日起 1 年内，可以直接向用人单位所在地统筹地区社会保险行政部门提出工伤认定申请。

本条第 1 款规定，生产经营单位必须参加工伤保险，为从业人员缴纳保险费。这一规定，生产经营单位必须严格遵守，否则，依照有关规定承担相应的法律责任。依照《工伤保险条例》第 10 条规定："用人单位应当按时缴纳工伤保险费。职工个人不缴纳工伤保险费。用人单位缴纳工伤保险费的数额为本单位职工工资总额乘以单位缴费费率之积。对难以按照工资总额缴纳工伤保险费的行业，其缴纳工伤保险费的具体方式，由国务院社会保险行政部门规定。”

二、关于安全生产责任保险

1. 安全生产责任保险的含义。安全生产责任保险是保险机构对投保单位发生生产安全事故造成的人员伤亡和有关经济损失等予以赔偿，并且为投保单位提供生产安全事故预防服务的商业保险。《意见》提出，取消安全生产风险抵押金制度，建立健全安全生产责任保险制度，在矿山、危险化学品、烟花爆竹、交通运输、建筑施工、民用爆炸物品、金属冶炼、渔业生产等高危行业领域强制实施，切实发挥保险机构参与风险评估管控和事故预防功能。安全生产责任保险的首要功能是事故预防，保险机构要充分发挥帮助投保单位防控安全风险的作用，实现安保互动，有效防范和减少生产安全事故，这是实施安全生产责任保险制度的根本目的。如果由于保险机构在开展事故预防技术服务过程中弄虚作假，导致投保单位发生生产安全事故，也要按照有关规定追究责任。

2. 安全生产责任保险的特点。在强制实施安全生产责任保险制度之前，很多生产经营单位都投保了工伤保险、雇主责任险、公众责任险、承运人责任险、意外伤害险等险种，这些险种与安全生产责任保险的保障范围有重复和交叉，但安全生产责任保险与它们是明显不同的险种。在政策上，安全生产责任保险是一种带有公益性质的强制性商业保险，国家规定的高危行业领域的生产经营单位必须投保，同时在保险费率、保险条款、预防服务等方面必须加以严格规范。在功能上，安全生产责任保险的保障范围不仅包括企业从业人员，还包括第三者的人员伤亡和财产损失，以及相关救援救护、事故鉴定和法律诉讼等费用。最重要的是安全生产责任保险具有事故预防功能，保险机构必须为投保单位提供事故预防服务，帮助企业查找风险隐患，提高安全管理水平，从而有效防止生产安全事故的发生。与安全生产责任保险相比，工伤保险是一种强制性的社会保险，雇主责任险、公众责任险、意外伤害险等是普通的商业保险，保障范围均不及安全生产责任保险，并且缺乏事故预防功能。总之，安全生产责任保险与工伤保险及其他相关险种相比，覆盖群体范围更广、保障更加充分、赔偿更加及时、预防服务更加到位。

3. 安全生产责任保险强制实施范围。本条第 2 款新增规定，属于国家规定的高危行业、领域的生产经营单位，应当投保安全生产责任保险。主要考虑有三点：一是《意见》要求，在矿山、危险化学品、烟花爆竹、交通运输、建筑施工、民用爆炸物品、金属冶炼、渔业生产等高危行业领域强制实施安全生产责任保险制度。此外，原国家安全生产监督管理总局、原保监会、财政部 2017 年联合印发的《安全生产责任保险实施办法》，也明确了在上述八大行业领域强制实施的规定。二是通过分析近年来发生的事故情况，绝大多数较大以上生产安全事故都集中在这八大行业领域中。同时，这也是对 2006 年国家在这八大行业领域实施安全生产责任保险试点的基础上进行总结和科学判断的结果。三是做好安全生产工作，不仅要加强安全生产监管执法，更重要的是发挥社会机构的作用。在八大行业领域中强制实施的一个最基本的目的，就是要以安全生产责任保险为纽带发挥社会专业机构作用，有效防范、化解安全风险，实现安全生产形势的持续稳定好转。另外，在实施过程中要注意两点：第一，这八大行业领域首先要确保一个不能少。这是中央的决策部署，也是强制性标准的要求。第二，要注意制度的衔接。安全生产责任保险制度建立之前已经有诸多类似商业险种，这些险种如果没有事故预防功能，就要向安全生产责任保险来靠拢，用安全生产责任保险代替，这也是为企业减负的需要。

4. 安全生产责任保险与工伤保险等的衔接。《安全生产责任保险实施办法》规定，投保单位按照安全生产责任保险请求的经济赔偿，不影响其从业人员依法请求工伤保险赔偿的权利。对生产经营单位已投保的与安全生产相关的其他险种，应当增加或将其调整为安全生产责任保险，增强事故预防功能。将安全生产其他的相关险种调整为安全生产责任保险，需要保险机构做好以下工作：一是要做好安全生产责任保险方案设计，充分体现安全生产责任保险相对于其他商业保险在保障范围、价格、服务等方面的优势，使安全生产责任保险完全覆盖其他险种功能，一站式解决企业需求并避免增加成本。二是要切实做好事故预防服务，真正推动投保单位提高安全保障能力，降低事故风险，使其认可服务质量、看到服务效果。

5. 安全生产责任保险具体范围和实施办法的授权规定。本条对安全生产责任保险制度作了原则规定，此次修改在增加规定高危行业、领域的生产经营单位应当投保安全生产责任保险的同时，明确授权具体范围和实施办法由国务院应急管理部门会同国务院财政部门、国务院保险监督管理机构和相关行业主管部门制定。2019 年，应急管理部在原国家安全生产监督管理总局 2017 年出台的《安全生产责任保险实施办法》基础上，批准了《安全生产责任保险事故预防技术服务规范》（AQ9010－2019），作为保险机构为投保单位开展安全生产责任保险事故预防技术服务的强制性行业标准，对安全生产责任保险事故预防技术服务的基本原则、服务项目和形式、服务流程、服务保障、服务评估和改进等提出强制性、规范性要求。上述办法和技术服务规范，对安全生产责任保险的具体范围和实施作了较为详细的规定，将来根据这一制度的实践发展情况，国务院应急管理部门可以会同国务院财政部门、国务院保险监督管理机构和相关行业主管部门做出进一步的修改完善。

第三章　从业人员的安全生产权利义务

第五十二条　生产经营单位与从业人员订立的劳动合同，应当载明有关保障从业人员劳动安全、防止职业危害的事项，以及依法为从业人员办理工伤保险的事项。

生产经营单位不得以任何形式与从业人员订立协议，免除或者减轻其对从业人员因生产安全事故伤亡依法应承担的责任。

◆ 条文主旨

本条是关于劳动合同中的劳动安全必备事项以及禁止订立非法协议的规定。

◆ 条文释义

为保障从业人员的安全和健康，在劳动合同中明确有关劳动安全事项是非常必要的，并明确规定禁止订立非法协议，不得免除或者减轻对从业人员因生产安全事故伤亡依法应承担的责任。

一、劳动合同应当载明的事项

本条第1款规定了生产经营单位与从业人员订立的劳动合同应当载明保障劳动安全、防止职业危害和工伤保险事项。安全事项、社会保险事项是劳动合同中的必备事项。根据劳动法的规定，劳动合同是劳动者与用人单位确立劳动关系，明确双方权利和义务的协议。在此协议中必须具备以下条款：劳动合同期限；工作内容；劳动保护和劳动条件；劳动报酬；劳动纪律；劳动合同终止的条件；违反劳动合同的责任。根据劳动合同法的规定，用人单位招用劳动者时，应当如实告知劳动者工作内容、工作条件、工作地点、职业危害、安全生产状况等情况；建立劳动关系，应当订立书面劳动合同。劳动合同应当具备劳动保护、劳动条件和职业危害防护、社会保险等条款。本法从保护从业人员劳动安全，维护从业人员安全生产方面的合法权益的角度，进一步具体规定了劳动合同应当载明的两个法定事项：

一是保障从业人员劳动安全，防止职业危害的事项。从业人员的劳动总是在各种具体的环境、条件下进行，在生产中存在各种不安全、产生职业危害的因素，如果不采取相应保护措施，则极可能发生事故，危害从业人员的安全和健康，这些都涉及从业人员的切身利益。实践当中，大部分劳动者并不知道生产经营单位是否采取保障劳动安全的措施，特别是进入私营企业、乡镇企业务工的农民，由于他们文化水平较低，普遍缺乏自我保护意识、知识和能力；而一些生产经营单位为了多赚钱，隐瞒工作场所缺少劳动安全保障措施的真相，在与劳动者签订劳动合同时不履行保障劳动安全告知义务。因此，本条第 1 款针对这种情况作出了强制性规定，这是生产经营单位必须履行的一项义务，是从业人员享有的一项重要的权利。生产经营单位必须按照这一款规定履行义务，以确保从业人员的知情权，保护从业人员的劳动安全。

二是办理工伤保险的事项。社会保险是政府通过立法强制实施，保障劳动者基本生活需求的社会保障制度。社会保险法规定，国家建立基本养老保险、基本医疗保险、工伤保险、失业保险、生育保险等社会保险制度，保障公民在年老、疾病、工伤、失业、生育等情况下依法从国家和社会获得物质帮助的权利。这里规定的工伤保险，就是指社会保险法规定的工伤保险，是劳动者在职业活动中因工作原因受到事故伤害或者患职业病，经工伤认定而享受的社会保险待遇，这种社会保险与商业保险的不同之处就在于其法定的强制性。根据社会保险法的规定，职工应当参加工伤保险，由用人单位缴纳工伤保险费，职工不缴纳工伤保险费。也就是说，从业人员应当参加工伤保险，生产经营单位应当依法为从业人员缴纳工伤保险费，不管生产经营单位是否愿意。工伤保险是一种社会保险，目的是保护劳动者的合法权益。劳动合同中载明依法为从业人员办理工伤保险的事项，确保了从业人员的知情权，维护了从业人员的合法权益，也有利于对生产经营单位的监督。

二、不得免除或者减轻的责任

本条第 2 款规定了禁止生产经营单位以任何形式与从业人员订立免除或者减轻其对从业人员因生产安全事故伤亡依法应承担的责任的协议。实践中曾出现过，在采矿业、建筑业的一些生产经营单位强迫劳动者与其订立违反法律规定，逃避安全事故责任的“生死合同”。一旦发生人身伤亡事故，只给受害人或者其家属很有限的钱，就不再承担任何责任。这些协议有些是诱骗从业人员订立的、有些是胁迫从业人员订立的，其用心是以牺牲从业人员的正当权利，逃避生产安全事故责任，对抗国家的安全生产监督管理，破坏安全生产秩序，严重损害了从业人员的合法权益，是对生命尊严的践踏，社会影响恶劣，必须予以禁止。因此，本条这一款作出了有针对性的规定。这款规定很明确地表明以下意思：一是禁止订立这种违法的协议；二是任何形式的这种协议都在禁止之列，比如一度猖獗的“生死合同”以及其他种种形式的非法协议，都在禁止范围内；三是订立了这种合同的并不能免除或者减轻生产安全事故的责任，即从法律上不承认这种合同是合法的、有效的。劳动合同法中明确规定，用人单位免除自己的法定责任、排除劳动者权利的劳动合同无效。无效的劳动合同，从订立的时候起就没有法律约束力。同时，本法第106条对这种违法行为规定了相应的法律责任，即生产经营单位与从业人员订立协议，免除或者减轻其对从业人员因生产安全事故伤亡依法应承担的责任的，该协议无效；对生产经营单位的主要负责人、个人经营的投资人处2万元以上10万元以下的罚款。

第五十三条　生产经营单位的从业人员有权了解其作业场所和工作岗位存在的危险因素、防范措施及事故应急措施，有权对本单位的安全生产工作提出建议。

◆ 条文主旨

本条是关于从业人员的知情权和建议权的规定。

◆ 条文释义

知情权和建议权是从业人员重要的安全生产权利，是保护从业人员生命健康权的重要前提，有必要在法律中作出明确规定。

一、生产经营单位从业人员的有关知情权

根据本条规定，生产经营单位的从业人员有权了解其作业场所和工作岗位与安全生产有关的三方面情况：一是存在的危险因素；二是防范措施；三是事故应急措施。根据2009年发布的国家标准《生产过程危险和有害因素分类与代码》，生产过程危险和有害因素是指可对人造成伤亡、影响人的身体健康甚至导致疾病的因素，包括人的因素、物的因素、环境因素和管理因素。知情权是劳动者的一项重要权利，一些法律也都有相应的规定，如劳动合同法中规定：用人单位应当将直接涉及劳动者切身利益的规章制度和重大事项决定公示，或者告知劳动者；用人单位招用劳动者时，应当如实告知劳动者工作内容、工作条件、工作地点、职业危害、安全生产状况、劳动报酬，以及劳动者要求了解的其他情况等。职业病防治法中规定：劳动者享有了解工作场所产生或者可能产生的职业病危害因素、危害后果和应当采取的职业病防护措施的权利。用人单位与劳动者订立劳动合同（含聘用合同，下同）时，应当将工作过程中可能产生的职业病危害及其后果、职业病防护措施和待遇等如实告知劳动者，并在劳动合同中写明，不得隐瞒或者欺骗。劳动者在已订立劳动合同期间，因工作岗位或者工作内容变更，从事与所订立劳动合同中未告知的存在职业病危害的作业时，用人单位应当依照规定，向劳动者履行如实告知的义务，并协商变更原劳动合同相关条款。

生产经营单位的从业人员对于劳动安全的知情权，与从业人员的生命安全和健康关系密切，是保护劳动者生命健康权的重要前提。从业人员的劳动安全知情权，还体现为生产经营单位应当履行的相应义务，如本法第 44 条规定，生产经营单位应当向从业人员如实告知作业场所和工作岗位存在的危险因素、防范措施以及事故应急措施。第 52 条规定，生产经营单位与从业人员订立的劳动合同，应当载明有关保障从业人员劳动安全、防止职业危害的事项，以及依法为从业人员办理工伤保险的事项。生产经营单位的从业人员只有了解了这些情况，才有可能有针对性地采取相应措施，保护自身的生命安全和健康。

二、对本单位的安全生产工作的建议权

从业人员作为生产经营单位的主体，当然会关心生产经营单位的生产经营情况，且本单位的经济效益与从业人员的切身利益息息相关，特别是安全生产工作更是涉及从业人员的生命安全和健康。从业人员尤其是工作在第一线的从业人员，对于如何保证安全生产、改善劳动条件及作业环境，具有优先发言权，也更切合实际。因此，从业人员有权利参与用人单位的民主管理。从业人员通过参与生产经营的民主管理，可以充分调动其积极性与主动性，可以充分发挥其聪明才智，为本单位献计献策，对安全生产工作提出意见与建议，共同做好生产经营单位的安全生产工作。生产经营单位要重视和尊重从业人员的意见和建议，并对他们的意见和建议及时作出答复。合理的意见应当采纳，对不予采纳的意见应当给予说明和解释。

第五十四条 从业人员有权对本单位安全生产工作中存在的问题提出批评、检举、控告；有权拒绝违章指挥和强令冒险作业。

生产经营单位不得因从业人员对本单位安全生产工作提出批评、检举、控告或者拒绝违章指挥、强令冒险作业而降低其工资、福利等待遇或者解除与其订立的劳动合同。

◆ 条文主旨

本条是关于从业人员的批评、检举、控告和拒绝违章指挥或者强令冒险作业等权利的规定。

◆ 条文释义

批评、检举、控告权以及拒绝违章指挥、强令冒险作业权是从业人员安全生产的基本权利，法律对此作出明确规定，并加以保护。

一、从业人员有权对安全生产工作进行监督

本条第1款规定了从业人员在安全生产方面享有批评、检举、控告的权利和拒绝违章指挥、强令冒险作业的权利。

1. 批评、检举、控告权是从业人员的基本权利。一些法律也有相应规定，如劳动法规定，劳动者对危害生命安全和身体健康的行为，有权提出批评、检举和控告。劳动合同法规定，劳动者对危害生命安全和身体健康的劳动条件，有权对用人单位提出批评、检举和控告。这里规定的批评权是指从业人员对本单位安全生产工作中存在的问题提出批评的权利。法律规定这一权利，有利于从业人员对生产经营单位进行群众监督，促使生产经营单位不断改进本单位的安全生产工作。这里规定的检举权、控告权，是指从业人员对本单位及有关人员违反安全生产法律、法规的行为，有权向主管部门和司法机关进行检举和控告的权利。检举可以署名，也可以不署名；可以用书面形式，也可以用口头形式。但是，从业人员在行使这一权利时，应注意检举和控告的情况必须真实，要实事求是，不能道听途说，无中生有，更不能凭空捏造。法律规定从业人员的检举权、控告权，有利于及时对违法行为作出处理，保障生产安全，防止生产安全事故。

2. 从业人员享有的拒绝违章指挥、强令冒险作业权，是保护从业人员生命安全和健康的一项重要的权利。我国劳动法也规定，劳动者对用人单位管理人员违章指挥、强令冒险作业，有权拒绝执行。这里规定的违章指挥，主要是指生产经营单位的负责人、生产管理人员和工程技术人员违反规章制度，不顾从业人员的生命安全和健康，指挥从业人员进行生产活动的行为。强令冒险作业是指生产经营单位管理人员对于存在危及作业人员人身安全的危险因素而又没有相应的安全保护措施的作业，不顾从业人员的

生命安全和健康，强迫命令从业人员进行作业。这些都对从业人员生命安全和健康构成极大威胁。为了保护自己的生命安全和健康，对于生产经营单位的这种行为，劳动者有权予以拒绝。

二、对从业人员行使监督权利的保护

本条第 2 款规定了禁止生产经营单位因从业人员行使第 1 款规定的权利而降低其工资、福利等待遇或者解除与其订立的劳动合同。这一规定包含 4 项含义：一是生产经营单位不得因从业人员对本单位安全生产工作提出批评、检举、控告而降低其工资、福利等待遇；二是生产经营单位不得因从业人员对本单位安全生产工作提出批评、检举、控告而解除与其订立的劳动合同；三是生产经营单位不得因从业人员拒绝违章指挥、强令冒险作业而降低其工资、福利等待遇；四是生产经营单位不得因从业人员拒绝违章指挥、强令冒险作业而解除与其订立的劳动合同。

从业人员享有的上述批评、检举、控告权和拒绝权，是法律赋予的，生产经营单位应当保障从业人员行使，任何人不得侵犯从业人员依法享有的权利。如果生产经营单位因为从业人员依法行使法律规定的权利，比如，当从业人员发现生产经营单位有违反安全生产的法律、法规以及危及生命安全和健康的行为时，对本单位提出批评或者到有关部门进行检举、控告，生产经营单位便对该从业人员通过降低其工资、福利待遇等方式，对其进行打击报复，或者因此解除与该从业人员订立的劳动合同，就是对劳动者依法行使正当权利的侵犯。对这类打击报复的行为，本条明确规定予以禁止。

需要进一步说明的是，生产经营单位不得因从业人员拒绝违章指挥、强令冒险作业而解除与其订立的劳动合同。根据劳动合同法的规定，劳动者拒绝用人单位管理人员违章指挥、强令冒险作业的，不视为违反劳动合同。用人单位违章指挥、强令冒险作业危及劳动者人身安全的，劳动者可以立即解除劳动合同，不需事先告知用人单位。这是从另一个方面赋予从业人员的权利。

另外，劳动合同法规定，用人单位有违章指挥或者强令冒险作业危及劳动者人身安全的行为的，依法给予行政处罚；构成犯罪的，依法追究刑事责任；给劳动者造成损害的，应当承担赔偿责任。

第五十五条 从业人员发现直接危及人身安全的紧急情况时，有权停止作业或者在采取可能的应急措施后撤离作业场所。

生产经营单位不得因从业人员在前款紧急情况下停止作业或者采取紧急撤离措施而降低其工资、福利等待遇或者解除与其订立的劳动合同。

◆ 条文主旨

本条是关于生产经营单位的从业人员的紧急处置权及其保护的规定。

◆ 条文释义

为保护从业人员的人身安全，赋予特定情况下从业人员紧急情况处置权是必要的。法律对此作出明确规定，并对从业人员行使紧急处置权加以保护。

一、从业人员在紧急情况下的处置权

为保护从业人员的人身安全，赋予特定情况下从业人员紧急情况处置权是必要的。本条第 1 款规定，从业人员发现直接危及人身安全的紧急情况时，有权停止作业或者在采取可能的应急措施后撤离作业场所。这是在法律所限定的特定情况下，法律赋予从业人员采取特定措施的权利，简称紧急撤离权，目的是保护从业人员的人身安全。法律所限定的特定情况是“发现直接危及人身安全的紧急情况”，这是从业人员行使紧急撤离权的前提条件，也就是从业人员紧急撤离权需要在法律所限定的特定情况下行使，即发现直接危及人身安全的紧急情况，如果不撤离会对其生命安全和健康造成直接的威胁。在此情况下，法律赋予从业人员有权采取特定措施：停止作业或者在采取可能的应急措施后撤离作业场所。例如，在矿山井下开采中，发生矿压活动显现激烈、巷道（或工作面、采场）底板突然鼓起、支架破坏、煤（岩）层变软、湿润等沼气喷出的预兆时，井下作业人员在此情况下有权停止作业，及时撤离。人的生命是最为宝贵的。法律对从业人员的紧急撤离权作出规定十分必要。紧急撤离权包括两层含义：一是停止作业马上撤离作业场所；二是在采取可能的应急措施后撤离作业场所。需要注意的是，行使权利的选择权在从业人员，不要求从业人员应当在采取可能的应急措施后或者在征得有关负责人员同意后撤离作业场所。当然，在条件允许的情况下，从业人员可以事先报告或者采取可能的应急措施后再撤离作业场所。同时，实践中要加强对从业人员紧急撤离权的宣传，以最大限度减少人员生产安全事故中的伤亡。

二、对从业人员行使紧急处置权的保护

本条第 2 款规定，生产经营单位不得因从业人员在前款规定的紧急情况下停止作业或者采取紧急撤离措施而降低其工资、福利等待遇或者解除与其订立的劳动合同。从业人员在前款规定的紧急情况下行使紧急撤离权，不得因此受到对自己的不利处分。生产经营单位应当遵循以人为本的原则，正确对待这种权利，对于依法行使这种权利的从业人员不得降低其工资、福利等待遇或

者解除与其订立的劳动合同。生产经营单位如果降低从业人员的工资、福利等待遇或者解除与其订立的劳动合同，则该类行为归于无效，对降低的工资要给从业人员补发，对福利予以恢复。解除合同的行为无效，原劳动合同依然具有法律效力。劳动法、劳动合同法都有相应规定，有法律、行政法规规定的其他情形的，用人单位不得解除劳动合同。这属于安全生产法规定的不得解除劳动合同的特别情形。

第五十六条 生产经营单位发生生产安全事故后，应当及时采取措施救治有关人员。

因生产安全事故受到损害的从业人员，除依法享有工伤保险外，依照有关民事法律尚有获得赔偿的权利的，有权提出赔偿要求。

◆ 条文主旨

本条是关于生产经营单位的及时救治义务，以及从业人员享有社会保险和有关民事赔偿权利的规定。

◆ 条文释义

“以人为本”是安全生产工作的原则要求，因此本条规定生产经营单位发生生产安全事故后，应当及时采取措施救治有关人员。此外，因生产安全事故而受损害的从业人员所受的损害严重，工伤保险难于补偿其受到的全部损害，其仍有依照民事法律获得赔偿的权利。在这种情况下，为进一步保护从业人员的权利，本条明确从业人员既有享受工伤保险待遇的权利，又有要求进一步赔偿的权利。

一、生产经营单位应及时采取措施救治有关人员

本条第1款规定，生产经营单位发生生产安全事故后，应当及时采取措施救治有关人员。这是本次法律修改新增内容，主要考虑“以人为本”是安全生产工作的原则要求，安全生产工作应当坚持人民至上、生命至上，把保护人民生命安全摆在首位。在处理事故时，生产经营单位要把保护人的生命安全放在第一位，当发生人身伤亡事故时，要首先救治伤员，然后才保护财产。《生产安全事故应急条例》第17条规定，发生生产安全事故后，生产经营单位应当立即启动生产安全事故应急救援预案，并应迅速控制危险源，组织抢救遇险人员。本法第83条规定，单位负责人接到事故报告后，应当迅速采取有效措施，组织抢救，防止事故扩大，减少人员伤亡和财产损失。生产经营单位发生生产安全事故后，最紧急的就是立即展开救援工作。为救治有关人员，可以采取的措施包括把伤员运送到安全地点、对伤员进行急救、及时将伤员送医等。另外，需要注意的是，发生生产安全事故后，生产经营单位的及时救治义务不仅仅是对从业人员，也包括其他受到生产安全事故影响的人员。例如，发生危险化学品泄漏的事故，生产经营单位也应该及时救治受困或受到伤害的周边群众等。

二、从业人员因生产安全事故受到损害的，依法享受工伤保险待遇

我国社会保险法规定，职工应当参加工伤保险，由用人单位缴纳工伤保险费，职工不缴纳工伤保险费。本法也明确规定了生产经营单位必须依法参加工伤保险，为从业人员缴纳工伤保险费。工伤保险制度既有利于分散生产经营单位的经营风险，又可以为从业人员提供一定的保障。从业人员因生产安全事故受到损害的，如果经过工伤认定构成工伤，可以依法享受相应的工伤保险待遇。根据社会保险法的规定，工伤保险待遇包括治疗工伤的医疗费用和康复费用，住院伙食补助费，到统筹地区以外就医的交通食宿费，安装配置伤残辅助器具所需费用，生活不能自理的还可以获得生活护理费，伤残的可以获得相应的一次性伤残补助金等，终止或者解除劳动合同时可获得一次性医疗补助金，因工死亡的包括丧葬补助金、供养亲属抚恤金和因工死亡补助金等。

三、从业人员的有关民事赔偿的权利

我国工伤保险制度对解决劳动者工伤情况下的相关费用发挥了很大的作用，用人单位为劳动者参加工伤保险，并不意味着绝对排除了其在劳动者遭受工伤时的民事赔偿责任。由于工伤保险待遇项目有确定的范围、有的项目赔偿标准也不高，有些情况下劳动者通过工伤保险并不能得到充分救济，而侵权损害赔偿可以更好填补受害人及其亲属的相关损失。例如，《民法典》侵权责任编第 1183 条第 1 款规定，侵害自然人人身权益造成严重精神损害的，被侵权人有权请求精神损害赔偿。另外，工伤保险对劳动者就医的医院以及治疗所使用的药品范围等都有比较多的限制，对有关费用需要劳动者通过向用人单位主张侵权损害赔偿获得救济。因此，为了确保从业人员在因生产安全事故遭受损害的情况下可以获得充分、合理的救济，本条规定了因生产安全事故受到损害的从业人员，除依法享有工伤保险外，依照有关民事法律尚有获得赔偿的权利的，还有权提出赔偿要求。需要注意的是，本次法律修改删除了原来只能向从业人员本单位提出赔偿要求的规定。主要考虑是，生产安全事故责任主体有可能是本单位，也有可能是其他单位，受到事故损害的从业人员可以依据民法典等法律法规，向责任主体进一步提出赔偿要求。

第五十七条 从业人员在作业过程中，应当严格落实岗位安全责任，遵守本单位的安全生产规章制度和操作规程，服从管理，正确佩戴和使用劳动防护用品。

◆ **条文主旨**

本条是关于从业人员落实岗位安全责任，遵章守制、服从管理以及正确佩戴和使用劳动防护用品的规定。

◆ **条文释义**

从业人员落实岗位安全责任，遵章守制、服从管理以及正确佩戴和使用劳动防护用品是从业人员在安全生产过程中应尽的义务，法律有必要对此作出明确规定。

一、落实岗位安全责任

从业人员在作业过程中，应当严格落实岗位安全责任，是本次法律修改新增内容。《意见》提出，企业实行全员安全生产责任制度。本法第4条规定，生产经营单位建立健全全员安全生产责任制。第22条规定，生产经营单位的全员安全生产责任制应当明确各岗位的责任人员、责任范围和考核标准等内容。因此，从业人员在作业过程中，应当根据自身岗位的性质、特点和具体工作内容，强化安全生产意识，提高安全生产技能，严格落实岗位安全责任，切实履行安全职责，做到安全生产工作“层层负责、人人有责、各负其责”。同时，对生产经营单位的从业人员不落实岗位安全责任的，本法规定了法律责任，由生产经营单位给予批评教育，依照有关规章制度给予处分；构成犯罪的，依照刑法有关规定追究刑事责任。

二、遵章守制、服从管理

从业人员在作业过程中应当严格遵守本单位的安全生产规章制度和操作规程，服从管理。生产经营单位的安全生产规章制度是企业规章制度的重要组成部分。生产经营单位的安全生产管理方面的规章制度包括安全生产责任制、安全技术措施管理、安全生产教育、安全生产检查、伤亡事故报告、各类事故管理、劳动保护设施管理、要害岗位管理、安全值日制度、安全生产竞赛办法、安全生产奖惩办法、劳动防护用品的发放管理办法等。安全操作规程是指在生产活动中，为消除能导致人身伤亡或造成设备、财产破坏以及危害环境而制定的具体技术要求和实施程序的统一规定。劳动法也要求，劳动者在劳动过程中必须严格遵守安全操作规程。生产经营单位的安全生产规章制度是保证劳动者的安全和健康，保证生产活动顺利进行的手段，没有健全和严格执行的安全生产规章制度，企业的安全生产就没有保障。可以讲，安全寓于生产的全过程之中，安全生产需要生产经营单位的每一个人、每个工序相互配合和衔接。生产经营单位的每一个从业人员都从不同的角度为企业的安全生产担负责任，每个人尽责的好坏直接影响生产经营单位安全生产的成效。因此，生产经营单位的从业人员在作业过程中应当遵守本单位的安全生产规章制度和操作规程，服从管理。这样才能保证生产经营单位的活动安全、有序地进行。同时，对生产经营单位的从业人员不服从管理，违反安全生产规章制度或者操作规程的，本法规定了法律责任，由生产经营单位给予批评教育，依照有关规章制度给予处分；构成犯罪的，依照刑法有关规定追究刑事责任。

三、正确佩戴和使用劳动防护用品

从业人员在作业过程中，应当正确佩戴和使用劳动防护用品。根据原国家安全生产监督管理总局 2015 年颁布的《用人单位劳动防护用品管理规范》的规定，劳动防护用品，是指由用人单位为劳动者配备的，使其在劳动过程中免遭或者减轻事故伤害及职业病危害的个体防护装备。劳动防护用品是保障劳动者安全与健康的辅助性、预防性措施。从一定意义上讲，它是从业人员防止职业毒害和伤害的最后一项有效的措施。同时，劳动防护用品又与从业人员的福利待遇以及为保证产品质量、产品卫生和生活卫生所需要的非防护性的工作用品有着原则区别。在劳动条件差、危害程度高或者集体防护措施起不到作用的情况下，如在抢修或者检修设备、野外露天作业、处理事故或者隐患，以及生产工艺、设备一时跟不上等，个人防护用品会成为劳动保护的主要措施。劳动防护用品在劳动过程中，是必不可少的生产性装备，对生产经营单位来讲要按照有关规定发放充足，不得任意削减，作为从业人员要珍惜，正确佩戴和使用劳动防护用品。《用人单位劳动防护用品管理规范》对劳动防护用品的使用有专门规定，明确规定劳动者在作业过程中，应当按照规章制度和劳动防护用品使用规则，正确佩戴和使用劳动防护用品。

第五十八条 从业人员应当接受安全生产教育和培训，掌握本职工作所需的安全生产知识，提高安全生产技能，增强事故预防和应急处理能力。

◆ **条文主旨**

本条是关于从业人员应当接受安全生产教育和培训的规定。

◆ **条文释义**

伤亡事故的发生，不外乎人的不安全行为和物的不安全状态两种原因。其中控制人的不安全行为是减少伤亡事故的主要措施。而对从业人员进行安全生产教育，是控制人的不安全行为的有效方法，是安全生产管理工作中的一个重要组成部分，是提高从业人员安全素质和自我保护能力，防止事故发生，保证安全生产的重要手段。从业人员应当有主动接受安全生产教育和培训的意识。

一、安全教育培训的基本内容

安全教育培训的基本内容包括安全意识教育、安全知识教育和安全技能教育。

1. 安全意识教育。安全意识教育是安全教育的重要组成部分，是搞好安全生产的关键环节。它包括思想认识教育和劳动纪律教育两方面内容。从业人员通过思想认识教育提高对劳动保护和安全生产重要性的认识，奠定安全生产的思想基础。劳动纪律教育是提高企业管理水平和安全生产条件，减少工伤事故，保障安全生产的必要前提。

2. 安全知识教育。从业人员接受安全知识教育是提高其安全技能的重要手段。其内容包括生产经营单位的基本生产概况、生产过程、作业方法或者工艺流程；生产经营单位内特别危险的设备和区域；专业安全技术操作规程；安全防护基本知识和注意事项；有关特种设备的基本安全知识；有关预防生产经营单位发生事故的基本知识；个人防护用品的构造、性能和正确使用的有关常识等。

3. 安全技能教育。安全技能教育是巩固从业人员安全知识的必要途径。其内容包括设备的性能、作用和一般的结构原理；事故的预防和处理及设备的使用、维护和修理。接受安全生产教育培训的人员应当达到相应要求，如对生产经营单位行政领导和技术负责人来说，在安全生产教育培训后，要懂得安全生产技术的基本理论；能制定、审查灾害预防处理计划和实施措施，能正确组织、指挥抢救事故；具备检查、处理事故隐患，分析安全情况和提出改善安全措施的能力。

二、安全教育培训的形式

从业人员接受安全教育培训的形式多种多样，如组织专门的安全教育培训班；班前班后交代安全注意事项，讲评安全生产情况；施工和检修前进行安全措施交底；各级负责人和安全员在作业现场工作时进行安全宣传教育、督促安全法规和制度的贯彻执行；组织安全技术知识讲座、竞赛；召开事故分析会、现场会，分析造成事故原因、责任、教训，制定事故防范措施；组织安全技术交流、安全生产展览，张贴宣传画、标语，设置警示标志，以及利用广播、电影、电视、录像等方式进行安全教育；通过由安全技术部门召开的安全例会、专题会、表彰会、座谈会或者采用安全信息、简报、通报等形式，总结、评比安全生产工作，达到安全教育的目的。从业人员要积极参加上述形式的安全教育培训。

第五十九条　从业人员发现事故隐患或者其他不安全因素，应当立即向现场安全生产管理人员或者本单位负责人报告；接到报告的人员应当及时予以处理。

◆ 条文主旨

本条是关于从业人员对事故隐患或者不安全因素的报告义务的规定。

◆ 条文释义

从业人员处于安全生产的第一线，最有可能及时发现事故隐患或者其他不安全因素，因此，本条规定从业人员发现事故隐患或者其他不安全因素的，应当立即向现场安全生产管理人员或者本单位负责人报告，这也符合职工参与安全生产工作的机制要求。同时，本条还规定现场安全生产管理人员或者本单位负责人接到报告的，应当及时予以处理，及时消除生产安全事故隐患。

一、生产安全事故隐患

根据原国家安全生产监督管理总局《安全生产事故隐患排查治理暂行规定》第3条规定，安全生产事故隐患，是指生产经营单位违反安全生产法律、法规、规章、标准、规程和安全生产管理制度的规定，或者因其他因素在生产经营活动中存在可能导致事故发生的物的危险状态、人的不安全行为和管理上的缺陷。事故隐患分为一般事故隐患和重大事故隐患。一般事故隐患，是指危害和整改难度较小，发现后能够立即整改排除的隐患。重大事故隐患，是指危害和整改难度较大，应当全部或者局部停产停业，并经过一定时间整改治理方能排除的隐患，或者因外部因素影响致使生产经营单位自身难以排除的隐患。如《国务院关于预防煤矿生产安全事故的特别规定》第8条第2款规定，煤矿有下列重大安全生产隐患和行为的，应当立即停止生产，排除隐患：（1）超能力、超强度或者超定员组织生产的；（2）瓦斯超限作业的；（3）煤与瓦斯突出矿井，未依照规定实施防突出措施的；（4）高瓦斯矿井未建立瓦斯抽放系统和监控系统，或者瓦斯监控系统不能正常运行的；（5）通风系统不完善、不可靠的；（6）有严重水患，未采取有效措施的；（7）超层越界开采的；（8）有冲击地压危险，未采取有效措施的；（9）自然发火严重，未采取有效措施的；（10）使用明令禁止使用或者淘汰的设备、工艺的；（11）年产6万吨以上的煤矿没有双回路供电系统的；（12）新建煤矿边建设边生产，煤矿改扩建期间，在改扩建的区域生产，或者在其他区域的生产超出安全设计规定的范围和规模的；（13）煤矿实行整体承包生产经营后，未重新取得安全生产许可证，从事生产的，或者承包方再次转包的，以及煤矿将井下采掘工作面和井巷维修作业进行劳务承包的；（14）煤矿改制期间，未明确安全生产责任人和安全管理机构的，或者在完成改制后，未重新取得或者变更采矿许可证、安全生产许可证和营业执照的；（15）有其他重大安全生产隐患的。

二、从业人员的报告义务

依照本法第 3 条的规定，安全生产工作应当建立生产经营单位负责、职工参与、政府监管、行业自律和社会监督的机制。生产安全事故虽然有意外性、偶然性和突发性的特点，但它又有一定的规律，可以通过采取有效措施尽可能加以预防。从业人员处于安全生产的第一线，最有可能及时发现事故隐患或者其他不安全因素，因此，本条对从业人员发现事故隐患或者其他不安全因素规定了报告义务，这也符合职工参与安全生产工作的机制要求。其报告义务有两点要求：一是在发现上述情况后，应当立即报告，因为生产安全事故的特点之一是突发性，如果拖延报告，则使事故发生的可能性加大，发生了事故则更是悔之晚矣。二是接受报告的主体是现场安全生产管理人员或者本单位的负责人，以便于对事故隐患或者其他不安全因素及时作出处理，避免事故的发生。接到报告的人员须及时进行处理，以防止有关人员延误消除事故隐患的时机。

三、现场安全生产管理人员或者本单位负责人的及时处理义务

根据本法第 41 条规定，对于事故隐患，生产经营单位应当建立健全并落实生产安全事故隐患排查治理制度，采取技术、管理措施，及时发现并消除事故隐患。第 21 条第 5 项规定，生产经营

单位的主要负责人具有组织建立并落实安全风险分级管控和隐患排查治理双重预防工作机制，督促、检查本单位的安全生产工作，及时消除生产安全事故隐患的职责。第46条规定，生产经营单位的安全生产管理人员应当根据本单位的生产经营特点，对安全生产状况进行经常性检查；对检查中发现的安全问题，应当立即处理；不能处理的，应当及时报告本单位有关负责人，有关负责人应当及时处理。检查及处理情况应当如实记录在案。在法律责任方面，本法第102条规定，生产经营单位未采取措施消除事故隐患的，责令立即消除或者限期消除，处5万元以下的罚款；生产经营单位拒不执行的，责令停产停业整顿，对其直接负责的主管人员和其他直接责任人员处5万元以上10万元以下的罚款；构成犯罪的，依照刑法有关规定追究刑事责任。

第六十条 工会有权对建设项目的安全设施与主体工程同时设计、同时施工、同时投入生产和使用进行监督，提出意见。

工会对生产经营单位违反安全生产法律、法规，侵犯从业人员合法权益的行为，有权要求纠正；发现生产经营单位违章指挥、强令冒险作业或者发现事故隐患时，有权提出解决的建议，生产经营单位应当及时研究答复；发现危及从业人员生命安全的情况时，有权向生产经营单位建议组织从业人员撤离危险场所，生产经营单位必须立即作出处理。

工会有权依法参加事故调查，向有关部门提出处理意见，并要求追究有关人员的责任。

◆ **条文主旨**

本条是关于工会安全生产工作职责的规定。

◆ **条文释义**

工会是职工自愿结合的工人阶级的群众组织，维护职工合法权益是工会的基本职责。安全生产直接关系到从业人员的生命健康权益，工会应当按照其职责履行对生产经营单位安全生产的监督义务，依法保障从业人员的合法权益。

一、工会对本单位建设项目的安全设施提出意见

本条第1款规定了工会有权对建设项目的安全设施提出意见。从业人员从事生产劳动，必须有相应的劳动条件和安全设施，以确保从业人员的生产安全和健康，这是劳动安全工作中的基本内容。《劳动法》第53条规定，劳动安全卫生设施必须符合国家规定的标准。新建、改建、扩建工程的劳动安全卫生设施必须与主体工程同时设计、同时施工、同时投入生产和使用。本法第31条也规定，生产经营单位新建、改建、扩建工程项目的安全设施，必须与主体工程同时设计、同时施工、同时投入生产和使用。安全设施投资应当纳入建设项目概算。维护职工劳动安全是工会的职责，《工会法》第23条也规定，工会依照国家规定对新建、扩建企业和技术改造工程中的劳动条件和安全卫生设施与主体工程同时设计、同时施工、同时投产使用进行监督。

根据本条规定，工会既可以在设计阶段、施工阶段对建设项目的安全设施提出意见，也可以在投产前的检查验收中提出意见；既可以要求生产经营单位按照国家规定增加或者补建安全设施，也可以要求依法改善劳动条件，还可以建议停止施工、投产，待安全设施配套时再行施工、投产等。生产经营单位应当认真处理工会提出的意见，确有法律依据的，应当按照工会的意见处理。

生产经营单位未按照工会的意见处理的，工会还可以向有关主管部门反映，或者向上一级工会反映，要求解决。对工会提出的意见，主管部门要认真研究，处理解决，并将研究处理结果通知工会。

二、工会要求纠正违法行为和对安全生产工作提出建议

本条第 2 款规定了工会有权要求生产经营单位纠正违反安全生产法律、法规，侵犯从业人员合法权益的行为，以及有权对生产经营单位的安全生产工作提出建议。

1. 要求纠正违法行为。在实践中，生产经营单位违反安全生产法律、法规，侵犯从业人员合法权益的行为屡见不鲜。相对于生产经营单位，从业人员处于弱势地位，即使对生产经营单位的违法行为有不满和质疑，仅凭自己的力量，也很难要求生产经营单位纠正其违法行为。工会代表和维护职工的合法权益，对生产经营单位违反有关安全生产的法律、法规，侵犯从业人员合法权益的行为有要求纠正的权利。《工会法》第 25 条也规定，工会有权对企业、事业单位侵犯职工合法权益的问题进行调查，有关单位应当予以协助。

2. 提出解决建议。工会发现生产经营单位违章指挥、强令冒险作业或者发现事故隐患时，有权向生产经营单位提出解决建议。生产经营单位应当及时研究工会的意见，并将处理结果通知工会。工会发现危及从业人员生命安全的情况时，例如矿山开采出现透水事故苗头时，有权向生产经营单位建议组织从业人员撤离危险场所，生产经营单位必须立即果断地作出处理决定，避免伤亡事故的发生。需要说明的是，生产经营管理是生产经营单位管理者的职责，涉及生产的指挥和组织问题应当由生产经营单位决定。对于纠正生产经营单位的违章指挥，组织从业人员撤离危险场所，工会都是向生产经营单位提出建议，而不是直接制止或者组织撤离。工会为了维护从业人员的生命安全和健康，有提出解决问题的建议权。工会的建议权与生产经营单位的经营管理权目标是一致的，因为如果发生了事故，不仅会造成从业人员生命安全和健康的损害，也会给生产经营单位造成损失。工会行使这一权利，防患于未然，不仅保证了从业人员的生命安全和健康，而且也保护了生产经营单位的利益不受损害，提高从业人员安全生产的自觉性。

三、工会参加生产安全事故调查处理

本条第3款规定了工会有权参加生产安全事故调查处理。生产安全事故的调查处理，直接关系职工的利益，工会作为职工群众组织，有权关心和参加事故的调查处理工作。任何组织和个人都不得阻挠工会参加调查。工会根据调查的实际情况，有权提出处理意见，对造成事故的直接负责的主管人员和其他直接责任人员，有权要求追究其法律责任。对此，《工会法》第26条规定，职工因工伤亡事故和其他严重危害职工健康问题的调查处理，必须有工会参加。工会应当向有关部门提出处理意见，并有权要求追究直接负责的主管人员和有关责任人员的责任。对工会提出的意见，应当及时研究，给予答复。本法从安全生产专门立法的角度重申了这一规定。

第六十一条 生产经营单位使用被派遣劳动者的，被派遣劳动者享有本法规定的从业人员的权利，并应当履行本法规定的从业人员的义务。

◆ 条文主旨

本条是关于生产经营单位被派遣劳动者权利义务的规定。

◆ 条文释义

很多被派遣劳动者在生产经营单位的一线岗位从事生产活动，这部分劳动者承受较大的人身风险，但其合法权益经常得不到有效维护。2012 年劳动合同法修订时增加了保护被派遣劳动者权利的相关规定，本条也对此再次进行强调。

一、生产经营单位使用被派遣劳动者

劳务派遣是劳动者和劳务派遣单位签订劳动合同，再由派遣单位将劳动者派到用工单位工作的一种用工方式。劳务派遣存在三个法律主体，分别为劳务派遣单位、被派遣劳动者和用工单位。劳务派遣单位是被派遣劳动者的用人单位，其向社会招用劳动者为其成员，并对招聘的劳动者进行派遣，行使对劳动者的人事管理权，包括劳动者的录用、辞退、岗前培训、工资支付、社会保险费缴纳等方面的管理。劳务派遣单位与被派遣劳动者之间因签订劳动合同而存在劳动关系。用工单位是指接受劳务派遣用工的单位。劳务派遣单位派遣劳动者应当与用工单位订立劳务派遣协议。劳务派遣协议应当约定派遣岗位和人员数量、派遣期限、劳动报酬和社会保险费的数额与支付方式以及违反协议的责任等涉及被派遣劳动者权益的内容。本条中使用被派遣劳动者的生产经营单位即用工单位。

劳务派遣适应了用工单位用工灵活性的需求，是重要的用工方式之一，但实践中也出现了很多问题：一是劳务派遣单位过多过滥，经营不规范；二是许多用工单位长期大量使用被派遣劳动者，有的用工单位甚至把劳务派遣作为用工主渠道；三是被派遣劳动者的合法权益得不到有效保障，同工不同酬、不同保障待遇的问题比较突出，劳务派遣工参与企业民主管理和参加工会组织等权利得不到很好落实，难以获得业务培训和奖励晋升的机会，

一些被派遣劳动者长期没有归属感，心理落差较大。劳务派遣用工制度的滥用不仅损害了劳动者的合法权益，也对常规的用工方式和劳动合同制度造成较大冲击。为了更好保护被派遣劳动者的权利，本法在2014年修改时增加了本条，以强调对被派遣劳动者权益的保护。

二、被派遣劳动者享有的权利和应当履行的义务

有关法律法规对用工单位使用被派遣劳动者作出特殊规定。《劳动合同法》第62条规定，用工单位应当履行下列义务：（1）执行国家劳动标准，提供相应的劳动条件和劳动保护；（2）告知被派遣劳动者的工作要求和劳动报酬；（3）支付加班费、绩效奖金，提供与工作岗位相关的福利待遇；（4）对在岗被派遣劳动者进行工作岗位所必需的培训；（5）连续用工的，实行正常的工资调整机制。用工单位不得将被派遣劳动者再派遣到其他用人单位。有关行政法规、部门规章等也对被派遣劳动者的使用作出明确规定。如《国务院办公厅关于进一步加强煤矿安全生产工作的意见》第14条规定，规范煤矿劳动用工管理。在一定区域内，加强煤矿企业招工信息服务，统一组织报名和资格审查、统一考核、统一签订劳动合同和办理用工备案、统一参加社会保险、统一依法使用劳务派遣用工，并加强监管。

本法规定的从业人员的权利与义务，主要是指第三章的有关内容。“被派遣劳动者享有本法规定的从业人员的权利”具体指：（1）从业人员与生产经营单位订立的劳动合同应当载明与从业人员劳动安全有关的事项，生产经营单位不得以协议免除或者减轻安全事故伤亡责任；（2）从业人员对危险因素、防范措施及事故应急措施的知情权和建议权；（3）从业人员对安全问题有批评、检举和控告权，并有权拒绝违章指挥和强令冒险作业；（4）从业人员有权在发现直接危及人身安全的紧急情况时，停止作业或者在采取可能的应急措施后撤离作业场所；（5）从业人员享有因生产安全事故而遭受损害的赔偿权利。被派遣劳动者应履行的义务有：（1）落实岗位安全责任，遵守安全生产法律法规以及规章制度，照章操作；（2）接受安全生产培训；（3）对事故隐患或者不安全因素进行报告等。

第四章　安全生产的监督管理

第六十二条　县级以上地方各级人民政府应当根据本行政区域内的安全生产状况，组织有关部门按照职责分工，对本行政区域内容易发生重大生产安全事故的生产经营单位进行严格检查。

应急管理部门应当按照分类分级监督管理的要求，制定安全生产年度监督检查计划，并按照年度监督检查计划进行监督检查，发现事故隐患，应当及时处理。

◆ 条文主旨

本条是关于县级以上地方各级人民政府以及应急管理部门有关职责的规定。

◆ 条文释义

地方人民政府作为本行政区域内社会经济活动的宏观组织与管理者，应当本着对人民的利益高度负责的精神，从改革发展稳定的大局出发，高度重视安全生产工作，牢固树立安全生产责任重于泰山的意识，严格认真履行法律、法规规定的安全生产监督管理职责。应急管理部门作为安全生产综合监管部门，应当发挥分类分级监督管理制度的作用，按照年度监督检查计划实施监督检查，依法履行监管职责。

一、县级以上地方各级人民政府组织安全生产监督检查

县级以上地方各级人民政府在本行政区域内应当组织有关部门开展安全生产监督检查，具体要求为：

1. 全面了解掌握本行政区域安全生产状况。这是组织好有关部门开展安全生产监督检查的前提，决定着组织检查的频次、规模、范围以及参加检查的部门和人员数量、专业等。县级以上地方各级人民政府应当根据本行政区域生产经营活动的特点、分布区域、人员结构等情况，分析可能发生生产安全事故的途径、危害程度以及影响范围。

2. 按照各有关部门的职责分工组织安全检查。职权法定是依法行政的基本要求。《行政处罚法》第 17 条规定，行政处罚由具有行政处罚权的行政机关在法定职权范围内实施。本法第 10 条对应急管理部门和交通运输、住房和城乡建设、水利、民航等有关部门的安全生产监督管理职责作出了明确规定。县级以上地方各级人民政府应当根据有关部门的职责分工，组织相应行业、领域的安全检查。有关部门应当根据政府的组织安排，依照法律、法规的规定进行安全检查。

3. 确定安全检查重点。县级以上地方人民政府应当在调查研究的基础上，确定本行政区域内容易发生重大生产安全事故的生产经营单位。一般来讲，这些生产经营单位既包括性质上比较危险的单位，如矿山、建筑施工单位和危险物品的生产、储存、装卸、运输单位等，也包括一旦发生事故将造成重大人身伤亡的其他生产经营单位，如客车客船运输企业、游乐场、歌舞厅、大型商场等公众聚集的经营场所，还包括在保障安全生产上存在重大问题的生产经营单位。

4. 检查必须严格，禁止搞形式，走过场。有关部门应当严格

按照有关法律、法规、规章和国家标准、行业标准的规定进行检查，做到“全覆盖、零容忍、严执法、重实效”。应当采用“四不两直”（即不发通知、不打招呼、不听汇报、不用接待和陪同，直奔基层、直插现场）、暗查暗访的方式严格检查，不能降低检查的标准和要求，真正做到有法必依、执法必严、违法必究。

二、应急管理部门履行监督检查职责

根据本条第 2 款的规定，应急管理部门履行监督检查职责，应当采用下列措施：

1. 对生产经营单位进行分类、分级监督管理。所谓分类，是指根据生产经营单位危险性质的不同，划分不同的行业或者领域类别。划分的方式有两种，一种是根据《国民经济行业分类与代码》（GB/T 4754－2017）进行分类，国民经济行业共分为 20 个门类、97 个大类，其中直接与生产经营活动有关的有 15 个门类，81 个大类。另一种是按照生产安全事故统计制度进行分类，分为煤矿、金属非金属矿山、化工和危险化学品、烟花爆竹生产经营、冶金机械、火灾、建筑施工、道路交通、铁路运输、民航飞行、渔业船舶、农业机械等。所谓分级，是指根据生产经营单位存在的可能引发生产安全事故的风险程度，对其进行等级评估，确定事故风险等级。如，长春市按照生产经营单位的性质和安全生产风险程度，将生产经营单位分为一类、二类、三类，再按照生产经营单位安全生产经营状况，依据省政府相关部门制定的《生产经营单位安全生产分级评定标准》，将一类生产经营单位分为 A（好）、B（较好）、C（一般）、D（较差）四个等级，将二类、三类生产经营单位分为 A（好）、B（较好）、C（一般）、D（较差）、S（规模较小的个体工商户和小微企业）五个等级。同时规定负有安全生产监管责任的部门应对生产经营单位采取差异化监管。A、B、S 级生产经营单位以本单位自我管理为主，安全生产监管责任部门对其加以一般监督管理；C、D级生产经营单位，安全生产监管责任部门对其重点监督管理。

2. 制订本部门年度监督检查计划，并按照计划实施监督检查。应急管理部门应当根据本部门执法人员的数量、装备配备、执法区域的范围和生产经营单位的数量、分布、生产规模以及安全生产状况等因素科学、合理制订年度监督检查计划。监督检查计划应当包括检查的生产经营单位数量和频次，检查的方式、重点等内容。计划的内容应当明确、具体，具有可操作性，并落实到本部门内设责任机构及人员。计划由本部门主要负责人组织制订。计划一旦确定，不得随意更改。确需调整相关内容的，也应当按照规定报经主要负责人批准。根据《安全生产监管监察职责和行政执法责任追究的规定》，应急管理部门年度监督检查计划应当报请本级人民政府审查批准，并报上一级应急管理部门备案。应急管理部门应当按照计划实施监督检查，发现事故隐患，应当及时处理。

第六十三条 负有安全生产监督管理职责的部门依照有关法律、法规的规定，对涉及安全生产的事项需要审查批准（包括批准、核准、许可、注册、认证、颁发证照等，下同）或者验收的，必须严格依照有关法律、法规和国家标准或者行业标准规定的安全生产条件和程序进行审查；不符合有关法律、法规和国家标准或者行业标准规定的安全生产条件的，不得批准或者验收通过。对未依法取得批准或者验收合格的单位擅自从事有关活动的，负责行政审批的部门发现或者接到举报后应当立

即予以取缔，并依法予以处理。对已经依法取得批准的单位，负责行政审批的部门发现其不再具备安全生产条件的，应当撤销原批准。

◆ **条文主旨**

本条是关于负有安全生产监督管理职责的部门必须依法履行审批、验收等监督管理职责的规定。

◆ **条文释义**

对涉及安全生产的事项进行审查批准或者验收是安全生产监督管理的内容之一。负有安全生产监督管理职责的部门对于属于其职责范围内涉及安全生产的事项，依法进行审查批准或者验收，并对未依法取得批准或者验收合格的单位擅自从事有关活动的予以处理，对已经依法取得批准的单位不再具备安全生产条件的撤销原批准。

一、涉及安全生产事项的审批、验收

按照《中共中央关于全面深化改革若干重大问题的决定》文件精神，深化行政审批制度改革，要求进一步简政放权，最大限度减少中央政府对微观事务的管理，市场机制能有效调节的经济活动，一律取消审批，对保留的行政审批事项要规范管理、提高效率；直接面向基层、量大面广、由地方管理更方便有效的经济社会事项，一律下放地方和基层管理。按照政府职能转变的要求，国务院及其有关部门多次出台文件，取消、下放行政许可事项，压减审批范围，各地也采取多种措施优化行政审批项目、流程等。经认真评估和征求意见，有的涉及安全生产事项的审批、验收等，也做出了相应调整。

然而，安全生产有一定的特殊性。对于矿山、危险化学品等高危行业，单纯依靠市场调节，仅仅发挥企业安全生产的主体责任对于遏制重特大事故的发生是远远不够的，必须发挥政府监管职能，对特殊行业加强事前、事中和事后审查。负有安全生产监督管理职责的部门依照安全生产法和其他有关法律、行政法规的规定，对生产经营单位涉及安全生产的事项进行审查批准和验收以及进行后续监管，对保障生产经营单位具备法定的安全生产条件，从源头上防止生产安全事故的发生，具有至关重要的作用。因此，中央和地方都保留有涉及安全生产的审批、验收事项，负有安全生产监督管理职责的部门必须严格依法履行审批职责，加强监督检查。

二、负有安全生产监督管理职责部门的审批、验收职责

依照本条规定，负有安全生产监督管理职责的部门必须依法履行以下职责：

1. 依法审批、验收。为防止和减少生产安全事故、保障人民群众生命和财产安全，有关法律、法规规定，对一些涉及安全生产的事项，应由负有安全生产监督管理职责的部门依法进行事前审查批准，包括批准、核准、许可、注册、认证、颁发证明等；对一些高危行业的建设项目的安全设施，要由有关监督管理部门进行检查验收。以安全生产许可证为例，《安全生产许可证条例》规定，国家对矿山企业、建筑施工企业和危险化学品、烟花爆竹、民用爆炸物品生产企业实行安全生产许可制度。企业未取得安全生产许可证的，不得从事生产活动。应急管理部门和其他负有安全生产监督管理职责的部门在安全生产许可证的颁发和管理上有明确的分工，应急管理部门负责非煤矿山企业和危险化学品、烟花爆竹生产企业安全生产许可证的颁发和管理。矿山安全监察机构负责煤矿企业安全生产许可证的颁发和管理。建设主管部门负责建筑施工企业安全生产许可证的颁发和管理。省、自治区、直辖市人民政府民用爆炸物品行业主管部门负责民用爆炸物品生产企业安全生产许可证的颁发和管理。企业取得安全生产许可证，应当具备下列安全生产条件：（1）建立、健全安全生产责任制，制定完备的安全生产规章制度和操作规程；（2）安全投入符合安全生产要求；（3）设置安全生产管理机构，配备专职安全生产管理人员；（4）主要负责人和安全生产管理人员经考核合格；（5）特种作业人员经有关业务主管部门考核合格，取得特种作业操作资格证书；（6）从业人员经安全生产教育和培训合格；（7）依法参加工伤保险，为从业人员缴纳保险费；（8）厂房、作业场所和安全设施、设备、工艺符合有关安全生产法律、法规、标准和规程的要求；（9）有职业危害防治措施，并为从业人员配备符合国家标准或者行业标准的劳动防护用品；（10）依法进行安全评价；（11）有重大危险源检测、评估、监控措施和应急预案；（12）有生产安全事故应急救援预案、应急救援组织或者应急救援人员，配备必要的应急救援器材、设备；（13）法律、法规规定的其他条件。

2. 对依法应当经过审批、验收，而未经审批、验收即从事有关活动的违法行为，必须依法予以取缔、处理。负有安全生产监督管理职责的部门接到单位或者个人的举报，或者由本部门发现有未经依法审批或者验收合格即擅自从事有关活动的，应当立即采取措施，制止违法行为，责令其停止有关生产经营活动，予以关闭，并按照有关法律、法规的规定追究其行政责任。对构成犯罪的，还应移交司法机关依法追究其刑事责任。

3. 发现已经审批的生产经营单位不再具备安全生产条件的，应当撤销原批准。安全生产条件是生产经营单位保证安全生产的必备条件，也是行政审批部门审批的依据。生产经营单位如果不重视安全生产，在生产过程中不注意保持其安全生产条件，不进行必要的安全生产投入，致使其在生产经营过程中不再符合安全生产的条件的，也就失去了保障安全生产的基础。依照本条规定，负责审批的部门发现已经依法取得批准的单位不再具备安全生产条件的，应当撤销原批准。被依法撤销的批准，自撤销之日起失去效力，被撤销批准的单位不得再从事相关的生产经营活动，否则将依法追究其法律责任。

第六十四条 负有安全生产监督管理职责的部门对涉及安全生产的事项进行审查、验收，不得收取费用；不得要求接受审查、验收的单位购买其指定品牌或者指定生产、销售单位的安全设备、器材或者其他产品。

◆ **条文主旨**

本条是关于禁止在对涉及安全生产的事项进行审查、验收时收取费用和要求被审查、验收的单位购买指定产品的规定。

◆ **条文释义**

政府及其有关部门履行监督管理职责，是正常的执行公务活动，所需费用应当由财政予以保障。曾经一段时间，各种形式的行政收费层出不穷，不仅严重损害了行政机关的形象和权威，而且成为个别行政机关工作人员腐败的温床。因为，本条对涉及安全生产事项的审查、验收行为作出明确要求，有关部门不得收取费用或者要求购买指定产品。

一、对安全生产事项的审查、验收不得收取费用

根据行政许可法的规定，行政机关实施行政许可和对行政许可事项进行监督检查，不得收取任何费用；依照法律、行政法规收取费用的，应当按照公布的法定项目和标准收费。国务院网站上公布了中央和地方行政事业性收费目录清单，清单之外的一律不得收费。负有安全生产监督管理职责的部门依照有关法律、法规的规定，有权对一些涉及安全生产的事项进行审查、验收。这种审查、验收行为，是由法定的政府部门代表国家行使监督管理权的行政行为，不得向被审查、验收的单位收取费用。这既有利于防止行政腐败现象，也有利于避免实践中乱收费用。审查、验收有关费用应当由财政拨付的经费支出。如果允许监督管理部门向被审查、验收的单位收取费用，势必会加重被审查、验收单位的负担，还可能诱发腐败，影响审查、验收的客观性、公正性。为此，本条明确规定，负有安全生产监督管理职责的部门对涉及安全生产的事项进行审查、验收时，不得收取费用。

二、不得要求接受审查、验收的单位购买其指定的产品

负有安全生产监督管理职责的部门和接受审查、验收的单位之间是一种监督和被监督的关系，二者之间不应存在经济关系或者其他利益关系。实践中，确有极少数监督管理部门或者其工作人员，为了谋取自己的经济利益或者其他利益，要求接受审查、验收的单位购买其指定品牌或者指定生产、销售单位的安全设备、器材或者其他产品，并以此作为能否取得审查、验收通过的条件。这种以权谋私的行为，滋生腐败，严重影响了监督管理的客观性、公正性，损害了国家机关依法行政的形象。因此，本条明确规定，禁止负有安全生产监督管理职责的部门以任何形式要求接受审查、验收的单位购买其指定品牌或者指定生产、销售单位的安全设备、器材或者其他产品。这里的“品牌”是指负有安全生产监督管理职责的部门指定的某个或者某些特定品牌。“指定”还包括“变相指定”等相关行为，表现为对审查、验收的单位自行选择购买的合格安全设备、器材或者其他产品不予认可，阻碍审查、验收的单位自由选择安全设备、器材或者其他产品。

第六十五条 应急管理部门和其他负有安全生产监督管理职责的部门依法开展安全生产行政执法工作，对生产经营单位执行有关安全生产的法律、法规和国家标准或者行业标准的情况进行监督检查，行使以下职权：

（一）进入生产经营单位进行检查，调阅有关资料，向有关单位和人员了解情况；

（二）对检查中发现的安全生产违法行为，当场予以纠正或者要求限期改正；对依法应当给予行政处罚的行为，依照本法和其他有关法律、行政法规的规定作出行政处罚决定；

（三）对检查中发现的事故隐患，应当责令立即排除；重大事故隐患排除前或者排除过程中无法保证安全的，应当责令从危险区域内撤出作业人员，责令暂时停产停业或者停止使用相关设施、设备；重大事故隐患排除后，经审查同意，方可恢复生产经营和使用；

（四）对有根据认为不符合保障安全生产的国家标准或者行业标准的设施、设备、器材以及违法生产、储存、使用、经营、运输的危险物品予以查封或者扣押，对违法生产、储存、使用、经营危险物品的作业场所予以查封，并依法作出处理决定。

监督检查不得影响被检查单位的正常生产经营活动。

◆ 条文主旨

本条是关于应急管理部门和其他负有安全生产监督管理职责

的部门依法开展安全生产行政执法工作，履行监督检查职责时，所享有的检查权、处理权和采取行政强制措施权的规定。

◆ **条文释义**

为了确保安全生产，应急管理部门和其他负有安全生产监督管理职责的部门，依法开展安全生产行政执法工作，应当依法对生产经营单位执行有关安全生产的法律、法规和国家标准或者行业标准的情况，进行监督检查。而为了确保应急管理部门和其他负有安全生产监督管理职责的部门依法开展安全生产行政执法工作，有效履行监督检查职责，赋予其职权不仅是必要的，而且还应当有一定的力度。同时也应当注意，履行监督检查职责时，不得影响生产经营单位正常的生产经营活动。

一、政府有关部门行使监督检查权

在安全生产监督检查中，应急管理部门和其他负有安全生产监督管理职责的部门有以下权力：

1. 现场调查取证权。包括：(1) 应急管理部门和其他负有安全生产监督管理职责的部门有权进入生产经营单位进行现场检查，被检查单位不得拒绝。(2) 有权向被检查单位调阅与监督检查有关的资料，如涉及高危作业的有关生产工艺的资料，安全设施、设备的档案资料，从业人员安全生产教育、培训、考核的资料等。被检查单位应当如实提供。(3) 向有关人员，包括被检查单位的负责人，有关的管理人员、技术人员和作业人员等了解相关的情况。有关人员应当予以配合，如实提供有关情况。

2. 现场处理权。包括：(1) 应急管理部门和其他负有安全生产监督管理职责的部门，对监督检查中发现的安全生产违法行为，有权当场予以纠正或者要求限期改正。(2) 责令排除事故隐患。对现场监督检查中发现的事故隐患，应急管理部门和其他负有安全生产监督管理职责的部门有权责令被检查单位采取有效措施，立即予以排除。（3）责令采取紧急避险措施权。如果检查中发现的事故隐患属于重大隐患，在隐患排除前或者排除过程中不能保证人员安全的，应急管理部门和其他负有安全生产监督管理职责的部门有权要求从危险区域撤出作业人员，同时要求暂时停止存在重大事故隐患的作业，或者暂停存在重大事故隐患的相关设施、设备的使用。只有在重大事故隐患被排除后，经过应急管理部门和其他负有安全生产监督管理职责的部门审查同意，生产经营单位才能恢复有关的生产经营活动或者恢复有关设施、设备的使用。（4）对检查中发现的违法行为，依照有关法律、法规的规定应当由应急管理部门和其他负有安全生产监督管理职责的部门予以处罚的，依法作出行政处罚的决定。

3. 采取查封或扣押行政强制措施权。应急管理部门和其他负有安全生产监督管理职责的部门对有根据认为不符合保障安全生产的国家标准或者行业标准的设施、设备、器材以及违法生产、储存、使用、经营、运输的危险物品，有予以查封或者扣押的权力，对违法生产、储存、使用、经营危险物品的作业场所，有权予以查封。这里所规定的“查封”，是指应急管理部门和其他负有安全生产监督管理职责的部门对于不符合保障安全生产的国家标准或者行业标准的设施、设备、器材以张贴封条或者其他必要措施封存起来，未经查封部门许可，任何单位或者个人不得启封、动用。这里所规定的“扣押”，是指应急管理部门和其他负有安全生产监督管理职责的部门将不符合保障安全生产的国家标准或者行业标准的设施、设备、器材运到另外的场所予以扣留。本法规定应急管理部门和其他负有安全生产监督管理职责的部门有权采取查封、扣押的行政强制措施，一是为了防止这些不符合保障安全生产的国家标准或者行业标准的设施、设备、器材以及违法生产、储存、使用、经营、运输的危险物品的继续使用造成安全事故；二是可以为进一步查处该违法行为保留必要的证据。应急管理部门和其他负有安全生产监督管理职责的部门在采取查封或扣押行政强制措施后，应当依照行政强制法、行政处罚法等法律的规定作出处理决定。

二、依法行使监督检查权

应急管理部门和其他负有安全生产监督管理职责的部门行使本条规定的职权，采取有关的行政措施时，应当依照行政强制法、行政处罚法等有关法律、法规规定的条件和程序进行。例如，采取查封、扣押等行政强制措施时，必须遵守行政强制法有关的程序规定，如采取查封、扣押措施，必须要有足够的根据，认为查封、扣押的物品确实不符合保障安全生产的国家标准、行业标准；要经过部门负责人的批准；执行查封、扣押措施时要通知被执行单位的负责人员到场，当事人不到场的，邀请见证人到场；对查封、扣押的设施、设备、器材应当清点、登记；对扣押物品办好交接手续；对查封、扣押的物品应当在法定期限内及时作出处理决定等。对依法应当给予行政处罚的，应当遵守行政处罚法规定的程序。

三、监督检查不得影响正常生产经营活动

本条第 1 款规定的 4 项监督检查权，是根据保障安全生产的特点，赋予了监督检查部门必要的权力，也规定了行使这些职权的具体条件、应遵循的规则。这种监督检查是针对违法行为、事故隐患的，总的目的是安全生产。为此，本条第 2 款又确立了一条重要的规则，即监督检查不得影响被检查单位的正常生产经营活动。这里所规定的“正常生产经营活动”，是指没有违反安全生产要求、履行了安全生产义务的生产经营活动。而对于在检查中发现的违法行为，事故隐患，不符合保障安全生产的国家标准或者行业标准的设施、设备、器材，违法生产、储存、使用、经营、运输的危险物品，违法生产、储存、使用、经营危险物品的作业场所，分别采取当场纠正或者要求限期改正，责令立即排除，责令暂时停产停业或者停止使用相关设施、设备，查封或者扣押等措施，不属于影响正常生产经营活动。生产经营单位不得以此为借口，拒绝、阻挠职能部门的监督检查。

第六十六条 生产经营单位对负有安全生产监督管理职责的部门的监督检查人员（以下统称安全生产监督检查人员）依法履行监督检查职责，应当予以配合，不得拒绝、阻挠。

◆ 条文主旨

本条是关于生产经营单位必须配合安全生产监督检查人员履行监督检查职责的规定。

◆ 条文释义

负有安全生产监督管理职责的部门对生产经营单位进行监督检查时，生产经营单位出于担心受到处罚等原因，可能拒绝、阻挠监督检查，给监督检查造成困难。为了保障安全生产监督检查人员能够依法履行监督检查职责，本条规定了生产经营单位的配合义务。

一、安全生产监督检查人员的监督检查职责

安全生产监督检查人员是指应急管理部门和对有关行业、领域的安全生产工作实施监督管理的部门的监督检查人员。安全生产监督检查人员必须依法履行监督检查职责。安全生产监督检查人员监督检查职责是指本法第 65 条规定的职权，包括：现场调查取证权、现场处理权、采取查封或扣押行政强制措施权等。赋予安全生产监督检查人员与其职责相适应的监督检查权利，是保证其依法履行职责的基础。安全生产监督检查人员履行监督检查职责有一定的要求，包括依照法律规定的职权进行监督检查，不得影响被检查单位的正常生产经营活动，向当事人或者有关人员出示证件等。

安全生产监督检查人员履行监督检查职责，有时会与生产经营单位发生矛盾。比如，进入生产经营单位现场是调查取证的重要方式。但是，实践中执法部门进入生产经营单位有时非常困难，暴力冲突事件时有发生。这里存在一对矛盾，即如果执法部门不进入生产经营单位的场所进行现场调查，很多违法行为不易被发现，违法的证据也无从收集，执法部门无法行使监督权；如果执法部门频繁进入生产经营单位的场所，有时会给生产经营单位的生产经营带来不利的影响。正确处理这一对矛盾，一方面，法律必须明确执法部门可以进入生产经营单位进行现场检查，生产经营单位不得拒绝、阻挠；另一方面，执法部门也要避免频繁地进入生产经营者的生产经营场所，从而保护生产经营者正常的生产经营活动。在实际工作中，对有违法嫌疑或被举报有违法行为的生产经营单位，执法部门应当进入生产经营单位进行检查；没有违法嫌疑或者没有举报的，执法部门应慎重行使这项权力，更不能滥用职权，提出不合理的要求。对于违反法律规定的检查要求，生产经营单位有权予以拒绝，并有权向有关部门举报。

二、生产经营单位应当配合安全生产监督检查人员监督检查

根据本条的规定，生产经营单位有接受监管部门依法进行的监督检查的义务，对安全生产监督检查人员依法履行监督检查职责，应予以配合，不得拒绝、阻挠，包括允许监督检查人员进入相关场所实施现场检查，为监督检查人员依法履行职务提供便利条件，满足监督检查人员依法提出的调阅有关资料，检查有关设施、设备，找生产经营单位负责人或有关人员谈话了解有关情况等属于检查职权范围内的合法要求。

生产经营单位不履行这项法定义务时，应承担相应的法律责任。本法第108条规定，违反本法规定，生产经营单位拒绝、阻碍负有安全生产监督管理职责的部门依法实施监督检查的，责令改正；拒不改正的，处2万元以上20万元以下的罚款；对其直接负责的主管人员和其他直接责任人员处1万元以上2万元以下的罚款；构成犯罪的，依照刑法有关规定追究刑事责任。《刑法》第277条第1款规定，以暴力、威胁方法阻碍国家机关工作人员依法执行职务的，处3年以下有期徒刑、拘役、管制或者罚金。同时，对于阻碍国家机关工作人员依法执行职务的行为，可以按照《治安管理处罚法》第50条的有关规定给予治安管理处罚，即处警告或者200元以下罚款；情节严重的，处5日以上10日以下拘留，可以并处500元以下罚款。

第六十七条　安全生产监督检查人员应当忠于职守，坚持原则，秉公执法。

安全生产监督检查人员执行监督检查任务时，必须出示有效的行政执法证件；对涉及被检查单位的技术秘密和业务秘密，应当为其保密。

◆ 条文主旨

本条是关于安全生产监督检查人员的基本执法准则，以及在执行监督检查任务时应当出示证件及履行保密义务的规定。

◈ 条文释义

公务员法规定，公务员应当履行忠于职守，勤勉尽责，保守国家秘密和工作秘密等义务。安全生产监督检查人员作为安全生产行政执法工作人员，对其提出基本执法准则以及执法时出示证件、履行保密义务等有针对性的要求是必要的。

一、安全生产监督检查人员基本执法准则

安全生产监督检查人员应当具备基本的公务道德水准，严格依法履行职责，不得徇私枉法，也不得滥用职权，侵犯被监督检查对象的合法权益。依照本条规定，安全生产监督检查人员应遵守的基本执法准则是，忠于职守、坚持原则、秉公执法。

1. 忠于职守。我国《宪法》第 27 条规定，一切国家机关实行工作责任制。公务人员的所有职位都是在国家机关定职能、定机构、定编制的基础上，根据工作的需要设置的，每个职位都有明确的任务和职责。所谓忠于职守，就是应当忠实于所担负的安全生产的监督管理工作，对本职工作要兢兢业业，认真负责，具有高度的责任感，专心致志地工作，严格履行工作职责，承担起本职位的责任。从事安全生产监督检查的人员是代表国家行使行政职权的国家公务人员，忠于职守是对其最基本的素质要求。

2. 坚持原则。所谓坚持原则，就是必须按照法定的要求、法定的标准说话办事，自觉抵御各种不正之风和腐败现象的侵蚀，做到有法必依、执法必严、违法必究。

3. 秉公执法。所谓秉公执法，就是要求必须做到执法上的公平、公正，不徇私情，不滥用职权，严格依法办事，履行法定的职责。劳动法也规定，县级以上各级人民政府劳动行政部门监督检查人员执行公务，必须出示证件，秉公执法并遵守有关规定。

二、安全生产监督检查人员应当履行的义务

本条第2款规定了安全生产监督检查人员在执行监督检查任务时应当履行的两项义务。

1. 出示证件。根据行政处罚法的规定，执法人员在调查或者进行检查时，应当主动向当事人或者有关人员出示执法证件。当事人或者有关人员有权要求执法人员出示执法证件。执法人员不出示执法证件的，当事人或者有关人员有权拒绝接受调查或者检查。安全生产监督检查人员在执行监督检查任务时，应当出示省级人民政府或者国务院有关部门统一制发的执法证件。要求安全生产监督检查人员在进行监督检查时，必须出示行政执法证件，目的是向相对人表明执法者的身份和执法的合法性，防止他人假冒执法人员侵犯相对人的合法权益。安全生产监督检查人员执行职务时不依法出示行政执法证件的，被监督检查的单位有权拒绝检查。劳动合同法也规定，劳动行政部门的工作人员进行监督检查，应当出示证件，依法行使职权，文明执法。

2. 保守相关秘密。安全生产监督检查人员执行监督检查任务时，对涉及的被检查单位的技术秘密和业务秘密，应当为其保密，不能泄露。这里所讲的技术秘密，包括被检查单位的技术诀窍、技术配方、工艺流程等。业务秘密，包括有关的经营决策、客户资料等方面的内容。上述秘密都属于被检查单位的商业秘密。商业秘密是指不为公众所知悉，能为权利人带来经济利益，具有实用性并经权利人采取保密措施的技术信息和经营信息。商业秘密一旦泄露，将会给生产经营单位造成不利影响，所以，安全生产监督检查人员执行公务时，对涉及被检查单位的技术秘密和业务秘密，应承担保密的义务。我国刑法规定，有违反保密义务或者违反权利人有关保守商业秘密的要求，披露、使用或者允许他人使用其所掌握的商业秘密等行为，情节严重的，处3年以下有期

徒刑，并处或者单处罚金；情节特别严重的，处3年以上10年以下有期徒刑，并处罚金。

第六十八条 安全生产监督检查人员应当将检查的时间、地点、内容、发现的问题及其处理情况，作出书面记录，并由检查人员和被检查单位的负责人签字；被检查单位的负责人拒绝签字的，检查人员应当将情况记录在案，并向负有安全生产监督管理职责的部门报告。

◆ **条文主旨**

本条是关于安全生产监督检查人员在监督检查时，应当对有关检查情况作出记录的规定。

◆ **条文释义**

安全生产监督检查人员在监督检查时，将检查的有关情况作出书面记录，对如实反映情况、确认事实是十分必要的。这是有关监督检查的一项法定程序，本条对书面记录提出了要求，使安全生产监督检查人员有一定的规范可遵循。

一、安全生产监督检查人员对有关检查情况作出记录

安全生产的监督检查工作是一项重要、细致的工作，需要认真进行，每一个环节都应慎之又慎，不得马马虎虎，不应出现差错。安全生产的监督检查工作又是一项具有连续性的工作，安全生产的监督检查人员之间需要对自己的检查工作有一定交接手续，防止监督检查工作断档；安全生产的检查工作情况、工作结果等应便于查询，便于找出检查监督工作本身存在的有关问题的原因；同时，做好安全生产监督检查的记录，一旦发生生产安全事故，也便于查清责任。因此，本条要求安全生产监督检查人员应当对监督检查的基本情况作出记录。

二、安全检查记录的要求

根据本条的规定，安全检查记录必须符合下述两项要求：

1. 安全检查记录应当为书面形式，具体内容应当包括：(1) 检查的时间。一般是指检查时的年、月、日、时、分的具体时间。对容易发生事故的重点部门和重点区域的检查时间更需要特别记录。(2) 检查的地点。通常是指被检查的生产经营单位及其场所。地点的记录应当具体、明确，载明实施检查的具体场所。如果是对生产经营单位的某个矿井、某个车间、某些设备设施等进行检查，这时还应当对具体的作业场所和设备设施的名称、地址予以记录。(3) 检查的内容。即指检查的具体事项，比如本次检查了哪些设施、设备等。(4) 检查中发现的问题。对检查中发现的被检查单位存在的与有关安全生产的法律、法规、国家标准和行业标准等要求不符的情况，如安全生产的规章制度不健全，设施、设备存在的安全隐患问题，是一般的事故隐患问题还是重大事故隐患问题等，都应如实加以记录。(5) 对检查中发现的问题的处理情况（特别是发现事故隐患的处理情况）。通常是指是否按照法律法规和规章的规定对发现的事故隐患和违法行为进行了处理。如，对于事故隐患，是否责令立即排除或者限期排除；对安全生产违法行为是否当场纠正或者要求限期改正，对应当给予行政处罚的行为是否依法进行了处罚，对重大安全生产问题是否向有关人民政府或其所属部门及时报告等，都应当记录在案。

2. 检查记录须由检查人员和被检查单位的负责人签字。为了保证监督检查记录的有效性，有关人员应当在笔录中签字。在监督检查记录上签字的人员，一是参加监督检查的人员。要求检查人员签字，目的是便于明确责任，增强检查人员的责任心。二是被检查单位的有关负责人。签字应当当场进行。如果被检查单位的负责人拒绝签字的，检查人员应当将这一情况在检查记录中说明，并向负有安全生产监督管理职责的部门报告。负责人拒绝签字的，不影响检查记录的有效性。

第六十九条　负有安全生产监督管理职责的部门在监督检查中，应当互相配合，实行联合检查；确需分别进行检查的，应当互通情况，发现存在的安全问题应当由其他有关部门进行处理的，应当及时移送其他有关部门并形成记录备查，接受移送的部门应当及时进行处理。

◆ 条文主旨

本条是关于负有安全生产监督管理职责的部门在监督检查中应互相配合的规定。

◆ 条文释义

安全生产监督管理涉及多个部门，所有负有安全生产监督管理职责的部门都依法承担着安全生产监督管理职责。如何有效履行监管职责，切实提高行政执法水平，保障安全生产落到实处，是立法需要解决的问题。本条对有关部门互相配合实行联合检查，分别检查互通情况，移送处理等提出了要求。

一、监督检查应互相配合，实行联合检查

对生产经营单位的安全生产活动进行监督检查涉及多个部门。根据本法第10条的规定，“负有安全生产监督管理职责的部门”是应急管理部门和对有关行业、领域的安全生产工作实施监督管理的部门的统称。其中，国务院应急管理部门依照本法，对全国安全生产工作实施综合监督管理；县级以上地方各级人民政府应急管理部门依照本法，对本行政区域内安全生产工作实施综合监督管理。国务院交通运输、住房和城乡建设、水利、民航等有关部门依照本法和其他有关法律、行政法规的规定，在各自的职责范围内对有关行业、领域的安全生产工作实施监督管理；县级以上地方各级人民政府有关部门依照本法和其他有关法律、法规的规定，在各自的职责范围内对有关行业、领域的安全生产工作实施监督管理。从这一规定可知，我国对安全生产监督管理工作实施综合监管与专项监管相结合的体制，各级应急管理部门对安全生产工作实施综合监管，交通运输、住房和城乡建设、水利、民航等相关部门对有关行业、领域的安全生产工作实施专项监管。

我国的安全生产监管体制需要各监督检查部门在监督检查工作中，协调配合，联合协作，在协调配合的基础上做到各司其职、各负其责。安全生产的监督管理不仅涉及多个部门，同时还涉及被监督管理的对象即生产经营单位，监督部门多，对被检查对象的检查次数相应也就多，可能会影响到被检查单位的生产经营秩序，给被检查单位造成一定的负担。为防止这一现象的发生，确保各部门进行执法检查时协调配合，本条作出了“负有安全生产监督管理职责的部门在监督检查中，应当互相配合，实行联合检查”的原则性规定。联合检查可以由县级以上地方各级人民政府依照本法第 62 条的规定组织进行，也可以由应急管理部门组织进行，还可以由负有安全生产监督管理职责的部门自愿组织起来进行。

二、确需分别进行检查的，应当互通情况

实行联合检查是本法作出的一项原则性的规定，在某些情况下，确需分别进行单项检查的，可以分别进行监督检查，但各监督检查部门应当做到以下两点：

一是应当互通情况。实施监督检查部门应将自己监督检查中发现的涉及其他有关部门监督管理职责范围内的情况，主动通报给相关的监督管理部门。如负责安全生产综合监督的部门发现生产经营单位的压力容器可能存在安全问题的，应当通报给负责压力容器安全监督管理的特种设备安全监管部门。

二是发现的问题属于其他部门处理的，应当及时移交其他部门。一个部门在进行监督检查时，可能会发现不属于自己监督处理职权范围的问题，对此应将自己监督检查发现的应由其他部门处理的安全问题，及时移送其他有关部门，并形成书面记录备查。移送部门应当按法律要求形成书面记录，并请接受移送的部门签字或者盖章确认，这样有利于明确责任，防止日后推诿。如果在移送过程中有关部门之间发生争议，应当及时提请政府协调。接受移送的部门应当按照法定职权，依法及时作出处理。如果置之不理，出现问题应按渎职处理，依法追究渎职者的责任。

第七十条 负有安全生产监督管理职责的部门依法对存在重大事故隐患的生产经营单位作出停产停业、停止施工、停止使用相关设施或者设备的决定，生产经营单位应当依法执行，及时消除事故隐患。生产经营单位拒不执行，有发生生产安全事故的现实危险的，在保证安全的前提下，经本部门主要负责人批准，负有安全生产监督管理职责的部门可以采取通知有关单位停止供电、停止供应民用爆炸物品等措施，强制生产经营单位履行决定。通知应当采用书面形式，有关单位应当予以配合。

负有安全生产监督管理职责的部门依照前款规定采取停止供电措施，除有危及生产安全的紧急情形外，应当提前二十四小时通知生产经营单位。生产经营单位依法履行行政决定、采取相应措施消除事故隐患的，负有安全生产监督管理职责的部门应当及时解除前款规定的措施。

◆ **条文主旨**

本条是关于对存在重大事故隐患的生产经营单位强制停止生产经营活动的规定。

◆ **条文释义**

在安全生产行政执法过程中，当被监管对象拒绝执行停产停业等决定时，如果负有安全生产监督管理职责的部门不能强制执行，则无法实现存在重大事故隐患的生产经营单位立即停止生产经营活动的目的，使得一些本该立即整治的重大事故隐患继续存在，稍有不慎，便造成生产安全事故的发生。为此，本条规定，负有安全生产监督管理职责的部门可以采取通知有关单位停止供电、停止供应民用爆炸物品等措施，强制生产经营单位履行决定。

一、对生产经营单位设置停止供电、停止供应民用爆炸物品行政强制措施的必要性

1. 生产经营单位守法意识淡薄，导致安全生产监管工作的执行困难。在安全生产监管执法实践过程中，受利益驱使，生产经营单位公然对抗行政机关处罚决定的情况时有发生。当行政相对人拒绝执行停产停业的行政处罚时，如果负有安全生产监督管理职责的部门未被赋予强制实施的权力，既不能强制执行，又没有其他行之有效的应对措施，只能进行徒劳的“纸上对抗”，无法最终避免事故的发生。

2. 申请法院强制执行无法解决由已发现隐患导致的重大安全事故。行政强制法规定，当事人在法定期限内不申请行政复议或者提起行政诉讼，又不履行行政决定的，没有行政强制执行权的行政机关可以自期限届满之日起 3 个月内，申请人民法院强制执行。行政机关申请人民法院强制执行前，应当催告当事人履行义务。催告书送达 10 日后当事人仍未履行义务的，行政机关可以向所在地有管辖权的人民法院申请强制执行；执行对象是不动产的，向不动产所在地有管辖权的人民法院申请强制执行。可见，申请法院强制执行因程序复杂和诉讼周期原因，无法应对亟须处理的事故隐患。

二、负有安全生产监督管理职责的部门采取行政强制措施的要求

1. 严格实施条件。一是保证安全。从根本上说，安全生产停产停业强制措施的最终目的之一就是避免生产经营单位发生重大安全事故，从而保证其生产经营活动的正常进行。因此，负有安全生产监督管理职责的部门在实施行政强制措施的过程中更要以保证安全，特别是从业人员的生命安全为前提。要充分考虑生产经营单位的生产特点和特殊要求，不能因突然采取停电等措施发生其他事故。在实施停止供应民用爆炸物品，特别是停止供电的强制措施的情况下，要严格遵守安全断电程序，以保障实现行政强制目的。

二是负有安全生产监督管理职责的部门依法对存在重大事故隐患的生产经营单位作出停产停业、停止施工、停止使用相关设施或者设备的决定。这里所称的决定，既包括依照本法第 65 条或者其他法律法规规定作出的责令暂时停产停业、停止使用相关设施设备的现场处理决定，也包括依照本法法律责任一章作出的责令停产停业整顿的行政决定。

三是生产经营单位拒不执行上述决定。安全生产监督检查人员履行监督检查职责，依法作出行政决定，是代表国家执行公务的行为，具有强制性。实践中，一些生产经营单位拒绝执行监督检查人员依法作出的行政决定，这种情况不仅严重影响行政执法工作的正常进行，无法实现本法规定的保障安全生产立法目的，也给生产经营单位的安全生产埋下了隐患。针对这种情况，本法明确规定，生产经营单位应当配合安全生产监督检查人员依法履行监督检查职责，不得拒绝、阻挠。

四是存在重大事故隐患，有发生生产安全事故的现实危险。这里所称的重大事故隐患，通常是指危害和整改难度较大，应当全部或者局部停产停业，并经过一定时间整改治理方能排除的隐患，或者因外部因素影响致使生产经营单位自身难以排除的隐患。这里所称的有发生生产安全事故的现实危险，是指现实存在的、紧迫的危险，如果这种危险持续存在，生产经营单位就可能随时发生事故。在现实执法中，我们考量是否发生生产安全事故的现实危险，一定要牢记“血的教训不能再用血的代价去印证”。

2. 严格按照程序。一是经本部门主要负责人批准。行政强制措施直接关系到公民的人身权、财产权等基本权利，不能任由行政执法人员随意作出，实施前需经本部门主要负责人批准，同时可实现行政机关的内部监督，更严谨地判断停止供电、停止供应民用爆炸物品等行为实施的必要性。这里所称的本部门主要负责人，一般是指负有安全生产监督管理职责的部门的正职负责人，也可以是主持工作的其他负责人。

二是通知要采用书面形式，这是本条款实施的形式要件。书面形式具有意思表示准确、有据可查、便于预防纠纷的优点。为保证实施过程的公开、公正、可追溯，书面形式应为相应的行政执法文书，内容包括生产经营单位名称、地址及法定代表人姓名，采取行政强制措施的理由、依据和期限，停止供电的区域范围等。

三是采取停止供电的强制措施，应当提前24小时书面通知生产经营单位。这是对本条第1款的补充规定。按照本条第1款的规定，行政机关实施停止供应民用爆炸物品的强制措施可以直接执行，但考虑到停止供电可能会对生产安全造成一些不可预计的影响，所以进行了本款的补充规定，要求除有危及生产安全的紧急情形外，负有安全生产监督管理职责的部门应当提前24小时通知生产经营单位，以便被强制执行单位做好停电准备，避免不必要的危险和损失发生。但是，如果遇有紧急情形的，负有安全生产监督管理职责的部门可以不提前24小时，甚至在不通知生产经营单位的情况下，直接依照本条第1款的规定要求供电企业停止供电。

3. 严格解除条件。一是生产经营单位依法履行行政决定。即生产经营单位已经按照负有安全生产监督管理职责的部门行政决定的要求，正确履行了停产停业、停止施工、停止使用相关设施设备的义务。二是采取了相应措施消除事故隐患。除了履行行政决定外，生产经营单位还必须采取措施消除事故隐患，经负有安全生产监督管理职责的部门复核通过后，负有安全生产监督管理职责的部门书面通知解除前款规定的行政强制措施。

第七十一条 监察机关依照监察法的规定，对负有安全生产监督管理职责的部门及其工作人员履行安全生产监督管理职责实施监察。

◆ **条文主旨**

本条是关于监察机关依法对负有安全生产监督管理职责的部门及其工作人员实施监察的规定。

◆ **条文释义**

监察法于2018年3月通过，行政监察法同时废止，因此，本次修改时将本条中的“行政监察法”修改为“监察法”。依照监察法的规定，所有行使公权力的公职人员都应当受到监督。国家各级监察委员会依法行使国家监察职能，对所有行使公权力的公职人员进行监察，调查职务违法和职务犯罪，开展廉政建设和反腐败工作，维护宪法和法律的尊严。负有安全生产监督管理职责的部门及其工作人员在履行安全生产监督管理职责时，依法行使安全生产监督管理的权力，应当受到监察机关的监督。

一、监察机关依法行使监察职能

本条所称监察机关是指行使国家监察职能的各级监察委员会。依照监察法的规定，监察机关依法对所有行使公权力的公职人员进行监察，包括中国共产党机关、人民代表大会及其常务委员会机关、人民政府、监察委员会、人民法院、人民检察院、中国人民政治协商会议各级委员会机关、民主党派机关和工商业联合会机关的公务员，以及参照公务员法管理的人员；法律、法规授权或者受国家机关依法委托管理公共事务的组织中从事公务的人员；国有企业管理人员；公办的教育、科研、文化、医疗卫生、体育等单位中从事管理的人员；基层群众性自治组织中从事管理的人员；其他依法履行公职的人员。各级监察机关按照管理权限管辖本辖区内上述人员所涉监察事项。负有安全生产监督管理职责的部门的工作人员，无论其是否属于公务员身份，只要履行安全生产监督管理职责，都属于监察机关的监察对象。

监察机关有权对履行安全生产监督管理职责的部门及其工作人员进行监督、调查、处置，具体包括：（1）对公职人员开展廉政教育，对其依法履职、秉公用权、廉洁从政从业以及道德操守情况进行监督检查。（2）对涉嫌贪污贿赂、滥用职权、玩忽职守、权力寻租、利益输送、徇私舞弊以及浪费国家资财等职务违法和职务犯罪进行调查。（3）对违法的公职人员依法作出政务处分决定；对履行职责不力、失职失责的领导人员进行问责；对涉嫌职务犯罪的，将调查结果移送人民检察院依法审查、提起公诉；向监察对象所在单位提出监察建议。

二、监察机关实施监察的措施

依照监察法的规定，监察机关对负有安全生产监督管理职责的部门及其工作人员实施监察时，有权采取下列措施：（1）依法向有关单位和个人了解情况，收集、调取证据。（2）对可能发生职务违法的监察对象，直接或者委托有关机关、人员进行谈话或者要求说明情况。（3）要求涉嫌职务违法的被调查人就涉嫌违法行为作出陈述，必要时向被调查人出具书面通知；对涉嫌贪污贿赂、失职渎职等职务犯罪的被调查人进行讯问。（4）在调查过程中询问证人等人员。（5）被调查人涉嫌贪污贿赂、失职渎职等严重职务违法或者职务犯罪，符合规定条件的，可以将其留置在特定场所。（6）调查涉嫌贪污贿赂、失职渎职等严重职务违法或者职务犯罪，可以依照规定查询、冻结涉案单位和个人的存款、汇款、债券、股票、基金份额等财产。（7）对涉嫌职务犯罪的被调查人以及可能隐藏被调查人或者犯罪证据的人的身体、物品、住处和其他有关地方进行搜查。（8）调取、查封、扣押用以证明被调查人涉嫌违法犯罪的财物、文件和电子数据等信息。（9）直接或者指派、聘请具有专门知识、资格的人员在调查人员主持下进行勘验检查。（10）对于案件中的专门性问题，可以指派、聘请有专门知识的人进行鉴定。（11）调查涉嫌重大贪污贿赂等职务犯罪，可以采取技术调查措施，按照规定交有关机关执行。（12）在本行政区域内通缉依法应当留置的被调查人。（13）对被调查人及相关人员采取限制出境措施。

第七十二条 承担安全评价、认证、检测、检验职责的机构应当具备国家规定的资质条件，并对其作出的安全评价、认证、检测、检验结果的合法性、真实性负责。资质条件由国务院应急管理部门会同国务院有关部门制定。

承担安全评价、认证、检测、检验职责的机构应当建立并实施服务公开和报告公开制度，不得租借资质、挂靠、出具虚假报告。

◆ **条文主旨**

本条是关于承担安全评价、认证、检测、检验职责的机构应具备的资格条件及其责任的规定。

◆ **条文释义**

承担安全评价、认证、检测、检验职责的机构对于生产经营单位的安全生产，对于监督管理部门的监督管理，具有相当重要的作用。为了加强对安全评价、认证、检测、检验机构的监管，督促机构加强自律，本次修正对本条进行了修改，与2014年修正的安全生产法相比增加了三个方面内容：一是明确制定安全评价、认证、检测、检验机构资质条件的政府职能部门；二是要求安全评价、认证、检测、检验机构实施服务公开和报告公开制度；三是禁止安全评价、认证、检测、检验机构租借资质、挂靠、出具虚假报告。

一、承担安全评价、认证、检测、检验职责的机构应当具备法定的资质条件

本条所讲的承担安全评价、认证、检测、检验职责的机构，是指向社会开放的，接受生产经营单位或者负有安全生产监督管理职责的部门等的委托，对有关的安全生产条件、安全产品、安全设备等进行技术性评价、技术性检验、安全认证等，并出具相关报告的机构。为保证安全评价、认证、检测、检验结果的客观、公正、准确，本条要求，承担这类职责的机构应具备“国家规定的资质条件”，包括对必要的技术人员、管理人员的资格方面的要求，对必要的检测、检验设备方面的要求，对必要的组织机构的要求，对建立健全有关检测、检验操作规程的要求等。承担安全评价、认证、检测、检验职责的机构开展安全评价、认证、检测、检验前应当取得相应的资质，并且在资质的有效期内、在资质认可的业务范围内开展评价、认证、检测、检验。具有安全评价、认证、检测、检验资质的机构不得将其资质借给其他机构，不具备安全评价、认证、检测、检验资质的机构不得向具备资质的机构租借资质或者挂靠具备资质的机构。

本条所讲的“国家规定”，包括法律、法规和部门规章的规定，比如应急管理部2019年出台的《安全评价检测检验机构管理办法》，就对申请安全评价机构、安全生产检测检验机构资质应当具备的条件作出了明确规定。本次修改前，并未明确“国家规定的资质条件”具体由哪个部门牵头制定，导致工作实践中难以落实。因此本次修改时规定，资质条件由国务院应急管理部门会同国务院有关部门制定，明确制定资质条件的牵头部门。

二、承担安全评价、认证、检测、检验职责的机构应当对安全评价、认证、检测、检验的结果负责

一方面，承担安全评价、认证、检测、检验职责的机构应当客观、公正、规范、专业地完成受委托事项。承担安全评价、认证、检测、检验职责的机构接受委托进行有关安全评价、认证、检测、检验，必须做到客观、公正，不得与委托方存在利益交换或者其他影响其客观、公正出具报告的情形；评价、认证、检测、检验的过程必须按照规定的程序和操作规则进行，按照规定进行记录并归档。另一方面，承担安全评价、认证、检测、检验职责的机构应当出具与实际情况相符，结论定性符合客观实际的报告。评价、认证、检测、检验的结果应当有明确依据，符合相关规则和标准，保证结果的合法性和准确性。如果报告存在失实情况，或者出具虚假报告，安全评价、认证、检测、检验机构应当承担相应的法律责任。

三、承担安全评价、认证、检测、检验职责的机构应当建立并实施服务公开和报告公开制度

要求承担安全评价、认证、检测、检验职责的机构建立并实施服务公开和报告公开制度，强化了承担安全评价、认证、检测、检验职责的机构的责任，利用公开公示等制度化建设手段，规范其从业行为，强化诚信意识，促使其认真履行职责，确保服务工作的真实性、科学性、严肃性，实现对安全生产技术服务机构的社会监督。很多地方对承担安全评价、认证、检测、检验职责的机构的服务和报告公开的具体要求作出了规定。比如，海南规定，在海南省域范围内开展技术服务的安全评价检测检验机构应当在本机构网站上公开机构信息、安全评价和检测检验报告等相关信息，并于每季度第一个月的 15 日之前，将上季度完成的安全评价检测检验报告有关内容依据项目的行业类别分门别类在网上公开，自觉接受社会公众监督。

第七十三条 负有安全生产监督管理职责的部门应当建立举报制度，公开举报电话、信箱或者电子邮件地址等网络举报平台，受理有关安全生产的举报；受理的举报事项经调查核实后，应当形成书面材料；需要落实整改措施的，报经有关负责人签字并督促落实。对不属于本部门职责，需要由其他有关部门进行调查处理的，转交其他有关部门处理。

涉及人员死亡的举报事项，应当由县级以上人民政府组织核查处理。

◆ **条文主旨**

本条是关于负有安全生产监督管理职责的部门应当建立安全生产举报制度的规定。

◆ **条文释义**

做好安全生产监督管理工作需要全社会的支持，排查和消除隐患需要广大人民群众共同参与。负有安全生产监督管理职责的部门实施监督管理，除了主动进入生产经营单位进行检查外，建立举报制度也是一种有效的监督方式。建立举报制度，对负有安全生产监督管理职责的部门来说，可以充分利用群众监督、舆论监督的作用，及时、广泛地掌握各生产经营单位安全生产的情况、线索，发现安全生产工作中存在的问题，从而提高监督管理工作的针对性，加大对安全生产违法行为的打击力度，这也是深入贯彻“安全第一、预防为主、综合治理”的方针，充分发挥社会监督机制的作用，维护安全生产秩序所必要的。本条将这一制度以法律的形式确立在安全生产的监督管理工作之中，负有安全生产监督管理职责的部门应依据本条的规定，建立、健全有关安全生产的举报制度，以使举报监督制度化、法定化。

一、负有安全生产监督管理职责的部门应当建立举报制度

根据本条规定，负有安全生产监督管理职责的部门应当建立举报制度，按照下列要求受理、调查和处理有关安全生产的举报事项：

1. 公开举报电话、信箱或者电子邮件地址等网络举报平台。负有安全生产监督管理职责的部门应当明确受理安全生产举报的渠道。目前，除了通过信箱等受理书面举报材料的传统方式外，各地已经设立全国统一的安全生产举报投诉特服号“12350”，有的地方还结合信息技术的发展，开拓多样化的举报受理方式。比如，有的地方通过电子邮件受理举报，有的地方建立互联网举报平台，通过网页、微信举报小程序等方式受理生产安全事故、重大安全隐患、谎报瞒报生产安全事故等方面的举报投诉。

负有安全生产监督管理职责的部门所设立的各种举报方式应当向社会公开，使社会公众广为知晓。一是公开的面要广，要让多数人知悉。举报联系方式的宣传是否到位，关系到举报制度实施的成败。要充分利用影响面较广的电视、广播、报刊、互联网、宣传牌和宣传单等各种途径，多层次、全方位地对安全生产举报联系方式进行宣传，要持之以恒地长期宣传，让安全生产举报联系方式人人皆知。二是公开受理的举报方式等应当具体、明确，便于记忆。在宣传举报方式时，要明确重点，突出强调具体的举报方式，使举报方式在有限的时间内能够被强化记忆。三是应当公开受理举报的内容，主要包括：（1）在生产过程中违反劳动纪律或者违反安全生产操作规程的情形、各类生产安全事故、其他不安全因素等安全生产方面存在的问题；（2）安全生产和现场管理中的违章指挥现象、违反安全生产法律法规和方针政策、安全生产责任不落实、事故隐患整改不及时等安全生产管理方面存在的问题。受理举报的内容既包括对生产经营单位违反有关安全生产法律、法规行为的举报，也包括对负有安全生产监督管理职责部门的工作人员不依法行政的举报等。

2. 受理单位应调查核实举报内容。群众的举报能否得到调查核实，能否得到反馈，是群众最关心的一个问题。如果群众举报后如石沉大海，得不到落实，则必将极大地损害群众举报的积极性，丧失群众对举报工作的信心，从而瓦解社会监督的作用，违背本法的立法精神。因此，要认真地对待群众的每一次举报，对受理的各个环节，包括值班、电话接听、登记整理、转送、调查核实、处理、结果反馈等，制定严格的规定和详细的要求，使举报受理工作制度化、程序化和规范化。只有对群众举报加以重视，认真迅速地进行查处并将处理结果及时公告，做到每一个举报都有令群众较为满意的结果，群众才能看到举报的效果，才能有信心举报，才能真正发挥安全生产举报制度的效能。负有安全生产监督管理职责的部门不能将建立举报制度作为形式，要对举报的内容进行调查核实，一旦核实就应当形成书面文字、写出报告。

3. 督促落实。建立举报制度的目的是解决安全生产方面存在的问题，消除事故隐患。因此，经调查核实后，确实存在安全生产方面的问题的，应当及时督促有关责任单位和人员予以整改。根据本法及相关法律法规规定，应当给予行政处罚或者刑事处罚的，应当及时依法作出处理决定。比如，经调查核实存在安全生产事故隐患的，应当责令存在安全事故隐患的生产经营单位暂时停产停业，对存在安全事故隐患的生产经营单位作出行政处罚，要求存在生产安全事故隐患的单位作出整改措施，要求存在安全事故隐患的单位负责人作出书面保证等。需要落实整改措施的，应当报经有关负责人签字并督促落实。

4. 不属于本部门职责的，转交其他有关部门处理。负有安全生产监督管理职责的部门既包括对安全生产进行综合监管的应急管理部门，也包括对安全生产进行行业监管的交通运输、住房和城乡建设、水利、民航等有关部门。不同部门根据其各自的分工，有相应的安全生产监督管理职责。负有安全生产监督管理职责的部门受理有关安全生产的举报后，如果不属于本部门职责，则无法依职权进行调查、核实和处理，但并不能因此推诿对安全生产举报的调查处理，如果需要由其他有关部门进行调查处理，应当及时转交其他有关部门。其他有关部门接到转交的安全生产举报后，应当按照程序，及时调查处理。

二、涉及人员死亡的举报事项的核查处理

对于举报事项的核查处理权限，应当与有关部门的安全生产监管职责相适应，只有具备相应的监管权限，才能完成对被举报事项的核查处理。安全生产的监督管理是由应急管理部门等负有安全生产监督管理职责的部门负责，对于安全生产的举报，一般由相关部门进行核查处理。然而，对于生产安全事故，《生产安全事故报告和调查处理条例》对调查处理主体作出了特别规定。生产安全事故分为特别重大事故、重大事故、较大事故、一般事故，如果造成3人以下死亡，或者10人以上重伤，或者1000万元以下直接经济损失，则构成一般事故。根据该条例的规定，特别重大事故由国务院或者国务院授权有关部门组织事故调查组进行调查；重大事故、较大事故、一般事故分别由事故发生地省级人民政府、设区的市级人民政府、县级人民政府负责调查；未造成人员伤亡的一般事故，县级人民政府也可以委托事故发生单位组织事故调查组进行调查。如果涉及人员死亡的举报事项经核查属实，至少构成一般事故，应当由县级以上人民政府负责调查。因此，涉及人员死亡的举报事项应当由县级以上人民政府负责核查处理。

实践中需要注意的是，有关安全生产的举报涉及行政机关及其工作人员的，负有安全生产监督管理职责的部门在办理这类信访事项时，应同时遵照《信访条例》规定的程序和要求。另外，举报人举报的事项应当客观真实，对其提供材料内容的真实性负责，不得捏造、歪曲事实，不得诬告、陷害他人。

第七十四条 任何单位或者个人对事故隐患或者安全生产违法行为，均有权向负有安全生产监督管理职责的部门报告或者举报。

因安全生产违法行为造成重大事故隐患或者导致重大事故，致使国家利益或者社会公共利益受到侵害的，人民检察院可以根据民事诉讼法、行政诉讼法的相关规定提起公益诉讼。

◆ 条文主旨

本条是关于事故隐患或者安全生产违法行为的举报权和安全生产领域公益诉讼的规定。

◆ 条文释义

事故隐患和安全生产违法行为对人民群众生命安全和财产安全造成了威胁，影响社会的和谐稳定，任何单位或者个人都有权对事故隐患或者安全生产违法行为进行举报，防止和减少生产安全事故。如果安全生产违法行为造成重大事故隐患或者导致重大事故，为了维护国家利益或者社会公共利益的需要，检察机关也可以依法提起公益诉讼。

一、任何单位或者个人均有权报告或者举报

1. 任何单位或者个人的举报权利。为了发挥全社会对安全生产的监督作用，本条规定，任何单位或者个人对事故隐患或者安全生产违法行为，均有权向负有安全生产监督管理职责的部门报告或者举报。实践中，要特别重视生产经营单位内部有关管理人员和从业人员的举报。他们处在生产经营第一线，对本单位存在的违法行为最为了解，其举报具有十分重要的价值。同时，也要鼓励其他单位和个人的举报。他们通常与被举报单位没有直接利益关系，能摆脱生产经营单位内部人员的局限性，从而提供重要的线索。举报的内容应当真实，不得捏造违法行为，诬告、陷害有关单位和人员。对有诬告、陷害行为的，将依法追究法律责任。当然，实践中要注意错误举报和诬告、陷害的区别。

2. 受理举报的部门。受理安全生产领域举报的部门有：(1) 应急管理部门。应急管理部门是安全生产工作的综合监督管理部门，根据本法第 10 条第 1 款，国务院应急管理部门对全国安全生产工作实施综合监督管理，县级以上地方各级人民政府应急管理部门对本行政区域内安全生产工作实施综合监督管理。因此，任何单位和个人都可以向应急管理部门举报事故隐患或者安全生产违法行为，由应急管理部门依法实施综合监督管理。(2) 应急管理部门以外的其他负有安全生产监督管理职责的部门。根据本法第 10 条第 2 款的规定，国务院交通运输、住房和城乡建设、水利、民航等有关部门在各自的职责范围内对有关行业、领域的安全生产工作实施监督管理；县级以上地方各级人民政府有关部门在各自的职责范围内对有关行业、领域的安全生产工作实施监督管理。依据上述规定，任何单位和个人在发现生产经营单位的事故隐患或者安全生产违法行为时，也可以向相关行业主管部门举报，主要有：公安机关，建筑行政部门，铁路、民航、交通部门，特种设备安全监察部门，电力监管部门等。（3）监察机关。根据监察法的规定，各级监察委员会是行使国家监察职能的专责机关，依照监察法对所有行使公权力的公职人员进行监察，调查职务违法和职务犯罪，开展廉政建设和反腐败工作，维护宪法和法律的尊严。因此，对于各级地方人民政府、应急管理部门和其他负有安全生产监督管理职责的部门及其工作人员在安全生产监督管理过程中或者在事故报告和调查处理中有违法行为的，任何单位和个人都可以向有关监察机关举报。

3. 有关部门对于违法行为的举报应当及时依法处理。单位和个人以书信、电话、口头和委托他人转告等方式，无论实名还是匿名，对安全生产违法行为和事故隐患等进行举报的均应受理。受理口头举报，应当将举报情况写成笔录；受理电话举报，应当询问清楚，如实记录。对具名报告或者举报但不愿对外公开身份的，接受报告或者举报的负有安全生产监督管理职责的部门，应当为当事人保密。对具名报告或者举报且有联系方式的，依照《信访条例》的规定，有关行政机关收到报告或者举报后，应当在15日内书面告知举报人是否立案受理，并自受理之日起60日内办结，告知举报人。对于举报的事实线索比较明确，又属于本部门职责范围的，受理举报的部门应当及时进行调查，违法行为经查证属实的，依法给予行政处罚或者处分，构成犯罪的，移送司法机关依法追究刑事责任。对不属于本部门职责范围的举报，应当及时移交有权处理的部门。

实践中，担心举报本单位而被解雇，担心可能存在官官相护或官商勾结而遭受打击报复，是群众不敢或不愿意举报的重要原因，尤其是大多数人不敢实名举报。实质上，这在一定程度上反映了群众对政府部门存在一定的信任危机。因此，必须为安全生产举报人建立严格的保密制度，消除群众的顾虑。例如，为了便于查证，在鼓励实名举报的同时，应对举报人的信息进行严格保密；在对举报内容进行批转的同时，应隐去举报人的各项信息。而在实际工作中，更应严格执行保密工作纪律，严厉查处泄露举报人信息和打击报复举报人的行为，切实保护举报人合法权益。只有这样，群众才没有后顾之忧，才能敢于举报安全生产的各种违法行为和事故隐患。

二、人民检察院对安全生产违法行为提起公益诉讼

完善安全生产公益诉讼法律制度，在安全生产法中增加相关规定，是贯彻落实党中央决策部署和相关政策文件精神的客观要求。《意见》明确提出“研究建立安全生产民事和行政公益诉讼制度”。党的十九届四中全会提出“拓展公益诉讼案件范围”，最高人民检察院与最高人民法院、应急管理部、交通运输部等贯彻落实十九届四中全会精神和分工方案，将“探索开展安全生产公益诉讼试点”纳入落实该项任务实施规划。《法治中国建设规划(2020—2025年)》中明确提出“拓展公益诉讼案件范围，完善公益诉讼法律制度”；《2020年推动长江经济带发展工作要点》明确提出探索开展危化品、尾矿库、交通等安全生产领域公益诉讼检察工作。据统计，目前全国已有24个省级人大常委会出台关于加强检察公益诉讼工作的专项决定，其中有20个对安全生产领域公益诉讼探索予以明确。在修正草案审议过程中，有的意见建议在本法中对安全生产领域公益诉讼作出明确规定，本次修正采纳了这一意见。

对安全生产公益诉讼作出明确规定，有相应的法律和实践基础，有助于提高全社会的安全生产水平。一是有助于完善安全生产领域现有制度机制。目前，安全生产领域存在有安全监管职责的部门职能交叉、监管缺位、执法不严等问题，在安全生产领域开展检察公益诉讼，有助于促进有关行政机关依法行政、严格执法。二是公益诉讼制度包含的诉前程序机制有利于充分发挥制度优势。检察机关与行政机关有相同的目标追求，在诉前督促行政机关履职，是党的十八届四中全会作出的制度设计，也是检察机关公益诉讼的实践导向。三是在实体法中规定检察公益诉讼条款有相关立法先例。英雄烈士保护法授权检察机关提起英烈保护公益诉讼，未成年人保护法也明确规定了检察公益诉讼条款。实践证明，在实体法中规定检察公益诉讼条款，能够有效推进检察公益诉讼工作，切实保护社会公共利益。四是具有坚实的实践基础。检察公益诉讼制度自 2015 年开始试点，已经积累了丰富的实践经验。目前，一些地方检察机关据此针对危险化学品、易燃易爆物品、矿山和尾矿库治理、违法建设、违法施工等安全生产公益保护问题作了积极稳妥的探索。2020 年，全国检察机关办理各类公益诉讼案件 15 万余件，其中包括大量安全生产领域公益诉讼典型案件，起诉后均得到法院判决支持，取得了良好的政治效果、社会效果、法律效果。

检察机关提起公益诉讼有一定的条件，包括：（1）因安全生产违法行为造成重大事故隐患或者导致重大事故，即任何组织或者个人有违反本法或者其他安全生产相关法律、法规规定的行为，且这种违法行为导致出现安全生产重大事故隐患或者发生重大事故。（2）国家利益或者社会公共利益受到侵害。出现安全生产重大事故隐患或者发生重大事故，既会使生产经营单位及其从业人员、周边单位及居民等的人身、财产权益受到损害，也有可能使国家利益或者社会公共利益受到侵害。只有当国家利益或者社会公共利益受到侵害时，检察机关才能提起公益诉讼。（3）根据民事诉讼法、行政诉讼法的相关规定提起公益诉讼。《民事诉讼法》第 55 条规定，对污染环境、侵害众多消费者合法权益等损害社会公共利益的行为，法律规定的机关和有关组织可以向人民法院提起诉讼。人民检察院在履行职责中发现破坏生态环境和资源保护、食品药品安全领域侵害众多消费者合法权益等损害社会公共利益的行为，在没有前款规定的机关和组织或者前款规定的机关和组织不提起诉讼的情况下，可以向人民法院提起诉讼。《行政诉讼法》第25条规定，人民检察院在履行职责中发现生态环境和资源保护、食品药品安全、国有财产保护、国有土地使用权出让等领域负有监督管理职责的行政机关违法行使职权或者不作为，致使国家利益或者社会公共利益受到侵害的，应当向行政机关提出检察建议，督促其依法履行职责。行政机关不依法履行职责的，人民检察院依法向人民法院提起诉讼。

第七十五条 居民委员会、村民委员会发现其所在区域内的生产经营单位存在事故隐患或者安全生产违法行为时，应当向当地人民政府或者有关部门报告。

◆ 条文主旨

本条是关于居民委员会、村民委员会在安全生产方面应履行的报告义务的规定。

◆ 条文释义

居民委员会、村民委员会作为基层群众性自治组织，是最接近其所在区域内生产经营单位的一级组织机构，其许多居民或者村民也会选择在这些生产经营单位就近就业，比较容易获知所在区域内的生产经营单位存在事故隐患或者安全生产违法行为的相关信息。为了保障其所在区域内的和周边区域内的居民或者村民的生命和财产安全，本条赋予居民委员会、村民委员会对所在区域内的生产经营单位存在事故隐患或者安全生产违法行为的报告义务。

一、居民委员会、村民委员会的报告义务

按照城市居民委员会组织法的规定，居民委员会是居民自我管理、自我教育、自我服务的基层群众性自治组织，应当维护居民的合法权益，教育居民履行依法应尽的义务、爱护公共财产，办理本居住地区居民的公共事务和公益事业，协助维护社会治安，协助人民政府或者它的派出机关做好与居民利益有关的公共卫生、计划生育、优抚救济、青少年教育等工作。按照村民委员会组织法的规定，村民委员会是村民自我管理、自我教育、自我服务的基层群众性自治组织，应当教育和推动村民履行法律规定的义务、爱护公共财产，维护村民的合法权益，发展文化教育，普及科技知识，促进男女平等，做好计划生育工作，促进村与村之间的团结、互助，开展多种形式的社会主义精神文明建设活动等。

居民委员会、村民委员会所在区域内的生产经营单位存在事故隐患或者安全生产违法行为，可能造成生产安全事故，不仅可能危害从业人员的安全，还可能危及周围地区居民或者村民的安全。按照城市居民委员会组织法、村民委员会组织法的有关规定，居民委员会、村民委员会的重要任务之一，就是维护居民或者村民的合法权益。为了维护当地居民或者村民的安全，维护社会公共利益，本条规定，居民委员会、村民委员会发现其所在区域内的生产经营单位存在事故隐患或者安全生产违法行为时，有义务向当地人民政府或者有关部门（如负有安全监督管理职责的部门等）报告。

二、当地人民政府或者有关部门应当及时处理

居民委员会、村民委员会发现其所在区域内的生产经营单位存在事故隐患或者安全生产违法行为时，应当向当地人民政府或者有关部门报告。当地人民政府或者有关部门接到报告后应当给予重视，作出相应的处理。否则，一旦出现问题，有关责任人员应承担相应的法律责任。按照本法第9条的规定，乡镇人民政府和街道办事处，以及开发区、工业园区、港区、风景区等应当按照职责对本行政区域或者管理区域内生产经营单位安全生产状况进行监督检查。这里的当地人民政府和有关部门，可以是当地的县级人民政府，也可以是当地的乡镇人民政府和街道办事处，开发区、工业园区、港区、风景区等功能区的管理机构，以及负有安全生产监督管理职责的部门。

第七十六条 县级以上各级人民政府及其有关部门对报告重大事故隐患或者举报安全生产违法行为的有功人员，给予奖励。具体奖励办法由国务院应急管理部门会同国务院财政部门制定。

◆ 条文主旨

本条是关于县级以上各级人民政府及其有关部门应实施安全生产举报奖励的规定。

◆ 条文释义

对安全生产违法行为进行举报，体现了群众参与安全生产监督工作的积极性和主动性，体现了群众的社会责任感，是对政府安全生产监督管理工作的协助。因此，应当建立对举报人员的奖励制度，对举报人员给予奖励。实施有奖举报是充分发动更广泛的群众参与举报工作的重要辅助手段，应切实做好举报奖励的发放工作，要真心实意地感谢群众的参与和支持，调动和保护群众举报的积极性，从而形成全社会关心安全生产工作的氛围。

一、报告重大事故隐患或者举报安全生产违法行为的有功人员

本条规定的“重大事故隐患”，是指危害和整改难度较大，应当全部或者局部停产停业，并经过一定时间整改治理方能排除的隐患，或者因外部因素影响致使生产经营单位自身难以排除的隐患。应急管理部、交通运输部等出台了《煤矿重大事故隐患判定标准》《工贸行业重大生产安全事故隐患判定标准（2017 版）》《水上客运重大事故隐患判定指南（暂行）》等行业、领域重大事故隐患的判定标准，可以作为认定“重大事故隐患”的依据。

“安全生产违法行为”是指违反安全生产相关法律法规、国家标准或者行业标准的行为。原国家安全生产监督管理总局、财政部于 2018 年制定的《安全生产领域举报奖励办法》对安全生产违法行为进行了列举，主要包括：（1）没有获得有关安全生产许可证或证照不全、证照过期、证照未变更从事生产经营、建设活动的；未依法取得批准或者验收合格，擅自从事生产经营活动的；关闭取缔后又擅自从事生产经营、建设活动的；停产整顿、整合技改未经验收擅自组织生产和违反建设项目安全设施“三同时”规定的。（2）未依法对从业人员进行安全生产教育和培训，或者矿山和危险化学品生产、经营、储存单位，金属冶炼、建筑施工、道路交通运输单位的主要负责人和安全生产管理人员未依法经安全生产知识和管理能力考核合格，或者特种作业人员未依法取得特种作业操作资格证书而上岗作业的；与从业人员订立劳动合同，免除或者减轻其对从业人员因生产安全事故伤亡依法应承担的责任的。（3）将生产经营项目、场所、设备发包或者出租给不具备安全生产条件或者相应资质（资格）的单位或者个人，或者未与承包单位、承租单位签订专门的安全生产管理协议，或者未在承包合同、租赁合同中明确各自的安全生产管理职责，或者未对承包、承租单位的安全生产进行统一协调、管理的。（4）未按国家有

关规定对危险物品进行管理或者使用国家明令淘汰、禁止的危及生产安全的工艺、设备的。（5）承担安全评价、认证、检测、检验工作和职业卫生技术服务的机构出具虚假证明文件的。（6）生产安全事故瞒报、谎报以及重大事故隐患隐瞒不报，或者不按规定期限予以整治的，或者生产经营单位主要负责人在发生伤亡事故后逃匿的。（7）未依法开展职业病防护设施“三同时”，或者未依法开展职业病危害检测、评价的。（8）法律、行政法规、国家标准或行业标准规定的其他安全生产违法行为。

“有功”一般是指，举报人举报的重大事故隐患和安全生产违法行为，属于生产经营单位和负有安全监管职责的部门没有发现，或者虽然发现但未按有关规定依法处理的行为。需要说明的是，具有安全生产管理、监管、监察职责的工作人员及其近亲属或其授意他人的举报不在奖励之列。

二、对有功人员给予奖励

对报告重大事故隐患或者举报安全生产违法行为的有功人员给予奖励，主要是指物质奖励，也包括精神奖励。《安全生产领域举报奖励办法》规定对重大事故隐患和安全生产违法行为的实名举报人给予现金奖励，具体标准为：（1）对举报重大事故隐患、违法生产经营建设的，奖励金额按照行政处罚金额的15%计算，最低奖励3000元，最高不超过30万元。（2）对举报瞒报、谎报事故的，按照最终确认的事故等级和查实举报的瞒报谎报死亡人数给予奖励。其中：一般事故按每查实瞒报谎报1人奖励3万元计算；较大事故按每查实瞒报谎报1人奖励4万元计算；重大事故按每查实瞒报谎报1人奖励5万元计算；特别重大事故按每查实瞒报谎报1人奖励6万元计算。最高奖励不超过30万元。

2020年9月应急管理部印发的《生产经营单位从业人员安全生产举报处理规定》明确，对生产经营单位从业人员安全生产举报以及信息员提供线索核查属实的，奖励标准按照一定比例上浮。

第七十七条　新闻、出版、广播、电影、电视等单位有进行安全生产公益宣传教育的义务，有对违反安全生产法律、法规的行为进行舆论监督的权利。

◆ 条文主旨

本条是关于媒体负有安全生产公益宣传教育的义务，享有安全生产舆论监督的权利的规定。

◆ 条文释义

新闻、出版、广播、电影、电视等单位在提高全社会安全生产意识水平方面有重要作用，一方面，可以通过安全生产公益宣传，提高全民安全意识和安全素质，形成全社会关注和参与安全生产的良好氛围；另一方面，可以对安全生产领域的违法行为进行舆论监督，督促生产经营单位及时纠正违法行为。

一、媒体有进行安全生产公益宣传教育的义务

安全生产，人人有责。安全生产不仅关系到生产经营单位及其从业人员的生命财产安全，还关系到国家经济社会稳定发展，关系到党和政府的形象和声誉，需要全社会各方面的共同努力和长期奋斗，其中也离不开新闻、出版、广播、电影、电视等广大传统媒体单位以及互联网、移动传媒、微信、微博等众多新兴媒体单位的支持和配合。当前，生产经营单位尤其是从业人员的安全意识仍有不足，全社会安全发展的理念没有完全树立。媒体具有覆盖广泛、便捷高效、渗透有力等特点。因此，做好安全生产工作离不开广大媒体单位的积极配合，需要他们在及时发布安全生产政策法规、传播安全生产知识技能、凝聚民众共识、引导社会舆论等方面发挥更大作用。同时，要按照习近平总书记“一厂出事故、万厂受教育，一地有隐患、全国受警示”的重要指示要求，强化安全生产警示宣传教育，推动形成守规尽责、奖优罚劣、见贤思齐的安全生产工作机制、社会氛围和法治秩序，使我国的安全生产工作走上一个新的台阶。

所谓“公益”，就是要求广大新闻媒体单位在安全生产宣传上不能以营利为目的，应做到不收费或者少收费，更不能搞所谓的有偿新闻。广大新闻媒体尤其是国有新闻媒体掌握着大量的公共资源，这些资源由国家出资建设，并且在全民的支持下日益发展壮大，理应在安全生产这个关系国家和全体人民福祉的问题上发挥更加重要的作用。原国家安全监管总局、中共中央宣传部、教育部等 8 个部门于 2016 年出台《关于加强全社会安全生产宣传教育工作的意见》，其中规定，要加大主流媒体宣传教育工作力度，推动中央和地方党报、党刊、电视台、广播台等分别开设安全生产宣传教育固定栏目，增加版面、时段和频次。行业媒体要加大权威新闻、首发新闻、独家新闻、深度报道、系列评论工作力度。

二、媒体有对违反安全生产法律、法规的行为进行舆论监督的权利

本条在规定媒体单位有进行安全生产公益宣传教育义务的同时，又赋予了这些单位对违反安全生产法律、法规的行为进行舆论监督的权利。有关单位应当利用大众传媒的优势，在宣传党和国家在安全生产方面的方针、政策、法律、法规的同时，对违反安全生产法律、法规的行为给予曝光，予以揭露、批评，发挥舆论监督的作用，目的是使安全生产违法行为受到社会监督，得到及时纠正。舆论监督具有以下特点：（1）公开性和广泛性。舆论监督通过新闻媒介实施，将安全生产违法行为公之于众，在社会上曝光，是一种最为公开、广泛的形式，能够对当事人形成巨大的压力。因此，从这个意义上讲，舆论监督具有比其他社会监督形式更强大的威慑力。（2）及时性。任何监督都强调及时性，但其他形式的监督往往要经过多个环节、多个层次才能实现，而舆论监督的环节则比较单一，反应迅速，能即刻形成舆论压力，在及时遏制安全生产违法行为方面，往往快于其他监督形式。新闻媒介对社会舆论的导向有着不可替代的作用。同样，运用新闻媒介实施对安全生产的监督，对于及时制止、及时惩处安全生产违法行为，对于宣传国家安全生产法律规范，具有重要作用。例如，2021 年 2 月，河北某市冶金矿山集团下属矿业公司发生 6 人死亡的坠井事故，该企业隐瞒不报，经媒体披露后才被调查核实。随着事故责任追究的力度越来越大，一些人由于害怕受到法律制裁蓄意瞒报谎报事故，因此本条赋予媒体以对违反安全生产法律、法规的行为进行舆论监督的权利，对于安全生产监督尤为重要。

第七十八条　负有安全生产监督管理职责的部门应当建立安全生产违法行为信息库，如实记录生产经营单位及其有关从业人员的安全生产违法行为信息；对违法行为情节严重的生产经营单位及其有关从业人员，应当及时向社会公告，并通报行业主管部门、投资主管部门、自然资源主管部门、生态环境主管部门、证券监督管理机构以及有关金融机构。有关部门和机构应当对存在失信行为的生产经营单位及其有关从业人员采取加大执法检查频次、暂停项目审批、上调有关保险费率、行业或者职业禁入等联合惩戒措施，并向社会公示。

负有安全生产监督管理职责的部门应当加强对生产经营单位行政处罚信息的及时归集、共享、应用和公开，对生产经营单位作出处罚决定后七个工作日内在监督管理部门公示系统予以公开曝光，强化对违法失信生产经营单位及其有关从业人员的社会监督，提高全社会安全生产诚信水平。

◆ 条文主旨

本条是关于负有安全生产监督管理职责的部门建立安全生产违法行为信息库，并与有关部门和机构开展联合惩戒和违法失信公开的规定。

◆ 条文释义

安全生产关系到人民群众生命财产安全，诚信守法是对生产经营单位的最低要求。反之，安全生产非法违法、违规违章是生产经营单位缺乏诚信的最直接表现，有必要引入信用机制对安全生产重大违法行为予以控制和惩戒。为了采取有力措施解决安全生产领域违法行为“屡禁不止，屡罚不改”问题，提高全社会安全生产诚信水平，本次修正时，在原有对违法生产经营单位建立违法行为信息库和公示通报的基础上，增加负有安全生产监督管理职责的部门对有关从业人员进行曝光，并与有关部门和机构开展联合惩戒的规定。

一、安全生产违法行为信息的收集、公告和通报

根据本条第 1 款的规定，负有安全生产监督管理职责的部门应当建立安全生产违法行为信息库，将生产经营单位及其有关从业人员的安全生产违法行为信息如实记录并纳入数据库；对于违

法行为情节严重的生产经营单位及其有关从业人员，应当及时向社会公告其安全生产违法信息，并通报至行业主管部门、投资主管部门、自然资源主管部门、生态环境主管部门、证券监督管理机构以及有关金融机构。对生产经营单位及其有关从业人员的安全生产违法行为信息进行收集、公告和通报，既是对违法单位及人员的一种惩戒，即通过依法对其违法行为进行惩戒，让违法行为主体失“里子”；也能够起到警示教育作用，通过向社会公开曝光等方式，让其失“面子”，有效督促生产经营单位切实提升安全诚信水平。需要注意的是，记录、公开并通报的违法行为信息，既有生产经营单位的违法行为信息，也有生产经营单位中与违法情节有关的从业人员的违法行为信息。本次修改增加了对有关从业人员的失信惩戒的规定，是为了督促生产经营单位严格落实全员安全生产责任制，督促从业人员严格履行岗位职责。

向行业主管部门、投资主管部门、自然资源主管部门、生态环境主管部门、证券监督管理机构以及有关金融机构进行通报，是为了使其及时获取安全生产严重违法行为信息，依法采取相应的惩戒措施，比如限制生产经营单位参与建设工程招投标，限制生产经营单位取得或者终止基础设施和公用事业特许经营，限制、暂停企业债券、公司债券和股票发行，对其进行评级授信、信贷融资时予以参考，限制相关责任人评先评优，限制成为海关认证企业等。

二、对安全生产失信行为实施联合惩戒

1. 安全生产领域联合惩戒的背景。党的十八届三中全会决定指出，要建立健全社会征信体系，褒扬诚信，惩戒失信。2014 年 6 月，国务院出台了《国务院关于促进市场公平竞争维护市场正常秩序的若干意见》（国发〔2014〕20 号），要求将市场主体的信用信息作为实施行政管理的重要参考，建立健全守信激励和失信惩戒机制。党的十八届五中全会中再次提出，要完善社会信用体系。推进安全生产诚信体系建设，是督促落实安全生产责任制的重要途径。《意见》要求，“积极推进安全生产诚信体系建设，完善企业安全生产不良记录‘黑名单’制度，建立失信惩戒和守信激励机制”。

2016年，为了加快推进安全生产诚信体系建设，建立健全失信联合惩戒机制，促进各类生产经营单位诚信守信、合法经营，国家发展改革委、中国人民银行等18个部门（单位）联合印发了《关于对安全生产领域失信生产经营单位及其有关人员开展联合惩戒的合作备忘录》，备忘录中提出，通过全国信用信息共享平台向全国企业信用信息公示系统及各部门相关系统即时提供安全生产领域存在失信行为的生产经营单位及有关人员相关信息，在原国家安全监管总局政府网站、“信用中国”网站和企业信用信息公示系统向社会公布。各有关部门根据生产经营单位及有关人员失信行为严重程度，依法依规对其实施联合惩戒。

随着《企业信息公示暂行条例》（国务院令第654号）、《国务院办公厅关于进一步完善失信约束制度构建诚信建设长效机制的指导意见》（国办发〔2020〕49号）等一系列法规规章的颁布实施，社会信用体系建设迈入新阶段，完整的联合惩戒制度规范逐步成型，有助于提高社会信用体系建设法治化、规范化水平，依法依规保护各类信用主体合法权益，确保社会信用体系建设各项工作在法治轨道运行。

2. 联合惩戒措施。对于存在失信行为的生产经营单位及有关从业人员，本条规定了四种联合惩戒措施：一是加大执法检查频次。安全生产执法检查的目的是发现生产经营单位在安全生产方面存在的问题并督促其整改。存在失信行为的生产经营单位在安全生产方面必然存在较大问题，通过加大执法检查频次，有利于督促其加强安全生产管理，防范安全生产风险。二是暂停项目审批。企业扩大生产经营的方式之一就是申请各种新的项目，暂停批准其项目申请，一方面是因为其所具有的安全生产管理隐患可能影响其完成所申请的项目，另一方面也是防止其“带病发展”，督促其重视安全生产，及时整改存在的安全生产违法行为。三是上调有关保险费率。生产经营单位在生产经营活动中需要投保各类保险，保险费率一般都是与其安全生产风险、企业管理水平等相适应的，如果生产经营单位存在安全生产失信行为，则其安全生产风险水平就会升高，其保险费率也需要作出相应调整。四是行业或者职业禁入。实践中，有的生产经营单位或从业人员因安全生产违法行为受到惩处，但仍没有安全生产意识，不是彻底整改存在的安全生产风险，而是更换名称、单位，继续从事该行业的生产经营。为了杜绝这种行为，加大对违法单位及其有关从业人员的威慑力度，本条规定了可以采取行业或者职业禁入措施，督促生产经营单位及有关从业人员在该行业领域的生产经营活动中依法安全生产。对于本条规定的联合惩戒措施，有关部门既可以同时适用，也可以根据违法主体的实际情况选择适用。

三、行政处罚信息的归集、共享、应用和公开

对生产经营单位行政处罚信息进行归集、共享、应用和公开，既是行政处罚公开的要求，也有利于强化对违法失信生产经营单位及其有关从业人员的社会监督，提高全社会安全生产诚信水平。生产经营单位在生产经营过程中除了受到主管的行业部门的监管，也会受到其他有关部门的监管。不同监管部门都有权对生产经营单位的违法行为作出行政处罚，负有安全生产监督管理职责的部门应当对这些行政处罚信息进行及时归集、共享、应用和公开。负有安全生产监督管理职责的部门对生产经营单位作出处罚决定后，应当在 7 个工作日内在监督管理部门的公示系统予以公开曝光，使其接受社会监督。

第五章　生产安全事故的应急救援与调查处理

第七十九条　国家加强生产安全事故应急能力建设，在重点行业、领域建立应急救援基地和应急救援队伍，并由国家安全生产应急救援机构统一协调指挥；鼓励生产经营单位和其他社会力量建立应急救援队伍，配备相应的应急救援装备和物资，提高应急救援的专业化水平。

国务院应急管理部门牵头建立全国统一的生产安全事故应急救援信息系统，国务院交通运输、住房和城乡建设、水利、民航等有关部门和县级以上地方人民政府建立健全相关行业、领域、地区的生产安全事故应急救援信息系统，实现互联互通、信息共享，通过推行网上安全信息采集、安全监管和监测预警，提升监管的精准化、智能化水平。

◆ 条文主旨

本条是关于国家应当加强生产安全事故救援能力和信息化水平建设的规定。

◆ 条文释义

与生产安全事故现状相比，我国生产安全事故应急能力建设仍有不足，因此，本条对加强生产安全事故应急能力建设作出规定，提高应急救援的水平，尽量减少或避免生产安全事故所造成的人员伤亡、财产损失和环境危害。本次修正时对本条作了部分修改，一方面基于2018年国务院机构改革对于应急管理和事故救援职责的调整，明确国家安全生产应急救援机构的统一协调指挥职责；另一方面总结分析生产安全事故应急救援信息化发展经验和趋势，提出信息化系统互联互通、信息共享的要求，发挥现代信息手段在生产安全事故应急救援中的积极作用。

一、国家加强生产安全事故应急救援能力建设

所谓应急救援一般是指针对突发、具有破坏力的紧急事件采取预防、预备、响应和恢复措施的活动与计划。生产安全事故应急救援是指在应急响应过程中，为消除、减少事故危害，防止事故扩大或恶化，最大限度地降低事故造成的损失或危害而采取的救援措施或行动。生产安全事故救援具有涉及行业领域多，专业化要求高，救援难度大等特点。一旦发生事故，是否具备专业、权威、高效的统一协调指挥机构，是应急救援能否取得成功的关键。因此，本次修改明确了重点行业、领域建立应急救援基地和应急救援队伍，由国家安全生产应急救援机构统一协调指挥。

1. 在重点行业、领域建立应急救援基地和应急救援队伍，推进应急救援专业化处置能力建设，并明确生产安全事故应急救援统一指挥权。我国目前已经建立了多个国家级矿山救援基地和危险化学品救援基地，地方各级人民政府也积极推动矿山、危险化学品应急救援基地和中央企业应急救援队伍项目建设，在矿山、化工产业聚集区推动骨干应急救援队伍建设。同时，有关部门也加快推进公路交通、民航、铁路交通、水上搜救、船舶溢油、建筑施工、电力、核工业、旅游等重点行业、领域充分发挥组织优势、技术优势、人才优势，建设专业特色突出、布局配置合理的应急救援基地和队伍，配合各地综合应急救援队伍开展救援工作，基本实现应急救援力量在全国重要区域、行业领域全覆盖。同时，也鼓励专业应急救援基地在做好本生产经营单位应急救援工作的同时，积极参与社会应急救援工作，全面提高社会应急救援能力。按照“政事分开”的原则，国家安全生产应急救援机构具体承担生产安全事故灾难应急管理工作，履行全国安全生产应急救援综合监督管理行政职能。明确生产安全事故应急救援统一指挥职责，可以在重特大事故发生时第一时间集中力量开展救援活动，调配应急物资，能够提高组织协调能力和现场救援时效。

2. 鼓励生产经营单位和其他社会力量建立应急救援队伍，配备相应的应急救援装备和物资，提高应急救援的专业化水平。加强生产经营单位专兼职救援队伍和职工队伍建设，是切实提高事故初期应急救援效果的重要手段。应按照专业救援和职工参与相结合、险时救援和平时防范相结合的原则，建设以专业队伍为骨干、兼职队伍为辅助、职工队伍为基础的企业应急队伍体系。依托大中型企业特别是高危行业企业建立的专职或者兼职应急救援队伍，逐步建立社会化的应急救援机制。各级负有安全监管职责的部门和有关大型央企国企要结合本地区、本企业安全生产应急救援需求实际，科学制定安全生产应急救援队伍装备配备标准，推动各类生产经营单位尤其是事故多发的高危行业领域企业合理配置各类应急救援装备。

同时，建立健全安全生产应急救援物资储备制度，依托国家（区域）、骨干安全生产应急救援队伍以及有关企业、单位，储备必要的救援物资和救援物资生产能力，提高应急救援物资尤其是大型成套应急救援装备的储备水平。有条件的地区要针对本地区生产安全事故特征，设立专项应急救援物资储备库，加强对储备物资的动态管理，保证及时补充和更新。暂时没有条件建立储备库的，要与相关装备设施拥有单位建立协调机制，确保紧急调用流程的稳定畅通，保障事故灾难应急处置的需要。加快建设矿山、危险化学品、高风险油气勘探与开采、核工业、森工、民航、铁路、水运、电力和电信等生产经营单位应急救援队伍，按有关标准和规范配备应急技术装备，提高现场先期快速处置能力。针对应急救援队伍专业化水平提升，应当加强事故救援技术、战术研究，科学制定救援技术和战术训练等科目的建设和学习规划，关注指挥员的组织指挥和专业救援能力，促进救援人员掌握专业技能和装备操作能力。另外，通过质量标准化达标活动和准军事化建设工作，培养忠诚信仰，锻炼过硬素质。

二、建立全国统一的生产安全事故应急救援信息系统

根据中央办公厅、国务院办公厅印发的《应急管理部职能配置、内设机构和人员编制规定》，牵头建立统一的应急管理信息系统是国务院应急管理部门的一项重要职责，安全生产应急救援信息系统建设是应急管理信息系统的重要组成部分，对于建设更加高效的应急救援体系，有效预防和应对事故灾难具有重要意义。建立全国统一的生产安全事故应急救援信息系统是强化安全生产应急管理信息化建设，提高科学决策能力的需要。因此本条规定，国务院应急管理部门牵头建立全国统一的生产安全事故应急救援信息系统。一是国务院交通运输、住房和城乡建设、水利、民航等有关部门和县级以上地方人民政府应当建立健全本行业领域或地区的生产安全事故应急救援信息系统，确保与全国统一的生产安全事故应急救援信息系统的建设方向一致、技术标准统一、全面协调推进。二是积极学习借鉴国内外应急救援信息系统建设的先进理念和成熟经验，充分利用现有建设成果，有重点地引进先进技术装备，运用物联网和云计算等新技术，加大集成创新力度、优化系统综合功能，增强应急救援信息系统的实用性、稳定性和可靠性。三是坚持综合配套，在重视应急救援信息系统支撑环境、指挥场所、基础设施等硬件建设的同时，也要重视应急救援信息系统的应用系统、信息资源、制度机制等软件建设，实现日常业务需要与应急救援需要的有机统一。四是进一步强化互联互通，实现国家、省、市、县、相关行业领域主管部门信息系统与全国统一的生产安全事故应急救援信息系统平台数据等资源的交互共享。五是安全可靠是应急救援信息系统的基础性要求，应当高度重视系统信息安全，划分合理的安全防护等级，建立安全防护机制，保证应急救援信息系统稳定可靠、安全运行。

第八十条 县级以上地方各级人民政府应当组织有关部门制定本行政区域内生产安全事故应急救援预案，建立应急救援体系。

乡镇人民政府和街道办事处，以及开发区、工业园区、港区、风景区等应当制定相应的生产安全事故应急救援预案，协助人民政府有关部门或者按照授权依法履行生产安全事故应急救援工作职责。

◆ 条文主旨

本条是关于县级以上地方各级人民政府应组织制定生产安全事故应急救援预案、建立应急救援体系，乡镇人民政府等部门单位在应急救援方面职责的规定。

◆ 条文释义

生产经营单位的生产经营活动具有潜在的危险性，一旦发生生产安全事故，可能造成无可挽回的人员伤亡和财产损失。因此，安全生产工作应当坚持以人为本，坚持“安全第一、预防为主、综合治理”的方针，努力采取措施，千方百计地避免生产安全事故的发生，做到防患于未然。

一、县级以上地方各级人民政府应组织制定本行政区域内生产安全事故应急救援预案

应急预案是指面对突发事件如自然灾害、重特大事故、环境公害及人为破坏的应急管理、指挥、救援计划等，它一般应当建立在综合防灾规划基础上。《突发事件应对法》第18条明确规定：“应急预案应当根据本法和其他有关法律、法规的规定，针对突发事件的性质、特点和可能造成的社会危害，具体规定突发事件应急管理工作的组织指挥体系与职责和突发事件的预防与预警机制、处置程序、应急保障措施以及事后恢复与重建措施等内容。”生产安全事故应急救援预案是针对具体设备、设施、场所和环境，在安全评价的基础上，为降低事故造成的人身、财产损失与环境危害，就事故发生后的应急救援机构和人员，应急救援的设备、设施、条件和环境，行动的步骤和纲领，控制事故发展的方法和程序等，预先作出的科学而有效的计划和安排。应急救援预案的制定一般可以分为五个步骤，即组建应急救援预案编制队伍、开展危险与应急能力分析、预案编制、预案评审与发布和预案的实施。

县级以上地方各级人民政府应当根据有关法律、法规、规章和标准的规定，结合本地区生产经营活动的特点、安全生产工作实际情况、危险性分析情况和可能发生的生产安全事故的特点，组织应急管理部门和其他负责相关行业、领域的专项安全生产监督管理的有关部门制定本行政区域内的生产安全事故应急预案。应急救援预案对应急组织和人员的职责分工应当明确，并有具体的落实措施；应当有明确、具体的事故预防措施和应急程序，并与其应急能力相适应；应当有明确的应急保障措施，并能满足本地区应急工作要求。地方各级人民政府编制应急救援预案，应当组织有关应急救援专家对应急预案进行审定，必要时，可以召开听证会，听取社会有关方面的意见。

此外，有关法律、行政法规也对地方人民政府的这一职责作了规定。如《特种设备安全法》第69条第2款规定："县级以上地方各级人民政府及其负责特种设备安全监督管理的部门应当依法组织制定本行政区域内特种设备事故应急预案，建立或者纳入相应的应急处置与救援体系。"国务院2013年修订的《危险化学品安全管理条例》第69条也规定："县级以上地方人民政府安全生产监督管理部门应当会同工业和信息化、环境保护、公安、卫生、交通运输、铁路、质量监督检验检疫等部门，根据本地区实际情况，制定危险化学品事故应急预案，报本级人民政府批准。"

二、县级以上地方各级人民政府应当建立应急救援体系

考虑到县级以上地方人民政府在应急资源的管理和利用方面的绝对优势，以及在整合应急救援队伍和培训演练方面的便利条件，本法将建立应急救援体系的职责赋予县级以上地方各级人民政府。本法的上述立法精神也在《突发事件应对法》中得以体现，该法第26条规定，县级以上人民政府应当整合应急资源，建立或者确定综合性应急救援队伍。人民政府有关部门可以根据实际需要设立专业应急救援队伍。县级以上人民政府及其有关部门可以建立由成年志愿者组成的应急救援队伍。单位应当建立由本单位职工组成的专职或者兼职应急救援队伍。县级以上人民政府应当加强专业应急救援队伍与非专业应急救援队伍的合作，联合培训、联合演练，提高合成应急、协同应急的能力。

根据国务院有关文件的要求，县级以上地方各级人民政府应当建立充分发挥公安消防以及武警、解放军、预备役民兵的骨干作用，各专业应急救援队伍各负其责、互为补充，企业专兼职救援队伍和社会志愿者共同参与的应急救援体系。加强各类应急救援队伍建设，改善技术装备，强化培训演练，提高应急救援能力。建立应急救援专家队伍，充分发挥专家学者的专业特长和技术优势。逐步建立社会化的应急救援机制，大中型企业特别是高危行业企业要建立专职或兼职应急救援队伍，并积极参加社会应急救援；动员和鼓励志愿者参与应急救援工作。

三、乡镇街道、有关单位应当制定应急救援预案，协助开展应急救援工作

本条第 2 款为本次法律修改新增加内容，在规定县级以上地方各级人民政府相应职责的基础上，进一步明确乡镇人民政府、街道办事处，以及开发区、工业园区、港区、风景区等特殊区域管理机构制定应急救援预案，协助开展生产安全事故应急救援的工作职责。

乡镇人民政府和街道办事处，作为最基层的一级政府组织，负责辖区内生产经营单位的日常行政管理，对相关生产经营单位的地理区位、建筑结构、危险源等情况更为熟悉，要求其制定相应的生产安全事故应急救援预案，并纳入县级以上地方各级人民政府应急救援体系，具有重要意义。2019 年国务院颁布的《生产安全事故应急条例》对此也作了明确规定，要求乡、镇人民政府以及街道办事处等地方人民政府派出机关协助上级人民政府有关部门依法履行生产安全事故应急工作职责，制定相应的生产安全事故应急救援预案。

开发区、工业园区、港区、风景区等由于生产经营单位聚集，人员、物资密集，事故隐患较多等原因，一直是安全生产监督管理的重点区域。在《意见》中也要求，完善各类开发区、工业园区、港区、风景区等功能区安全生产监管体制。因此，本次修正对上述重点区域制定安全生产应急救援预案作了明确规定，同时考虑到现实中上述区域的行政管理机构通常并非基层政府组织，没有组织开展应急救援相关的行政权力，因此更多承担协助工作，或者按照有关政府的授权开展工作。

第八十一条 生产经营单位应当制定本单位生产安全事故应急救援预案，与所在地县级以上地方人民政府组织制定的生产安全事故应急救援预案相衔接，并定期组织演练。

◆ **条文主旨**

本条是关于生产经营单位生产安全事故应急救援预案的制定以及定期组织演练的规定。

◆ **条文释义**

生产经营单位作为安全生产责任主体，结合本单位实际制定生产安全事故应急救援预案，对于第一时间对生产安全事故作出应对，最大限度降低人员、财产损失具有现实重要意义。同时从实际出发，规定生产经营单位的生产安全事故应急救援预案应与政府组织制定的应急救援预案相衔接并定期组织演练，将进一步提高应对突发生产安全事故的救援能力。

一、生产经营单位应当制定本单位生产安全事故应急救援预案

生产经营单位应当根据有关法律、法规和国家其他有关规定，结合本单位的危险源状况、危险性分析情况和可能发生的事故特点，制定相应的应急救援预案。生产经营单位制定生产安全事故应急救援预案应当符合下列基本要求：（1）符合有关法律、法规、规章和标准的规定；（2）符合本单位的安全生产实际情况；（3）符合本单位的危险性分析情况；（4）应急组织和人员的职责分工明确，并有具体的落实措施；（5）有明确、具体的应急程序和处置措施，并与其应急能力相适应；（6）有明确的应急保障措施，满足本单位的应急工作需要；（7）应急预案基本要素齐全、完整，应急预案附件提供的信息准确；（8）应急预案内容与相关应急预案相互衔接。

生产经营单位的应急救援预案按照针对情况的不同，分为综合应急预案、专项应急预案和现场处置方案。生产经营单位风险种类多、可能发生多种类型事故的，应当组织编制综合应急预案。综合应急预案应当规定应急组织机构及其职责、应急预案体系、事故风险描述、预警及信息报告、应急响应、保障措施、应急预案管理等内容。对于某一种或者多种类型的事故风险，生产经营单位可以编制相应的专项应急预案，或将专项应急预案并入综合应急预案。专项应急预案应当规定应急指挥机构与职责、处置程序和措施等内容。对于危险性较大的场所、装置或者设施，生产经营单位应当编制现场处置方案。现场处置方案应当规定应急工作职责、应急处置措施和注意事项等内容。事故风险单一、危险性小的生产经营单位，可以只编制现场处置方案。

二、生产经营单位的应急救援预案应当与所在地县级以上地方人民政府的应急预案相衔接

国务院2010年出台的《关于进一步加强企业安全生产工作的通知》（国发〔2010〕23号）和2011年出台的《关于坚持科学发展安全发展促进安全生产形势持续稳定好转的意见》（国发〔2011〕40号）规定，要完善企业与政府应急预案衔接机制，建立省、市、县三级安全生产预案报备制度。按照应急管理部2019年修正的《生产安全事故应急预案管理办法》的要求，生产经营单位编制的各类应急预案之间应当相互衔接，并与相关人民政府及其部门、应急救援队伍和涉及的其他单位的应急预案相衔接。

易燃易爆物品、危险化学品等危险物品的生产、经营、储存、运输单位，矿山、金属冶炼、城市轨道交通运营、建筑施工单位，以及宾馆、商场、娱乐场所、旅游景区等人员密集场所经营单位，应当在应急预案公布之日起20个工作日内，按照分级属地原则，向县级以上人民政府应急管理部门和其他负有安全生产监督管理职责的部门进行备案，并依法向社会公布。

三、生产经营单位应当定期组织应急演练

预案只是为实战提供了一个方案，保障生产安全事故发生时能够及时、协调、有序地开展应急救援等应急处置工作。因此需要生产经营单位通过经常性的演练提高实战能力和水平。按照《生产安全事故应急预案管理办法》的要求，生产经营单位应当制定本单位的应急预案演练计划，根据本单位的事故风险特点，每年至少组织一次综合应急预案演练或者专项应急预案演练，每半年至少组织一次现场处置方案演练。应急预案演练结束后，应急预案演练组织单位应当对应急预案演练效果进行评估，撰写应急预案演练评估报告，分析存在的问题，并对应急预案提出修订意见。同时，生产经营单位应当采取多种形式开展应急预案的宣传教育，普及生产安全事故避险、自救和互救知识，提高从业人员和社会公众的安全意识与应急处置技能；组织开展本单位的应急预案、应急知识、自救互救和避险逃生技能的培训活动，使有关人员了解应急预案内容，熟悉应急职责、应急处置程序和措施。

第八十二条 危险物品的生产、经营、储存单位以及矿山、金属冶炼、城市轨道交通运营、建筑施工单位应当建立应急救援组织；生产经营规模较小的，可以不建立应急救援组织，但应当指定兼职的应急救援人员。

危险物品的生产、经营、储存、运输单位以及矿山、金属冶炼、城市轨道交通运营、建筑施工单位应当配备必要的应急救援器材、设备和物资，并进行经常性维护、保养，保证正常运转。

◆ **条文主旨**

本条是关于高危行业的生产经营单位应急救援义务的规定。

◆ **条文释义**

危险物品（包括易燃易爆物品、危险化学品、放射性物品等）的生产、经营、存储单位以及矿山、金属冶炼、城市轨道交通运营、建筑施工单位（以下简称高危行业生产经营单位）由于其所从事的生产、经营、存储等活动的特殊性，一旦发生事故，将会对人民群众的生命财产安全造成严重损害。因此上述高危行业生产经营单位必须本着高度负责的态度，严格执行国家有关安全生产的相关法律、法规、标准或者安全技术规范的规定，建立健全严格的安全管理规章制度，设置必要的安全防护设施，提高从业人员的素质，保证生产经营活动的安全进行。

同时，为预防、处置生产安全事故，高危行业生产经营单位必须根据本单位的生产经营特点，制定切实适用于本单位的具体应急预案，并对可能引发生产安全事故的生产经营设备、场所、危险物品存储场所以及周边环境进行安全隐患排查，一旦发现情况，应当及时采取措施消除隐患，防止发生生产安全事故。鉴于高危行业的特殊性，本法对高危行业的应急救援义务作出专门规定。

一、高危行业生产经营单位的应急救援组织的建立和应急救援人员的指定

为了保障高危行业生产经营单位的从业人员在事故发生时能

及时得到救护，以尽可能减少事故造成的人员伤亡和财产损失，高危行业生产经营单位应当建立应急救援组织，指定兼职的应急救援人员。由于危险物品和矿山、金属冶炼、城市轨道交通运营、建筑施工行业危险程度不一样，对应急救援组织的要求有所不同，因此，本条对相关单位建立应急救援组织的问题只作出原则性规定。至于高危行业生产经营单位应当建立什么形式、多大规模的救援组织，应当按照有关规定执行。对于生产经营规模较小的高危行业生产经营单位，按照本条的规定，可以不建立应急救援组织，但应当指定兼职的应急救援人员。无论是专职的救援人员还是兼职的救援人员，都必须经过严格训练，符合要求才能担任救援人员。否则，可能会造成不必要的损失。

二、高危行业生产经营单位应当配备必要的应急救援器材、设备和物资

高危行业生产经营单位在建立应急救援组织或者指定兼职救援人员的同时，还应当配备必要的应急救援器材、设备和物资，并确保其可正常使用。高危行业生产经营单位应当根据本单位生产经营活动的特点，为有关场所或者生产经营设备、设施配备必要的应急救援器材、设备、物资，并注明其使用方法。在有关场所配备必要的应急救援器材、设备、物资，可以在发生生产安全事故时，利用预先配备的应急救援器材、设备和物资开展自救和他救工作，以便更有效地应对和处置生产安全事故，避免事故情况进一步恶化。《矿山安全法》第31条也规定了矿山企业应当配备必要的装备、器材。如井下急救站应设在井下调度室附近的硐室内，站内必须有取暖设备、急救电话、氧气袋、担架以及为通畅呼吸道、包扎、止血、固定等必需的急救设备和药品。地面急救站应装备复苏器、电吸引器、麻醉机、抗休克裤、充气止血带等急救器材和急救药品。矿务局、矿务医院都应有专用急救救护车，日夜值班，不得安排其他用途。车内应备有急救器材、药品箱和防寒品。另外，高危行业生产经营单位应对其所配备的应急救援器材、设备和物资进行经常性维护、保养，使其处于良好状态，确保其可正常使用，以防止应急救援时不能正常发挥作用。

第八十三条　生产经营单位发生生产安全事故后，事故现场有关人员应当立即报告本单位负责人。

单位负责人接到事故报告后，应当迅速采取有效措施，组织抢救，防止事故扩大，减少人员伤亡和财产损失，并按照国家有关规定立即如实报告当地负有安全生产监督管理职责的部门，不得隐瞒不报、谎报或者迟报，不得故意破坏事故现场、毁灭有关证据。

◆ 条文主旨

本条是关于生产经营单位对生产安全事故报告和组织抢救义务的规定。

◆ 条文释义

关于生产安全事故的报告和抢救义务，国务院最早于 1956 年 5 月 25 日就颁布了《工人职员伤亡事故报告规程》加以规定。经过多年的实践，国务院于 1991 年又颁布了《企业职工伤亡事故报告和处理规定》，具体规定了有关程序。国务院办公厅于 1990 年发布了《关于特别重大事故报告工作有关问题的通知》。之后，建设、铁道、邮电、化工、劳动等部门相继颁布了有关事故报告和调查处理程序的相关规定。1992 年出台的《矿山安全法》也明确规定，发生矿山事故，矿山企业必须立即组织抢救，防止事故扩大，减少人员伤亡和财产损失，对伤亡事故必须立即如实报告有关主管部门。2007 年，国务院出台《生产安全事故报告和调查处理条例》对生产安全事故的报告、组织抢救和调查处理中的组织体系、工作程序、时限要求、行为规范等作出明确规定。本条规定有助于严格落实生产安全事故责任追究制度，防止和减少生产安全事故的发生，是落实企业安全生产主体责任的直接体现。

一、生产经营单位有关人员以及单位负责人对生产安全事故的报告义务

依照本条规定，生产经营单位发生生产安全事故后，事故现场有关人员应当立即报告本单位负责人，使本单位负责人及时得知事故情况，马上组织抢救工作。单位负责人接到事故报告后，应当按照国家有关规定立即如实报告当地负有安全生产监督管理职责的部门，不得以任何理由隐瞒不报、谎报或者迟报。这里首先需要明确本条中几个用语的含义。所谓“事故现场”，是指事故具体发生地点及事故能够影响和波及的区域，以及该区域内的物品、痕迹所处的状态。所谓“有关人员”，主要是指事故发生单位在事故现场的有关工作人员，既可以是事故的负伤者，也可以是在事故现场的其他工作人员；在发生人员死亡和重伤无法报告，且事故现场又没有其他工作人员时，任何首先发现事故的人都属于有关人员，负有立即报告事故的义务。“立即报告”是指在事故发生后的第一时间用最快捷的报告方式进行报告，不拘于报告形式。“单位负责人”可以是事故发生单位的主要负责人，也可以是事故发生单位主要负责人以外的其他分管安全生产工作的副职领导或其他负责人。根据企业的组织形式，主要负责人可以是公司制企业的董事长、总经理、首席执行官或者其他实际履行经理职责的企业负责人，也可以是非公司制企业的厂长、经理、矿长等企业行政“一把手”。由于事故报告的紧迫性，现场有关人员只要将事故报告到事故单位的指挥中心（如调度室、监控室），由指挥中心启动应急程序，也可视为向本单位负责人报告。

依照《生产安全事故报告和调查处理条例》的有关规定，发生生产安全事故的生产经营单位应当按照下列程序作出报告：(1）事故发生后，事故现场有关人员应当立即向本单位负责人报告。(2）单位负责人接到报告后，应当于1小时内向事故发生地县级以上人民政府应急管理部门和负有安全生产监督管理职责的有关部门报告。在现代通讯技术比较发达的条件下，这一要求既能保证事故单位采取相关应急措施，又能保证应急管理部门和其他负有安全生产监督管理职责的有关部门较快地获取事故的相关情况。需要注意的是，本条中“当地负有安全生产监督管理职责的部门”包括当地县级以上人民政府应急管理部门和对事故单位负有安全生产监督管理职责的其他相关部门。因此，事故单位负责人既有向县级以上人民政府应急管理部门报告的义务，又有向负有安全生产监督管理职责的其他有关部门报告的义务。(3）情况紧急时，事故现场有关人员可以直接向事故发生地县级以上人民政府应急管理部门和负有安全生产监督管理职责的有关部门报告，以利于积极组织事故救援力量调度。在一般情况下，事故现场有关人员应当向本单位负责人报告事故，但是，事故是人命关天的大事，应当在情况紧急时，允许事故现场有关人员直接向应急管理部门和负有安全生产监督管理职责的有关部门报告。至于“情况紧急”应该作较为灵活的理解，比如事故单位负责人联系不上、事故重大需要政府部门迅速调集救援力量等情形。对于负有安全生产监督管理职责的部门和具体工作人员来说，只要接到事故现场有关人员的报告，不论是否属于“情况紧急”，都应当立即赶赴现场，并积极组织事故救援。

报告事故应当包括下列内容：(1）事故发生单位概况；(2）事

故发生的时间、地点以及事故现场情况；（3）事故的简要经过；（4）事故已经造成或者可能造成的伤亡人数（包括下落不明的人数）和初步估计的直接经济损失；（5）已经采取的措施；（6）其他应当报告的情况。事故报告后出现新情况的，应当及时补报。自事故发生之日起30日内，事故造成的伤亡人数发生变化的，应当及时补报。道路交通事故、火灾事故自发生之日起7日内，事故造成的伤亡人数发生变化的，应当及时补报。

根据本条第2款的规定，单位负责人应当按照国家有关规定将生产安全事故如实报告给当地负有安全生产监督管理职责的部门，不得隐瞒不报、谎报或者迟报。及时、如实地报告生产安全事故，是本法规定的生产经营单位主要负责人的一项重要职责。《生产安全事故报告和调查处理条例》第4条进一步明确规定，事故报告应当及时、准确、完整，任何单位和个人对事故不得迟报、漏报、谎报或者瞒报。

事故报告是一个自下而上的链锁式系统。事故发生单位主要负责人及时、准确报告事故是这个链锁系统中极为重要的一环。如果事故发生单位主要负责人迟报、谎报或者瞒报事故，必然会引起连锁反应，导致以后环节中事故报告难以及时、准确，并影响到事故救援的组织实施和事故调查的开展。因此，对事故发生单位主要负责人迟报、谎报或者瞒报事故的行为应当追究其法律责任。所谓迟报事故，是指未按照规定的时间要求报告事故，事故报告不及时的情况。所谓谎报事故是指不如实报告事故，比如，谎报事故死亡人数，将重大事故报告为一般事故等。瞒报事故是指获知发生事故后，对事故情况隐瞒不报。谎报或者瞒报事故比迟报事故性质更恶劣，后果更严重，直接导致有关机关得到错误的事故信息或者根本不知道发生了事故，也就谈不上有效组织事故抢救和开展事故调查。实践中，事故发生后，事故发生单位及其有关人员为了减轻或者逃避事故责任，谎报或者瞒报事故的现象屡有发生，法律的尊严被践踏，社会影响十分恶劣，对此种违法行为应当给予严厉的法律制裁。

二、单位负责人应当迅速采取措施组织抢救

依据本条第 2 款的规定，单位负责人接到事故报告后，应当迅速采取有效措施，组织抢救，防止事故扩大，减少人员伤亡和财产损失。生产安全事故发生后，组织抢救是生产经营单位的首要任务。组织抢救包括组织救护组织抢救和从业人员自救。如对于矿山企业来讲，抢救遇难人员是矿山救护队的首要任务。要创造条件以最快的速度、最短的路线，首先将受伤、窒息的人员运到安全的地点进行急救。在专业救护队没有到达之前，辅助救护队应迅速引导和积极救助遇难人员脱离灾区。专业救护队到达后，辅助救护队应积极协助专业救护队完成抢险任务。组织从业人员自救，对防止事故扩大，减少人员伤亡和财产损失，作用很大。比如对于矿山企业，井下发生事故，现场负责人应在保证安全的条件下积极投入临场抢救。如确实不可能消灭和控制险情，应根据当时的实际情况，组织井下人员迅速撤离危险区域。如果无法撤退，如冒顶或者被灾害阻碍时，应积极采取避灾措施，等待营救。

事故发生后，生产经营单位应当立即启动相关应急预案，采取有效处置措施，开展先期应急工作，控制事态发展，并按规定向有关部门报告。对危险化学品泄漏等可能对周边群众和环境产生危害的事故，生产经营单位应在向地方政府和有关部门报告的同时，及时向可能受到影响的单位、职工、群众发出预警信息，标明危险区域，组织、协助应急救援队伍和工作人员救助受害人员，疏散、撤离、安置受到威胁的人员，并采取必要措施防止发生次生、衍生事故。应急处置工作结束后，各生产经营单位应尽快组织恢复生产、生活秩序，配合事故调查组进行调查。

三、不得故意破坏事故现场、毁灭有关证据

事故现场和有关证据是调查事故原因、查明事故性质和责任的重要方面。事故发生后，有关单位和人员应当妥善保护事故现场以及相关证据，任何单位和个人不得破坏事故现场、毁灭相关证据。事故现场保护的主要任务就是在现场勘查之前，维持现场的原始状态，既不使它减少任何痕迹、物品，也不使它增加任何痕迹、物品。在事故调查组未进入事故现场前，企业应派专人看护现场，保护事故现场，必须根据事故现场的具体情况和周围环境，划定保护区的范围，布置警戒，必要时，将事故现场封锁起来，禁止一切人员进入保护区，即使是保护现场的人员，也不能无故出入，更不能擅自进行勘查，禁止随意触摸或者移动事故现场的任何物品。因抢救人员、防止事故扩大以及疏通交通等原因，需要移动事故现场物件的，应当作出标志，绘制现场简图并作出书面记录，妥善保存现场重要痕迹、物证，并应当尽量使现场少受破坏。同时，移动物件必须经过事故单位负责人或者组织事故调查的应急管理部门和负有安全生产监督管理职责的有关部门的同意。

第八十四条 负有安全生产监督管理职责的部门接到事故报告后，应当立即按照国家有关规定上报事故情况。负有安全生产监督管理职责的部门和有关地方人民政府对事故情况不得隐瞒不报、谎报或者迟报。

◆ 条文主旨

本条是关于负有安全生产监督管理职责的部门对生产安全事故的报告职责的规定。

◆ **条文释义**

生产安全事故发生后，有关部门接到报告后，除第一时间组织应急救援外，还应当立即按照国家有关规定上报事故情况，以便上级政府和有关部门全面掌握事故信息，准确调度调配救援人员、物资，及时开展应急救援和事故调查。同时，为了督促有关部门和地方政府及时、准确上报，本条明确要求不得隐瞒不报、谎报或者迟报。

一、负有安全生产监督管理职责的部门应当立即上报事故有关情况

对生产安全事故进行报告不仅是生产经营单位及其负责人的义务，也是负有安全生产监督管理职责的部门的义务。依据本条的规定，负有安全生产监督管理职责的部门接到生产经营单位关于生产安全事故的报告后，应当立即上报事故情况。

这里的“负有安全生产监督管理职责的部门”是指县级以上应急管理部门和对发生生产安全事故的生产经营单位负有安全生产监督管理职责的其他有关部门。应急管理部门和其他负有安全生产监督管理职责的有关部门接到事故报告后，应当按照规定向上级应急管理部门和负有安全生产监督管理职责的有关部门报告事故情况，因此，生产安全事故报告实行两条线报告制度，主要考虑：第一，这是由安全生产分级管理的体制决定的。一般来说，各级应急管理部门负责本行政区域内的安全生产工作，同时，指导、协调、监督下级应急管理部门和其他负有安全生产监督管理职责的有关部门的工作。第二，这是由不同等级事故调查处理的职责分工决定的。事故报告和调查处理是紧密相连的两个环节，在职权的划分上需要密切衔接。第三，这是上级应急管理部门和其他负有安全生产监督管理职责的有关部门及时掌握事故信息，快速开展应急救援工作的需要。

对伤亡事故的报告，国家有明确的规定。根据《生产安全事故报告和调查处理条例》的规定，应急管理部门和负有安全生产监督管理职责的有关部门接到事故报告后，应当依照下列规定上报事故情况，并通知公安机关、劳动保障行政部门、工会和人民检察院：（1）特别重大事故、重大事故逐级上报至国务院应急管理部门和负有安全生产监督管理职责的有关部门。（2）较大事故逐级上报至省、自治区、直辖市人民政府应急管理部门和负有安全生产监督管理职责的有关部门。（3）一般事故上报至设区的市级人民政府应急管理部门和负有安全生产监督管理职责的有关部门。应急管理部门和负有安全生产监督管理职责的有关部门依照上述规定上报事故情况，应当同时报告本级人民政府。国务院应急管理部门和负有安全生产监督管理职责的有关部门以及省级人民政府接到发生特别重大事故、重大事故的报告后，应当立即报告国务院。必要时，应急管理部门和负有安全生产监督管理职责的有关部门可以越级上报事故情况。

在报告时限上，《生产安全事故报告和调查处理条例》进一步规定，应急管理部门和负有安全生产监督管理职责的有关部门逐级上报事故情况，每级上报的时间不得超过2小时。因此，事故的报告，从生产安全事故单位负责人报告，到最后报至国务院，均不得超过最长时限。

负有安全生产监督管理职责的部门在报告事故时，应当包括下列内容：（1）事故发生单位概况；（2）事故发生的时间、地点以及事故现场情况；（3）事故的简要经过；（4）事故已经造成或者可能造成的伤亡人数（包括下落不明的人数）和初步估计的直接经济损失；（5）已经采取的措施；（6）其他应当报告的情况。

事故报告后出现新情况的，应当及时补报。自事故发生之日起 30 日内，事故造成的伤亡人数发生变化的，应当及时补报。道路交通事故、火灾事故自发生之日起 7 日内，事故造成的伤亡人数发生变化的，应当及时补报。

二、负有安全生产监督管理职责的部门和有关地方人民政府对事故情况不得隐瞒不报、谎报或者迟报

所谓隐瞒不报，是指负有安全生产监督管理职责的部门和有关地方人民政府对发生的生产安全事故不进行上报，隐瞒已经发生的事故，并经有关部门查证属实的；所谓谎报，是指不按照国家有关规定对应当上报的事故发生单位概况、事故的发生时间、地点、简要经过、现场情况、已经造成和可能造成的伤亡人数、直接经济损失、事故类别等内容故意不如实报告的；而迟报则是指超过《生产安全事故报告和调查处理条例》或者其他国家有关规定规定的时限报告事故情况，包括对事故情况故意拖延不报的。由于相关单位和人员逃避问责的侥幸心理作祟，一些具有事故报告责任与义务的单位和人员钻法律空子，采取迟报、谎报和瞒报或者介于两者之间的手段，想尽一切办法“大事化小”“小事化了”，以逃避承担法律责任。为了惩戒和最大限度地抑制上述违法行为，保证相关部门及时、准确掌握事故的全部信息，本法对“隐瞒不报、谎报或者迟报”事故行为作了禁止性规定。对于有关地方人民政府、负有安全生产监督管理职责的部门，对生产安全事故隐瞒不报、谎报或者迟报的，依照本法第 111 条的规定，“对直接负责的主管人员和其他直接责任人员依法给予处分；构成犯罪的，依照刑法有关规定追究刑事责任”。

第八十五条 有关地方人民政府和负有安全生产监督管理职责的部门的负责人接到生产安全事故报告后，应当按照生产安全事故应急救援预案的要求立即赶到事故现场，组织事故抢救。

参与事故抢救的部门和单位应当服从统一指挥，加强协同联动，采取有效的应急救援措施，并根据事故救援的需要采取警戒、疏散等措施，防止事故扩大和次生灾害的发生，减少人员伤亡和财产损失。

事故抢救过程中应当采取必要措施，避免或者减少对环境造成的危害。

任何单位和个人都应当支持、配合事故抢救，并提供一切便利条件。

◆ 条文主旨

本条是关于有关地方人民政府、部门、单位和个人事故救援义务的规定。

◆ 条文释义

生产安全事故应急救援涉及部门多，涵盖领域广，现场救援人员、物资众多，需要系统科学调配，才能发挥各部门、各单位力量，提高事故救援效率，降低事故损失和次生灾害。本条规定旨在理清事故救援现场的指挥协调机制，明确政府、部门、单位和个人的救援分工和要求，同时对救援过程中减少环境危害以及次生灾害作出了规定。

一、有关地方人民政府和监管部门负责人的事故救援职责

为了确保生产安全事故救援及时、高效地进行，最大限度降低事故造成的人员伤亡和财产损失，参与事故救援的部门、单位和个人应当形成相互协作的体系，按照组织体系有条不紊地进行事故救援。

本条第1款对有关地方人民政府和负有安全生产监管职责的部门的负责人接到生产安全事故报告后，应当立即赶到事故现场，组织事故抢救的义务作了规定。本法第83条规定了生产经营单位负责人组织事故抢救的义务，这属于生产经营单位自我救助的范畴。地方人民政府和负有安全生产监管职责的部门接到事故报告后，除了按照国家规定履行相应的报告义务外，也应当组织事故抢救。根据《生产安全事故报告和调查处理条例》第15条的规定，事故发生地有关地方人民政府、应急管理部门和负有安全生产监督管理职责的有关部门接到事故报告后，其负责人应当立即赶赴事故现场，组织事故救援。

其中，本条明确要求组织事故抢救时，应当“按照生产安全事故应急救援预案的要求”进行。根据目前生产安全事故救援的实践，各级地方人民政府及其安全生产监管部门、生产经营单位都按照要求制定了本行政区域、本部门和本单位的应急救援预案，在发生不同种类和等级的事故后，相关的政府、部门和生产经营单位通常是按照预案来开展工作，哪一个层级的政府及安全生产监管部门的负责人赶到现场，如何组织抢救，由哪些人员参与抢救，在实践中是有章可循的。在具体的事故应急救援预案中，依据属地管辖和事故等级的情况，属于哪一级政府和安全生产监管部门的职责都是明确具体的，发生事故后对照预案执行即可。

二、参与事故抢救的部门和单位的职责

本条第2款是总结近年来生产安全事故抢救中的实践经验而作出的规定，对参加事故抢救的部门和单位提出了明确的要求。根据本条第1款规定，有关地方人民政府和安全生产监管部门的负责人负有组织事故抢救的职责，特别是应当发挥统一指挥的作用。在此情况下，参加事故抢救的部门和单位应当按照事故应急救援预案的要求，服从统一指挥，加强协同联动，采取有效的应急救援措施。发生生产安全事故后，事故现场容易混乱，危险性会持续一段时间，参加事故抢救的部门和单位应当根据事故救援的需要，及时采取对有关场所进行警戒、疏散人群等措施，防止事故进一步扩大和次生灾害的发生，减少人员伤亡和财产损失。本条所称的警戒措施一般是指对具有危险因素的事故现场周围的道路、出入口等进行暂时封闭、设立警戒标志或者人工隔离，防止与事故抢救无关的人员进入危险区域而受到伤害。本条所称的疏散是指将事故现场危险区域的从业人员和群众及时转移安置到其他安全场所，防止聚集在事故现场及其周边的人员受到进一步的伤害。次生灾害，是指由原生灾害所诱导出来的灾害，具体到生产安全领域的次生灾害，是指生产安全事故发生后，由于事故源本身的特点或采取措施不及时等原因，进一步引发其他灾害事故，比如由于生产、储存危险化学品的工厂坍塌，对有关危险化学品处理、转移不及时又引起爆炸等灾害。

三、事故抢救应避免或者减少对环境造成危害

生产安全事故发生后，在抢救人员和财产的过程中，由于采取措施不当，有可能对事故现场周边的环境造成危害，比如处理有毒化工品泄漏事故，如果只考虑降低事故现场有毒化工品的浓度，采取向河流疏导等方式，就可能造成对河流的污染，对周边环境造成危害，出现抢救了生产安全事故，但又造成了新的环境污染事故的情况。这些做法不符合科学救援和成本效益的基本要求。鉴于此，本条对事故抢救中的环境保护问题作了规定，就是要求在最大限度减少事故人员伤亡和财产损失的情况下，根据事故应急预案和事故现场周边的实际情况，采取必要的措施，避免或者减少因事故抢救对周边环境的危害，包括对事故源采取及时、有效的控制、转移措施等。

四、单位和个人对事故抢救的支持、配合义务

生产安全事故会给人民群众的生命、财产安全造成损害，不仅生产经营单位的从业人员会遭受损害，也极易对生产经营单位以外的单位和个人造成损害。事故的抢救，不仅需要生产经营单位的自我救助，政府和安全生产监管部门的组织抢救，还需要有关单位和个人的支持和配合。每个单位和个人都要从保护人民生命财产安全，维护社会公众利益、国家利益的高度来认识生产事故的抢救问题，对事故抢救要积极支持、配合，提供一切可能的便利条件。

实践中需要注意的是，本条要求赶到事故现场、组织事故救援的政府和安全生产监管部门的负责人，并不限于政府和部门的主要负责人，也就是通常所说的“一把手”，也可以是主要负责人以外的其他负责人。一般而言，事故发生具有突然性和紧迫性，要求地方人民政府和监管部门的负责人到场，主要是考虑到作为负责人，他们能够代表其任职的政府和安全生产监管部门，能够运用法律赋予的职权，在短时间内调动各种资源，并协调好各方面的关系，在事故救援过程中发挥指挥、协调的作用，保证救援工作的顺利开展，其他部门、单位和个人能够在其统一组织下参与事故抢救。

第八十六条　事故调查处理应当按照科学严谨、依法依规、实事求是、注重实效的原则，及时、准确地查清事故原因，查明事故性质和责任，评估应急处置工作，总结事故教训，提出整改措施，并对事故责任单位和人员提出处理建议。事故调查报告应当依法及时向社会公布。事故调查和处理的具体办法由国务院制定。

事故发生单位应当及时全面落实整改措施，负有安全生产监督管理职责的部门应当加强监督检查。

负责事故调查处理的国务院有关部门和地方人民政府应当在批复事故调查报告后一年内，组织有关部门对事故整改和防范措施落实情况进行评估，并及时向社会公开评估结果；对不履行职责导致事故整改和防范措施没有落实的有关单位和人员，应当按照有关规定追究责任。

◆ **条文主旨**

本条是关于事故调查的基本原则、主要任务和相关要求的规定。

◆ **条文释义**

发生生产安全事故，除及时组织应急救援外，事故的调查处理也应尽早展开。本条主要涉及事故调查处理的基本原则、主要任务、相关部门的整改督查责任以及整改落实情况的评估等，旨在规范调查处理流程，明确调查报告落实要求，并增加对整改落实情况的评估规定，从而确保事故的调查处理真正落到实处。

一、事故调查的基本原则和主要任务

本条第1款对事故调查的基本原则、主要任务、事故调查报告公布和授权国务院制定事故调查处理具体办法作了规定。目前特别重大事故由国务院或者国务院授权有关部门组织事故调查组进行调查。重大事故、较大事故、一般事故分别由事故发生地省级人民政府、设区的市级人民政府、县级人民政府负责调查。省级人民政府、设区的市级人民政府、县级人民政府可以直接组织事故调查组进行调查，也可以授权或者委托有关部门组织事故调查组进行调查。未造成人员伤亡的一般事故，县级人民政府也可以委托事故发生单位组织事故调查组进行调查。上级人民政府认为必要时，可以调查由下级人民政府负责调查的事故。无论是哪一级的政府和部门组织事故调查，都要遵循本条规定的基本原则和具体要求。

1. 事故调查的基本原则。

2011 年 11 月 26 日颁布实施的《国务院关于坚持科学发展安全发展促进安全生产形势持续稳定好转的意见》提出，要严格按照“科学严谨、依法依规、实事求是、注重实效”的原则，认真调查处理每一起事故，这一原则是从多年事故救援、调查工作实践中总结出来的，符合事故调查的基本规律，且多次被写入相关部门规章或规范性文件中，对事故调查工作起到了重要的指导作用。具体而言，事故调查基本原则应作如下理解：

科学严谨是指事故调查要尊重事故发生的客观规律，采取科学的方法，认真、细致、全面地获取、分析事故调查收集的每一份证据、材料。生产安全事故的调查处理具有很强的科学性和技术性，特别是事故原因的调查，往往需要作很多技术上的分析和研究，利用很多技术手段。事故调查组要有科学的态度，不主观臆想，不轻易下结论，努力做到客观、公正；要注意充分发挥专家和技术人员的作用，把对事故原因的查明，事故责任的分析、认定建立在科学的基础上。

依法依规是指事故调查工作要严格遵守有关法律、法规的规定，经过必要的程序，保证调查程序的公正和调查结果的公正。目前，一些法律、法规和规章对于事故调查作出了具体的规定，事故发生后，事故调查主体、调查程序和调查结果的认定，要严格按照这些规定执行。对于事故性质、原因和责任的分析，也要按照有关规定和标准进行，做到于法（规）有据。

实事求是是指要根据客观存在的情况和证据，研究与事故发生有关的事实，寻求事故发生的原因。在事故调查中，必须全面、彻底查清生产安全事故的原因，不得夸大事故事实或缩小事故事实，不得弄虚作假。要从实际出发，在查明事故原因的基础上明确事故责任。提出处理意见要实事求是，不得从主观出发，不能感情用事，要根据事故责任划分，按照法律、法规和国家有关规定对事故责任人提出处理意见。

注重实效是指事故调查中既要对事实进行充分、准确的还原，也要注重调查的效率，还要在调查过程中及时发现问题，总结教训，对今后的类似事故起到警示的作用。

2. 事故调查的主要任务。

事故调查的主要任务包括以下几个方面：

一是及时、准确地查清事故原因。查清事故发生的经过和事故原因，是事故调查处理的首要任务和内容，也是进行下一步分清责任，出具处理意见的基础。查清事故原因，重在及时、准确。所谓及时，就是应在规定的时间内尽快查出事故原因。一般情况下，事故调查组应当自事故发生之日起60日内完成调查，提交事故调查报告；特殊情况下，经负责事故调查的人民政府批准，提交事故调查报告的期限可以适当延长，但延长的期限最长不超过60日。所谓准确，是指应当客观地、全面地反映事故发生的原因。

二是查明事故性质和责任。这是指要查明事故的类型和具体责任的承担。事故性质是指事故是人为事故还是自然事故，是意外事故还是责任事故。查明事故性质是认定事故责任的基础和前提。如果事故纯属自然事故或者意外事故，则不需要认定事故责任。如果是人为事故和责任事故，就应当查明哪些人员对事故负有责任，并确定其责任。

三是评估应急处置工作。这是本次修改新增加的内容。事故发生后，应当采取应急处置工作，但是应急处置采取的措施是否科学、合理，需要进行评估。2019 年颁布的《生产安全事故应急条例》中要求，按照国家有关规定成立的生产安全事故调查组应当对应急救援工作进行评估，并在事故调查报告中作出评估结论。

四是总结事故教训，提出整改措施。安全生产工作的根本方针是安全第一、预防为主、综合治理。通过查明事故经过和事故原因，发现安全生产管理工作的漏洞，从事故中总结教训，并提出整改措施，防止今后类似事故再次发生，这是事故调查处理的重要任务和内容之一，也是事故调查处理的最根本目的。

五是对事故责任单位和人员提出处理意见。生产安全事故责任追究制度是我国安全生产领域的一项基本制度。本次修正时，根据有的常委会组成人员的意见，将“事故责任者”修改为“事故责任单位和人员”，就是对事故责任认定作进一步细化，明确对事故责任单位和具体责任人员分别提出不同的处理建议，使有关责任者受到合理的处理，包括给予党纪处分、行政处分或者建议追究相应的刑事责任，这对于增强有关单位和人员的责任心，提高生产经营单位预防事故的水平和提高地方人民政府及其监管部门的责任意识，预防事故再次发生，具有重要的警示意义。

二、关于事故调查报告的公布

本条第 1 款还规定，事故调查报告应当依法及时向社会公布。一般情况下，事故调查报告包括事故发生单位概况、事故发生经过和事故救援情况、造成的人员伤亡和直接经济损失、原因和事故性质、责任的认定及对事故责任者的处理、事故防范和整改措施等内容，事故调查报告应当附具有关证据材料。事故调查组成员应当在事故调查报告上签名。生产安全事故的调查处理情况涉及当事方的切身利益，也涉及社会公众的知情权，因此，以适当的方式公布事故调查报告，很有必要。

事故调查报告可以由负责事故调查的人民政府直接向社会公布，也可以由其授权的有关部门、机构负责向社会公布。实践中，根据不同的事故等级，公布的主体也会有所不同。向社会公布事故调查报告可以通过报刊、网络等形式，可以是其中的一种形式，也可以同时采用多种形式。

需要注意的是，向社会公布事故调查报告时，对于依法应当保密的内容，不向社会公布。这里所说的依法应当保密的内容既包括依据保守国家秘密法等规定的属于国家秘密的信息，也包括依据其他有关法律、行政法规规定，应当保密的企业商业秘密等。商业秘密，是指不为公众所知悉，能为权利人带来经济利益，具有实用性并经权利人采取保密措施的技术信息和经营信息。在实际操作中，有关地方人民政府和部门不能以事故调查报告中某一部分需要保密为由，不予公布，而是应当对事故调查报告的保密部分作出适当处理后，依法予以公布。

三、事故调查和处理的具体办法

考虑到事故调查和处理的情况比较复杂，本法没有作出具体规定，而是授权国务院制定具体办法。早在 2002 年制定安全生产法之前，国务院已于 1989 年 3 月 29 日公布了《特别重大事故调查程序暂行规定》，于 1991 年 2 月 22 日公布了《企业职工伤亡事故报告和处理规定》，等等。这些规定在处理生产安全事故方面曾发挥了重要作用。国务院根据本条的授权规定，结合《消防法》、《道路交通安全法》、《海上交通安全法》等安全生产方面的法律中有关事故调查处理的规定，于 2007 年 3 月 28 日在第 172 次常务会议上通过了《生产安全事故报告和调查处理条例》（国务院令第 493 号），该条例共 6 章 46 条，自 2007 年 6 月 1 日起施行。该条例施行后，国务院《特别重大事故调查程序暂行规定》和《企业职工伤亡事故报告和处理规定》同时废止。

四、事故发生单位落实整改的义务

本条第 2 款规定，事故发生单位应当及时全面落实整改措施，负有安全生产监督管理职责的部门应当加强监督检查。这是此次修改法律新增加的内容。如前所述，事故调查和处理的根本目的绝不仅仅是发现某人的问题和责任给予惩治，更是要查明原因，发现漏洞，分清责任，使生产经营单位领导和职工从中吸取教训，改进工作，防止事故再次发生。一方面，事故发生单位应当及时全面落实整改措施。事故发生单位作为安全生产工作的责任主体，自然是落实整改措施的主体。事故发生单位应当认真反思，汲取教训，查找安全生产管理方面的不足和漏洞，吸取事故教训。对于事故调查组在查明事故原因的基础上提出的有针对性的整改措施，事故发生单位必须及时、全面地予以落实。另一方面，负有安全生产监管职责的部门应当加强对整改落实情况的监督检查。根据本法第 10 条规定的安全生产监管的基本体制，应急管理部门对安全生产实施综合监督管理，各有关部门对各自行业、领域的安全生产实施监督管理。事故发生单位落实整改措施情况属于安全生产工作的重要内容，负有安全生产监管职责的部门应当对落实情况进行监督检查，这是履行安全生产监管职责的要求。所谓监督检查，主要是指通过信息反馈、情况反映、实地检查等方式及时掌握事故发生单位落实整改措施的情况，对未按照要求落实的，督促其落实；经督促仍然不落实的，依法采取有关措施。

五、事故整改和防范措施落实情况的评估

本条第 3 款是本次法律修正新增加的内容，针对实践中一些地区事故调查报告出来后，对所提出的整改措施监督不力，落实

不到位，致使同一地区、同一行业领域同类事故反复发生，旨在进一步强化本条第2款规定的对事故整改和防范措施落实情况的监督。根据《意见》的要求，要进一步完善事故调查处理机制。具体来说，就是要建立事故暴露问题整改督办制度，事故结案后一年内，负责事故调查的地方政府和国务院有关部门要组织开展评估，及时向社会公开。评估的内容是指事故整改和防范措施落实情况。对履职不力、整改措施不落实的，依法依规严肃追究有关单位和人员责任。通过建立强制性的评估制度，最大限度地督促相关的整改措施在规定时间内落实到位，避免有关安全生产隐患久拖未决，导致人民群众的生命财产安全始终处在危险当中，甚至导致相同或类似的事故再次发生。

第八十七条 生产经营单位发生生产安全事故，经调查确定为责任事故的，除了应当查明事故单位的责任并依法予以追究外，还应当查明对安全生产的有关事项负有审查批准和监督职责的行政部门的责任，对有失职、渎职行为的，依照本法第九十条的规定追究法律责任。

◆ 条文主旨

本条是有关行政部门的安全生产有关事项审查批准和监督责任的规定。

◆ 条文释义

权力和责任是统一的，不应有无责任的权力。对安全生产的有关事项负有审查批准和监督职责的行政部门，如果存在失职、渎职行为，应当承担相应的责任，体现权责一致的原则，也推动有关行政部门提高风险防范意识，严把“审查批准关”和“监督关”。

一、相关行政部门对安全生产有关事项负有的审查批准和监督职责

依据本条追究相关行政部门法律责任的前提，是相关行政部门负有审查批准和监督管理的职责。

本法第10条规定，国务院和地方各级人民政府应急管理部门对安全生产工作实施综合监督管理，国务院和地方各级人民政府有关部门在各自的职责范围内对有关行业、领域的安全生产工作实施监督管理。对于新兴行业、领域的安全生产监督管理职责不明确的，本法也规定由县级以上地方各级人民政府按照业务相近的原则确定监督管理部门。上述的这些部门，统称负有安全生产监督管理职责的部门，都负有相关的监督职责。

本法第63条同时规定，负有安全生产监督管理职责的部门依照有关法律、法规的规定，对涉及安全生产的事项需要审查批准（包括批准、核准、许可、注册、认证、颁发证照等）或者验收的，必须严格依照有关法律、法规和国家标准或者行业标准规定的安全生产条件和程序进行审查；不符合有关法律、法规和国家或者行业标准规定的安全生产条件的，不得批准或者验收通过。因此，具有相关行业事项审查批准或者验收职能的部门，在生产经营单位发生生产安全事故，经调查确定为责任事故时，同样有可能被追究相应的法律责任。

二、对安全生产的有关事项负有审查批准和监督职责的行政部门失职、渎职的法律责任

法律上的权力与责任是并存的，不应有无责任的权力。具有监督职责和审查批准权力的安全生产监管部门，同时也应当承担相应的责任，体现权责一致的原则。因此，发生生产安全事故，既要依法追究事故单位的责任，也要依法查明负有审批和监督职责的行政部门的责任。如果经查明，相关部门存在失职、渎职行为的，则应当一并追究法律责任。

其中，追究法律责任的前提是相关的生产安全事故被认定为责任事故，且有关行政部门具有失职、渎职的行为。按照国务院《生产安全事故报告和调查处理条例》的规定，认定这些负有审查批准和监督职责的行政部门责任，需要结合生产安全事故调查报告予以认定。对于失职、渎职行为的表现形式认定，则应当结合本法第90条具体列举的行为类型加以把握，例如，对不符合法定安全生产条件的涉及安全生产的事项予以批准或者验收通过；发现未依法取得批准、验收的单位擅自从事有关活动或者接到举报后不予取缔或者不依法予以处理；在监督检查中发现重大事故隐患，不依法及时处理等。

实践中，还需要注意以下两点：

一是追究法律责任的对象，是负有安全生产监督管理职责的部门的工作人员。这里的工作人员，既包括具体从事安全生产有关事项审查批准和监督职责的经办人员，也包括相关行政部门及其相关机构的主要负责人。同时对于法律责任性质的理解，应当结合失职、渎职行为的严重程度加以把握。情节较为轻微，不构成刑事责任的，则主要给予责任人降级或者撤职的政务处分。如果情节严重，影响恶劣，满足刑法相关罪名构成要件的，还要进一步追究有关人员的刑事责任。

二是在追究失职、渎职行为时，要避免盲目扩大化。事故的调查处理，最终目的是查明原因、接受教训、举一反三，以后不再发生相类似的事故，而不仅仅是处罚相关人员。目前，不少地方把重点放在了惩戒方面，而忽视了对事故真正原因的分析，不重视把原因向同行业或社会公布，以提高广大职工和生产经营单位负责人对事故隐患的认知能力和预防水平，结果是同样的事故再次发生。这种做法应当予以转变。从总体上来说，只要负有安全生产监督管理职责的部门及其工作人员按照法律法规规定的职责，认真履行了义务，尽职尽责做了工作，就不能简单地定“罪”。对确实属于不负责任的，或者有徇私枉法行为的，严格依法按失职、渎职处理。

第八十八条　任何单位和个人不得阻挠和干涉对事故的依法调查处理。

◆ **条文主旨**

本条是任何单位和个人不得阻挠和干预事故调查处理的规定。

◆ **条文释义**

对生产安全事故进行调查处理，是严格执法、搞好安全生产工作的重要方面。通过对生产安全事故的调查处理，查清事故发生的原因，找到安全技术和管理方面存在的问题，可以更有针对性地采取预防措施；严肃处理事故责任人，可以教育有关人员从中吸取教训，增强安全生产的意识和执行安全法律、法规的观念。为了保证事故调查处理的顺利进行，必须从制度上排除一切干扰和阻力。因此，本条明确规定任何单位和个人不得阻挠和干涉对事故的依法调查处理。生产经营单位及其有关人员，地方人民政府、政府有关部门及其工作人员以及其他任何单位和个人，都不得阻挠和干涉对事故的依法调查处理。

一、生产安全事故依法调查处理的有关规定

生产安全事故的调查处理有法可依，除本法有关规定外，国务院 2007 年颁布的《生产安全事故报告和调查处理条例》对生产安全事故的调查处理作了全面具体的规定。

在事故调查阶段，根据事故等级由国务院或相应级别的人民政府直接组织事故调查组或者授权委托有关部门组织调查。事故调查组有权向有关单位和个人了解与事故有关的情况，并要求其提供相关文件、资料，有关单位和个人不得拒绝。事故发生单位的负责人和有关人员在事故调查期间不得擅离职守，并应当随时接受事故调查组的询问，如实提供有关情况。

在事故处理阶段，负责事故调查的人民政府应当在收到事故调查报告后及时作出批复，有关机关应当按照人民政府的批复，依照法律、行政法规规定的权限和程序，对事故发生单位和有关人员进行行政处罚，对负有事故责任的国家工作人员进行处分。事故发生单位应当按照负责事故调查的人民政府的批复，对本单位负有事故责任的人员进行处理。负有事故责任的人员涉嫌犯罪的，依法追究刑事责任。

二、任何单位和个人不得阻挠和干涉对事故的依法调查处理

无论是发生生产事故的生产经营单位、从业人员，还是其他有关单位和个人，都应当对事故调查进行积极配合，不得阻挠和干涉。否则，要根据情节轻重追究其相应的责任。

在事故调查环节，阻挠、干涉对事故的依法调查，可以表现为多种形式。比如，在事故调查组组成过程中阻挠和干涉事故调查组的组成；阻挠和干涉事故调查的过程，包括故意破坏事故现场或者转移、隐匿有关证据，无正当理由拒绝接受事故调查组的询问，或者拒绝提供有关情况和资料，或者作伪证、提供虚假情况，或者为事故调查设置障碍等；阻挠和干涉对事故性质的认定或者事故责任的确定等。在事故处理环节，则主要表现为拒不服从有关政府对事故调查报告的批复，阻挠和干涉对有关事故责任人员进行处理等。对阻挠、干涉依法调查处理事故的单位和个人，必须依法严肃处理。不构成犯罪的，依法给予行政处罚或者处分；构成犯罪的，依法追究刑事责任。

实践中需要注意的是，本条规定任何单位和个人不得阻挠和干涉对事故的依法调查处理，主要是为了保证事故调查处理公正、独立、顺利地进行。但前提是事故调查是依法进行的。如果事故调查组及其人员不依法调查处理，比如事故调查组的组成不合法，事故调查的程序不合法，对事故责任人的处理不符合法律规定，甚至借事故调查之名，超出调查职权范围对事故发生单位进行刁难甚至提出非法要求等，受调查的单位和其他有关单位和个人可以提出意见，并有权拒绝接受调查，并可以及时向有关部门举报、投诉；政府和有关部门有权及时予以纠正。

第八十九条　县级以上地方各级人民政府应急管理部门应当定期统计分析本行政区域内发生生产安全事故的情况，并定期向社会公布。

◆ 条文主旨

本条是关于生产安全事故定期统计分析和定期公布责任的规定。

◆ 条文释义

地方人民政府应急管理部门应当认真做好对事故的统计分析工作，为总结事故教训、找出安全生产中的薄弱环节、有针对性地加强事故预防提供依据。同时，通过定期公布本行政区域内的生产事故情况，对可能发生事故的生产经营单位可以起到警示作用。

一、定期统计分析的责任单位是应急管理部门

依照本法第10条的规定，县级以上各级人民政府应急管理部门对本行政区域内安全生产工作实施综合监督管理。依照本条规定，定期统计分析本行政区域内发生生产安全事故的情况并定期向社会公布的机关是县级以上地方各级人民政府应急管理部门。

同时，考虑到交通运输、住房和城乡建设、水利、民航等有关部门在各自职责范围内对有关行业、领域的安全生产工作也实施监督管理，且相关行业、领域的安全生产工作具有较强的专业性，因此各级应急管理部门在统计分析本行政区域生产安全事故情况时，应同各有关部门保持密切配合，共同做好生产安全事故情况的统计分析。

二、本行政区域的生产安全事故情况要定期分析和公布

目前，对于生产安全事故情况的统计分析和公布的具体分工是：省级人民政府应急管理部门负责本省、自治区、直辖市范围内发生生产安全事故的情况的统计分析和公布工作；市、县级人民政府应急管理部门负责本市、县行政区域内这方面的工作。省级人民政府应急管理部门应当在全省性的媒体上公布，市、县级人民政府应急管理部门应当分别在全市性和县级媒体上公布。

生产经营单位可以通过公布的生产安全事故情况，了解有关区域、有关行业总体的安全生产形势，并结合自身的行业特点采取必要的防范事故的具体措施，不断提高安全生产水平。比如某一时段危险化学品爆炸事故频发，涉及相关危险化学品生产、储存、运输、装卸等生产经营单位应当密切关注当地政府发布的事故统计分析信息，及时查摆自身可能存在的风险隐患，有针对性地开展专项检查，切实降低类似事故的发生率。社会公众也可以通过媒体的公布对一定时期发生生产安全事故的情况有所了解，及时消除不必要的恐慌和谣言，便于监督生产经营单位和政府有关部门的安全生产工作，有利于全社会安全生产意识的提高和社会总体的和谐稳定。

需要注意的是，本条规定的生产安全事故情况向社会公布与生产安全事故调查报告向社会公布是有区别的。前者是针对具体的事故调查报告，涉及某一个事故的起因、后果、事故责任和调查处理情况等内容；本条的公布主要是从统计分析的角度，对某一地区一段时间内生产安全事故的数量、类别、死伤人数、财产损失等综合情况的公布。两者不宜混淆，更不能以公布生产安全事故的总体情况替代对于具体事故调查报告的公布。

第六章　法律责任

第九十条　负有安全生产监督管理职责的部门的工作人员，有下列行为之一的，给予降级或者撤职的处分；构成犯罪的，依照刑法有关规定追究刑事责任：

（一）对不符合法定安全生产条件的涉及安全生产的事项予以批准或者验收通过的；

（二）发现未依法取得批准、验收的单位擅自从事有关活动或者接到举报后不予取缔或者不依法予以处理的；

（三）对已经依法取得批准的单位不履行监督管理职责，发现其不再具备安全生产条件而不撤销原批准或者发现安全生产违法行为不予查处的；

（四）在监督检查中发现重大事故隐患，不依法及时处理的。

负有安全生产监督管理职责的部门的工作人员有前款规定以外的滥用职权、玩忽职守、徇私舞弊行为的，依法给予处分；构成犯罪的，依照刑法有关规定追究刑事责任。

◆ **条文主旨**

本条是关于监管部门工作人员不依法履行监管职责的法律责

任的规定。

◆ **条文释义**

一、监管部门工作人员不依法履行列示职责的法律责任

“负有安全生产监督管理职责的部门”包括国务院应急管理部门、县级以上地方各级人民政府应急管理部门，依照法律、法规规定对有关行业、领域的安全生产工作负有监督管理职责的国务院有关部门和县级以上地方人民政府其他有关部门。这些部门的工作人员的违法行为主要有以下几种体现：

（1）对不符合法定安全生产条件的涉及安全生产的事项予以批准或者验收通过。“法定安全生产条件”是指本法和有关法律、行政法规和国家标准或者行业标准规定的安全生产条件；“涉及安全生产的事项”既包括本法规定的矿山、金属冶炼、建筑施工、道路运输等活动中涉及的安全设施的监管等事项，也包括其他有关法律、行政法规规定应由负有安全生产监督管理职责的部门进行审批、验收的事项。

（2）发现未依法取得批准、验收的单位擅自从事有关活动或者接到举报后不予取缔或者不依法予以处理。根据本法的规定，对未依法取得批准或者验收合格的单位擅自从事有关活动的，负责行政审批的部门发现或者接到举报后应当根据情况予以取缔，或者依法给予其他处理，否则就属于不依法履行法定职责的行为，应依照本条规定追究法律责任。

（3）对已经依法取得批准的单位，发现其不再具备安全生产条件而不撤销原批准或者发现安全生产违法行为不予查处。根据本法的规定，对已经依法取得批准的单位，负责行政审批的部门发现其不再具备安全生产条件的，应当撤销原批准。负责审批的部门不依法履行法律所规定的这一职责的，依照本条规定追究其法律责任。

（4）在监督检查中发现重大事故隐患，不依法及时处理。根据本法规定，应急管理部门和其他负有安全生产监督管理职责的部门对检查中发现的事故隐患，应当责令立即排除；重大事故隐患排除前或者排除过程中无法保证安全的，应当责令从危险区域内撤出作业人员，责令暂时停产停业或者停止使用相关设施或者设备。如果对发现的重大事故隐患不及时依法处理，依照本条规定追究法律责任。

对有本条第 1 款所列违法行为之一的负有安全生产监督管理职责的部门的工作人员，应当按照下列规定追究法律责任：（1）给予降级或者撤职的处分。公务员法规定了公务员因违法违纪应当承担纪律责任的依法给予处分，处分分为警告、记过、记大过、降级、撤职、开除。负有安全生产监督管理职责的部门的工作人员有本条第 1 款列举的违法行为的，应当受到降级或者撤职的处分。（2）构成犯罪的，依照刑法有关规定追究刑事责任。主要涉及玩忽职守犯罪和滥用职权犯罪。是否构成犯罪以及如何追究刑事责任，需要根据刑法规定的犯罪构成和刑罚等内容确定。

二、相关部门工作人员滥用职权、玩忽职守、徇私舞弊行为的法律责任

本条第 2 款的规定是对第 1 款规定的补充。本条第 1 款列举了有关人员违法行为的几种具体形式，但实践中违法行为的情况比较复杂，除了这几种形式外还可能有其他情形。例如，第 1 款第 4 项规定的是“在监督检查中发现重大事故隐患，不依法及时处理”，实践中也可能在检查过程中发现的是一般的事故隐患，也会造成比较严重的后果，这种情况下也要依法及时处理，否则也应承担相应的法律责任。因此，本款规定只要满足滥用职权、玩忽职守、徇私舞弊等情形的，即便不符合第 1 款中具体列示的相关情形，也要依法给予处分，可能是警告、记过、记大过，也可能是降级、撤职、开除等，需要根据具体情况确定。构成犯罪符合相关罪名构成要件的，也要一并追究刑事责任。

第九十一条　负有安全生产监督管理职责的部门，要求被审查、验收的单位购买其指定的安全设备、器材或者其他产品的，在对安全生产事项的审查、验收中收取费用的，由其上级机关或者监察机关责令改正，责令退还收取的费用；情节严重的，对直接负责的主管人员和其他直接责任人员依法给予处分。

◆ 条文主旨

本条是关于监管部门违反规定指定购买产品或者收取费用的法律责任的规定。

◆ 条文释义

一、不得指定安全设备、器材或者其他产品，且不得收取安全生产事项的审查、验收费用

对有关安全生产设施、设备等依法进行安全审查、验收是负有安全生产监督管理职责的部门的权力，同时也是其必须履行的职责，其在履行法律赋予的职责时不得滥用职权，更不得以权谋私。本法明确规定，负有安全生产监督管理职责的部门对涉及安全生产的事项进行审查、验收，不得收取费用；不得要求接受审查、验收的单位购买其指定品牌或者指定生产、销售单位的安全设备、器材或者其他产品。实践中有的负有安全生产监督管理职责的部门在对生产经营单位进行审查、验收时，违反规定收取费用，或者要求企业使用其推荐的安全设备、器材或者其他产品，以从中谋取不正当利益。这些违法行为加重了生产经营单位的负担，侵犯了生产经营单位的经营自主权等合法权利，损害了负有安全生产监督管理职责的部门作为国家机关公正执法的形象和信誉，还可能会滋生腐败。

值得注意的是，即便负有安全生产监督管理职责的部门没有为自身谋取不正当利益，要求被审查、验收的单位购买指定的安全设备、器材或者其他产品的仍然属于违法行为。根据反垄断法的有关规定，行政机关和法律、法规授权的具有管理公共事务职能的组织不得滥用行政权力，限定或者变相限定单位或者个人经营、购买、使用其指定的经营者提供的商品。因此，对相关安全设备、器材或者其他产品进行指定，涉嫌滥用行政权力实施地方性保护，即便并不谋求个人或单位的利益，仍然有违市场经济的精神和反垄断法的有关规定。

二、违反规定的处理办法和相关法律责任

根据本条规定，对于有本条规定的违法行为的，应由其上级机关或者监察机关责令改正，责令退还收取的费用。对于接受审查、验收的单位符合审批、验收的条件，如果只是因为接受审查、验收的单位没有缴纳“审查费”“验收费”等费用或者没有购买负有安全生产监督管理职责的部门指定品牌或者指定生产、销售单位的产品，而不予审查批准或验收通过的，还应责令审批部门依法予以批准或验收通过。

有本条规定的违法行为，情节严重的，对直接负责的主管人员和其他直接责任人员依法给予处分。处分包括警告、记过、记大过、降级、撤职、开除，具体给予哪种处分，可根据具体情况作出。这里讲的“情节严重”，包括在审查、验收中多次要求接受审查、验收的单位购买其指定品牌或者指定的生产、销售单位的安全设备、器材或者其他产品；在审查、验收中多次收取费用，且数额较大，社会影响较恶劣等。这里所说的“直接负责的主管人员”，是指在单位违法行为中负有直接领导责任的人员，包括违法行为的决策人，事后对单位违法行为予以认可和支持的领导人员，以及由于疏于管理或放任而对单位违法行为负有不可推卸的责任的领导人员。这里所说的“其他直接责任人员”，是指直接实施违法行为的人员。

第九十二条 承担安全评价、认证、检测、检验职责的机构出具失实报告的，责令停业整顿，并处三万元以上十万元以下的罚款；给他人造成损害的，依法承担赔偿责任。

承担安全评价、认证、检测、检验职责的机构租借资质、挂靠、出具虚假报告的，没收违法所得；违法所得在十万元以上的，并处违法所得二倍以上五倍以下的罚款，没有违法所得或者违法所得不足十万元的，单处或者并处十万元以上二十万元以下的罚款；对其直接负责的主管人员和其他直接责任人员处五万元以上十万元以下的罚款；给他人造成损害的，与生产经营单位承担连带赔偿责任；构成犯罪的，依照刑法有关规定追究刑事责任。

对有前款违法行为的机构及其直接责任人员，吊销其相应资质和资格，五年内不得从事安全评价、认证、检测、检验等工作；情节严重的，实行终身行业和职业禁入。

◆ **条文主旨**

本条是关于承担安全评价、认证、检测、检验职责的机构及其直接责任人员的法律责任的规定。

◆ **条文释义**

一、承担安全评价、认证、检测、检验职责的机构的违法情形

本条规定的承担安全评价、认证、检测、检验职责的机构的违法情形主要是两种：一种是自身有相关资质，但出具失实报告的；另一种是己方或对方不具备相关资质，通过租借资质、挂靠等方式，进而由己方或者对方出具虚假报告的。其中，出具失实报告的，主要是指相关机构违反了本法第 72 条第 1 款的规定，未能保证其作出的安全评价、认证、检测、检验结果的合法性、真实性。而租借资质、挂靠、出具虚假报告的，则违反了本法第 72 条关于承担安全评价、认证、检测、检验职责的机构应当具备国家规定的资质条件的规定，严重破坏安全生产监督管理秩序，对安全生产工作构成严重威胁，甚至会因此直接导致重大生产安全事故。

二、相关违法机构和直接责任人员的法律责任

本法对上述违法情形，从行政责任、刑事责任和民事赔偿责任等三个方面重新梳理和规定。

在行政责任方面，一是没收违法所得。由本法规定的行政执法机关将承担安全评价、认证、检测、检验职责的机构由于出具虚假证明文件而获得的财产上的非法利益强制无偿收归国有。二是行政罚款。罚款分为对机构的罚款和对个人的罚款。对机构的罚款分为两种情形：（1）违法所得在 10 万元以上的，在没收违法所得同时，处违法所得 2 倍以上 5 倍以下的罚款；（2）没有违法所得或者违法所得不足 10 万元的，单处或者并处 10 万元以上 20

万元以下的罚款。对个人的罚款，则规定对直接负责的主管人员和其他直接责任人员处 5 万元以上 10 万元以下的罚款。三是吊销资质和资格。这是一种资格罚，即由有关部门撤销有违法行为的机构所取得的安全评价、认证、检测、检验的资质。《生产安全事故报告和调查处理条例》规定，为发生事故的单位提供虚假证明的中介机构，由有关部门依法暂扣或者吊销其有关证照及其相关人员的执业资格。同时，本款对吊销后重新获得相关资质和资格的时限作了进一步规定，即 5 年内不得从事安全评价、认证、检测、检验等工作。四是终身行业和职业禁入。《意见》明确要求严格责任追究制度。其中，对被追究刑事责任的生产经营者依法实施相应的职业禁入，对事故发生负有重大责任的社会服务机构和人员依法严肃追究法律责任，并依法实施相应的行业禁入。

在刑事责任方面，构成犯罪的，依照刑法有关规定追究刑事责任。这里讲的“构成犯罪”，对有关的机构来说，主要是指构成刑法第 229 条规定的提供虚假证明文件罪。构成该罪须具备以下条件：一是主体特定，是承担安全评价职责的中介组织的人员；二是客观上实施了故意提供虚假证明文件的行为；三是情节严重。这里讲的“情节严重”，是指故意提供虚假证明文件手段比较恶劣、虚假的内容特别重要以及因此而造成生产安全事故等。按照刑法的规定，对故意提供虚假证明文件，情节严重的，处 5 年以下有期徒刑或者拘役，并处罚金。如果涉及公共安全的重大工程、项目中提供虚假的安全评价等证明文件，致使公共财产、国家和人民利益遭受特别重大损失的，处 5 年以上 10 年以下有期徒刑，并处罚金。

在民事赔偿责任方面，因出具虚假证明导致发生生产安全事故给他人造成损害的，与生产经营单位承担连带赔偿责任。而如果根据第 1 款规定出具失实报告的机构，通常与委托其提供安全评价、认证、检测、检验的生产经营单位间签有相关的服务合同，该情形一般属于典型的瑕疵履行合同义务，应当承担相应的违约赔偿责任。

第九十三条 生产经营单位的决策机构、主要负责人或者个人经营的投资人不依照本法规定保证安全生产所必需的资金投入，致使生产经营单位不具备安全生产条件的，责令限期改正，提供必需的资金；逾期未改正的，责令生产经营单位停产停业整顿。

有前款违法行为，导致发生生产安全事故的，对生产经营单位的主要负责人给予撤职处分，对个人经营的投资人处二万元以上二十万元以下的罚款；构成犯罪的，依照刑法有关规定追究刑事责任。

◆ 条文主旨

本条是关于生产经营单位不依法投入安全生产费用的法律责任的规定。

◆ 条文释义

一、相关主体未保证安全生产所必需的资金投入

构成本条的违法行为的主体，是生产经营单位的决策机构、主要负责人、个人经营的投资人，其客观表现为由于不依照本法规定保证安全生产所必需的资金投入，例如编制财务预算时扣减或者取消安全生产专项费用，采购安全生产设备资金拨付不及时等，从而导致生产经营单位不具备安全生产条件，生产经营存在

重大安全隐患。

是否“具备安全生产条件”，应当结合多方面的因素综合进行判断，例如注册安全工程师出具的安全生产评估结论、负有安全生产监督管理职责的部门出具的安全生产整改通知、特定建设项目的安全设施的验收审查结果等。如果有关部门和专业人员对生产经营单位提出整改要求或者负面评价的，应当认为相关生产经营单位不具备安全生产条件。

二、未保证安全生产所必需的资金投入的法律责任

对于有本条规定的违法行为，首先应由负责安全生产监督管理的部门责令生产经营单位的决策机构、主要负责人、个人经营的投资人在规定的期限内纠正违法行为，提供生产经营单位应当具备的安全生产条件所必需的资金。主要考虑资金投入不到位，并不必然导致产生现实即时的安全生产隐患，因此给予生产经营单位自觉主动改正的机会，避免对正常的生产经营造成影响。

如果违法行为人在规定的期限内仍然不改正的，则从保障广大人民群众生命财产安全的角度出发，有关部门有权责令生产经营单位停产停业整顿，直到相关资金投入到位，方可重新恢复生产经营。责令停产停业，是指行政执法机关对违反行政管理秩序的企业事业单位，依法在一定期限内暂停其从事有关生产经营活动权利的行政处罚。

导致发生生产安全事故的，是对前款规定的一种加重处罚情形。具体又可以分为两个层次。一是虽发生生产安全事故，但相关情形不构成刑事犯罪的。本款主要规定的是对生产经营单位的主要负责人给予撤职处分，对个人经营的投资人处 2 万元以上 20 万元以下的罚款。二是导致发生生产安全事故，构成犯罪的，则在行政处罚的同时，还应当依照刑法有关规定追究刑事责任。这里追究的刑事责任，主要是指构成刑法规定的关于重大劳动安全事故的犯罪。根据刑法第 135 条的规定，构成该罪须具备以下条件：（1）安全生产设施或者安全生产条件不符合国家规定，即不符合有关的法律、法规、国家标准或者行业标准的规定，使生产经营单位不具备安全生产条件；（2）导致发生重大伤亡事故或者造成其他严重后果的，其中重大伤亡事故的判断标准，可参考《生产安全事故报告和调查处理条例》中的生产安全事故等级划分。其中一般重大事故是指造成 10 人以上 30 人以下死亡，或者 50 人以上 100 人以下重伤，或者 5000 万元以上 1 亿元以下直接经济损失的事故。对于“其他严重后果”，则应结合经济损失金额、事故影响范围等因素综合考量。对造成犯罪结果的直接责任人员，根据刑法处 3 年以下有期徒刑或者拘役；情节特别恶劣的，处 3 年以上 7 年以下有期徒刑。

第九十四条 生产经营单位的主要负责人未履行本法规定的安全生产管理职责的，责令限期改正，处二万元以上五万元以下的罚款；逾期未改正的，处五万元以上十万元以下的罚款，责令生产经营单位停产停业整顿。

生产经营单位的主要负责人有前款违法行为，导致发生生产安全事故的，给予撤职处分；构成犯罪的，依照刑法有关规定追究刑事责任。

生产经营单位的主要负责人依照前款规定受刑事处罚或者撤职处分的，自刑罚执行完毕或者受处分之日起，五年内不得担任任何生产经营单位的主要负责人；对重大、特别重大生产安全事故负有责任的，终身不得担任本行业生产经营单位的主要负责人。

◆ 条文主旨

本条是关于生产经营单位主要负责人不履行安全生产管理职责的法律责任的规定。

◆ 条文释义

一、生产经营单位主要负责人不履行法定职责的情形

本条第1款所称生产经营单位主要负责人未履行本法规定的安全生产管理职责，需要结合本法其他相关条款，尤其是第21条的有关规定来理解。根据本法第21条的规定，生产经营单位的主要负责人对本单位的安全生产工作负有以下职责：建立、健全并落实本单位全员安全生产责任制，加强安全生产标准化建设；组织制定并实施本单位安全生产规章制度和操作规程；组织制定并实施本单位安全生产教育和培训计划；保证本单位安全生产投入的有效实施；组织建立并落实安全风险分级管控和隐患排查治理双重预防工作机制，督促、检查本单位的安全生产工作，及时消除生产安全事故隐患；组织制定并实施本单位的生产安全事故应急救援预案；及时、如实报告生产安全事故。这些都是生产经营单位的主要负责人必须履行的法定职责，生产经营单位的主要负责人不履行法律规定的职责的，依照本条规定追究其法律责任。

二、生产经营单位主要负责人违反本条的法律责任

在公开征求意见的过程中，不少群众指出，生产经营单位及其主要负责人的违法成本过低，建议提高罚款金额。因此，本次法律修正除了在第21条对生产经营单位主要负责人的安全生产管理职责作进一步规范外，在本条中加重了主要负责人的违法行为的处罚力度。主要表现在两点：一是未履行法定安全生产管理职责的，在对生产经营单位的主要负责人责令改正的同时，应当处2万元以上5万元以下的罚款，不再要求“逾期未改正”的处罚前提。

二是加重逾期未改正的处罚力度，由“处2万元以上5万元以下的罚款”修改为“处5万元以上10万元以下的罚款”。

结合本条其他规定要求，对生产经营单位主要负责人违法行为的法律责任，主要分为行政责任和刑事责任两部分。

在行政责任方面，主要是四个方面。一是行政罚款。行政罚款主要针对未履行本法规定的安全生产管理职责的生产经营单位的主要负责人，并根据是否在限期内改正分为两档罚款处罚，在限期内改正的，处2万元以上5万元以下的罚款，逾期未改正的，则增加罚款额度，处5万元以上10万元以下的罚款。二是撤职处分。这主要是针对国有企业中的生产经营单位主要负责人。非国有企业的主要负责人存在类似违法行为的，鼓励企业有关权力机关依据公司法和公司章程的有关规定，对主要负责人给予撤职处分。三是职业限制和禁止。根据本条第3款的规定，如果生产经营单位的主要负责人依照本条规定受刑事处罚或者撤职处分的，自刑罚执行完毕或者受处分之日起，5年内不得担任任何生产经营单位的主要负责人。这里规定的起算时间，受到刑事处罚的，即从刑罚执行完毕之日起计算；受到处分的，即从处分之日起计算；既受到刑事处罚，又受到处分的，仍依此规定执行。对重大、特别重大生产安全事故负有责任的，终身不得担任本行业生产经营单位的主要负责人。四是主要负责人逾期未改正的，责令生产经营单位停产停业整顿。在对主要负责人罚款的同时，生产经营单位也应当被责令停产停业整顿，直到生产经营单位的主要负责人按照本法规定履行了法定职责，才能恢复生产经营活动。这样既有主要负责人的个人责任，又有生产经营单位的责任。

在刑事责任方面，主要是针对生产经营单位的主要负责人违法行为导致安全事故这一加重情形的。因此根据本法要追究生产经营单位主要负责人的刑事责任，除需要具备相关罪名的构成要件外，应当有生产安全事故的现实发生。具体个案中是否追究相关主要负责人的刑事责任，还要结合事故的破坏损失程度、当事人的主观过错因素等综合考虑。

第九十五条　生产经营单位的主要负责人未履行本法规定的安全生产管理职责，导致发生生产安全事故的，由应急管理部门依照下列规定处以罚款：

（一）发生一般事故的，处上一年年收入百分之四十的罚款；

（二）发生较大事故的，处上一年年收入百分之六十的罚款；

（三）发生重大事故的，处上一年年收入百分之八十的罚款；

（四）发生特别重大事故的，处上一年年收入百分之一百的罚款。

◆ 条文主旨

本条是关于发生生产安全事故时，对生产经营单位主要负责人罚款的规定。

◆ 条文释义

一、发生生产安全事故时对相关人员行政罚款的规定

本条在本次修改时对相关处罚的比例作了较大调整，总体上增加了生产经营单位的主要负责人未履行安全生产管理职责，发生生产安全事故时的违法成本，促使相关人员高度重视安全生产工作，积极履行安全生产管理职责。根据本条规定，对主要负责

人的罚款有两个条件，一是其未履行本法规定的安全生产管理职责，二是发生生产安全事故。

本条结合生产安全事故的严重程度和主要负责人的收入确定处罚标准。本次法律修正，针对本条规定的各档行政罚款，均在原有罚款数额的基础上作了较大幅度的提高。具体而言：发生一般事故，即造成 3 人以下死亡，或者 10 人以下重伤，或者 1000 万元以下直接经济损失的事故，处上一年年收入 40% 的罚款。发生较大事故，即造成 3 人以上 10 人以下死亡，或者 10 人以上 50 人以下重伤，或者 1000 万元以上 5000 万元以下直接经济损失的事故，处上一年年收入 60% 的罚款。发生重大事故，即造成 10 人以上 30 人以下死亡，或者 50 人以上 100 人以下重伤，或者 5000 万元以上 1 亿元以下直接经济损失的事故，处上一年年收入 80% 的罚款。发生特别重大事故，即造成 30 人以上死亡，或者 100 人以上重伤，或者 1 亿元以上直接经济损失的事故，处上一年年收入 100% 的罚款。

二、行政罚款采取比例罚的主要考虑

对生产经营单位的主要负责人的行政罚款采取以上一年年收入为基准的比例罚，是行政处罚“罚过相当”原则的重要体现。现实中，不同生产经营单位的规模、经济效益各不相同，作为生产经营单位的主要负责人，相关责任人通过生产经营活动获取的经济效益也差异巨大。如果不是规定比例罚款，而是规定绝对的罚款数额，容易造成部分责任人行政处罚负担过重，而另一部分责任人的行政处罚则负担过轻，无论是过重还是过轻，都不利于“以罚促责”，调动生产经营单位主要负责人切实担起本单位安全生产工作的相关职责。通过与个人的直接经济利益挂钩，随个人上一年年收入按比例浮动，能够更好地兼顾对不同规模生产经营单位主要负责人的收入情况，起到罚过相当、宽严相济的效果。

第九十六条 生产经营单位的其他负责人和安全生产管理人员未履行本法规定的安全生产管理职责的，责令限期改正，处一万元以上三万元以下的罚款；导致发生生产安全事故的，暂停或者吊销其与安全生产有关的资格，并处上一年年收入百分之二十以上百分之五十以下的罚款；构成犯罪的，依照刑法有关规定追究刑事责任。

◆ **条文主旨**

本条是关于生产经营单位其他负责人和安全生产管理人员的法律责任的规定。

◆ **条文释义**

一、关于生产经营单位的其他负责人和安全生产管理人员

本法明确规定，矿山、金属冶炼、建筑施工、运输单位和危险物品的生产、经营、储存、装卸单位，应当设置安全生产管理机构或者配备专职安全生产管理人员。其他生产经营单位，从业人员超过100人的，应当设置安全生产管理机构或者配备专职安全生产管理人员；从业人员在100人以下的，应当配备专职或者兼职的安全生产管理人员。本法第25条还对安全生产管理人员的职责作了专门详细规定。

根据本法第5条规定，生产经营单位的其他负责人对职责范围内的安全生产工作负责，第25条第2款规定，生产经营单位可以设置专职安全生产分管负责人，协助本单位主要负责人履行安全生产管理职责。本条中的“生产经营单位的其他负责人”不仅包括有关领域的分管负责人，如副总经理，财务总监等，还包括专职安全生产分管负责人，如安全生产总监或者分管安全生产工作的副总经理等，具体的安全生产管理职责，应当参考生产经营单位主要负责人的职责以及企业相关制度规定进行界定。

生产经营单位的其他负责人和安全生产管理人员应当依法履行安全生产管理职责，生产经营单位也要为生产经营单位的其他负责人和安全生产管理人员依法履行职责提供便利，同时也要督促其依法履行职责。

二、生产经营单位的其他负责人和安全生产管理人员的违法责任

生产经营单位的其他负责人和安全生产管理人员未依法履行安全生产管理职责的，不管是否已经发生生产安全事故，有关部门都应当责令限期改正，并根据本条规定应当处 1 万元以上 3 万元以下的罚款。

生产经营单位的其他负责人和安全生产管理人员未履行本法规定的安全生产管理职责而导致发生生产安全事故的，暂停或者撤销其与安全生产有关的资格。生产经营单位可以依法暂停该负责人和安全生产管理人员负责的安全生产管理工作，也可以依法对其进行撤换。

危险物品的生产、储存单位以及矿山、金属冶炼单位应当有注册安全工程师从事安全生产管理工作，注册安全工程师应当保证执业活动的质量，如果这些单位负责安全生产管理工作的注册安全工程师不依法履行职责而导致发生生产安全事故的，有关部门还可以撤销其资格，同时并处行政罚款，罚款数额为上一年年收入的 20% 以上 50% 以下。生产经营单位的其他负责人和安全生产管理人员构成犯罪的，依照刑法有关规定追究刑事责任。

这里需要说明的是，本条规定的安全生产管理人员既包括生产经营单位的职工担任安全生产管理人员的情形，也包括生产经营单位根据本法第 15 条的规定委托有关安全生产管理服务机构的人员承担本单位安全生产管理工作的情形。目前，一些专门从事安全生产管理服务的中介机构，接受委托指派注册安全工程师到生产经营单位承担安全生产管理工作，接受委托指派的注册安全工程师如果在工作中未履行本法规定的安全生产管理职责，也应当适用本条的规定。

第九十七条　生产经营单位有下列行为之一的，责令限期改正，处十万元以下的罚款；逾期未改正的，责令停产停业整顿，并处十万元以上二十万元以下的罚款，对其直接负责的主管人员和其他直接责任人员处二万元以上五万元以下的罚款：

（一）未按照规定设置安全生产管理机构或者配备安全生产管理人员、注册安全工程师的；

（二）危险物品的生产、经营、储存、装卸单位以及矿山、金属冶炼、建筑施工、运输单位的主要负责人和安全生产管理人员未按照规定经考核合格的；

（三）未按照规定对从业人员、被派遣劳动者、实习学生进行安全生产教育和培训，或者未按照规定如实告知有关的安全生产事项的；

（四）未如实记录安全生产教育和培训情况的；

（五）未将事故隐患排查治理情况如实记录或者未向从业人员通报的；

（六）未按照规定制定生产安全事故应急救援预案或者未定期组织演练的；

（七）特种作业人员未按照规定经专门的安全作业培训并取得相应资格，上岗作业的。

◆ 条文主旨

本条是关于生产经营单位违法行为的法律责任的规定。

◆ 条文释义

一、生产经营单位的主要违法情形

本法规定的法律责任涵盖的违法行为包括7项：（1）未按照规定设置安全生产管理机构或者配备安全生产管理人员、注册安全工程师的；（2）危险物品的生产、经营、储存、装卸单位以及矿山、金属冶炼、建筑施工、运输单位的主要负责人和安全生产管理人员未按照规定经考核合格的；（3）未按照规定对从业人员、被派遣劳动者、实习学生进行安全生产教育和培训，或者未按照规定如实告知有关的安全生产事项的；（4）未如实记录安全生产教育和培训情况的；（5）未将事故隐患排查治理情况如实记录或者未向从业人员通报的；（6）未按照规定制定生产安全事故应急救援预案或者未定期组织演练的；（7）特种作业人员未按照规定经专门的安全作业培训并取得相应资格，上岗作业的。这些内容涵盖了本法第二章对生产经营单位设定的各种义务，并根据本次法律修改的相关内容作了个别调整。

二、生产经营单位违法行为的法律责任

本次修正前的安全生产法对生产经营单位的有关违法行为规定了责令限期改正，可以处5万元以下的罚款；逾期未改正的，责令停产停业整顿，并处5万元以上10万元以下的罚款，对其直接负责的主管人员和其他直接责任人员处1万元以上2万元以下的罚款。这些规定在法律实施过程中逐渐暴露出两个问题：一是处罚力度较轻，难以有效遏制生产经营单位和直接负责的主管人员和其他直接责任人员的违法行为。二是行政处罚的自由裁量空间较大。责令限期改正的，既可以并处罚款，也可以不处以罚款，导致各地之间的

执法力度不同，影响了营商环境的公平公正。因此本次修改对上述两个方面都重新作了规定，生产经营单位只要有相关违法行为，除了责令限期改正，并处罚款不再是自由裁量事项，而是法律的强制性规定。同时，提高罚款的数额。责令限期改正的，罚款数额从“5 万元以下”调整为“10 万元以下”；逾期未改正的，罚款数额从“5 万元以上 10 万元以下”调整为“10 万元以上 20 万元以下”；对其直接负责的主管人员和其他直接责任人员的行政罚款，也从“1 万元以上 2 万元以下”调整为“2 万元以上 5 万元以下”。

第九十八条　生产经营单位有下列行为之一的，责令停止建设或者停产停业整顿，限期改正，并处十万元以上五十万元以下的罚款，对其直接负责的主管人员和其他直接责任人员处二万元以上五万元以下的罚款；逾期未改正的，处五十万元以上一百万元以下的罚款，对其直接负责的主管人员和其他直接责任人员处五万元以上十万元以下的罚款；构成犯罪的，依照刑法有关规定追究刑事责任：

（一）未按照规定对矿山、金属冶炼建设项目或者用于生产、储存、装卸危险物品的建设项目进行安全评价的；

（二）矿山、金属冶炼建设项目或者用于生产、储存、装卸危险物品的建设项目没有安全设施设计或者安全设施设计未按照规定报经有关部门审查同意的；

（三）矿山、金属冶炼建设项目或者用于生产、储存、装卸危险物品的建设项目的施工单位未按照批准的安全设施设计施工的；

（四）矿山、金属冶炼建设项目或者用于生产、储存、装卸危险物品的建设项目竣工投入生产或者使用前，安全设施未经验收合格的。

◆ **条文主旨**

本条是关于与特定建设项目安全生产相关的法律责任的规定。

◆ **条文释义**

一、特定建设项目安全生产相关的违法行为情形

矿山、金属冶炼建设项目或者用于生产、储存、装卸危险物品的建设项目技术难度大、运营风险高，相较普通的建设项目涉及更高的生产安全要求，本法第二章第32条至第34条对此类特定建设项目专门作了规定，具体包括以下要求：（1）按照国家有关规定进行安全评价；（2）安全设施设计应当按照国家有关规定报经有关部门审查；（3）施工单位必须按照批准的安全设施设计施工；（4）竣工投入生产或者使用前，相关建设单位组织对安全设施进行验收并合格。特定建设项目的生产经营单位如果违反上述要求的，就要承担本条规定的相应法律责任。

二、特定建设项目安全生产相关违法行为的法律责任

针对本条规定涉及的违法行为，本次法律修改主要内容是进一步加重违法行为的行政处罚力度。与原条文规定相比，主要是两处变化：一是生产经营单位如果存在相关违法行为的，除责令停止建设或者停产停业整顿，限期改正外，对生产经营单位和直接负责的主管人员和其他直接责任人员分别并处罚款，具体金额分别为“10万元以上50万元以下”和“2万元以上5万元以下”。二是调整逾期未改正时，对其直接负责的主管人员和其他直接责任人员的罚款金额，从“2万元以上5万元以下”调整为“5

万元以上 10 万元以下”。

结合本条原有的法律责任规定，本法从行政责任、刑事责任两个维度，通过责令停止建设或者停产停业整顿、罚款、违法入刑等方式对生产经营单位和相关人员个体的法律责任作了全面规定。这样严格而全面的规定，极大地增加了生产经营单位违反本法有关特定建设项目安全生产规定的违法成本，将落实特定建设项目安全生产相关规定与生产经营单位和有关个人的经济利益相挂钩，督促生产经营单位和有关个人在出现有关生产安全隐患时及时整改整顿，将人民群众的生命财产安全切实摆在首要位置，从源头防范特定行业、领域发生重大生产安全事故。

第九十九条　生产经营单位有下列行为之一的，责令限期改正，处五万元以下的罚款；逾期未改正的，处五万元以上二十万元以下的罚款，对其直接负责的主管人员和其他直接责任人员处一万元以上二万元以下的罚款；情节严重的，责令停产停业整顿；构成犯罪的，依照刑法有关规定追究刑事责任：

（一）未在有较大危险因素的生产经营场所和有关设施、设备上设置明显的安全警示标志的；

（二）安全设备的安装、使用、检测、改造和报废不符合国家标准或者行业标准的；

（三）未对安全设备进行经常性维护、保养和定期检测的；

（四）关闭、破坏直接关系生产安全的监控、报警、防护、救生设备、设施，或者篡改、隐瞒、销毁其相关数据、信息的；

（五）未为从业人员提供符合国家标准或者行业标准的劳动防护用品的；

（六）危险物品的容器、运输工具，以及涉及人身安全、危险性较大的海洋石油开采特种设备和矿山井下特种设备未经具有专业资质的机构检测、检验合格，取得安全使用证或者安全标志，投入使用的；

（七）使用应当淘汰的危及生产安全的工艺、设备的；

（八）餐饮等行业的生产经营单位使用燃气未安装可燃气体报警装置的。

◆ 条文主旨

本条是关于生产经营单位违法行为的法律责任的规定。

◆ 条文释义

一、生产经营单位的主要违法行为

按照本法第二章的有关规定，生产经营单位应当遵守的法律规定事项主要包括以下内容：（1）在有较大危险因素的生产经营场所和有关设施、设备上，设置明显的安全警示标志；（2）安全设备的设计、制造、安装、使用、检测、维修、改造和报废，应当符合国家标准或者行业标准；（3）必须对安全设备进行经常性维护、保养，并定期检测，保证正常运转；（4）不得关闭、破坏直接关系生产安全的监控、报警、防护、救生设备、设施，或者篡改、隐瞒、销毁其相关数据、信息；（5）必须为从业人员提供符合国家标准或者行业标准的劳动防护用品；（6）使用的危险物品的容器、运输工具，以及涉及人身安全、危险性较大的海洋石油开采特种设备和矿山井下特种设备，必须按照国家有关规定，由专业生产单位生产，并经具有专业资质的检测、检验机构检测、检验合格，取得安全使用证或者安全标志，方可投入使用；（7）不得使用应当淘汰的危及生产安全的工艺、设备；（8）餐饮等行业的生产经营单位使用燃气的，应当安装可燃气体报警装置。如果生产经营单位违反了以上的规定，就要依照本条规定承担相应的法律责任。

本次法律修改较原先增加规定了第 4 项和第 8 项。在常委会会议审议期间，有的常委委员提出，2020 年刑法修正案对关闭、破坏直接关系生产安全的监控、报警、防护、救生设备、设施，或者篡改、隐瞒、销毁其相关数据、信息的刑事责任作了规定，建议本法与刑法有关规定作好衔接。同时，国务院应急管理部门提出，安装可燃气体报警装置，对于降低餐饮等行业使用燃气的生产安全风险具有重要意义，建议在本法作出相关规定。全国人大宪法和法律委员会经研究，采纳了这些建议，在本法第 36 条对生产经营单位作了上述规定，并在本条中进一步明确违反这些规定应当承担的法律责任。

二、生产经营单位违法行为的相关法律责任

1. 责令限期改正，处 5 万元以下的罚款。根据本条的规定，对于生产经营单位有本条所列 8 项违法行为之一的，将由有关行政执法机关责令有违法行为的生产经营单位在规定的期限内纠正违法行为，并处 5 万元以下的罚款。比如，没有为从业人员提供符合国家标准或者行业标准的劳动防护用品的，应当在规定的期限内提供。值得注意的是，本次修改删去了“可以”，因此此处的行政罚款不再是选择性处罚措施，而是一项强制性法律规定。本条仅对处罚金额的上限作了规定，具体的行政罚款数额由有关行政执法机关根据具体情况决定。一般来说，对于违法情节比较严

重的生产经营单位，应当给予顶格的罚款处罚，而违法情节轻微，危害不大的，可以酌情减少罚款金额，但不能完全免除相关生产经营单位的行政罚款处罚。

2. 逾期未改正的，处5万元以上20万元以下的罚款，对其直接负责的主管人员和其他直接责任人员处1万元以上2万元以下的罚款。生产经营单位有本条规定的违法行为，经有关行政执法机关责令限期改正而在规定的期限内没有纠正违法行为的，有关行政执法机关将根据情节给予5万元以上20万元以下的罚款处罚。在给予生产经营单位罚款处罚的同时，还要给予生产经营单位直接负责的主管人员和其他直接责任人员1万元以上2万元以下的罚款处罚。也就是说，生产经营单位逾期不改正违法行为的，将对生产经营单位和生产经营单位直接负责的主管人员和其他直接责任人员均给予罚款的处罚，即实行双罚制。这也是为了进一步加大生产经营单位及其有关人员的违法成本。

3. 情节严重的，责令停产停业整顿。生产经营单位违法行为情节严重的，有关行政执法机关将责令其停产停业整顿，即责令其停止有关的生产经营活动，进行整顿。这里讲的“情节严重”，包括违法行为持续时间较长，违法行为性质比较恶劣，违法行为导致生产安全事故等。实践中违法行为的情况比较复杂，是否属于“情节严重”，将由有关行政执法机关根据个案的具体情况进行判断。

4. 构成犯罪的，依照刑法有关规定追究刑事责任。这里讲的构成犯罪，主要是指构成刑法危险作业罪和重大劳动安全事故罪。

危险作业罪是2020年刑法修正后新增的罪名，《刑法》第134条之一规定在生产、作业中违反有关安全管理的规定，存在关闭、破坏直接关系生产安全的监控、报警、防护、救生设备、设施，或者篡改、隐瞒、销毁其相关数据、信息的，具有发生重大伤亡事故或者其他严重后果的现实危险的，处一年以下有期徒刑、拘役或者管制。

《刑法》第 135 条重大劳动安全事故罪规定，安全生产设施或者安全生产条件不符合国家规定，因而发生重大伤亡事故或者造成其他严重后果的，对直接负责的主管人员和其他直接责任人员，处 3 年以下有期徒刑或者拘役；情节特别恶劣的，处 3 年以上 7 年以下有期徒刑。根据《最高人民检察院、公安部关于公安机关管辖的刑事案件立案追诉标准的规定（一）》第 10 条的规定，安全生产设施或者安全生产条件不符合国家规定，涉嫌下列情形之一的，应予立案追诉：（1）造成死亡 1 人以上，或者重伤 3 人以上；（2）造成直接经济损失 50 万元以上的；（3）发生矿山生产安全事故，造成直接经济损失 100 万元以上的；（4）其他造成严重后果的情形。《刑法》第 135 条规定的“直接负责的主管人员和其他直接责任人员”，是指对安全生产设施或者安全生产条件不符合国家规定负有直接责任的生产经营单位负责人、管理人员、实际控制人、投资人，以及对安全生产设施或者安全生产条件负有管理、维护职责的人员。发生生产安全事故，具有下列情形之一的，应当认定为《刑法》第 135 条规定的“重大伤亡事故或者造成其他严重后果”：（1）造成死亡 1 人以上，或者重伤 3 人以上的；（2）造成直接经济损失 100 万元以上的；（3）造成其他严重后果或者重大安全事故的情形。具有下列情形之一的，且发生安全事故，认定为刑法第 135 条规定的“情节特别恶劣”，对相关责任人员，处 3 年以上 7 年以下有期徒刑：（1）造成死亡 3 人以上或者重伤 10 人以上，负事故主要责任的；（2）造成直接经济损失 500 元以上，负事故主要责任的；（3）其他造成特别严重后果、情节特别恶劣或者后果特别严重的情形。

第一百条 未经依法批准，擅自生产、经营、运输、储存、使用危险物品或者处置废弃危险物品的，依照有关危险物品安全管理的法律、行政法规的规定予以处罚；构成犯罪的，依照刑法有关规定追究刑事责任。

◆ 条文主旨

本条是关于违反危险物品安全管理规定的法律责任的规定。

◆ 条文释义

一、违法行为

根据本法的规定，生产、经营、运输、储存、使用危险物品或者处置废弃危险物品的，由有关主管部门依照有关法律、法规的规定和国家标准或者行业标准审批并实施监督管理。如果没有经过有关主管部门的审批而生产、经营、运输、储存、使用危险物品或者处置废弃危险物品，就构成本条规定的违法行为。任何人未经有关主管部门审批均不得生产、经营、运输、储存、使用危险物品或者处置废弃危险物品，这里的“任何人”，包括自然人、法人和其他组织。

二、法律责任

1. 依照有关危险物品安全管理的法律、行政法规的规定予以处罚。未经依法批准擅自生产、经营、运输、储存、使用危险物品或者处置废弃危险物品的行为在实践当中表现形式多种多样，情况十分复杂，危险物品种类不同、违法行为性质不同等，其主管部门也不同。除安全生产法外，我国在危险物品安全管理方面还制定有一系列法律和行政法规，对未经依法批准擅自生产、经营、运输、储存、使用危险物品或者处置废弃危险物品的，根据危险物品的种类、违法行为的性质和程度等规定了具体的法律责任，这些法律、行政法规主要有《固体废物污染环境防治法》、《危险化学品安全管理条例》、《烟花爆竹安全管理条例》、《民用爆炸物品安全管理条例》、《农药管理条例》、《监控化学品管理条例》、《易制毒化学品管理条例》等。因此，本条没有对违法行为应当承担的法律责任作出具体规定，而仅仅作了衔接性规定，实践中对于未经依法批准擅自生产、经营、运输、储存、使用危险物品或者处置废弃危险物品的，有关部门将根据案件具体情况依照上述有关危险物品安全管理的法律、行政法规的规定予以处罚。比如，根据《危险化学品安全管理条例》第 77 条的规定，未依法取得危险化学品安全生产许可证从事危险化学品生产，或者未依法取得工业产品生产许可证从事危险化学品及其包装物、容器生产的，分别依照《安全生产许可证条例》（该条例第 19 条规定，违反本条例规定，未取得安全生产许可证擅自进行生产的，责令停止生产，没收违法所得，并处 10 万元以上 50 万元以下的罚款）、《工业产品生产许可证管理条例》（该条例第 45 条规定，企业未依照本条例规定申请取得生产许可证而擅自生产列入目录产品的，由工业产品生产许可证主管部门责令停止生产，没收违法生产的产品，处违法生产产品货值金额等值以上 3 倍以下的罚款；有违法所得的，没收违法所得）的规定处罚。违反本条例规定，化工企业未取得危险化学品安全使用许可证，使用危险化学品从事生产的，由应急管理部门责令限期改正，处 10 万元以上 20 万元以下的罚款；逾期不改正的，责令停产整顿。违反本条例规定，未取得危险化学品经营许可证从事危险化学品经营的，由应急管理部门责令停止经营活动，没收违法经营的危险化学品以及违法所得，并处 10 万元以上 20 万元以下的罚款。又比如，根据《烟花爆竹安全管理条例》第36条第1款和第2款的规定，对未经许可生产、经营烟花爆竹制品，或者向未取得烟花爆竹安全生产许可的单位或者个人销售黑火药、烟火药、引火线的，由应急管理部门责令停止非法生产、经营活动，处2万元以上10万元以下的罚款，并没收非法生产、经营的物品及违法所得。对未经许可经由道路运输烟花爆竹的，由公安部门责令停止非法运输活动，处1万元以上5万元以下的罚款，并没收非法运输的物品及违法所得。

2. 构成犯罪的，依照刑法有关规定追究刑事责任。这里讲的构成犯罪，主要是指构成《刑法》第136条规定的危险物品肇事罪。《刑法》第136条规定，违反爆炸性、易燃性、放射性、毒害性、腐蚀性物品的管理规定，在生产、储存、运输、使用中发生重大事故，造成严重后果的，处3年以下有期徒刑或者拘役；后果特别严重的，处3年以上7年以下有期徒刑。构成危险物品肇事罪，应当符合以下构成要件：第一，行为人在主观方面是过失，如果行为人主观上是故意，则不构成本罪，可能构成爆炸罪等犯罪。第二，行为人客观上实施了违反爆炸性、易燃性、放射性、毒害性、腐蚀性物品管理规定的行为。未经依法批准擅自生产、经营、运输、储存、使用危险物品或者处置废弃危险物品的，就可能属于违反爆炸性、易燃性、放射性、毒害性、腐蚀性物品管理规定的行为。第三，必须由于违反管理规定在生产、储存、运输、使用中发生重大事故造成严重后果，这是追究刑事责任的必要条件。根据《最高人民检察院、公安部关于公安机关管辖的刑事案件立案追诉标准的规定（一）》第12条的规定，违反爆炸性、易燃性、放射性、毒害性、腐蚀性物品的管理规定，在生产、储存、运输、使用中发生重大事故，涉嫌下列情形之一的，应予立案追诉：（1）造成死亡1人以上，或者重伤3人以上的；（2）造成直接经济损失50万元以上的；（3）其他造成严重后果的情形。

第一百零一条　生产经营单位有下列行为之一的，责令限期改正，处十万元以下的罚款；逾期未改正的，责令停产停业整顿，并处十万元以上二十万元以下的罚款，对其直接负责的主管人员和其他直接责任人员处二万元以上五万元以下的罚款；构成犯罪的，依照刑法有关规定追究刑事责任：

（一）生产、经营、运输、储存、使用危险物品或者处置废弃危险物品，未建立专门安全管理制度、未采取可靠的安全措施的；

（二）对重大危险源未登记建档，未进行定期检测、评估、监控，未制定应急预案，或者未告知应急措施的；

（三）进行爆破、吊装、动火、临时用电以及国务院应急管理部门会同国务院有关部门规定的其他危险作业，未安排专门人员进行现场安全管理的；

（四）未建立安全风险分级管控制度或者未按照安全风险分级采取相应管控措施的；

（五）未建立事故隐患排查治理制度，或者重大事故隐患排查治理情况未按照规定报告的。

◆ **条文主旨**

本条是关于违反危险物品安全管理规定、进行危险作业未安排专门人员进行现场安全管理、未建立安全风险分级管控制度或者未按照安全风险分级采取相应管控措施等违法行为的法律责任的规定。

◆ 条文释义

一、违法行为

根据本法的规定，生产经营单位生产、经营、运输、储存、使用危险物品或者处置废弃危险物品，必须执行有关法律、法规和国家标准或者行业标准，建立专门的安全管理制度，采取可靠的安全措施，接受有关主管部门依法实施的监督管理。生产经营单位对重大危险源应当登记建档，进行定期检测、评估、监控，并制定应急预案，告知从业人员和相关人员在紧急情况下应当采取的应急措施。生产经营单位进行爆破、吊装、动火、临时用电以及国务院应急管理部门会同国务院有关部门规定的其他危险作业时，应当安排专门人员进行现场安全管理，确保操作规程的遵守和安全措施的落实。生产经营单位应当建立安全风险分级管控制度或者按照安全风险分级采取相应管控措施，严防风险演变、隐患升级导致生产安全事故发生。生产经营单位应当建立健全生产安全事故隐患排查治理制度或者按照规定报告重大事故隐患排查治理情况。这些是本法对生产经营单位在管理危险物品、进行危险作业等方面规定的应当采取的安全保障措施，生产经营单位必须严格执行，否则就有可能导致生产安全事故，造成损失。对于不依法执行这些措施，甚至因此导致严重后果的，要依法追究其法律责任。

本条规定的承担法律责任的主体有两类：一是本条规定的违法行为的生产经营单位；二是本条规定的违法行为的生产经营单位的直接负责的主管人员和其他直接责任人员。

二、法律责任

1. 责令限期改正，处 10 万元以下的罚款。相比于 2014 年修正的安全生产法第 98 条，删去了“可以”，根据本条的规定，对于生产经营单位有本条所列 5 种违法行为之一的，有关行政执法机关在责令限期改正的同时给予 10 万元以下的罚款。相比原条文规定的选择性处罚措施，加重了生产经营单位有本条所列 5 种违法行为之一的处罚力度，加大了违法成本。

2. 逾期未改正的，责令停产停业整顿，并处 10 万元以上 20 万元以下的罚款，对其直接负责的主管人员和其他直接责任人员处 2 万元以上 5 万元以下的罚款。生产经营单位有本条规定的违法行为，经有关行政执法机关责令限期改正而在规定的期限内没有纠正违法行为的，有关行政执法机关将同时给予以下三种处罚：（1）责令停产停业整顿，即责令违法的生产经营单位停止有关的生产经营活动，进行整顿；（2）给予 10 万元以上 20 万元以下的罚款处罚，即有关行政执法机关根据生产经营单位违法行为的具体情节给予不低于 10 万元但不超过 20 万元罚款的处罚；（3）给予违法的生产经营单位的直接负责的主管人员和其他直接责任人员 2 万元以上 5 万元以下的罚款处罚。具体罚款数额由有关行政执法机关根据案件的具体情况决定。若生产经营单位在有关行政执法机关规定的期限内纠正了违法行为，则不再给予以上三种处罚。

3. 构成犯罪的，依照刑法有关规定追究刑事责任。这里讲的构成犯罪，主要是指构成《刑法》第 136 条规定的危险物品肇事罪。要构成危险物品肇事罪，行为人主观上需出于过失，客观上需实施了违反爆炸性、易燃性、放射性、毒害性、腐蚀性物品管理规定的行为，并且由于违反管理规定发生重大事故造成严重后果，不符合其中任何一项均不构成本罪。

第一百零二条 生产经营单位未采取措施消除事故隐患的，责令立即消除或者限期消除，处五万元以下的罚款；生产经营单位拒不执行的，责令停产停业整顿，对其直接负责的主管人员和其他直接责任人员处五万元以上十万元以下的罚款；构成犯罪的，依照刑法有关规定追究刑事责任。

◆ 条文主旨

本条是关于未采取措施消除事故隐患的法律责任的规定。

◆ 条文释义

一、违法行为

根据本法的规定，生产经营单位应当采取技术、管理措施，及时发现并消除事故隐患。生产经营单位对于事故隐患没有采取措施或者没有采取有效措施予以消除的，将依照本条规定承担相应的法律责任。

本条规定的承担法律责任的主体有两类：一是有违法行为的生产经营单位；二是有违法行为的生产经营单位的直接负责的主管人员和其他直接责任人员。生产经营单位，包括一切从事生产经营活动的国有企业事业单位、集体所有制的企业事业单位、股份制企业、中外合资经营企业、中外合作经营企业、外资企业、合伙企业、个人独资企业等。生产经营活动，既包括资源的开采活动；各种产品的加工、制作活动，也包括各类工程建设和商业、娱乐业以及其他服务业的经营活动。直接负责的主管人员，是指在单位违法行为中负有直接领导责任的人员，包括违法行为的决策人，事后对单位违法行为予以认可和支持的领导人员，以及由于疏于管理或放任，因而对单位违法行为负有不可推卸的责任的领导人员。其他直接责任人员，是指直接实施单位违法行为的人员。

二、法律责任

1. 责令立即消除或者限期消除事故隐患，处 5 万元以下的罚款。本法是安全生产领域的专门法，规定的各项措施都是为了防止和减少生产安全事故的发生。一般来说，凡是不符合本法规定的各种情形，都可能导致生产安全事故的发生，都可以初步认定为生产安全事故隐患，但实际中往往还要根据工作经验和具体情况来判断。对于生产安全事故隐患，生产经营单位有义务主动予以消除。生产经营单位不履行本法规定的义务主动消除生产安全事故隐患的，有关行政执法机关应当视情况责令其立即消除或者限期消除事故隐患，同时处 5 万元以下的罚款。一般来说，凡是事故隐患都具有危险性，都应当责令立即消除。但是，考虑到现实情况非常复杂，有的事故隐患现实性不是很突出，并且其消除客观上需要一定的时间，无法立即消除，比如需要补办某些手续，有关行政执法机关可以责令其限期消除。但是，对于有紧迫的现实危险性的事故隐患，应当责令生产经营单位立即消除。在责令限期消除的期限问题上，应当遵循合理性原则，即应根据事故隐患的性质和实际情况，合理地确定消除时限，期限过长或者过短都不合适，既不能让生产经营单位客观上因时间太短而无法消除事故隐患，也不能过于宽松导致生产安全事故发生。法律没有对责令限期消除的期限作出明确规定，行政机关如何确定这个期限，本质上属于行使自由裁量权的范畴。行使自由裁量权绝非随意而为，同样应当遵循行政合法性原则和行政合理性原则两大行政法的基本原则。责令限期消除的期限，应当在综合考虑消除事故隐患需要的时间、事故隐患的现实危险性等因素的基础上合理地确定。同 2014 年修正的安全生产法第 99 条相比，根据本条的规定，凡是生产经营单位不履行本法规定的义务主动消除生产安全事故隐患的，不论有关行政执法机关责令其立即消除还是限期消除事故隐患，同时都应当处 5 万元以下的罚款，有关行政执法机关应当根据违法行为的情节等情况决定罚款的具体数额。增加了相应的经济处罚，有利于提高生产经营单位对生产安全事故隐患的重视程度，也有利于更好地督促生产经营单位采取措施消除事故隐患，从源头上防止生产安全事故的发生。

2. 拒不执行的，责令停产停业整顿，对其直接负责的主管人员和其他直接责任人员处 5 万元以上 10 万元以下的罚款。生产经营单位拒不按照有关行政执法机关的要求立即消除或者在规定的期限内消除事故隐患的，有关行政执法机关将责令停产停业整顿，即责令违法的生产经营单位停止有关的生产经营活动进行整顿，同时给予违法的生产经营单位的直接负责的主管人员和其他直接责任人员 5 万元以上 10 万元以下的罚款处罚，具体罚款数额由有关行政执法机关根据案件的具体情况决定。以上处罚措施的实施不以实际发生生产安全事故为前提，只要生产经营单位没有按照有关行政执法机关的要求立即消除或者在规定的期限内消除事故隐患，不论是否导致生产安全事故发生，都应当给予处罚。

3. 构成犯罪的，依照刑法有关规定追究刑事责任。这里讲的构成犯罪，主要是指构成《刑法》第 134 条之一规定的危险作业罪。《刑法》第 134 条之一中规定，在生产、作业中违反有关安全管理的规定，因存在重大事故隐患被依法责令停产停业、停止施工、停止使用有关设备、设施、场所或者立即采取排除危险的整改措施，而拒不执行，具有发生重大伤亡事故或者其他严重后果的现实危险的，处一年以下有期徒刑、拘役或者管制。构成危险作业罪，须具备以下要件：一是主观上是过失，如果是故意则构成其他犯罪，但对存在重大事故隐患是明知；二是在客观上实施了拒不整改重大事故隐患的行为，即对因存在重大事故隐患被依法责令停产停业、停止施工、停止使用有关设备、设施、场所或者立即采取排除危险的整改措施拒不执行；三是具有发生重大伤亡事故或者其他严重后果的现实危险。

第一百零三条 生产经营单位将生产经营项目、场所、设备发包或者出租给不具备安全生产条件或者相应资质的单位或者个人的，责令限期改正，没收违法所得；违法所得十万元以上的，并处违法所得二倍以上五倍以下的罚款；没有违法所得或者违法所得不足十万元的，单处或者并处十万元以上二十万元以下的罚款；对其直接负责的主管人员和其他直接责任人员处一万元以上二万元以下的罚款；导致发生生产安全事故给他人造成损害的，与承包方、承租方承担连带赔偿责任。

生产经营单位未与承包单位、承租单位签订专门的安全生产管理协议或者未在承包合同、租赁合同中明确各自的安全生产管理职责，或者未对承包单位、承租单位的安全生产统一协调、管理的，责令限期改正，处五万元以下的罚款，对其直接负责的主管人员和其他直接责任人员处一万元以下的罚款；逾期未改正的，责令停产停业整顿。

矿山、金属冶炼建设项目和用于生产、储存、装卸危险物品的建设项目的施工单位未按照规定对施工项目进行安全管理的，责令限期改正，处十万元以下的罚款，对其直接负责的主管人员和其他直接责任人员处二万元以下的罚款；逾期未改正的，责令停产停业整顿。以上施工单位倒卖、出租、出借、挂靠或者以其他形式非法转让施工资质的，责令停产停业整顿，吊销资质证书，没收违法所得；违法所得十万元以上的，并处违法所得二倍以上五倍以下的罚款，没有违法所得或者违法所得不足十万元的，单处或者并处十万元以上二十万元以下的罚款；对其直接负责的主管人员和其他直接责任人员处五万元以上十万元以下的罚款；构成犯罪的，依照刑法有关规定追究刑事责任。

◆ **条文主旨**

本条是关于生产经营单位违法发包等行为的法律责任的规定。

◆ **条文释义**

一、一般发包和出租违法行为及处罚

1. 违法行为及主体。

根据本法规定，生产经营单位不得将生产经营项目、场所、设备发包或者出租给不具备安全生产条件或者相应资质的单位或者个人。生产经营项目、场所发包或者出租给其他单位的，生产经营单位应当与承包单位、承租单位签订专门的安全生产管理协议，或者在承包合同、租赁合同中约定各自的安全生产管理职责；生产经营单位对承包单位、承租单位的安全生产工作统一协调、管理，定期进行安全检查，发现安全问题的，应当及时督促整改。本条中提到的“不具备安全生产条件”，是指不具备本法和有关法律、行政法规和国家标准或者行业标准规定的安全生产条件；“不具备相应资质”，是指不具备法律、法规规定的承包、承租有关生产经营项目、场所、设备所需要的资格条件。生产经营单位违反上述规定发包或者出租的，实际上是一种对安全生产不负责任的行为，应当根据本条规定承担相应的法律责任。

本条规定的承担法律责任的主体有两类：一是本条规定的违法行为的生产经营单位；二是本条规定的违法行为的生产经营单位的直接负责的主管人员和其他直接责任人员。

2. 法律责任。

生产经营单位将生产经营项目、场所、设备发包或者出租给不具备安全生产条件或者相应资质的单位或者个人的，根据本条规定应当承担以下法律责任：

（1）责令限期改正。即由有关行政执法机关责令有违法行为的生产经营单位在规定的期限内解除承包关系或者租赁关系。

（2）没收违法所得。实施该行政处罚的前提是有违法所得，没有违法所得的就不必给予上述行政处罚。

（3）违法所得在 10 万元以上的，在没收违法所得的同时应当给予违法所得 2 倍以上 5 倍以下的罚款；有违法所得但违法所得不足 10 万元的，在没收违法所得的同时应当给予 10 万元以上 20 万元以下的罚款，没有违法所得的也要给予 10 万元以上 20 万元以下的罚款。

（4）对其直接负责的主管人员和其他直接责任人员处 1 万元以上 2 万元以下的罚款。除给予生产经营单位罚款处罚外，有关行政执法机关同时给予违法的生产经营单位的直接负责的主管人员和其他直接责任人员罚款处罚，数额为不低于 1 万元但不超过 2 万元。

（5）导致发生生产安全事故给他人造成损害的，与承包方、承租方承担连带赔偿责任。连带责任的特征主要表现在：一是连带责任对于责任人来说是一种比较严重的责任方式。作为对外整体责任，连带责任中的每个责任人都需要对权利人承担全部责任，被请求承担全部责任的连带责任人，不得以自己的过错程度等为由只承担自己的责任。二是连带责任对权利人保护得更为充分。连带责任给予权利人选择权，权利人可以请求一个或者数个连带责任人承担全部或者部分责任，在某个或者部分连带责任人无清偿能力的情况下，权利人的全部债权并不受到威胁。三是连带责任是法定责任，责任人不能约定改变责任的性质，对于内部责任份额的约定对外不发生效力。

生产经营单位未与承包单位、承租单位签订专门的安全生产管理协议或者未在承包合同、租赁合同中明确各自的安全生产管理职责，或者未对承包单位、承租单位的安全生产统一协调、管理的，根据本条规定应当承担以下法律责任：

（1）责令限期改正，处 5 万元以下的罚款，对其直接负责的主管人员和其他直接责任人员处 1 万元以下的罚款。对这一违法行为，首先由有关行政执法机关责令有违法行为的生产经营单位在一定期限内纠正违法行为。在责令违法的生产经营单位限期改正的同时，给予生产经营单位及其直接负责的主管人员和其他直接责任人员罚款的处罚。罚款的数额对生产经营单位是在 5 万元以下，对其直接负责的主管人员和其他直接责任人员是在 1 万元以下。

（2）逾期未改正的，责令停产停业整顿。如果生产经营单位在规定的期限内不纠正违法行为，则由有关行政执法机关责令其在一定时间内停止生产经营活动，进行整顿。

二、特殊行业领域施工单位违法行为及处罚

1. 违法行为及主体。

根据本法规定，矿山、金属冶炼建设项目和用于生产、储存、装卸危险物品的建设项目施工单位应当加强对施工项目的安全管理。具有上述建设项目施工资质的施工单位不能将本单位的施工资质以倒卖、出租、出借、挂靠或者以其他形式非法转让给其他无资质或资质不符合的施工单位；不得将其承包的全部建设工程转包给第三人；也不允许将其承包的全部建设工程分解成多个项目之后，以分包的名义分别转包给第三人。违反以上规定，就构成本条规定的违法行为，应依照本条承担相应的法律责任。

本条规定的承担法律责任的主体有两类：一是有本条规定的违法行为的生产经营单位；二是有本条规定的违法行为的生产经营单位的直接负责的主管人员和其他直接责任人员。

2. 法律责任。

矿山、金属冶炼建设项目和用于生产、储存、装卸危险物品的建设项目施工单位未按照规定对施工项目进行安全管理的，根据本条规定应当承担以下法律责任：

（1）责令限期改正。即由有关行政执法机关责令有违法行为的生产经营单位在规定的期限内按规定开展安全管理工作。

（2）处10万元以下的罚款，对其直接负责的主管人员和其他直接责任人员处2万元以下的罚款。在有关行政执法机关责令有违法行为的生产经营单位在一定期限内纠正的同时，对生产经营单位、直接负责的主管人员和其他直接责任人员分别处以罚款。

（3）逾期未改正的，责令停产停业整顿。对于生产经营单位在规定的期限内仍未纠正违法行为的，有关行政执法机关责令其在一定时间内停止生产经营活动，进行整顿。

倒卖、出租、出借、挂靠或者以其他形式非法转让施工资质的，根据本条规定应当承担以下法律责任：

（1）责令停产停业整顿。即由有关行政执法机关责令涉及该款规定违法行为的工程项目在规定的期限内停止生产经营活动，进行整顿。

（2）吊销资质证书。对于将施工资质倒卖、出租、出借、挂靠或者以其他形式非法转让的生产经营单位，吊销其相关资质证书。

（3）没收违法所得。对于因实施违法行为有违法所得的予以没收。

（4）区分违法所得的数额，规定了两种不同幅度的罚款。违法所得10万元以上的，在没收违法所得的同时，并处违法所得2倍以上5倍以下的罚款；对于没有违法所得或者违法所得不足10万元的，在没收违法所得的同时应当给予10万元以上20万元以下的罚款。

（5）对其直接负责的主管人员和其他直接责任人员处5万元以上10万元以下的罚款。除给予生产经营单位罚款处罚外，有关行政执法机关同时给予违法的生产经营单位的直接负责的主管人员和其他直接责任人员罚款处罚，数额为不低于5万元但不超过10万元。

（6）构成犯罪的，依照刑法有关规定追究刑事责任。如果按照刑法相关条款规定，生产经营单位的违法行为构成了犯罪，则要追究直接负责的主管人员和其他直接责任人员的刑事责任。这里讲的构成犯罪，主要是指可能构成《刑法》第134条规定的重大责任事故罪和第280条规定的买卖国家机关证件罪。

第一百零四条 两个以上生产经营单位在同一作业区域内进行可能危及对方安全生产的生产经营活动，未签订安全生产管理协议或者未指定专职安全生产管理人员进行安全检查与协调的，责令限期改正，处五万元以下的罚款，对其直接负责的主管人员和其他直接责任人员处一万元以下的罚款；逾期未改正的，责令停产停业。

◆ 条文主旨

本条是关于同一作业区域内违法行为的法律责任的规定。

◆ 条文释义

一、违法行为

根据本法的规定，两个以上生产经营单位在同一作业区域内进行生产经营活动，可能危及对方生产安全的，应当签订安全生产管理协议，明确各自的安全生产管理职责和应当采取的安全措施，并指定专职安全生产管理人员进行安全检查与协调。签订安全生产管理协议、指定专职安全生产管理人员，目的是落实安全生产管理责任制，保证各项安全措施落到实处。如果各方不签订安全生产管理协议或者不指定专职安全生产管理人员，在安全生产管理中就可能因为职责不清或者安全措施落实不到位而酿成生产安全事故。各方依法签订了安全生产管理协议，按照协议的约定履行各自的职责；指定了专职安全生产管理人员进行安全检查与协调，确保法律的规定和协议的约定落到实处，才能有效保证同一作业区域内的生产安全。符合规定情形的生产经营单位应当既签订安全生产管理协议又指定专职安全生产管理人员，既不签订安全生产管理协议又不指定专职安全生产管理人员，只签订安全生产管理协议而未指定专职安全生产管理人员，或者只指定专职安全生产管理人员而未签订安全生产管理协议的，均属于本条规定的违法行为，应当承担相应的法律责任。

本条规定的承担法律责任的主体有两类：一是有本条规定的违法行为的生产经营单位；二是有本条规定的违法行为的生产经营单位的直接负责的主管人员和其他直接责任人员。这里的生产经营单位是在同一作业区域内进行可能危及对方安全生产的生产经营活动的生产经营单位，从数量上来说至少为两个，包括两个和两个以上。

二、法律责任

1. 责令限期改正，处 5 万元以下的罚款，对其直接负责的主管人员和其他直接责任人员处 1 万元以下的罚款。生产经营单位有本条规定违法行为的，首先由有关行政执法机关责令其限期改正，同时处 5 万元以下的罚款。责令其限期改正，即责令有关的生产经营单位在规定的期限内签订安全生产管理协议，指定专职的安全生产管理人员。依照行政处罚法的规定，“责令改正或者限期改正”不属于行政处罚，而是行政机关在实施行政处罚时必须采取的行政措施。在责令限期改正的同时，有关行政执法机关还有权实施罚款的行政处罚。与 2014 年修正的安全生产法第 101 条相比，本条规定的“处五万元以下的罚款，对其直接负责的主管人员和其他直接责任人员处一万元以下的罚款”属于非选择性的行政处罚，在责令限期改正的同时必须并处经济处罚。有关行政执法机关应当根据违法行为的情节等情况决定罚款的具体数额。

2. 逾期未改正的，责令停产停业。责令停产停业，是指行政执法机关对违反行政管理秩序的企业事业单位，依法在一定期限内暂停其从事有关生产经营活动权利的行政处罚。责令停产停业属于行政处罚中的资格罚或者说能力罚，它不是永久性剥夺被处罚人已经获得的从事生产经营活动的资格，而只是暂时性限制其从事生产经营活动的资格。如果在同一作业区域内从事生产经营活动的各方在规定的期限内不签订安全生产管理协议或者不指定专职的安全生产管理人员进行安全检查与协调，则由有关行政执法机关责令这些生产经营单位停止生产经营活动，直到签订安全生产管理协议、指定专职安全生产管理人员后，才能重新开始生产经营活动。

第一百零五条 生产经营单位有下列行为之一的，责令限期改正，处五万元以下的罚款，对其直接负责的主管人员和其他直接责任人员处一万元以下的罚款；逾期未改正的，责令停产停业整顿；构成犯罪的，依照刑法有关规定追究刑事责任：

（一）生产、经营、储存、使用危险物品的车间、商店、仓库与员工宿舍在同一座建筑内，或者与员工宿舍的距离不符合安全要求的；

（二）生产经营场所和员工宿舍未设有符合紧急疏散需要、标志明显、保持畅通的出口、疏散通道，或者占用、锁闭、封堵生产经营场所或者员工宿舍出口、疏散通道的。

◆ 条文主旨

本条是关于生产经营场所和员工宿舍不符合有关安全要求的法律责任的规定。

◆ 条文释义

一、违法行为

根据本法的规定，生产、经营、储存、使用危险物品的车间、商店、仓库不得与员工宿舍在同一座建筑物内，并应当与员工宿舍保持安全距离。生产经营场所和员工宿舍应当设有符合紧急疏散要求、标志明显、保持畅通的出口、疏散通道。禁止占用、锁闭、封堵生产经营场所或者员工宿舍的出口、疏散通道。违反以上规定，就应当依据本条承担相应的法律责任。

本条规定的承担法律责任的主体有两类：一是本条规定的违

法行为的生产经营单位；二是本条规定的违法行为的生产经营单位的直接负责的主管人员和其他直接责任人员。

二、法律责任

1. 责令限期改正，处5万元以下的罚款，对其直接负责的主管人员和其他直接责任人员处1万元以下的罚款。责令限期改正，即由有关行政执法机关责令该生产经营单位在规定的期限内，将生产、经营、储存、使用危险物品的车间、商店、仓库与在同一建筑物内的员工宿舍分开，并保持一定的安全距离；使生产经营场所和员工宿舍的出口、疏散通道符合紧急疏散的需要，设置明显的标志；将占用的出口、疏散通道清理，将堵塞的出口、疏散通道腾空，将封闭的出口、疏散通道打开；等等。在责令限期改正的同时，有关行政执法机关对生产经营单位处以5万元以下的罚款，对其直接负责的主管人员和其他直接责任人员处以1万元以下的罚款。罚款的具体数额由有关行政执法机关根据违法行为的情节等情况决定。

2. 逾期未改正的，责令停产停业整顿。如果生产经营单位在规定的期限内没有纠正，不采取改正措施，将由有关行政执法机关责令其停止生产经营活动，进行整顿，直到生产、经营、储存、使用危险物品的车间、商店、仓库以及生产经营场所与员工宿舍都符合安全要求后，才能重新开始生产经营活动。

3. 构成犯罪的，依照刑法有关规定追究刑事责任。这里讲的构成犯罪，主要是指构成《刑法》第136条规定的危险物品肇事罪和第139条规定的消防责任事故罪。《刑法》第136条规定，违反爆炸性、易燃性、放射性、毒害性、腐蚀性物品的管理规定，在生产、储存、运输、使用中发生重大事故，造成严重后果的，处3年以下有期徒刑或者拘役；后果特别严重的，处3年以上7年以下有期徒刑。《刑法》第139条规定，违反消防管理法规，经消防监督机构通知采取改正措施而拒绝执行，造成严重后果的，对直接责任人员，处3年以下有期徒刑或者拘役；后果特别严重的，处3年以上7年以下有期徒刑。构成危险物品肇事罪，须具备以下要件：一是行为人主观上是过失，如果是故意则构成其他犯罪；二是在客观上实施了违反爆炸性、易燃性、放射性、毒害性、腐蚀性物品管理规定的行为；三是造成了严重后果。构成消防责任事故罪，须具备以下要件：一是行为人主观上是出于过失；二是行为人客观上违反了消防管理规定，并且经消防监督机构通知采取改正措施而拒绝执行；三是必须造成严重后果。需要注意的是，以上两种犯罪中的“过失”是指行为人对于严重后果的发生在主观心态上是过失，包括疏忽大意的过失和过于自信的过失两种，行为人对于自己的行为违反相关管理规定则可能是故意。对于造成什么样的后果才构成这里的“严重后果”，根据《最高人民检察院、公安部关于公安机关管辖的刑事案件立案追诉标准的规定（一）》的规定，违反爆炸性、易燃性、放射性、毒害性、腐蚀性物品的管理规定，在生产、储存、运输、使用中发生重大事故，涉嫌下列情形之一的，应予立案追诉：（1）造成死亡1人以上，或者重伤3人以上的；（2）造成直接经济损失50万元以上的；（3）其他造成严重后果的情形。违反消防管理法规，经消防监督机构通知采取改正措施而拒绝执行，涉嫌下列情形之一的，应予立案追诉：（1）造成死亡1人以上，或者重伤3人以上；（2）造成直接经济损失50万元以上的；（3）造成森林火灾，过火有林地面积2公顷以上，或者过火疏林地、灌木林地、未成林地、苗圃地面积4公顷以上的；（4）其他造成严重后果的情形。

第一百零六条　生产经营单位与从业人员订立协议，免除或者减轻其对从业人员因生产安全事故伤亡依法应承担的责任的，该协议无效；对生产经营单位的主要负责人、个人经营的投资人处二万元以上十万元以下的罚款。

◆ 条文主旨

本条是关于生产经营单位免除或者减轻其法律责任的规定。

◆ 条文释义

一、违法行为

根据本法的规定，生产经营单位不得以任何形式与从业人员订立协议，免除或者减轻其对从业人员因生产安全事故伤亡依法应承担的责任。这些年在实践中，尤其是在采矿业、建筑业等行业中，一些生产经营单位强迫劳动者与其订立“生死协议”，一旦发生人身伤亡事故，只给受害人或者其家属很有限的补偿，就不再承担任何责任的情况时有发生，严重侵害了劳动者的权利。法律对此作出了禁止性的规定，是对从业人员劳动安全合法权利的法律保障。生产经营单位违反法律的这一规定，与从业人员签订协议，免除或者减轻因发生生产安全事故造成从业人员伤亡依法应当承担的责任的，要按照本条规定承担相应的法律责任。这里的“协议”，既包括生产经营单位与从业人员单独订立的协议，也包括生产经营单位与从业人员签订的劳动合同中的有关条款。

本条规定的承担法律责任的主体是生产经营单位的主要负责人和个人经营的投资人，而不是生产经营单位。根据本法规定，生产经营单位的主要负责人对本单位的安全生产工作全面负责，既有管理指挥的权力，又有承担全面责任的义务。此外，实践中一些民营企业，投资人对企业的重大事项掌握最后的决策权，因此，在处罚对象中特别列出个人经营的投资人，即直接由个人业主负责，而不是他所招用的管理人员负责，这样规定可以防止一些个人业主招用其他人挂名而逃脱自身应尽的责任。

二、法律责任

1. 协议无效。即该协议是违法订立的，不具有合法性，不能产生效力，因而生产经营单位不能免除或者减轻其责任，仍然应当依法对从业人员因生产安全事故伤亡承担责任。违法订立的无效的协议一般具有以下特征：（1）具有违法性。大都违反法律、行政法规的强制性规定，损害了国家利益、社会公共利益。无效协议的违法性表明此类协议不符合国家的意志和立法的目的，因此，对此类协议国家就应当实行干预，使其不发生效力，而不管当事人是否主张协议的效力。(2）自始无效。即从签订之日起，就没有法律约束力，法律既不保护无效协议当事人的利益，也不强制当事人履行无效协议规定的义务。需要注意的是，当生产经营单位免除或者减轻其对从业人员因生产安全事故伤亡依法应承担的责任的协议表现为生产经营单位与从业人员签订的劳动合同中的有关条款时，无效的仅仅是生产经营单位免除或者减轻其责任的那部分条款，劳动合同的其余部分仍然有效，对双方当事人有约束力。

2. 对生产经营单位的主要负责人、个人经营的投资人处 2 万元以上 10 万元以下的罚款。生产经营单位与从业人员订立协议，免除或者减轻其对从业人员因生产安全事故造成人身伤亡依法应当承担的责任的，属于严重侵犯从业人员合法权益的违法行为，除签订的有关协议无效以外，本条规定还要对有关责任人给予罚款的行政处罚，即由有关行政执法机关对生产经营单位的主要负责人、个人经营的投资人根据违法行为的情节，给予不低于 2 万元但不超过10万元的罚款，以通过惩罚责任人来达到遏制违法行为的目的。

第一百零七条 生产经营单位的从业人员不落实岗位安全责任，不服从管理，违反安全生产规章制度或者操作规程的，由生产经营单位给予批评教育，依照有关规章制度给予处分；构成犯罪的，依照刑法有关规定追究刑事责任。

◆ **条文主旨**

本条是关于从业人员违章操作的法律责任的规定。

◆ **条文释义**

一、违法行为

根据本法的规定，从业人员在作业过程中，应当严格落实岗位安全责任，遵守本单位的安全生产规章制度和操作规程，服从管理，正确佩戴和使用劳动防护用品。这是本法对从业人员规定的义务，也是保障安全生产的一个必要条件，从业人员必须遵守，如果违反了法律所规定的这项义务，就要依照本条规定承担相应的法律责任。

本条规定的承担法律责任的主体是生产经营单位的从业人员，包括生产经营单位的主要负责人、安全生产管理人员、特种作业人员和其他从业人员。

二、法律责任

根据本条的规定，对于从业人员不落实岗位安全责任，不服从管理，违反安全生产规章制度或者操作规程的，应当根据以下几方面进行处理：

1. 由生产经营单位给予批评教育。即由生产经营单位对该从业人员由于违反安全生产规章制度或者操作规程的行为进行批评，同时对其进行有关安全生产知识等方面的教育，使其认识到严格遵守安全生产规章制度和操作规程的重要性，以及违反安全生产规章制度或者操作规程可能造成的严重后果和依法应当承担的法律责任，确保其不再违法。

2. 依照有关规章制度给予处分。这里的“规章制度”，主要是指生产经营单位依法制定的内部惩戒制度，给予从业人员处分的主体是从业人员所属的生产经营单位。1982 年，国务院颁布《企业职工奖惩条例》，规定对于全民所有制企业和城镇集体所有制企业职工的处分包括警告、记过、记大过、降级、撤职、留用察看、开除 7 种。2008 年，《企业职工奖惩条例》被废止，相关法律规范由《劳动法》和《劳动合同法》代替。该条例被废止后，国家不再直接干预企业对其职工的奖惩，对职工的奖惩问题由企业自己决定，企业根据自身特点和需要自行制定奖惩方面的规章制度体现了企业的经营自主权。企业的规章制度是企业内部管理的主要依据，可以直接用于员工的日常管理，相当于其内部的法律。根据劳动合同法的相关规定，劳动者严重违反用人单位的规章制度的，用人单位可以解除劳动合同。需要注意的是，企业规章制度的内容不能违反法律法规的规定，规章制度的制定程序也要符合法律的要求。根据劳动合同法的相关规定，用人单位在制定、修改或者决定有关劳动报酬、工作时间、休息休假、劳动安全卫生、保险福利、职工培训、劳动纪律以及劳动定额管理等直接涉及劳动者切身利益的规章制度或者重大事项时，应当经职工代表大会或者全体职工讨论，提出方案和意见，与工会或者职工代表平等协商确定。用人单位应当将直接涉及劳动者切身利益的规章制度和重大事项决定公示，或者告知劳动者。用人单位的规章制度违反法律、法规的规定，损害劳动者权益的，劳动者可以解除劳动合同，并要求用人单位支付经济补偿。用人单位直接涉及劳动者切身利益的规章制度违反法律、法规规定的，由劳动行政部门责令改正，给予警告；给劳动者造成损害的，应当承担赔偿责任。

3. 构成犯罪的，依照刑法有关规定追究刑事责任。这里讲的构成犯罪，主要是指构成《刑法》第134条规定的重大责任事故罪。该条第1款规定，在生产、作业中违反有关安全管理的规定，因而发生重大伤亡事故或者造成其他严重后果的，处3年以下有期徒刑或者拘役；情节特别恶劣的，处3年以上7年以下有期徒刑。构成重大责任事故罪，须具备以下条件：一是行为人在生产、作业中实施了违反有关安全管理规定的行为。二是因违反安全管理规定造成重大伤亡事故或者其他严重后果，违反规定的行为与重大伤亡事故或者其他严重后果之间存在刑法上的因果关系。对于何为"重大伤亡事故或者其他严重后果"，根据《最高人民检察院、公安部关于公安机关管辖的刑事案件立案追诉标准的规定（一）》规定，在生产、作业中违反有关安全管理的规定，涉嫌下列情形之一的，应予立案追诉：（1）造成死亡1人以上，或者重伤3人以上的；（2）造成直接经济损失50万元以上的；（3）发生矿山生产安全事故，造成直接经济损失100万元以上的；（4）其他造成严重后果的情形。三是行为人主观方面表现为过失。即应当知道自己违反安全管理规定生产、作业的行为可能会造成重大伤亡事故或者其他严重后果但因为疏忽大意而没有预见，或者虽然已经预见但根据主客观条件轻信能够避免，最终导致重大伤亡事故或者其他严重后果。如果行为人对造成的后果的心态是故意，则构成其他危害公共安全的犯罪。无论是疏忽大意的过失还是过于自信的过失，行为人主观上都不希望发生重大伤亡事故或者其他严重后果，但其对于违反安全管理规定本身则可能是出于故意。

第一百零八条 违反本法规定，生产经营单位拒绝、阻碍负有安全生产监督管理职责的部门依法实施监督检查的，责令改正；拒不改正的，处二万元以上二十万元以下的罚款；对其直接负责的主管人员和其他直接责任人员处一万元以上二万元以下的罚款；构成犯罪的，依照刑法有关规定追究刑事责任。

◆ **条文主旨**

本条是关于生产经营单位拒绝、阻碍负有安全生产监督管理职责的部门监督检查的法律责任的规定。

◆ **条文释义**

一、违法行为

根据本法的规定，生产经营单位对负有安全生产监督管理职责的部门的监督检查人员依法履行监督检查职责，应当予以配合，不得拒绝、阻挠。保障负有安全生产监督管理职责的部门依法履行职责，是加强安全生产监督，保护人民群众生命财产安全的要求。因此，法律在要求负有安全生产监督管理职责的部门严格履行职责的同时，也要为其履行职责提供必要的条件，对拒绝、阻碍其依法履行职责的行为给予一定的法律制裁。本条规定是保障负有安全生产监督管理职责的部门依法履行对生产经营单位监督检查职责的法律武器。

本条规定的承担法律责任的主体有两类：一是有本条规定的违法行为的生产经营单位；二是有本条规定的违法行为的生产经

营单位的直接负责的主管人员和其他直接责任人员。

二、法律责任

1. 责令改正。即责令拒绝、阻碍执法部门实施监督检查的生产经营单位立即停止任何形式的拒绝、阻碍行为，配合并采取有效措施保证执法部门能够依法实施监督检查，接受执法部门依法实施的监督检查。

2. 拒不改正的，处2万元以上20万元以下的罚款。对于经责令改正而拒绝改正，继续以各种方式拒绝、阻碍执法部门实施监督检查的生产经营单位，将视情节给予2万元以上20万元以下的罚款。一般来说，相对于以积极作为的方式阻碍负有安全生产监督管理职责的部门依法实施监督检查的，以不作为的方式实施的拒绝执法部门监督检查的违法情节比较轻微，可以在罚款的数额中予以体现，给予相对较少的罚款。

3. 对直接负责的主管人员和其他直接责任人员处1万元以上2万元以下的罚款。在责令拒绝、阻碍监督检查的生产经营单位改正违法行为的同时，还要对其直接负责的主管人员和其他直接责任人员给予罚款的行政处罚，罚款数额为1万元以上2万元以下，具体数额在个案中根据责任人违法行为的情节确定。

4. 构成犯罪的，依照刑法有关规定追究刑事责任。这里讲的构成犯罪，主要是指构成《刑法》第277条规定的妨害公务罪。该条第1款规定，以暴力、威胁方法阻碍国家机关工作人员依法执行职务的，处3年以下有期徒刑、拘役、管制或者罚金。构成妨害公务罪，须具备以下条件：一是行为人以暴力、威胁方法阻碍国家机关工作人员依法执行职务。阻碍国家机关工作人员依法执行职务，包括以暴力、威胁的方式进行阻碍，也包括以暴力、威胁以外的其他方式进行阻碍。所谓“暴力”，是指对执行公务人员的人身进行打击或者强制，如捆绑、殴打等，如果行为人在使用暴力阻碍国家机关工作人员依法执行职务的过程中，造成国家机关工作人员重伤或者死亡，牵连触犯了故意伤害罪或者故意杀人罪的，应当按照牵连犯的处理原则，从一重罪处断，即以故意伤害罪或者故意杀人罪定罪处罚。所谓“威胁”，是指对执行公务人员以杀害、伤害、毁坏财物、损害名誉等造成损害相威逼、胁迫。行为人只有以暴力、威胁方法阻碍国家机关工作人员依法执行职务的，才可能构成妨害公务罪。如果行为人只是对依法执行职务的国家机关工作人员吵闹、谩骂等，并未实施暴力或者威胁方法的，则不构成本罪，属于违反治安管理行为，要依据治安管理处罚法的规定由公安机关予以治安管理处罚。根据治安管理处罚法的规定，阻碍国家机关工作人员依法执行职务的，处警告或者200元以下罚款；情节严重的，处5日以上10日以下拘留，可以并处500元以下罚款。需要注意的是，国家机关工作人员必须是依法执行职务，如果不是依法执行职务，而是利用职权违法乱纪或者滥用职权，生产经营单位对其进行阻止的，则不能认为构成妨害公务罪。二是行为人主观上是出于故意。也就是说行为人明知对方是正在依法执行公务的国家机关工作人员而对其实施暴力或者威胁，目的是阻碍其依法执行公务。如果行为人不知道对方是在依法执行职务的国家机关工作人员，而对其实施了上述行为，则可能构成其他犯罪，但不构成妨害公务罪。

第一百零九条 高危行业、领域的生产经营单位未按照国家规定投保安全生产责任保险的，责令限期改正，处五万元以上十万元以下的罚款；逾期未改正的，处十万元以上二十万元以下的罚款。

◆ 条文主旨

本条是高危行业、领域的生产经营单位未按照国家规定投保安全生产责任保险的法律责任的规定。

◆ 条文释义

一、违法行为

根据本法的规定，属于国家规定的高危行业、领域的生产经营单位，应当投保安全生产责任保险。安全生产责任保险，是指保险机构对投保的生产经营单位发生的生产安全事故造成的人员伤亡和有关经济损失等予以赔偿，并且为投保的生产经营单位提供生产安全事故预防服务的商业保险。本条是新增的规定，主要目的是对高危行业、领域的生产经营单位未按照国家规定投保安全生产责任保险的行为追究相应的法律责任。通过责任追究来倒逼高危行业、领域的生产经营单位按照国家规定投保安全生产责任保险。本法在“生产经营单位的安全生产保障”一章中规定，属于国家规定的高危行业、领域的生产经营单位，应当投保安全生产责任保险。为保证高危行业、领域的生产经营单位遵守这一义务，本条对高危行业、领域的生产经营单位违反这一义务应当承受的不利后果作了规定。

本条规定的承担法律责任的主体是有本条规定的违法行为的高危行业、领域的生产经营单位，包括矿山、危险化学品、烟花爆竹、交通运输、建筑施工、民用爆炸物品、金属冶炼、渔业生产等行业领域的生产经营单位。

二、法律责任

1. 责令限期改正，处5万元以上10万元以下的罚款。责令限期改正，即由有关行政执法机关责令该高危行业、领域的生产经营单位在规定的期限内按照国家规定投保安全生产责任保险。在责令限期改正的同时，有关行政执法机关对生产经营单位处以5万元以上10万元以下的罚款。

2. 逾期未改正的，处10万元以上20万元以下的罚款。如果该高危行业、领域的生产经营单位在规定的限期内没有改正违法行为，即仍未按照国家规定投保安全生产责任保险，有关行政执法机关对生产经营单位处10万元以上20万元以下的罚款。罚款的具体数额由有关行政执法机关根据违法行为的情节等情况决定。

第一百一十条 生产经营单位的主要负责人在本单位发生生产安全事故时，不立即组织抢救或者在事故调查处理期间擅离职守或者逃匿的，给予降级、撤职的处分，并由应急管理部门处上一年年收入百分之六十至百分之一百的罚款；对逃匿的处十五日以下拘留；构成犯罪的，依照刑法有关规定追究刑事责任。

生产经营单位的主要负责人对生产安全事故隐瞒不报、谎报或者迟报的，依照前款规定处罚。

◆ 条文主旨

本条是关于生产经营单位的主要负责人在发生事故后不立即组织抢救、擅离职守或者逃匿的处罚的规定。

◆ 条文释义

一、违法行为

根据本法第50条的规定，生产经营单位发生生产安全事故时，单位的主要负责人应当立即组织抢救，并不得在事故调查处理期间擅离职守。此外，及时、如实报告本单位生产安全事故也是生产经营单位主要负责人的法定职责之一。作为生产经营单位的主要负责人，在发生生产安全事故时，有义务按照法律规定尽力抢救，使损失降到最低；及时、如实地向有关部门报告，使有关部门能够尽快知悉事故情况；采取必要的措施。如果违反了法律的规定，应承担相应的法律责任。

本条规定的承担法律责任的主体是生产经营单位的主要负责人。

二、法律责任

根据本条的规定，对于有本条所列违法行为的，应给予以下处罚：

1. 给予降级、撤职的处分，并由应急管理部门处其上一年年收入60%至100%的罚款。降级和撤职是两种法定的处分形式。根据监察法和公职人员政务处分法的相关规定，处分分为警告、记过、记大过、降级、撤职和开除。《监察法》第15条规定，监察机关对国有企业管理人员进行监察。生产经营单位的主要负责人在本单位发生生产安全事故时，不立即组织抢救或者在事故调查处理期间擅离职守或者逃匿，属于性质较为恶劣、情节较为严重的违法行为，相应给予降级和撤职处分，这也是两种相对较为严厉的处分。至于具体给予降级还是撤职处分，则根据行为人的违法情节进一步确定。同时，对该主要负责人由应急管理部门处其上一年年收入60%至100%的罚款。

2. 对于发生事故后逃匿的，由公安机关依照治安管理处罚法规定的程序处15日以下拘留。这是行政拘留，是在短期内限制其人身自由的一种处罚措施。

3. 构成犯罪的，依照刑法有关规定追究刑事责任。这里讲的构成犯罪，主要是指《刑法》第139条之一规定的不报、谎报安全事故罪以及《刑法》第168条规定的有关国有公司、企业、事业单位人员失职、滥用职权的犯罪。

第一百一十一条 有关地方人民政府、负有安全生产监督管理职责的部门，对生产安全事故隐瞒不报、谎报或者迟报的，对直接负责的主管人员和其他直接责任人员依法给予处分；构成犯罪的，依照刑法有关规定追究刑事责任。

◆ 条文主旨

本条是关于地方政府及监管部门瞒报、谎报或者迟报事故的处罚规定。

◆ 条文释义

一、违法行为

根据本法第 84 条的规定，负有安全生产监督管理职责的部门接到事故报告后，应当立即按照国家有关规定上报事故情况。负有安全生产监督管理职责的部门和有关地方人民政府对事故情况不得隐瞒不报、谎报或者迟报。违反了这一规定，就要承担相应的法律责任。

本条规定的承担法律责任的主体是有关地方人民政府、负有安全生产监督管理职责的部门的直接负责的主管人员和其他直接责任人员。

二、法律责任

根据本条的规定，有关地方人民政府、负有安全生产监督管理职责的部门，对生产安全事故隐瞒不报、谎报或者迟报的，应当承担以下法律责任：

1. 对直接负责的主管人员和其他直接责任人员依法给予处

分。处分，是指国家机关、企事业单位依法给隶属于它的犯有轻微违法行为人员的一种制裁性处理。本条规定的处罚对象是地方人民政府和负有安全生产监督管理职责的部门的直接负责的主管人员和其他直接责任人员。根据监察法和公职人员政务处分法的规定，对于国家公职人员的行政处分包括警告、记过、记大过、降级、撤职、开除 6 种。具体给予哪种处分，则根据违法行为人违法行为的情节，按照干部管理权限，由有关机关决定。

2. 构成犯罪的，依照刑法有关规定追究刑事责任。这里讲的构成犯罪，主要是指构成《刑法》第 397 条规定的关于国家机关工作人员滥用职权、玩忽职守的犯罪。依照该条第 1 款的规定，国家机关工作人员滥用职权或者玩忽职守，致使公共财产、国家和人民利益遭受重大损失的，处 3 年以下有期徒刑或者拘役；情节特别严重的，处 3 年以上 7 年以下有期徒刑。构成本条犯罪，必须具备的条件如下：一是客观上实施了滥用职权、玩忽职守的行为。例如，对生产安全事故隐瞒不报，就是一种不履行职责的行为。二是客观上必须有由于滥用职权、玩忽职守致使公共财产、国家和人民利益遭受重大损失的严重后果。这是划分罪与非罪的重要标准。

第一百一十二条 生产经营单位违反本法规定，被责令改正且受到罚款处罚，拒不改正的，负有安全生产监督管理职责的部门可以自作出责令改正之日的次日起，按照原处罚数额按日连续处罚。

◆ **条文主旨**

本条是关于对生产经营单位违法行为“按日计罚”的规定。

◆ 条文释义

一、“按日计罚”的适用情形

近年来，环境保护法、水污染防治法、固体废物污染环境防治法等多部环保法律规定了“按日计罚”措施，对有效打击、遏制持续违法行为发挥了重要作用。针对安全生产领域部分生产经营单位“屡禁不止、屡罚不改”等违法现象，这次安全生产法修改，参考环保法律关于“按日计罚”有关规定，增设按日计罚措施，提高生产经营单位的违法成本，严厉打击拒不整改、虚假整改等违法行为。按日计罚措施比较严厉，需要设定严格的适用条件，防止在实践中被滥用。根据本条的规定，对生产经营单位实施按日计罚，需要具备以下三个条件：

1. 生产经营单位违反本法规定。本法明确规定了生产经营单位的安全生产职责，生产经营单位负有履行本法和其他法律、法规规定的有关安全生产的法定义务，违反这些义务，应当承担相应的法律责任。因此，对生产经营单位实施按日计罚的基本前提是该生产经营单位违反了本法的规定。按日计罚措施的实施对象是生产经营单位。

2. 生产经营单位被责令改正，且受到罚款处罚。“受到罚款处罚”，即有关部门强制违法行为人在一定期限内缴纳一定数量货币而使其遭受经济利益损失。实施按日计罚，“被责令改正”和“受到罚款处罚”这两个条件需同时兼备。梳理本法相关规定，同时符合这两个条件的包括第 97 条、第 98 条、第 99 条、第 101 条、第 102 条、第 103 条、第 104 条、第 105 条、第 109 条等条文。

3. 生产经营单位存在拒不改正情形。本法有关“责令改正”且给予“罚款处罚”情形中的“责令改正”，多数是“责令限期改正”，要求生产经营单位在限定期限内改正到位。实践中，“拒不改正”的典型表现是：有些生产经营单位在限定期限内无动于衷、置之不理，甚至明确表示拒绝改正；有些生产经营单位虽表面上采取改正措施，但改正措施流于形式，不符合有关部门责令改正的实质要求和主要目的，敷衍了事，本质上是逃避改正、拒绝改正。

以上三个条件缺一不可，需同时符合才能实施按日计罚。考虑到“按日计罚”措施比较严厉，生产经营单位的违法情况比较复杂，实践中需要由负有安全生产监督管理职责的部门根据以上适用条件和违法行为具体情况，综合判断后决定是否实施“按日计罚”。比如，认定生产经营单位是否属于“拒不改正”，需根据主客观相统一的原则，进行综合判断，慎重决定是否作出按日计罚的决定，既避免失之于宽，又避免苛之过严。实践中，有的生产经营单位虽积极落实、认真整改，但由于技术复杂、工程量大等原因，以及意外事件、不可抗力等因素，导致未能在限定期限内完全改正到位。考虑到这种情况下生产经营单位主观上违法恶意不强，且客观上已经采取实质性的、主要的整改措施，就不宜认定为“拒不改正”。

二、“按日计罚”的具体实施

作为安全生产执法中的一项重要制度，“按日计罚”的起始期限、计算基数和计算方式等规则如何操作适用，将是执法过程中面临的突出问题，有必要予以明确。

1. 起始期限。本条规定，负有安全生产监督管理职责的部门可以自作出责令改正之日的次日起开始计算连续罚款日期。责令改正区分为责令立即改正和责令限期改正。在责令立即改正的情况下，如果生产经营单位拒不改正，可以从有关部门作出责令立即改正决定之日的次日起开始计算；在责令限期改正的情况下，如果生产经营单位在限定期满后被认定属于拒不改正，从有关部门作出责令限期改正决定之日的次日起开始计算。

2. 计算基数。本条规定按照“原处罚数额”按日连续处罚，“原处罚数额”即指生产经营单位被作出责令改正时受到罚款处罚的数额。例如，根据本法第 98 条的规定，生产经营单位有相关违法行为的，责令停止建设或者停产停业整顿，限期改正，并处 10 万元以上 50 万元以下的罚款。如果行政机关按照本条规定，责令生产经营单位限期改正，并处 20 万元的罚款，“原处罚数额”即 20 万元。

3. 计算方式。按照原处罚数额按日连续处罚，即按照原处罚数额按日累加连续计算，并非按日倍增计算或者以其他方法计算，避免处罚过重。同时，本法有些条文还规定了“逾期未改正”的法律责任，在生产经营单位逾期拒不改正的情况下，在可以适用“按日计罚”规定的同时，还应当适用以上关于逾期未改正法律责任的规定。例如，本法第 101 条规定，“生产经营单位有下列行为之一的，责令限期改正，处十万元以下的罚款；逾期未改正的，责令停产停业整顿，并处十万元以上二十万元以下的罚款”。如果行政机关就生产经营单位违反本条规定适用“按日计罚”，那么还应当适用责令停产停业整顿，并处 10 万元以上 20 万元以下罚款的规定。

例如：（1）有关部门于 1 月 1 日按照本法第 102 条的规定，对生产经营单位未采取措施消除事故隐患的违法行为，作出责令立即消除事故隐患，处 5 万元罚款的决定。1 月 5 日，有关部门现场检查时发现生产经营单位拒不采取措施消除事故隐患。那么有关部门可以按照本条规定，自 1 月 2 日起，按照每日 5 万元的金额连续计罚，即可以对生产经营单位再处以 20 万元的罚款，总罚款金额为 25 万元。（2）有关部门在 1 月 1 日根据本法第 102 条的规定，对生产经营单位未采取措施消除事故隐患的违法行为，作出责令限期10日消除事故隐患，处5万元罚款的决定。该生产经营单位在限定时间内拒不改正，有关部门可以在1月11日作出按照原处罚数额按日连续处罚的决定，自1月2日起开始计算，按照每日5万元的金额连续计罚，即可以对生产经营单位再处以50万元的罚款，总罚款金额为55万元。

需要说明的是，在本法中规定“按日计罚”制度，并非单纯让生产经营单位承担巨额违法成本，罚款不是主要目的，而是针对生产经营单位拒不改正违法行为的情况，通过罚款数额的不断累加，使违法者感受到巨大的经济惩戒，从而受到法律的震慑，迫使其尽早改正违法行为，履行安全生产责任。因此，按日计罚不能无限期计罚，如果实施“按日计罚”措施已经不能或者预期不能制止违法行为持续的，应当及时采取停业整顿、关闭等合理措施，有效制止违法行为的持续发生，避免一罚了之，用罚款代替其他合理措施。

第一百一十三条 生产经营单位存在下列情形之一的，负有安全生产监督管理职责的部门应当提请地方人民政府予以关闭，有关部门应当依法吊销其有关证照。生产经营单位主要负责人五年内不得担任任何生产经营单位的主要负责人；情节严重的，终身不得担任本行业生产经营单位的主要负责人：

（一）存在重大事故隐患，一百八十日内三次或者一年内四次受到本法规定的行政处罚的；

（二）经停产停业整顿，仍不具备法律、行政法规和国家标准或者行业标准规定的安全生产条件的；

（三）不具备法律、行政法规和国家标准或者行业标准规定的安全生产条件，导致发生重大、特别重大生产安全事故的；

（四）拒不执行负有安全生产监督管理职责的部门作出的停产停业整顿决定的。

◆ **条文主旨**

本条是关于对生产经营单位存在严重违法行为予以关闭和吊销证照的规定。

◆ **条文释义**

一、违法行为

1. 存在重大事故隐患，180 日内 3 次或者 1 年内 4 次受到本法规定的行政处罚的。根据本法的规定，生产经营单位应当建立生产安全事故隐患排查治理制度，按照规定报告重大事故隐患排查治理情况，对应急管理部门和其他负有安全生产监督管理职责的部门在安全生产执法检查中发现的重大事故隐患及时排除、整改，重大事故隐患排除后，经审查同意，方可恢复生产经营和使用。存在重大事故隐患，但 180 日内未受 3 次或者 1 年内未受 4 次本法规定的行政处罚的，以及 180 日内 3 次或者 1 年内 4 次受到本法规定的行政处罚，但不存在重大事故隐患的，均不属于本条规定的违法行为。

2. 经停产停业整顿，仍不具备法律、行政法规和国家标准或者行业标准规定的安全生产条件的。本法第 20 条规定，生产经营单位应当具备本法和有关法律、行政法规和国家标准或者行业标准规定的安全生产条件；不具备安全生产条件的，不得从事生产经营活动。这是生产经营单位从事生产经营活动必须具备的前提条件。本法对生产经营单位的安全生产条件有若干规定，例如，要求生产经营单位新建、改建、扩建工程项目的安全设施必须与主体工程同时设计、同时施工、同时投入生产和使用；生产经营单位应当在有较大危险因素的生产经营场所和有关设施、设备上，设置明显的安全警示标志；安全设备的安装、使用、检测、改造和报废，应当符合国家标准或者行业标准；等等。根据本法的有关规定，对于生产经营单位违反有关安全生产的法律、法规和国家标准或者行业标准，不具备安全生产条件的，应由有关行政执法机关责令限期改正；逾期未改正的，给予责令停止建设或者停产停业整顿等行政处罚。根据本条的规定，经停产停业整顿仍不具备安全生产条件的，属于本条规定的违法行为。

3. 不具备法律、行政法规和国家标准或者行业标准规定的安全生产条件，导致发生重大、特别重大生产安全事故的。国务院《生产安全事故报告和调查处理条例》规定，根据生产安全事故造成的人员伤亡或者直接经济损失，重大事故，是指造成 10 人以上 30 人以下死亡，或者 50 人以上 100 人以下重伤，或者 5000 万元以上 1 亿元以下直接经济损失的事故；特别重大事故，是指造成 30 人以上死亡，或者 100 人以上重伤，或者 1 亿元以上直接经济损失的事故。生产经营单位应当具备本法和有关法律、行政法规和国家标准或者行业标准规定的安全生产条件，不具备安全生产条件导致发生重大、特别重大生产安全事故的，属于本条规定的违法行为。

4. 拒不执行负有安全生产监督管理职责的部门作出的停产停业整顿决定的。根据本法的规定，负有安全生产监督管理职责的部门依法对生产经营单位作出停产停业、停止施工、停止使用相关设施或者设备的决定的，生产经营单位应当依法执行，及时整顿。如果生产经营单位不执行停产停业整顿的，就构成本条规定的违法行为。

本条违法行为的主体包含两类：一是有本条规定的违法行为的生产经营单位；二是有本条规定的违法行为的生产经营单位的主要负责人。

二、法律责任

1. 予以关闭，依法吊销有关证照。由于生产经营单位具有本条规定的严重违法行为，不能再继续从事生产经营活动，负有安全生产监督管理职责的部门应当提请地方人民政府予以关闭，有关部门应当依法吊销其有关证照。这里所说的关闭，是指行政机关对违反行政管理秩序的企业、事业单位或者其他组织，依法剥夺其从事某项生产经营活动的权利的一种行政处罚。关闭，对于生产经营单位来说，是一种比较严厉的行政处罚，因此在实施时应当慎重。对于不依法执行这些措施，甚至因此导致严重后果的，要依法追究其法律责任。根据本条的规定，对于有本条规定的违法行为的，在予以关闭的同时，有关部门应当依法吊销其有关证照。这里的“吊销有关证照”，是指有关行政执法机关依法取消生产经营单位从事生产经营活动的合法凭证，包括吊销营业执照、吊销采矿许可证、吊销危险化学品生产许可证、吊销危险化学品经营许可证等。吊销营业执照，是指市场监督管理部门取消企业和个体工商户经市场监督管理部门核准登记后获得的从事生产经营活动的合法凭证；吊销采矿许可证，是指由矿产资源主管部门取消有违法行为的单位所取得的许可开采矿产资源的合法凭证，取消其采矿的资格；吊销危险化学品生产许可证、危险化学品经营许可证，是指由负责颁发许可证的有关部门取消违法单位所取得的许可其从事危险化学品生产、经营的合法凭证，取消该企业从事危险化学品生产、经营活动的资格。

2. 生产经营单位主要负责人 5 年内不得担任任何生产经营单

位的主要负责人。具有本条规定的严重违法行为的生产经营单位主要负责人5年内不得担任任何生产经营单位的主要负责人，这里的5年内包含本数。《意见》规定，对被追究刑事责任的生产经营者依法实施相应的职业禁入，对事故发生负有重大责任的社会服务机构和人员依法严肃追究法律责任，并依法实施相应的行业禁入。这一规定还吸收了《生产安全事故报告和调查处理条例》的有关内容。其中规定，事故发生单位主要负责人受到刑事处罚或者撤职处分的，自刑罚执行完毕或者受处分之日起，5年内不得担任任何生产经营单位的主要负责人。

3. 情节严重的，该生产经营单位的主要负责人终身不得担任本行业生产经营单位的主要负责人。对于具有本条规定的违法行为，情节严重的，对该生产经营单位的主要负责人实施终身禁业限制，即终身不得担任本行业生产经营单位的主要负责人。

第一百一十四条　发生生产安全事故，对负有责任的生产经营单位除要求其依法承担相应的赔偿等责任外，由应急管理部门依照下列规定处以罚款：

（一）发生一般事故的，处三十万元以上一百万元以下的罚款；

（二）发生较大事故的，处一百万元以上二百万元以下的罚款；

（三）发生重大事故的，处二百万元以上一千万元以下的罚款；

（四）发生特别重大事故的，处一千万元以上二千万元以下的罚款。

发生生产安全事故，情节特别严重、影响特别恶劣的，应急管理部门可以按照前款罚款数额的二倍以上五倍以下对负有责任的生产经营单位处以罚款。

◆ 条文主旨

本条是关于对事故责任单位的处罚的规定。

◆ 条文释义

一、违法行为

生产安全事故往往会给人民群众生命安全带来重大损失，预防生产安全事故的发生是本法的重要立法目的。对生产安全事故，不仅需要从源头上加以防范，对发生事故负有责任的单位，也应当依法给予制裁，从而督促其更好地加强前期预防。给予本条规定的处罚应当具备以下条件：

1. 生产经营单位发生生产安全事故。这里的事故既包括重特大事故和较大事故，也包括一般事故，而按照本法第 118 条的规定，各类事故的划分标准由国务院规定。

2. 生产经营单位对事故发生负有责任，即该事故是责任事故。因第三方原因、不可抗力等因素引起的事故，生产经营单位没有责任，不应当依据本条规定给予处罚。

此外，根据本条的规定，对事故责任单位处以罚款与生产经营单位依法承担民事赔偿责任并不冲突。生产安全事故发生后，往往对受害人需要承担民事赔偿责任，二者互不影响。

本条违法行为的主体是具有本条规定的违法行为的生产经营单位。

二、法律责任

本条以及第 95 条、第 110 条规定的处罚决定机关是应急管理部门，这是本法关于处罚决定机关的专门规定。因为依据本法第 115 条的规定，本法规定的行政处罚，由应急管理部门和其他负有安全生产监督管理职责的部门按照职责分工决定，即应急管理部门和其他相关主管部门都可以根据各自的职责按照本法规定实施行政处罚。但是从实际工作中看，对于生产安全事故的调查和处理，原则上是由应急管理部门进行组织或者牵头，其他部门参加。为了统一、公正执法，对事故单位处以罚款，原则上也应当由一个执法部门执行。因此，本条专门规定由应急管理部门进行处罚。同时，根据本法第 2 条的规定，有关法律、行政法规对消防安全和道路交通安全、铁路交通安全、水上交通安全、民用航空安全以及核与辐射安全、特种设备安全另有规定的，适用其规定。按照本法第 115 条规定，根据本法第 95 条、第 110 条、第 114 条的规定应当给予民航、铁路、电力行业的生产经营单位及其主要负责人行政处罚的，也可以由主管的负有安全生产监督管理职责的部门进行处罚。

根据本条的规定，对事故责任单位按照下列标准处以罚款：(1) 发生一般事故的，处 30 万元以上 100 万元以下的罚款；(2) 发生较大事故的，处 100 万元以上 200 万元以下的罚款；(3) 发生重大事故的，处 200 万元以上 1000 万元以下的罚款；(4) 发生特别重大事故的，处 1000 万元以上 2000 万元以下的罚款。发生生产安全事故，情节特别严重、影响特别恶劣的，应急管理部门可以按照本条第 1 款罚款数额的 2 倍以上 5 倍以下对负有责任的生产经营单位处以罚款。这一规定与 2014 年修正的《安全生产法》第 109 条相比，大大提高了罚款幅度，有利于更好地加大违法成本，遏制违法行为。需要说明的是，在具体适用中，本条规定的具体的处罚数额依据违法行为的情节轻重等因素，在法定的处罚幅度范围内确定。

第一百一十五条 本法规定的行政处罚，由应急管理部门和其他负有安全生产监督管理职责的部门按照职责分工决定；其中，根据本法第九十五条、第一百一十条、第一百一十四条的规定应当给予民航、铁路、电力行业的生产经营单位及其主要负责人行政处罚的，也可以由主管的负有安全生产监督管理职责的部门进行处罚。予以关闭的行政处罚，由负有安全生产监督管理职责的部门报请县级以上人民政府按照国务院规定的权限决定；给予拘留的行政处罚，由公安机关依照治安管理处罚的规定决定。

◆ 条文主旨

本条是关于处罚决定机关的规定。

◆ 条文释义

一、行政处罚决定的分工

行政处罚，是行政执法机关为了维护公共利益和社会秩序，保护公民、法人和其他组织的合法权益，对违反行政管理秩序，依法应当给予行政相对人的法律制裁。行政处罚的种类，按照行政处罚法的规定，包括警告、通报批评；罚款、没收违法所得、没收非法财物；暂扣许可证件、降低资质等级、吊销许可证件；限制开展生产经营活动、责令停产停业、责令关闭、限制从业；行政拘留；法律、行政法规规定的其他行政处罚。本法规定的行政处罚包括责令停产停业整顿、没收违法所得、罚款等。根据本法第 10 条的规定，国务院和地方各级人民政府应急管理部门依照本法对安全生产工作实施综合监督管理，有关部门依照本法和其他有关法律在各自的职责范围内对有关的安全生产工作实施监督管理。本法是安全生产领域的综合性、基础性法律，本法规定的安全生产，不仅包括应急管理部门主要负责监管的矿山安全、危险物品安全等，也包括建设行政部门主要负责监管的建筑施工安全、民航部门主要负责监管的民航安全、铁路部门主要负责监管的铁路运输安全、电力管理部门主要负责监管的电力事业安全等。因此，规定各部门都可以按照本法规定对各自监管领域的安全生产违法行为实施行政处罚，包括依据本法第 65 条规定采取相关行政措施，有利于加强对各行业、领域安全生产的管理，规范和统一执法尺度。需要说明的是，上述各部门有关实施行政处罚的具体领域，针对的违法行为的范围，需要根据各部门的职责分工来确定。目前，规定各部门的职责分工的依据有相关法律、行政法规以及国务院的“三定”方案等。

二、特定行业的处罚机关

根据本法第 95 条、第 110 条、第 114 条的规定应当给予民航、铁路、电力行业的生产经营单位及其主要负责人行政处罚的，也可以由主管的负有安全生产监督管理职责的部门进行处罚。本法第 95 条、第 110 条、第 114 条规定的处罚决定机关是应急管理部门，本条对特殊行业领域的处罚作出特别规定。对于民航、铁路、电力行业的生产经营单位及其主要负责人给予行政处罚的，可以由应急管理部门进行处罚，也可以由主管的负有安全生产监督管理职责的部门进行处罚。

三、予以关闭的行政处罚

予以关闭的行政处罚由负有安全生产监督管理职责的部门报

请县级以上人民政府按照国务院规定的权限决定。这里所说的关闭，是指行政机关对违反行政管理秩序的企业、事业单位或者其他组织，依法剥夺其从事某项生产经营活动的权利的一种行政处罚。由于关闭这种处罚，对于生产经营单位来说，是一种比较严厉的行政处罚，对其影响很大，在实施时应当很慎重。因此，本条规定要由负有安全生产监督管理职责的部门报请县级以上人民政府按照国务院规定的权限来决定。

四、给予拘留的行政处罚

拘留的行政处罚由公安机关依照治安管理处罚的规定决定。这里规定的拘留，是行政拘留，是法定行政机关依法对违反行政法律规范的人，在短期内限制其人身自由的一种处罚。行政拘留是行政处罚中最为严厉的一种处罚。实施行政拘留的机关，一般仅限于公安机关。按照治安管理处罚法的规定，只有县级以上的公安机关才享有行政拘留的裁决权，其他任何行政机关都没有决定行政拘留的权力。

第一百一十六条 生产经营单位发生生产安全事故造成人员伤亡、他人财产损失的，应当依法承担赔偿责任；拒不承担或者其负责人逃匿的，由人民法院依法强制执行。

生产安全事故的责任人未依法承担赔偿责任，经人民法院依法采取执行措施后，仍不能对受害人给予足额赔偿的，应当继续履行赔偿义务；受害人发现责任人有其他财产的，可以随时请求人民法院执行。

◆ 条文主旨

本条是关于生产经营单位的赔偿责任及其履行的规定。

◆ 条文释义

一、生产经营单位的赔偿责任

根据本条第1款的规定，生产经营单位发生生产安全事故，造成人员伤亡、他人财产损失的，应当依法承担赔偿责任。这是生产经营单位依法应当承担的损害赔偿的民事责任。根据民法典的规定，行为人因过错侵害他人民事权益造成损害的，应当承担侵权责任。依照法律规定推定行为人有过错，其不能证明自己没有过错的，应当承担侵权责任。行为人造成他人民事权益损害，不论行为人有无过错，法律规定应当承担侵权责任的，依照其规定。如果生产经营单位拒不承担赔偿责任，或者生产经营单位的负责人逃匿的，由人民法院依法强制执行。按照民事诉讼法的规定，发生法律效力的判决书、裁定书和调解书，当事人必须履行。一方拒绝履行的，对方当事人可以向人民法院申请执行，也可以由审判员移送执行员执行。调解书和其他应当由人民法院执行的法律文书，当事人必须履行。一方拒绝履行的，对方当事人可以向人民法院申请执行。人民法院在强制执行时，可以采取以下强制措施：扣押、冻结、划拨、变价被执行人的财产；扣留、提取被执行人的收入；查封、扣押、冻结、拍卖、变卖被执行人的财产；搜查被执行人的财产；强制被执行人履行法律文书指定的行为等。

二、赔偿责任的继续履行

根据本条第2款的规定，生产安全事故的责任人未依法承担赔偿责任，经人民法院依法采取执行措施后，仍不能对受害人给予足额赔偿的，应当继续履行赔偿义务。按照民事诉讼法的规定，人民法院采取一定的执行措施后，被执行人仍不能偿还债务的，应当继续履行义务。受害人发现被执行人有其他财产的，可以随时请求人民法院执行。实践中，一般有两种情况：一是有些生产安全事故的责任人有能力履行赔偿义务，但是称自己没有赔偿能力，企图拖延时间，不承担责任；二是有些生产安全事故的责任人确实是由于经济状况不好，或者资金周转不灵，无力承担赔偿责任。无论是由于何种情况不能履行赔偿义务，都不能免除其赔偿义务。生产安全事故责任人的赔偿义务，也不因采取强制措施而终止。生产安全事故的责任人什么时候有能力履行赔偿义务，什么时候就应当履行义务，直到完全履行赔偿义务为止。在这期间，如果受害人发现生产安全事故的责任人在采取执行措施后，还有其他可供执行的财产，或者发现生产安全事故的责任人经过一段时间的恢复后，又获得了新的财产，可以随时请求人民法院执行。

需要注意的是，本条有关生产经营单位的民事赔偿责任的规定比较原则，实践中处理民事赔偿问题，还应当适用民法典的有关规定。

第七章 附 则

第一百一十七条 本法下列用语的含义：

危险物品，是指易燃易爆物品、危险化学品、放射性物品等能够危及人身安全和财产安全的物品。

重大危险源，是指长期地或者临时地生产、搬运、使用或者储存危险物品，且危险物品的数量等于或者超过临界量的单元（包括场所和设施）。

◆ 条文主旨

本条是关于本法中部分用语含义的规定。

◆ 条文释义

一、关于危险物品的定义

本法所称的危险物品，包括易燃易爆物品、危险化学品、放射性物品等。易燃物品，是指容易自燃或燃烧的物品，如汽油、煤油、酒精、液化气、煤气、氢气、胶片、黄磷等。易爆物品，是指具有爆发力和破坏性，容易发生爆炸的物品，瞬间可造成人员伤亡、物品毁损的一切爆炸物品，如各种起爆器、各种炸药、烟花爆竹等。化学品，是指人工制造的或者从自然界取得的化学物质，包括化学物质本身、化学混合物或者化学配制物中的一部分，以及作为工业化学品和农药使用的物质，如氧化剂、有机过氧化物。危险化学品，是指能够危及人身安全和财产安全的化学品，如有毒品和腐蚀品等。《危险化学品安全管理条例》第3条规定，本条例所称危险化学品，是指具有毒害、腐蚀、爆炸、燃烧、助燃等性质，对人体、设施、环境具有危害的剧毒化学品和其他化学品。危险化学品目录，由国务院安全生产监督管理部门会同国务院工业和信息化、公安、环境保护、卫生、质量监督检验检疫、交通运输、铁路、民用航空、农业主管部门，根据化学品危险特性的鉴别和分类标准确定、公布，并适时调整。放射性，是指不稳定核素自发放出粒子或γ辐射，或在轨道电子俘获后放出α辐射，或自发裂变的性质。放射性物品，就是指能发出射线的物品，如放射性同位素、射线装置等。

二、关于重大危险源的定义

重大危险源包括两层含义：一是长期地或者临时地生产、搬运、使用或者储存危险物品；二是危险物品的数量等于或者超过临界量。重大危险源存在于生产经营场所和有关设施上。重大危险源的设置应当远离社区及公共场所。例如，《危险化学品安全管理条例》第19条第1款规定，危险化学品生产装置或者储存数量构成重大危险源的危险化学品储存设施（运输工具加油站、加气站除外），与下列场所、设施、区域的距离应当符合国家有关规定：（1）居住区以及商业中心、公园等人员密集场所；（2）学校、医院、影剧院、体育场（馆）等公共设施；（3）饮用水源、水厂以及水源保护区；（4）车站、码头（依法经许可从事危险化学品装卸作业的除外）、机场以及通信干线、通信枢纽、铁路线路、道路交通干线、水路交通干线、地铁风亭以及地铁站出入口；（5）基本农田保护区、基本草原、畜禽遗传资源保护区、畜禽规模化养殖场（养殖小区）、渔业水域以及种子、种畜禽、水产苗种生产基地；(6) 河流、湖泊、风景名胜区、自然保护区；(7) 军事禁区、军事管理区；(8) 法律、行政法规规定的其他场所、设施、区域。第 3 款规定，储存数量构成重大危险源的危险化学品储存设施的选址，应当避开地震活动断层和容易发生洪灾、地质灾害的区域。

第一百一十八条 本法规定的生产安全一般事故、较大事故、重大事故、特别重大事故的划分标准由国务院规定。

国务院应急管理部门和其他负有安全生产监督管理职责的部门应当根据各自的职责分工，制定相关行业、领域重大危险源的辨识标准和重大事故隐患的判定标准。

◆ 条文主旨

本条是关于事故的分类标准和相关行业、领域重大危险源的辨识标准和重大事故隐患的判定标准的规定。

◆ 条文释义

一、事故的划分标准

根据《生产安全事故报告和调查处理条例》第 3 条的规定，根据生产安全事故（以下简称事故）造成的人员伤亡或者直接经济损失，事故一般分为以下等级：(1) 特别重大事故，是指造成 30 人以上死亡，或者 100 人以上重伤（包括急性工业中毒，下同），或者 1 亿元以上直接经济损失的事故；(2) 重大事故，是指造成 10 人以上 30 人以下死亡，或者 50 人以上 100 人以下重伤，或者 5000 万元以上 1 亿元以下直接经济损失的事故；(3) 较大事故，是指造成3人以上10人以下死亡，或者10人以上50人以下重伤，或者1000万元以上5000万元以下直接经济损失的事故；（4）一般事故，是指造成3人以下死亡，或者10人以下重伤，或者1000万元以下直接经济损失的事故。“以上”包括本数，所称的“以下”不包括本数。国务院应急管理部门可以会同国务院有关部门，制定事故等级划分的补充性规定。上述规定只能适用于生产经营活动中发生的造成人身伤亡或者直接经济损失的生产安全事故，环境污染事故、核设施事故、国防科研生产事故的划分不适用上述规定。

二、重大危险源的辨识标准

本法第117条规定，重大危险源，是指长期或者临时地生产、搬运、使用或者储存危险物品，且危险物品的数量等于或者超过临界量的单元（包括场所和设施）。《危险化学品重大危险源监督管理暂行规定》第3条规定：“本规定所称危险化学品重大危险源（以下简称重大危险源），是指按照《危险化学品重大危险源辨识》（GB 18218）标准辨识确定，生产、储存、使用或者搬运危险化学品的数量等于或者超过临界量的单元（包括场所和设施）。”《港口危险货物重大危险源监督管理办法（试行）》第2条规定：“本办法所称港口危险货物重大危险源（以下简称港口重大危险源），是指参照《危险化学品重大危险源辨识》（GB 18218）标准辨识确定，港口区域内储存危险货物的数量等于或者超过临界量的单元（包括场所和设施）。”

三、重大事故隐患

目前，安全生产相关行业、领域对重大事故隐患存在不同界定。原国家安全生产监督管理总局公布的《安全生产事故隐患排查治理暂行规定》第3条规定，本规定所称安全生产事故隐患，是指生产经营单位违反安全生产法律、法规、规章、标准、规程和安全生产管理制度的规定，或者因其他因素在生产经营活动中存在可能导致事故发生的物的危险状态、人的不安全行为和管理上的缺陷。事故隐患分为一般事故隐患和重大事故隐患。一般事故隐患，是指危害和整改难度较小，发现后能够立即整改排除的隐患。重大事故隐患，是指危害和整改难度较大，应当全部或者局部停产停业，并经过一定时间整改治理方能排除的隐患，或者因外部因素影响致使生产经营单位自身难以排除的隐患。这是一般性的规定。

特殊行业对重大事故隐患的界定因行业性质而有所差异。原国家安全生产监督管理总局、财政部制定的《安全生产领域举报奖励办法》第 5 条第 2 款规定，煤矿重大事故隐患的判定，按照《煤矿重大生产安全事故隐患判定标准》（原国家安全生产监督管理总局令第 85 号）（被应急管理部令第 4 号公布的《煤矿重大事故隐患判定标准》废止）的规定认定。其他行业和领域重大事故隐患的判定，按照负有安全监管职责的部门制定并向社会公布的判定标准认定。《国务院关于预防煤矿生产安全事故的特别规定》第 8 条第 2 款规定，煤矿有下列重大安全生产隐患和行为的，应当立即停止生产，排除隐患：（1）超能力、超强度或者超定员组织生产的；（2）瓦斯超限作业的；（3）煤与瓦斯突出矿井，未依照规定实施防突出措施的；（4）高瓦斯矿井未建立瓦斯抽放系统和监控系统，或者瓦斯监控系统不能正常运行的；（5）通风系统不完善、不可靠的；（6）有严重水患，未采取有效措施的；（7）超层越界开采的；（8）有冲击地压危险，未采取有效措施的；（9）自然发火严重，未采取有效措施的；（10）使用明令禁止使用或者淘汰的设备、工艺的；（11）年产 6 万吨以上的煤矿没有双回路供电系统的；（12）新建煤矿边建设边生产，煤矿改扩建期间，在改扩建的区域生产，或者在其他区域的生产超出安全设计规定的范围和规模的；(13) 煤矿实行整体承包生产经营后，未重新取得安全生产许可证，从事生产的，或者承包方再次转包的，以及煤矿将井下采掘工作面和井巷维修作业进行劳务承包的；(14) 煤矿改制期间，未明确安全生产责任人和安全管理机构的，或者在完成改制后，未重新取得或者变更采矿许可证、安全生产许可证和营业执照的；(15) 有其他重大安全生产隐患的。

第一百一十九条 本法自2002年11月1日起施行。

◆ 条文主旨

本条是关于本法施行日期的规定。

◆ 条文释义

一、安全生产法的生效日期

法律通过以后，必然面临从什么时候起开始生效、在什么地域范围内生效、对什么人有效的问题，它关系到公民、法人和社会组织从何时起开始依法享有权利，并履行法律规定的义务。这就是法律的效力范围，它包括时间效力、空间效力和对人的效力三个方面。本条关于法律的生效日期的规定，是解决法律的时间效力问题。

法律的生效日期，是指法律开始施行并发生法律效力的日期。这是任何一部法律不可缺少的基本要素，一般都在法律的最后一条加以规定。法律施行起始日期，一般根据该部法律在施行前是否需要做必要的准备工作确定。从我国已制定的法律来看，对生效日期的规定，大体上可以分为以下三种情况：其一，直接在法律中规定“本法自×年×月×日起施行”。其二，在法律条文中没有直接规定具体的生效日期，而只是规定“本法自公布之日起施行”，由国家主席发布主席令公布通过的法律。其三，规定一部法律的生效日期取决于另一部法律的生效日期。安全生产法的生效日期，属于上述第一种情况，即直接规定了“本法自2002年11月1日起施行”。

法律的溯及力问题，是指法律生效以后能否适用于生效以前的行为和事件。如果能适用，就表明有溯及力；如果不能适用，就表明没有溯及力。一部法律如果有溯及力，必须在条文中作出明确的规定，安全生产法对溯及力问题没有作出规定，表明本法没有溯及力，即不能适用于本法生效以前的行为和事件。

本法于2002年6月29日经第九届全国人民代表大会常务委员会第二十八次会议通过，同日由国家主席签署主席令予以公布，并自2002年11月1日起施行。本法的颁布与施行日期之间留有一定的时间间隔，主要是为了使有关方面利用这段时间充分做好本法实施的各项必要准备工作，如对现行的法规、规章以及一些规范性文件进行清理，与本法不一致的，及时加以修改或者废止；制定一些配套的规定；对本法进行必要的学习宣传等，以确保本法的贯彻实施。

二、关于此次修改的生效时间问题

目前，修改法律主要有两种形式：一是对法律进行修订，即对法律全文作全面修改；二是对法律进行修改，即对法律的部分条文通过修正案的方式予以修改，不对法律全文作修改，未修改的部分继续施行。因此，法律修改后的生效日期也有两种形式：修订法律的，一般是重新公布法律的生效日期；对法律部分条文作修改的，一般不修改法律的生效日期，只是规定法律的修改决定的公布日期，修改部分执行修改决定的生效日期，未修改的部分执行原来法律规定的生效日期。安全生产法修改决定规定：本决定自2021年9月1日起施行，即对安全生产法修改的部分，自2021年9月1日起开始施行。

附　录

中华人民共和国主席令

第八十八号

《全国人民代表大会常务委员会关于修改〈中华人民共和国安全生产法〉的决定》已由中华人民共和国第十三届全国人民代表大会常务委员会第二十九次会议于2021年6月10日通过，现予公布，自2021年9月1日起施行。

中华人民共和国主席　习近平

2021年6月10日

全国人民代表大会常务委员会关于修改《中华人民共和国安全生产法》的决定

（2021 年 6 月 10 日第十三届全国人民代表大会
常务委员会第二十九次会议通过）

第十三届全国人民代表大会常务委员会第二十九次会议决定对《中华人民共和国安全生产法》作如下修改：

一、将第三条修改为：“安全生产工作坚持中国共产党的领导。

“安全生产工作应当以人为本，坚持人民至上、生命至上，把保护人民生命安全摆在首位，树牢安全发展理念，坚持安全第一、预防为主、综合治理的方针，从源头上防范化解重大安全风险。

“安全生产工作实行管行业必须管安全、管业务必须管安全、管生产经营必须管安全，强化和落实生产经营单位主体责任与政府监管责任，建立生产经营单位负责、职工参与、政府监管、行业自律和社会监督的机制。”

二、将第四条修改为：“生产经营单位必须遵守本法和其他有关安全生产的法律、法规，加强安全生产管理，建立健全全员安全生产责任制和安全生产规章制度，加大对安全生产资金、物资、技术、人员的投入保障力度，改善安全生产条件，加强安全生产标准化、信息化建设，构建安全风险分级管控和隐患排查治理双重预防机制，健全风险防范化解机制，提高安全生产水平，确保安全生产。

“平台经济等新兴行业、领域的生产经营单位应当根据本行业、领域的特点，建立健全并落实全员安全生产责任制，加强从业人员安全生产教育和培训，履行本法和其他法律、法规规定的有关安全生产义务。”

三、将第五条修改为：“生产经营单位的主要负责人是本单位安全生产第一责任人，对本单位的安全生产工作全面负责。其他负责人对职责范围内的安全生产工作负责。”

四、将第八条改为两条，作为第八条、第九条，修改为：“第八条　国务院和县级以上地方各级人民政府应当根据国民经济和社会发展规划制定安全生产规划，并组织实施。安全生产规划应当与国土空间规划等相关规划相衔接。

“各级人民政府应当加强安全生产基础设施建设和安全生产监管能力建设，所需经费列入本级预算。

“县级以上地方各级人民政府应当组织有关部门建立完善安全风险评估与论证机制，按照安全风险管控要求，进行产业规划和空间布局，并对位置相邻、行业相近、业态相似的生产经营单位实施重大安全风险联防联控。”

“第九条　国务院和县级以上地方各级人民政府应当加强对安全生产工作的领导，建立健全安全生产工作协调机制，支持、督促各有关部门依法履行安全生产监督管理职责，及时协调、解决安全生产监督管理中存在的重大问题。

“乡镇人民政府和街道办事处，以及开发区、工业园区、港区、风景区等应当明确负责安全生产监督管理的有关工作机构及其职责，加强安全生产监管力量建设，按照职责对本行政区域或者管理区域内生产经营单位安全生产状况进行监督检查，协助人民政府有关部门或者按照授权依法履行安全生产监督管理职责。”

五、将第九条改为第十条，修改为：“国务院应急管理部门依照本法，对全国安全生产工作实施综合监督管理；县级以上地方各级人民政府应急管理部门依照本法，对本行政区域内安全生产工作实施综合监督管理。

“国务院交通运输、住房和城乡建设、水利、民航等有关部门依照本法和其他有关法律、行政法规的规定，在各自的职责范围内对有关行业、领域的安全生产工作实施监督管理；县级以上地方各级人民政府有关部门依照本法和其他有关法律、法规的规定，在各自的职责范围内对有关行业、领域的安全生产工作实施监督管理。对新兴行业、领域的安全生产监督管理职责不明确的，由县级以上地方各级人民政府按照业务相近的原则确定监督管理部门。

“应急管理部门和对有关行业、领域的安全生产工作实施监督管理的部门，统称负有安全生产监督管理职责的部门。负有安全生产监督管理职责的部门应当相互配合、齐抓共管、信息共享、资源共用，依法加强安全生产监督管理工作。”

六、增加一条，作为第十二条：“国务院有关部门按照职责分工负责安全生产强制性国家标准的项目提出、组织起草、征求意见、技术审查。国务院应急管理部门统筹提出安全生产强制性国家标准的立项计划。国务院标准化行政主管部门负责安全生产强制性国家标准的立项、编号、对外通报和授权批准发布工作。国务院标准化行政主管部门、有关部门依据法定职责对安全生产强制性国家标准的实施进行监督检查。”

七、增加一条，作为第十七条：“县级以上各级人民政府应当组织负有安全生产监督管理职责的部门依法编制安全生产权力和责任清单，公开并接受社会监督。”

八、将第十八条改为第二十一条，修改为：“生产经营单位的主要负责人对本单位安全生产工作负有下列职责：

“（一）建立健全并落实本单位全员安全生产责任制，加强安全生产标准化建设；

“（二）组织制定并实施本单位安全生产规章制度和操作规程；

“（三）组织制定并实施本单位安全生产教育和培训计划；

“（四）保证本单位安全生产投入的有效实施；

“（五）组织建立并落实安全风险分级管控和隐患排查治理双重预防工作机制，督促、检查本单位的安全生产工作，及时消除生产安全事故隐患；

“（六）组织制定并实施本单位的生产安全事故应急救援预案；

“（七）及时、如实报告生产安全事故。”

九、将第二十二条改为第二十五条，修改为：“生产经营单位的安全生产管理机构以及安全生产管理人员履行下列职责：

“（一）组织或者参与拟订本单位安全生产规章制度、操作规程和生产安全事故应急救援预案；

“（二）组织或者参与本单位安全生产教育和培训，如实记录安全生产教育和培训情况；

“（三）组织开展危险源辨识和评估，督促落实本单位重大危险源的安全管理措施；

“（四）组织或者参与本单位应急救援演练；

“（五）检查本单位的安全生产状况，及时排查生产安全事故隐患，提出改进安全生产管理的建议；

“（六）制止和纠正违章指挥、强令冒险作业、违反操作规程的行为；

“（七）督促落实本单位安全生产整改措施。

“生产经营单位可以设置专职安全生产分管负责人，协助本单位主要负责人履行安全生产管理职责。”

十、将第三十三条改为第三十六条，增加两款，作为第三款、第四款：“生产经营单位不得关闭、破坏直接关系生产安全的监控、报警、防护、救生设备、设施，或者篡改、隐瞒、销毁其相关数据、信息。

“餐饮等行业的生产经营单位使用燃气的，应当安装可燃气体报警装置，并保障其正常使用。”

十一、将第三十七条改为第四十条，第二款修改为：“生产经营单位应当按照国家有关规定将本单位重大危险源及有关安全措施、应急措施报有关地方人民政府应急管理部门和有关部门备案。有关地方人民政府应急管理部门和有关部门应当通过相关信息系统实现信息共享。”

十二、将第三十八条改为第四十一条，修改为：“生产经营单位应当建立安全风险分级管控制度，按照安全风险分级采取相应的管控措施。

“生产经营单位应当建立健全并落实生产安全事故隐患排查治理制度，采取技术、管理措施，及时发现并消除事故隐患。事故隐患排查治理情况应当如实记录，并通过职工大会或者职工代表大会、信息公示栏等方式向从业人员通报。其中，重大事故隐患排查治理情况应当及时向负有安全生产监督管理职责的部门和职工大会或者职工代表大会报告。

“县级以上地方各级人民政府负有安全生产监督管理职责的部门应当将重大事故隐患纳入相关信息系统，建立健全重大事故隐患治理督办制度，督促生产经营单位消除重大事故隐患。”

十三、将第四十一条改为第四十四条，增加一款，作为第二款：“生产经营单位应当关注从业人员的身体、心理状况和行为习惯，加强对从业人员的心理疏导、精神慰藉，严格落实岗位安全生产责任，防范从业人员行为异常导致事故发生。”

十四、将第四十六条改为第四十九条，增加一款，作为第三款：“矿山、金属冶炼建设项目和用于生产、储存、装卸危险物品的建设项目的施工单位应当加强对施工项目的安全管理，不得倒卖、出租、出借、挂靠或者以其他形式非法转让施工资质，不得将其承包的全部建设工程转包给第三人或者将其承包的全部建设工程支解以后以分包的名义分别转包给第三人，不得将工程分包给不具备相应资质条件的单位。”

十五、将第四十八条改为第五十一条，第二款修改为：“国家鼓励生产经营单位投保安全生产责任保险；属于国家规定的高危行业、领域的生产经营单位，应当投保安全生产责任保险。具体范围和实施办法由国务院应急管理部门会同国务院财政部门、国务院保险监督管理机构和相关行业主管部门制定。”

十六、将第五十三条改为第五十六条，修改为：“生产经营单位发生生产安全事故后，应当及时采取措施救治有关人员。

“因生产安全事故受到损害的从业人员，除依法享有工伤保险外，依照有关民事法律尚有获得赔偿的权利的，有权提出赔偿要求。”

十七、将第五十四条改为第五十七条，修改为：“从业人员在作业过程中，应当严格落实岗位安全责任，遵守本单位的安全生产规章制度和操作规程，服从管理，正确佩戴和使用劳动防护用品。”

十八、将第六十九条改为第七十二条，修改为：“承担安全评价、认证、检测、检验职责的机构应当具备国家规定的资质条件，并对其作出的安全评价、认证、检测、检验结果的合法性、真实性负责。资质条件由国务院应急管理部门会同国务院有关部门制定。

“承担安全评价、认证、检测、检验职责的机构应当建立并实施服务公开和报告公开制度，不得租借资质、挂靠、出具虚假报告。”

十九、将第七十条改为第七十三条，修改为：“负有安全生产监督管理职责的部门应当建立举报制度，公开举报电话、信箱或者电子邮件地址等网络举报平台，受理有关安全生产的举报；受理的举报事项经调查核实后，应当形成书面材料；需要落实整改措施的，报经有关负责人签字并督促落实。对不属于本部门职责，需要由其他有关部门进行调查处理的，转交其他有关部门处理。

“涉及人员死亡的举报事项，应当由县级以上人民政府组织核查处理。”

二十、将第七十一条改为第七十四条，增加一款，作为第二款：“因安全生产违法行为造成重大事故隐患或者导致重大事故，致使国家利益或者社会公共利益受到侵害的，人民检察院可以根据民事诉讼法、行政诉讼法的相关规定提起公益诉讼。”

二十一、将第七十五条改为第七十八条，修改为：“负有安全生产监督管理职责的部门应当建立安全生产违法行为信息库，如实记录生产经营单位及其有关从业人员的安全生产违法行为信息；对违法行为情节严重的生产经营单位及其有关从业人员，应当及时向社会公告，并通报行业主管部门、投资主管部门、自然资源主管部门、生态环境主管部门、证券监督管理机构以及有关金融机构。有关部门和机构应当对存在失信行为的生产经营单位及其有关从业人员采取加大执法检查频次、暂停项目审批、上调有关保险费率、行业或者职业禁入等联合惩戒措施，并向社会公示。

“负有安全生产监督管理职责的部门应当加强对生产经营单位行政处罚信息的及时归集、共享、应用和公开，对生产经营单位作出处罚决定后七个工作日内在监督管理部门公示系统予以公开曝光，强化对违法失信生产经营单位及其有关从业人员的社会监督，提高全社会安全生产诚信水平。”

二十二、将第七十六条改为第七十九条，修改为：“国家加强生产安全事故应急能力建设，在重点行业、领域建立应急救援基地和应急救援队伍，并由国家安全生产应急救援机构统一协调指挥；鼓励生产经营单位和其他社会力量建立应急救援队伍，配备相应的应急救援装备和物资，提高应急救援的专业化水平。

“国务院应急管理部门牵头建立全国统一的生产安全事故应急救援信息系统，国务院交通运输、住房和城乡建设、水利、民航等有关部门和县级以上地方人民政府建立健全相关行业、领域、地区的生产安全事故应急救援信息系统，实现互联互通、信息共享，通过推行网上安全信息采集、安全监管和监测预警，提升监管的精准化、智能化水平。”

二十三、将第七十七条改为第八十条，增加一款，作为第二款：“乡镇人民政府和街道办事处，以及开发区、工业园区、港区、风景区等应当制定相应的生产安全事故应急救援预案，协助人民政府有关部门或者按照授权依法履行生产安全事故应急救援工作职责。”

二十四、将第八十三条改为第八十六条，第一款修改为：“事故调查处理应当按照科学严谨、依法依规、实事求是、注重实效的原则，及时、准确地查清事故原因，查明事故性质和责任，评估应急处置工作，总结事故教训，提出整改措施，并对事故责任单位和人员提出处理建议。事故调查报告应当依法及时向社会公布。事故调查和处理的具体办法由国务院制定。”

增加一款，作为第三款：“负责事故调查处理的国务院有关部门和地方人民政府应当在批复事故调查报告后一年内，组织有关部门对事故整改和防范措施落实情况进行评估，并及时向社会公开评估结果；对不履行职责导致事故整改和防范措施没有落实的有关单位和人员，应当按照有关规定追究责任。”

二十五、将第八十九条改为第九十二条，修改为：“承担安全评价、认证、检测、检验职责的机构出具失实报告的，责令停业整顿，并处三万元以上十万元以下的罚款；给他人造成损害的，依法承担赔偿责任。

“承担安全评价、认证、检测、检验职责的机构租借资质、挂靠、出具虚假报告的，没收违法所得；违法所得在十万元以上的，并处违法所得二倍以上五倍以下的罚款，没有违法所得或者违法所得不足十万元的，单处或者并处十万元以上二十万元以下的罚款；对其直接负责的主管人员和其他直接责任人员处五万元以上十万元以下的罚款；给他人造成损害的，与生产经营单位承担连带赔偿责任；构成犯罪的，依照刑法有关规定追究刑事责任。

“对有前款违法行为的机构及其直接责任人员，吊销其相应资质和资格，五年内不得从事安全评价、认证、检测、检验等工作；情节严重的，实行终身行业和职业禁入。”

二十六、将第九十一条改为第九十四条，第一款修改为：“生产经营单位的主要负责人未履行本法规定的安全生产管理职责的，责令限期改正，处二万元以上五万元以下的罚款；逾期未改正的，处五万元以上十万元以下的罚款，责令生产经营单位停产停业整顿。”

二十七、将第九十二条改为第九十五条，修改为：“生产经营单位的主要负责人未履行本法规定的安全生产管理职责，导致发生生产安全事故的，由应急管理部门依照下列规定处以罚款：

“（一）发生一般事故的，处上一年年收入百分之四十的罚款；

“（二）发生较大事故的，处上一年年收入百分之六十的罚款；

“（三）发生重大事故的，处上一年年收入百分之八十的罚款；

“（四）发生特别重大事故的，处上一年年收入百分之一百的罚款。”

二十八、将第九十三条改为第九十六条，修改为：“生产经营单位的其他负责人和安全生产管理人员未履行本法规定的安全生产管理职责的，责令限期改正，处一万元以上三万元以下的罚款；导致发生生产安全事故的，暂停或者吊销其与安全生产有关的资格，并处上一年年收入百分之二十以上百分之五十以下的罚款；构成犯罪的，依照刑法有关规定追究刑事责任。”

二十九、将第九十四条改为第九十七条，修改为：“生产经营单位有下列行为之一的，责令限期改正，处十万元以下的罚款；逾期未改正的，责令停产停业整顿，并处十万元以上二十万元以下的罚款，对其直接负责的主管人员和其他直接责任人员处二万元以上五万元以下的罚款：

“（一）未按照规定设置安全生产管理机构或者配备安全生产管理人员、注册安全工程师的；

“（二）危险物品的生产、经营、储存、装卸单位以及矿山、金属冶炼、建筑施工、运输单位的主要负责人和安全生产管理人员未按照规定经考核合格的；

“（三）未按照规定对从业人员、被派遣劳动者、实习学生进行安全生产教育和培训，或者未按照规定如实告知有关的安全生产事项的；

“（四）未如实记录安全生产教育和培训情况的；

“（五）未将事故隐患排查治理情况如实记录或者未向从业人员通报的；

“（六）未按照规定制定生产安全事故应急救援预案或者未定期组织演练的；

“（七）特种作业人员未按照规定经专门的安全作业培训并取得相应资格，上岗作业的。”

三十、将第九十五条改为第九十八条，修改为：“生产经营单位有下列行为之一的，责令停止建设或者停产停业整顿，限期改正，并处十万元以上五十万元以下的罚款，对其直接负责的主管人员和其他直接责任人员处二万元以上五万元以下的罚款；逾期未改正的，处五十万元以上一百万元以下的罚款，对其直接负责的主管人员和其他直接责任人员处五万元以上十万元以下的罚款；构成犯罪的，依照刑法有关规定追究刑事责任：

“（一）未按照规定对矿山、金属冶炼建设项目或者用于生产、储存、装卸危险物品的建设项目进行安全评价的；

“（二）矿山、金属冶炼建设项目或者用于生产、储存、装卸危险物品的建设项目没有安全设施设计或者安全设施设计未按照规定报经有关部门审查同意的；

“（三）矿山、金属冶炼建设项目或者用于生产、储存、装卸危险物品的建设项目的施工单位未按照批准的安全设施设计施工的；

“（四）矿山、金属冶炼建设项目或者用于生产、储存、装卸危险物品的建设项目竣工投入生产或者使用前，安全设施未经验收合格的。”

三十一、将第九十六条改为第九十九条，增加两项，作为第四项、第八项：“（四）关闭、破坏直接关系生产安全的监控、报警、防护、救生设备、设施，或者篡改、隐瞒、销毁其相关数据、信息的；

“（八）餐饮等行业的生产经营单位使用燃气未安装可燃气体报警装置的。”

三十二、将第九十八条改为第一百零一条，修改为：“生产经营单位有下列行为之一的，责令限期改正，处十万元以下的罚款；逾期未改正的，责令停产停业整顿，并处十万元以上二十万元以下的罚款，对其直接负责的主管人员和其他直接责任人员处二万元以上五万元以下的罚款；构成犯罪的，依照刑法有关规定追究刑事责任：

“（一）生产、经营、运输、储存、使用危险物品或者处置废弃危险物品，未建立专门安全管理制度、未采取可靠的安全措施的；

“（二）对重大危险源未登记建档，未进行定期检测、评估、监控，未制定应急预案，或者未告知应急措施的；

“（三）进行爆破、吊装、动火、临时用电以及国务院应急管理部门会同国务院有关部门规定的其他危险作业，未安排专门人员进行现场安全管理的；

“（四）未建立安全风险分级管控制度或者未按照安全风险分级采取相应管控措施的；

“（五）未建立事故隐患排查治理制度，或者重大事故隐患排查治理情况未按照规定报告的。”

三十三、将第九十九条改为第一百零二条，修改为：“生产经营单位未采取措施消除事故隐患的，责令立即消除或者限期消除，处五万元以下的罚款；生产经营单位拒不执行的，责令停产停业整顿，对其直接负责的主管人员和其他直接责任人员处五万元以上十万元以下的罚款；构成犯罪的，依照刑法有关规定追究刑事责任。”

三十四、将第一百条改为第一百零三条，增加一款，作为第三款：“矿山、金属冶炼建设项目和用于生产、储存、装卸危险物品的建设项目的施工单位未按照规定对施工项目进行安全管理的，责令限期改正，处十万元以下的罚款，对其直接负责的主管人员和其他直接责任人员处二万元以下的罚款；逾期未改正的，责令停产停业整顿。以上施工单位倒卖、出租、出借、挂靠或者以其他形式非法转让施工资质的，责令停产停业整顿，吊销资质证书，没收违法所得；违法所得十万元以上的，并处违法所得二倍以上五倍以下的罚款，没有违法所得或者违法所得不足十万元的，单处或者并处十万元以上二十万元以下的罚款；对其直接负责的主管人员和其他直接责任人员处五万元以上十万元以下的罚款；构成犯罪的，依照刑法有关规定追究刑事责任。”

三十五、将第一百零四条改为第一百零七条，修改为：“生产经营单位的从业人员不落实岗位安全责任，不服从管理，违反安全生产规章制度或者操作规程的，由生产经营单位给予批评教育，依照有关规章制度给予处分；构成犯罪的，依照刑法有关规定追究刑事责任。”

三十六、增加一条，作为第一百零九条：“高危行业、领域的生产经营单位未按照国家规定投保安全生产责任保险的，责令限期改正，处五万元以上十万元以下的罚款；逾期未改正的，处十万元以上二十万元以下的罚款。”

三十七、增加一条，作为第一百一十二条：“生产经营单位违反本法规定，被责令改正且受到罚款处罚，拒不改正的，负有安全生产监督管理职责的部门可以自作出责令改正之日的次日起，按照原处罚数额按日连续处罚。”

三十八、将第一百零八条改为第一百一十三条，修改为：“生产经营单位存在下列情形之一的，负有安全生产监督管理职责的部门应当提请地方人民政府予以关闭，有关部门应当依法吊销其有关证照。生产经营单位主要负责人五年内不得担任任何生产经营单位的主要负责人；情节严重的，终身不得担任本行业生产经营单位的主要负责人：

“（一）存在重大事故隐患，一百八十日内三次或者一年内四次受到本法规定的行政处罚的；

“（二）经停产停业整顿，仍不具备法律、行政法规和国家标准或者行业标准规定的安全生产条件的；

“（三）不具备法律、行政法规和国家标准或者行业标准规定的安全生产条件，导致发生重大、特别重大生产安全事故的；

“（四）拒不执行负有安全生产监督管理职责的部门作出的停产停业整顿决定的。”

三十九、将第一百零九条改为第一百一十四条，修改为：“发生生产安全事故，对负有责任的生产经营单位除要求其依法承担相应的赔偿等责任外，由应急管理部门依照下列规定处以罚款：

“（一）发生一般事故的，处三十万元以上一百万元以下的罚款；

“（二）发生较大事故的，处一百万元以上二百万元以下的罚款；

“（三）发生重大事故的，处二百万元以上一千万元以下的罚款；

“（四）发生特别重大事故的，处一千万元以上二千万元以下的罚款。

“发生生产安全事故，情节特别严重、影响特别恶劣的，应急管理部门可以按照前款罚款数额的二倍以上五倍以下对负有责任的生产经营单位处以罚款。”

四十、将第一百一十条改为第一百一十五条，修改为：“本法规定的行政处罚，由应急管理部门和其他负有安全生产监督管理职责的部门按照职责分工决定；其中，根据本法第九十五条、第一百一十条、第一百一十四条的规定应当给予民航、铁路、电力行业的生产经营单位及其主要负责人行政处罚的，也可以由主管的负有安全生产监督管理职责的部门进行处罚。予以关闭的行政处罚，由负有安全生产监督管理职责的部门报请县级以上人民政府按照国务院规定的权限决定；给予拘留的行政处罚，由公安机关依照治安管理处罚的规定决定。”

四十一、将第一百一十三条改为第一百一十八条，第二款修改为：“国务院应急管理部门和其他负有安全生产监督管理职责的部门应当根据各自的职责分工，制定相关行业、领域重大危险源的辨识标准和重大事故隐患的判定标准。”

四十二、对部分条文作以下修改：

（一）将第二十条、第二十四条、第二十七条、第三十五条、第四十条、第五十九条、第六十二条、第七十三条、第八十六条、第一百零六条中的“安全生产监督管理部门”修改为“应急管理部门”，第三十一条中的“安全生产监督管理部门”修改为“负有安全生产监督管理职责的部门”，第四十条中的“吊装”修改为“吊装、动火、临时用电”。

（二）将第十四条中的“生产安全事故责任人员”修改为“生产安全事故责任单位和责任人员”。

（三）将第十九条中的“安全生产责任制”修改为“全员安全生产责任制”。

（四）将第二十一条、第二十四条中的“道路运输单位”修改为“运输单位”，“储存”修改为“储存、装卸”；将第三十一条第二款中的“储存”修改为“储存、装卸”。

（五）将第三十九条第二款、第一百零二条第二项中的“锁闭、封堵”修改为“占用、锁闭、封堵”，“出口”修改为“出口、疏散通道”。

（六）将第六十四条中的“监督执法”修改为“行政执法”。

（七）删去第六十八条中的“行政”。

（八）将第八十四条中的“第八十七条”修改为“第九十条”。

（九）删去第九十六条、第一百条、第一百零一条、第一百零二条中的“可以”。

本决定自2021年9月1日起施行。

《中华人民共和国安全生产法》根据本决定作相应修改并对条文顺序作相应调整，重新公布。

中华人民共和国安全生产法

（2002年6月29日第九届全国人民代表大会常务委员会第二十八次会议通过　根据2009年8月27日第十一届全国人民代表大会常务委员会第十次会议《关于修改部分法律的决定》第一次修正　根据2014年8月31日第十二届全国人民代表大会常务委员会第十次会议《关于修改〈中华人民共和国安全生产法〉的决定》第二次修正　根据2021年6月10日第十三届全国人民代表大会常务委员会第二十九次会议《关于修改〈中华人民共和国安全生产法〉的决定》第三次修正）

目　　录

第一章　总　　则

第一条　为了加强安全生产工作，防止和减少生产安全事故，保障人民群众生命和财产安全，促进经济社会持续健康发展，制定本法。

第二条　在中华人民共和国领域内从事生产经营活动的单位（以下统称生产经营单位）的安全生产，适用本法；有关法律、行政法规对消防安全和道路交通安全、铁路交通安全、水上交通安全、民用航空安全以及核与辐射安全、特种设备安全另有规定的，适用其规定。

第三条　安全生产工作坚持中国共产党的领导。

安全生产工作应当以人为本，坚持人民至上、生命至上，把保护人民生命安全摆在首位，树牢安全发展理念，坚持安全第一、预防为主、综合治理的方针，从源头上防范化解重大安全风险。

安全生产工作实行管行业必须管安全、管业务必须管安全、管生产经营必须管安全，强化和落实生产经营单位主体责任与政府监管责任，建立生产经营单位负责、职工参与、政府监管、行业自律和社会监督的机制。

第四条　生产经营单位必须遵守本法和其他有关安全生产的法律、法规，加强安全生产管理，建立健全全员安全生产责任制和安全生产规章制度，加大对安全生产资金、物资、技术、人员的投入保障力度，改善安全生产条件，加强安全生产标准化、信息化建设，构建安全风险分级管控和隐患排查治理双重预防机制，健全风险防范化解机制，提高安全生产水平，确保安全生产。

平台经济等新兴行业、领域的生产经营单位应当根据本行业、领域的特点，建立健全并落实全员安全生产责任制，加强从业人员安全生产教育和培训，履行本法和其他法律、法规规定的有关安全生产义务。

第五条　生产经营单位的主要负责人是本单位安全生产第一责任人，对本单位的安全生产工作全面负责。其他负责人对职责范围内的安全生产工作负责。

第六条 生产经营单位的从业人员有依法获得安全生产保障的权利，并应当依法履行安全生产方面的义务。

第七条 工会依法对安全生产工作进行监督。

生产经营单位的工会依法组织职工参加本单位安全生产工作的民主管理和民主监督，维护职工在安全生产方面的合法权益。生产经营单位制定或者修改有关安全生产的规章制度，应当听取工会的意见。

第八条 国务院和县级以上地方各级人民政府应当根据国民经济和社会发展规划制定安全生产规划，并组织实施。安全生产规划应当与国土空间规划等相关规划相衔接。

各级人民政府应当加强安全生产基础设施建设和安全生产监管能力建设，所需经费列入本级预算。

县级以上地方各级人民政府应当组织有关部门建立完善安全风险评估与论证机制，按照安全风险管控要求，进行产业规划和空间布局，并对位置相邻、行业相近、业态相似的生产经营单位实施重大安全风险联防联控。

第九条 国务院和县级以上地方各级人民政府应当加强对安全生产工作的领导，建立健全安全生产工作协调机制，支持、督促各有关部门依法履行安全生产监督管理职责，及时协调、解决安全生产监督管理中存在的重大问题。

乡镇人民政府和街道办事处，以及开发区、工业园区、港区、风景区等应当明确负责安全生产监督管理的有关工作机构及其职责，加强安全生产监管力量建设，按照职责对本行政区域或者管理区域内生产经营单位安全生产状况进行监督检查，协助人民政府有关部门或者按照授权依法履行安全生产监督管理职责。

第十条 国务院应急管理部门依照本法，对全国安全生产工作实施综合监督管理；县级以上地方各级人民政府应急管理部门依照本法，对本行政区域内安全生产工作实施综合监督管理。

国务院交通运输、住房和城乡建设、水利、民航等有关部门依照本法和其他有关法律、行政法规的规定，在各自的职责范围内对有关行业、领域的安全生产工作实施监督管理；县级以上地方各级人民政府有关部门依照本法和其他有关法律、法规的规定，在各自的职责范围内对有关行业、领域的安全生产工作实施监督管理。对新兴行业、领域的安全生产监督管理职责不明确的，由县级以上地方各级人民政府按照业务相近的原则确定监督管理部门。

应急管理部门和对有关行业、领域的安全生产工作实施监督管理的部门，统称负有安全生产监督管理职责的部门。负有安全生产监督管理职责的部门应当相互配合、齐抓共管、信息共享、资源共用，依法加强安全生产监督管理工作。

第十一条 国务院有关部门应当按照保障安全生产的要求，依法及时制定有关的国家标准或者行业标准，并根据科技进步和经济发展适时修订。

生产经营单位必须执行依法制定的保障安全生产的国家标准或者行业标准。

第十二条 国务院有关部门按照职责分工负责安全生产强制性国家标准的项目提出、组织起草、征求意见、技术审查。国务院应急管理部门统筹提出安全生产强制性国家标准的立项计划。国务院标准化行政主管部门负责安全生产强制性国家标准的立项、编号、对外通报和授权批准发布工作。国务院标准化行政主管部门、有关部门依据法定职责对安全生产强制性国家标准的实施进行监督检查。

第十三条 各级人民政府及其有关部门应当采取多种形式，加强对有关安全生产的法律、法规和安全生产知识的宣传，增强全社会的安全生产意识。

第十四条 有关协会组织依照法律、行政法规和章程，为生产经营单位提供安全生产方面的信息、培训等服务，发挥自律作用，促进生产经营单位加强安全生产管理。

第十五条 依法设立的为安全生产提供技术、管理服务的机构，依照法律、行政法规和执业准则，接受生产经营单位的委托为其安全生产工作提供技术、管理服务。

生产经营单位委托前款规定的机构提供安全生产技术、管理服务的，保证安全生产的责任仍由本单位负责。

第十六条 国家实行生产安全事故责任追究制度，依照本法和有关法律、法规的规定，追究生产安全事故责任单位和责任人员的法律责任。

第十七条 县级以上各级人民政府应当组织负有安全生产监督管理职责的部门依法编制安全生产权力和责任清单，公开并接受社会监督。

第十八条 国家鼓励和支持安全生产科学技术研究和安全生产先进技术的推广应用，提高安全生产水平。

第十九条 国家对在改善安全生产条件、防止生产安全事故、参加抢险救护等方面取得显著成绩的单位和个人，给予奖励。

第二章 生产经营单位的安全生产保障

第二十条 生产经营单位应当具备本法和有关法律、行政法规和国家标准或者行业标准规定的安全生产条件；不具备安全生产条件的，不得从事生产经营活动。

第二十一条 生产经营单位的主要负责人对本单位安全生产工作负有下列职责：

（一）建立健全并落实本单位全员安全生产责任制，加强安全生产标准化建设；

（二）组织制定并实施本单位安全生产规章制度和操作规程；

（三）组织制定并实施本单位安全生产教育和培训计划；

（四）保证本单位安全生产投入的有效实施；

（五）组织建立并落实安全风险分级管控和隐患排查治理双重预防工作机制，督促、检查本单位的安全生产工作，及时消除生产安全事故隐患；

（六）组织制定并实施本单位的生产安全事故应急救援预案；

（七）及时、如实报告生产安全事故。

第二十二条　生产经营单位的全员安全生产责任制应当明确各岗位的责任人员、责任范围和考核标准等内容。

生产经营单位应当建立相应的机制，加强对全员安全生产责任制落实情况的监督考核，保证全员安全生产责任制的落实。

第二十三条　生产经营单位应当具备的安全生产条件所必需的资金投入，由生产经营单位的决策机构、主要负责人或者个人经营的投资人予以保证，并对由于安全生产所必需的资金投入不足导致的后果承担责任。

有关生产经营单位应当按照规定提取和使用安全生产费用，专门用于改善安全生产条件。安全生产费用在成本中据实列支。安全生产费用提取、使用和监督管理的具体办法由国务院财政部门会同国务院应急管理部门征求国务院有关部门意见后制定。

第二十四条　矿山、金属冶炼、建筑施工、运输单位和危险物品的生产、经营、储存、装卸单位，应当设置安全生产管理机构或者配备专职安全生产管理人员。

前款规定以外的其他生产经营单位，从业人员超过一百人的，应当设置安全生产管理机构或者配备专职安全生产管理人员；从业人员在一百人以下的，应当配备专职或者兼职的安全生产管理人员。

第二十五条 生产经营单位的安全生产管理机构以及安全生产管理人员履行下列职责：

（一）组织或者参与拟订本单位安全生产规章制度、操作规程和生产安全事故应急救援预案；

（二）组织或者参与本单位安全生产教育和培训，如实记录安全生产教育和培训情况；

（三）组织开展危险源辨识和评估，督促落实本单位重大危险源的安全管理措施；

（四）组织或者参与本单位应急救援演练；

（五）检查本单位的安全生产状况，及时排查生产安全事故隐患，提出改进安全生产管理的建议；

（六）制止和纠正违章指挥、强令冒险作业、违反操作规程的行为；

（七）督促落实本单位安全生产整改措施。

生产经营单位可以设置专职安全生产分管负责人，协助本单位主要负责人履行安全生产管理职责。

第二十六条 生产经营单位的安全生产管理机构以及安全生产管理人员应当恪尽职守，依法履行职责。

生产经营单位作出涉及安全生产的经营决策，应当听取安全生产管理机构以及安全生产管理人员的意见。

生产经营单位不得因安全生产管理人员依法履行职责而降低其工资、福利等待遇或者解除与其订立的劳动合同。

危险物品的生产、储存单位以及矿山、金属冶炼单位的安全生产管理人员的任免，应当告知主管的负有安全生产监督管理职责的部门。

第二十七条 生产经营单位的主要负责人和安全生产管理人

员必须具备与本单位所从事的生产经营活动相应的安全生产知识和管理能力。

危险物品的生产、经营、储存、装卸单位以及矿山、金属冶炼、建筑施工、运输单位的主要负责人和安全生产管理人员，应当由主管的负有安全生产监督管理职责的部门对其安全生产知识和管理能力考核合格。考核不得收费。

危险物品的生产、储存、装卸单位以及矿山、金属冶炼单位应当有注册安全工程师从事安全生产管理工作。鼓励其他生产经营单位聘用注册安全工程师从事安全生产管理工作。注册安全工程师按专业分类管理，具体办法由国务院人力资源和社会保障部门、国务院应急管理部门会同国务院有关部门制定。

第二十八条 生产经营单位应当对从业人员进行安全生产教育和培训，保证从业人员具备必要的安全生产知识，熟悉有关的安全生产规章制度和安全操作规程，掌握本岗位的安全操作技能，了解事故应急处理措施，知悉自身在安全生产方面的权利和义务。未经安全生产教育和培训合格的从业人员，不得上岗作业。

生产经营单位使用被派遣劳动者的，应当将被派遣劳动者纳入本单位从业人员统一管理，对被派遣劳动者进行岗位安全操作规程和安全操作技能的教育和培训。劳务派遣单位应当对被派遣劳动者进行必要的安全生产教育和培训。

生产经营单位接收中等职业学校、高等学校学生实习的，应当对实习学生进行相应的安全生产教育和培训，提供必要的劳动防护用品。学校应当协助生产经营单位对实习学生进行安全生产教育和培训。

生产经营单位应当建立安全生产教育和培训档案，如实记录安全生产教育和培训的时间、内容、参加人员以及考核结果等情况。

第二十九条 生产经营单位采用新工艺、新技术、新材料或者使用新设备，必须了解、掌握其安全技术特性，采取有效的安全防护措施，并对从业人员进行专门的安全生产教育和培训。

第三十条 生产经营单位的特种作业人员必须按照国家有关规定经专门的安全作业培训，取得相应资格，方可上岗作业。

特种作业人员的范围由国务院应急管理部门会同国务院有关部门确定。

第三十一条 生产经营单位新建、改建、扩建工程项目（以下统称建设项目）的安全设施，必须与主体工程同时设计、同时施工、同时投入生产和使用。安全设施投资应当纳入建设项目概算。

第三十二条 矿山、金属冶炼建设项目和用于生产、储存、装卸危险物品的建设项目，应当按照国家有关规定进行安全评价。

第三十三条 建设项目安全设施的设计人、设计单位应当对安全设施设计负责。

矿山、金属冶炼建设项目和用于生产、储存、装卸危险物品的建设项目的安全设施设计应当按照国家有关规定报经有关部门审查，审查部门及其负责审查的人员对审查结果负责。

第三十四条 矿山、金属冶炼建设项目和用于生产、储存、装卸危险物品的建设项目的施工单位必须按照批准的安全设施设计施工，并对安全设施的工程质量负责。

矿山、金属冶炼建设项目和用于生产、储存、装卸危险物品的建设项目竣工投入生产或者使用前，应当由建设单位负责组织对安全设施进行验收；验收合格后，方可投入生产和使用。负有安全生产监督管理职责的部门应当加强对建设单位验收活动和验收结果的监督核查。

第三十五条 生产经营单位应当在有较大危险因素的生产经

营场所和有关设施、设备上，设置明显的安全警示标志。

第三十六条 安全设备的设计、制造、安装、使用、检测、维修、改造和报废，应当符合国家标准或者行业标准。

生产经营单位必须对安全设备进行经常性维护、保养，并定期检测，保证正常运转。维护、保养、检测应当作好记录，并由有关人员签字。

生产经营单位不得关闭、破坏直接关系生产安全的监控、报警、防护、救生设备、设施，或者篡改、隐瞒、销毁其相关数据、信息。

餐饮等行业的生产经营单位使用燃气的，应当安装可燃气体报警装置，并保障其正常使用。

第三十七条 生产经营单位使用的危险物品的容器、运输工具，以及涉及人身安全、危险性较大的海洋石油开采特种设备和矿山井下特种设备，必须按照国家有关规定，由专业生产单位生产，并经具有专业资质的检测、检验机构检测、检验合格，取得安全使用证或者安全标志，方可投入使用。检测、检验机构对检测、检验结果负责。

第三十八条 国家对严重危及生产安全的工艺、设备实行淘汰制度，具体目录由国务院应急管理部门会同国务院有关部门制定并公布。法律、行政法规对目录的制定另有规定的，适用其规定。

省、自治区、直辖市人民政府可以根据本地区实际情况制定并公布具体目录，对前款规定以外的危及生产安全的工艺、设备予以淘汰。

生产经营单位不得使用应当淘汰的危及生产安全的工艺、设备。

第三十九条 生产、经营、运输、储存、使用危险物品或者处置废弃危险物品的，由有关主管部门依照有关法律、法规的规定和国家标准或者行业标准审批并实施监督管理。

生产经营单位生产、经营、运输、储存、使用危险物品或者处置废弃危险物品，必须执行有关法律、法规和国家标准或者行业标准，建立专门的安全管理制度，采取可靠的安全措施，接受有关主管部门依法实施的监督管理。

第四十条 生产经营单位对重大危险源应当登记建档，进行定期检测、评估、监控，并制定应急预案，告知从业人员和相关人员在紧急情况下应当采取的应急措施。

生产经营单位应当按照国家有关规定将本单位重大危险源及有关安全措施、应急措施报有关地方人民政府应急管理部门和有关部门备案。有关地方人民政府应急管理部门和有关部门应当通过相关信息系统实现信息共享。

第四十一条 生产经营单位应当建立安全风险分级管控制度，按照安全风险分级采取相应的管控措施。

生产经营单位应当建立健全并落实生产安全事故隐患排查治理制度，采取技术、管理措施，及时发现并消除事故隐患。事故隐患排查治理情况应当如实记录，并通过职工大会或者职工代表大会、信息公示栏等方式向从业人员通报。其中，重大事故隐患排查治理情况应当及时向负有安全生产监督管理职责的部门和职工大会或者职工代表大会报告。

县级以上地方各级人民政府负有安全生产监督管理职责的部门应当将重大事故隐患纳入相关信息系统，建立健全重大事故隐患治理督办制度，督促生产经营单位消除重大事故隐患。

第四十二条 生产、经营、储存、使用危险物品的车间、商店、仓库不得与员工宿舍在同一座建筑物内，并应当与员工宿舍保持安全距离。

生产经营场所和员工宿舍应当设有符合紧急疏散要求、标志明显、保持畅通的出口、疏散通道。禁止占用、锁闭、封堵生产经营场所或者员工宿舍的出口、疏散通道。

第四十三条　生产经营单位进行爆破、吊装、动火、临时用电以及国务院应急管理部门会同国务院有关部门规定的其他危险作业，应当安排专门人员进行现场安全管理，确保操作规程的遵守和安全措施的落实。

第四十四条　生产经营单位应当教育和督促从业人员严格执行本单位的安全生产规章制度和安全操作规程；并向从业人员如实告知作业场所和工作岗位存在的危险因素、防范措施以及事故应急措施。

生产经营单位应当关注从业人员的身体、心理状况和行为习惯，加强对从业人员的心理疏导、精神慰藉，严格落实岗位安全生产责任，防范从业人员行为异常导致事故发生。

第四十五条　生产经营单位必须为从业人员提供符合国家标准或者行业标准的劳动防护用品，并监督、教育从业人员按照使用规则佩戴、使用。

第四十六条　生产经营单位的安全生产管理人员应当根据本单位的生产经营特点，对安全生产状况进行经常性检查；对检查中发现的安全问题，应当立即处理；不能处理的，应当及时报告本单位有关负责人，有关负责人应当及时处理。检查及处理情况应当如实记录在案。

生产经营单位的安全生产管理人员在检查中发现重大事故隐患，依照前款规定向本单位有关负责人报告，有关负责人不及时处理的，安全生产管理人员可以向主管的负有安全生产监督管理职责的部门报告，接到报告的部门应当依法及时处理。

第四十七条　生产经营单位应当安排用于配备劳动防护用品、

进行安全生产培训的经费。

第四十八条 两个以上生产经营单位在同一作业区域内进行生产经营活动，可能危及对方生产安全的，应当签订安全生产管理协议，明确各自的安全生产管理职责和应当采取的安全措施，并指定专职安全生产管理人员进行安全检查与协调。

第四十九条 生产经营单位不得将生产经营项目、场所、设备发包或者出租给不具备安全生产条件或者相应资质的单位或者个人。

生产经营项目、场所发包或者出租给其他单位的，生产经营单位应当与承包单位、承租单位签订专门的安全生产管理协议，或者在承包合同、租赁合同中约定各自的安全生产管理职责；生产经营单位对承包单位、承租单位的安全生产工作统一协调、管理，定期进行安全检查，发现安全问题的，应当及时督促整改。

矿山、金属冶炼建设项目和用于生产、储存、装卸危险物品的建设项目的施工单位应当加强对施工项目的安全管理，不得倒卖、出租、出借、挂靠或者以其他形式非法转让施工资质，不得将其承包的全部建设工程转包给第三人或者将其承包的全部建设工程支解以后以分包的名义分别转包给第三人，不得将工程分包给不具备相应资质条件的单位。

第五十条 生产经营单位发生生产安全事故时，单位的主要负责人应当立即组织抢救，并不得在事故调查处理期间擅离职守。

第五十一条 生产经营单位必须依法参加工伤保险，为从业人员缴纳保险费。

国家鼓励生产经营单位投保安全生产责任保险；属于国家规定的高危行业、领域的生产经营单位，应当投保安全生产责任保险。具体范围和实施办法由国务院应急管理部门会同国务院财政部门、国务院保险监督管理机构和相关行业主管部门制定。

第三章 从业人员的安全生产权利义务

第五十二条 生产经营单位与从业人员订立的劳动合同，应当载明有关保障从业人员劳动安全、防止职业危害的事项，以及依法为从业人员办理工伤保险的事项。

生产经营单位不得以任何形式与从业人员订立协议，免除或者减轻其对从业人员因生产安全事故伤亡依法应承担的责任。

第五十三条 生产经营单位的从业人员有权了解其作业场所和工作岗位存在的危险因素、防范措施及事故应急措施，有权对本单位的安全生产工作提出建议。

第五十四条 从业人员有权对本单位安全生产工作中存在的问题提出批评、检举、控告；有权拒绝违章指挥和强令冒险作业。

生产经营单位不得因从业人员对本单位安全生产工作提出批评、检举、控告或者拒绝违章指挥、强令冒险作业而降低其工资、福利等待遇或者解除与其订立的劳动合同。

第五十五条 从业人员发现直接危及人身安全的紧急情况时，有权停止作业或者在采取可能的应急措施后撤离作业场所。

生产经营单位不得因从业人员在前款紧急情况下停止作业或者采取紧急撤离措施而降低其工资、福利等待遇或者解除与其订立的劳动合同。

第五十六条 生产经营单位发生生产安全事故后，应当及时采取措施救治有关人员。

因生产安全事故受到损害的从业人员，除依法享有工伤保险外，依照有关民事法律尚有获得赔偿的权利的，有权提出赔偿要求。

第五十七条 从业人员在作业过程中，应当严格落实岗位安全责任，遵守本单位的安全生产规章制度和操作规程，服从管理，正确佩戴和使用劳动防护用品。

第五十八条 从业人员应当接受安全生产教育和培训，掌握本职工作所需的安全生产知识，提高安全生产技能，增强事故预防和应急处理能力。

第五十九条 从业人员发现事故隐患或者其他不安全因素，应当立即向现场安全生产管理人员或者本单位负责人报告；接到报告的人员应当及时予以处理。

第六十条 工会有权对建设项目的安全设施与主体工程同时设计、同时施工、同时投入生产和使用进行监督，提出意见。

工会对生产经营单位违反安全生产法律、法规，侵犯从业人员合法权益的行为，有权要求纠正；发现生产经营单位违章指挥、强令冒险作业或者发现事故隐患时，有权提出解决的建议，生产经营单位应当及时研究答复；发现危及从业人员生命安全的情况时，有权向生产经营单位建议组织从业人员撤离危险场所，生产经营单位必须立即作出处理。

工会有权依法参加事故调查，向有关部门提出处理意见，并要求追究有关人员的责任。

第六十一条 生产经营单位使用被派遣劳动者的，被派遣劳动者享有本法规定的从业人员的权利，并应当履行本法规定的从业人员的义务。

第四章 安全生产的监督管理

第六十二条 县级以上地方各级人民政府应当根据本行政区域内的安全生产状况，组织有关部门按照职责分工，对本行政区域内容易发生重大生产安全事故的生产经营单位进行严格检查。

应急管理部门应当按照分类分级监督管理的要求，制定安全生产年度监督检查计划，并按照年度监督检查计划进行监督检查，发现事故隐患，应当及时处理。

第六十三条 负有安全生产监督管理职责的部门依照有关法律、法规的规定，对涉及安全生产的事项需要审查批准（包括批准、核准、许可、注册、认证、颁发证照等，下同）或者验收的，必须严格依照有关法律、法规和国家标准或者行业标准规定的安全生产条件和程序进行审查；不符合有关法律、法规和国家标准或者行业标准规定的安全生产条件的，不得批准或者验收通过。对未依法取得批准或者验收合格的单位擅自从事有关活动的，负责行政审批的部门发现或者接到举报后应当立即予以取缔，并依法予以处理。对已经依法取得批准的单位，负责行政审批的部门发现其不再具备安全生产条件的，应当撤销原批准。

第六十四条 负有安全生产监督管理职责的部门对涉及安全生产的事项进行审查、验收，不得收取费用；不得要求接受审查、验收的单位购买其指定品牌或者指定生产、销售单位的安全设备、器材或者其他产品。

第六十五条 应急管理部门和其他负有安全生产监督管理职责的部门依法开展安全生产行政执法工作，对生产经营单位执行有关安全生产的法律、法规和国家标准或者行业标准的情况进行监督检查，行使以下职权：

（一）进入生产经营单位进行检查，调阅有关资料，向有关单位和人员了解情况；

（二）对检查中发现的安全生产违法行为，当场予以纠正或者要求限期改正；对依法应当给予行政处罚的行为，依照本法和其他有关法律、行政法规的规定作出行政处罚决定；

（三）对检查中发现的事故隐患，应当责令立即排除；重大事故隐患排除前或者排除过程中无法保证安全的，应当责令从危险区域内撤出作业人员，责令暂时停产停业或者停止使用相关设施、设备；重大事故隐患排除后，经审查同意，方可恢复生产经营和使用；

（四）对有根据认为不符合保障安全生产的国家标准或者行业标准的设施、设备、器材以及违法生产、储存、使用、经营、运输的危险物品予以查封或者扣押，对违法生产、储存、使用、经营危险物品的作业场所予以查封，并依法作出处理决定。

监督检查不得影响被检查单位的正常生产经营活动。

第六十六条 生产经营单位对负有安全生产监督管理职责的部门的监督检查人员（以下统称安全生产监督检查人员）依法履行监督检查职责，应当予以配合，不得拒绝、阻挠。

第六十七条 安全生产监督检查人员应当忠于职守，坚持原则，秉公执法。

安全生产监督检查人员执行监督检查任务时，必须出示有效的行政执法证件；对涉及被检查单位的技术秘密和业务秘密，应当为其保密。

第六十八条 安全生产监督检查人员应当将检查的时间、地点、内容、发现的问题及其处理情况，作出书面记录，并由检查人员和被检查单位的负责人签字；被检查单位的负责人拒绝签字的，检查人员应当将情况记录在案，并向负有安全生产监督管理职责的部门报告。

第六十九条 负有安全生产监督管理职责的部门在监督检查中，应当互相配合，实行联合检查；确需分别进行检查的，应当互通情况，发现存在的安全问题应当由其他有关部门进行处理的，应当及时移送其他有关部门并形成记录备查，接受移送的部门应当及时进行处理。

第七十条 负有安全生产监督管理职责的部门依法对存在重大事故隐患的生产经营单位作出停产停业、停止施工、停止使用相关设施或者设备的决定，生产经营单位应当依法执行，及时消除事故隐患。生产经营单位拒不执行，有发生生产安全事故的现实危险的，在保证安全的前提下，经本部门主要负责人批准，负有安全生产监督管理职责的部门可以采取通知有关单位停止供电、停止供应民用爆炸物品等措施，强制生产经营单位履行决定。通知应当采用书面形式，有关单位应当予以配合。

负有安全生产监督管理职责的部门依照前款规定采取停止供电措施，除有危及生产安全的紧急情形外，应当提前二十四小时通知生产经营单位。生产经营单位依法履行行政决定、采取相应措施消除事故隐患的，负有安全生产监督管理职责的部门应当及时解除前款规定的措施。

第七十一条　监察机关依照监察法的规定，对负有安全生产监督管理职责的部门及其工作人员履行安全生产监督管理职责实施监察。

第七十二条　承担安全评价、认证、检测、检验职责的机构应当具备国家规定的资质条件，并对其作出的安全评价、认证、检测、检验结果的合法性、真实性负责。资质条件由国务院应急管理部门会同国务院有关部门制定。

承担安全评价、认证、检测、检验职责的机构应当建立并实施服务公开和报告公开制度，不得租借资质、挂靠、出具虚假报告。

第七十三条　负有安全生产监督管理职责的部门应当建立举报制度，公开举报电话、信箱或者电子邮件地址等网络举报平台，受理有关安全生产的举报；受理的举报事项经调查核实后，应当形成书面材料；需要落实整改措施的，报经有关负责人签字并督促落实。对不属于本部门职责，需要由其他有关部门进行调查处理的，转交其他有关部门处理。

涉及人员死亡的举报事项，应当由县级以上人民政府组织核查处理。

第七十四条 任何单位或者个人对事故隐患或者安全生产违法行为，均有权向负有安全生产监督管理职责的部门报告或者举报。

因安全生产违法行为造成重大事故隐患或者导致重大事故，致使国家利益或者社会公共利益受到侵害的，人民检察院可以根据民事诉讼法、行政诉讼法的相关规定提起公益诉讼。

第七十五条 居民委员会、村民委员会发现其所在区域内的生产经营单位存在事故隐患或者安全生产违法行为时，应当向当地人民政府或者有关部门报告。

第七十六条 县级以上各级人民政府及其有关部门对报告重大事故隐患或者举报安全生产违法行为的有功人员，给予奖励。具体奖励办法由国务院应急管理部门会同国务院财政部门制定。

第七十七条 新闻、出版、广播、电影、电视等单位有进行安全生产公益宣传教育的义务，有对违反安全生产法律、法规的行为进行舆论监督的权利。

第七十八条 负有安全生产监督管理职责的部门应当建立安全生产违法行为信息库，如实记录生产经营单位及其有关从业人员的安全生产违法行为信息；对违法行为情节严重的生产经营单位及其有关从业人员，应当及时向社会公告，并通报行业主管部门、投资主管部门、自然资源主管部门、生态环境主管部门、证券监督管理机构以及有关金融机构。有关部门和机构应当对存在失信行为的生产经营单位及其有关从业人员采取加大执法检查频次、暂停项目审批、上调有关保险费率、行业或者职业禁入等联合惩戒措施，并向社会公示。

负有安全生产监督管理职责的部门应当加强对生产经营单位

行政处罚信息的及时归集、共享、应用和公开，对生产经营单位作出处罚决定后七个工作日内在监督管理部门公示系统予以公开曝光，强化对违法失信生产经营单位及其有关从业人员的社会监督，提高全社会安全生产诚信水平。

第五章 生产安全事故的应急救援与调查处理

第七十九条 国家加强生产安全事故应急能力建设，在重点行业、领域建立应急救援基地和应急救援队伍，并由国家安全生产应急救援机构统一协调指挥；鼓励生产经营单位和其他社会力量建立应急救援队伍，配备相应的应急救援装备和物资，提高应急救援的专业化水平。

国务院应急管理部门牵头建立全国统一的生产安全事故应急救援信息系统，国务院交通运输、住房和城乡建设、水利、民航等有关部门和县级以上地方人民政府建立健全相关行业、领域、地区的生产安全事故应急救援信息系统，实现互联互通、信息共享，通过推行网上安全信息采集、安全监管和监测预警，提升监管的精准化、智能化水平。

第八十条 县级以上地方各级人民政府应当组织有关部门制定本行政区域内生产安全事故应急救援预案，建立应急救援体系。

乡镇人民政府和街道办事处，以及开发区、工业园区、港区、风景区等应当制定相应的生产安全事故应急救援预案，协助人民政府有关部门或者按照授权依法履行生产安全事故应急救援工作职责。

第八十一条 生产经营单位应当制定本单位生产安全事故应急救援预案，与所在地县级以上地方人民政府组织制定的生产安全事故应急救援预案相衔接，并定期组织演练。

第八十二条 危险物品的生产、经营、储存单位以及矿山、金属冶炼、城市轨道交通运营、建筑施工单位应当建立应急救援组织；生产经营规模较小的，可以不建立应急救援组织，但应当指定兼职的应急救援人员。

危险物品的生产、经营、储存、运输单位以及矿山、金属冶炼、城市轨道交通运营、建筑施工单位应当配备必要的应急救援器材、设备和物资，并进行经常性维护、保养，保证正常运转。

第八十三条 生产经营单位发生生产安全事故后，事故现场有关人员应当立即报告本单位负责人。

单位负责人接到事故报告后，应当迅速采取有效措施，组织抢救，防止事故扩大，减少人员伤亡和财产损失，并按照国家有关规定立即如实报告当地负有安全生产监督管理职责的部门，不得隐瞒不报、谎报或者迟报，不得故意破坏事故现场、毁灭有关证据。

第八十四条 负有安全生产监督管理职责的部门接到事故报告后，应当立即按照国家有关规定上报事故情况。负有安全生产监督管理职责的部门和有关地方人民政府对事故情况不得隐瞒不报、谎报或者迟报。

第八十五条 有关地方人民政府和负有安全生产监督管理职责的部门的负责人接到生产安全事故报告后，应当按照生产安全事故应急救援预案的要求立即赶到事故现场，组织事故抢救。

参与事故抢救的部门和单位应当服从统一指挥，加强协同联动，采取有效的应急救援措施，并根据事故救援的需要采取警戒、疏散等措施，防止事故扩大和次生灾害的发生，减少人员伤亡和财产损失。

事故抢救过程中应当采取必要措施，避免或者减少对环境造成的危害。

任何单位和个人都应当支持、配合事故抢救，并提供一切便利条件。

第八十六条 事故调查处理应当按照科学严谨、依法依规、实事求是、注重实效的原则，及时、准确地查清事故原因，查明事故性质和责任，评估应急处置工作，总结事故教训，提出整改措施，并对事故责任单位和人员提出处理建议。事故调查报告应当依法及时向社会公布。事故调查和处理的具体办法由国务院制定。

事故发生单位应当及时全面落实整改措施，负有安全生产监督管理职责的部门应当加强监督检查。

负责事故调查处理的国务院有关部门和地方人民政府应当在批复事故调查报告后一年内，组织有关部门对事故整改和防范措施落实情况进行评估，并及时向社会公开评估结果；对不履行职责导致事故整改和防范措施没有落实的有关单位和人员，应当按照有关规定追究责任。

第八十七条 生产经营单位发生生产安全事故，经调查确定为责任事故的，除了应当查明事故单位的责任并依法予以追究外，还应当查明对安全生产的有关事项负有审查批准和监督职责的行政部门的责任，对有失职、渎职行为的，依照本法第九十条的规定追究法律责任。

第八十八条 任何单位和个人不得阻挠和干涉对事故的依法调查处理。

第八十九条 县级以上地方各级人民政府应急管理部门应当定期统计分析本行政区域内发生生产安全事故的情况，并定期向社会公布。

第六章 法律责任

第九十条 负有安全生产监督管理职责的部门的工作人员，

有下列行为之一的，给予降级或者撤职的处分；构成犯罪的，依照刑法有关规定追究刑事责任：

（一）对不符合法定安全生产条件的涉及安全生产的事项予以批准或者验收通过的；

（二）发现未依法取得批准、验收的单位擅自从事有关活动或者接到举报后不予取缔或者不依法予以处理的；

（三）对已经依法取得批准的单位不履行监督管理职责，发现其不再具备安全生产条件而不撤销原批准或者发现安全生产违法行为不予查处的；

（四）在监督检查中发现重大事故隐患，不依法及时处理的。

负有安全生产监督管理职责的部门的工作人员有前款规定以外的滥用职权、玩忽职守、徇私舞弊行为的，依法给予处分；构成犯罪的，依照刑法有关规定追究刑事责任。

第九十一条 负有安全生产监督管理职责的部门，要求被审查、验收的单位购买其指定的安全设备、器材或者其他产品的，在对安全生产事项的审查、验收中收取费用的，由其上级机关或者监察机关责令改正，责令退还收取的费用；情节严重的，对直接负责的主管人员和其他直接责任人员依法给予处分。

第九十二条 承担安全评价、认证、检测、检验职责的机构出具失实报告的，责令停业整顿，并处三万元以上十万元以下的罚款；给他人造成损害的，依法承担赔偿责任。

承担安全评价、认证、检测、检验职责的机构租借资质、挂靠、出具虚假报告的，没收违法所得；违法所得在十万元以上的，并处违法所得二倍以上五倍以下的罚款，没有违法所得或者违法所得不足十万元的，单处或者并处十万元以上二十万元以下的罚款；对其直接负责的主管人员和其他直接责任人员处五万元以上十万元以下的罚款；给他人造成损害的，与生产经营单位承担连带赔偿责任；构成犯罪的，依照刑法有关规定追究刑事责任。

对有前款违法行为的机构及其直接责任人员，吊销其相应资质和资格，五年内不得从事安全评价、认证、检测、检验等工作；情节严重的，实行终身行业和职业禁入。

第九十三条 生产经营单位的决策机构、主要负责人或者个人经营的投资人不依照本法规定保证安全生产所必需的资金投入，致使生产经营单位不具备安全生产条件的，责令限期改正，提供必需的资金；逾期未改正的，责令生产经营单位停产停业整顿。

有前款违法行为，导致发生生产安全事故的，对生产经营单位的主要负责人给予撤职处分，对个人经营的投资人处二万元以上二十万元以下的罚款；构成犯罪的，依照刑法有关规定追究刑事责任。

第九十四条 生产经营单位的主要负责人未履行本法规定的安全生产管理职责的，责令限期改正，处二万元以上五万元以下的罚款；逾期未改正的，处五万元以上十万元以下的罚款，责令生产经营单位停产停业整顿。

生产经营单位的主要负责人有前款违法行为，导致发生生产安全事故的，给予撤职处分；构成犯罪的，依照刑法有关规定追究刑事责任。

生产经营单位的主要负责人依照前款规定受刑事处罚或者撤职处分的，自刑罚执行完毕或者受处分之日起，五年内不得担任任何生产经营单位的主要负责人；对重大、特别重大生产安全事故负有责任的，终身不得担任本行业生产经营单位的主要负责人。

第九十五条 生产经营单位的主要负责人未履行本法规定的安全生产管理职责，导致发生生产安全事故的，由应急管理部门依照下列规定处以罚款：

（一）发生一般事故的，处上一年年收入百分之四十的罚款；

（二）发生较大事故的，处上一年年收入百分之六十的罚款；

（三）发生重大事故的，处上一年年收入百分之八十的罚款；

（四）发生特别重大事故的，处上一年年收入百分之一百的罚款。

第九十六条 生产经营单位的其他负责人和安全生产管理人员未履行本法规定的安全生产管理职责的，责令限期改正，处一万元以上三万元以下的罚款；导致发生生产安全事故的，暂停或者吊销其与安全生产有关的资格，并处上一年年收入百分之二十以上百分之五十以下的罚款；构成犯罪的，依照刑法有关规定追究刑事责任。

第九十七条 生产经营单位有下列行为之一的，责令限期改正，处十万元以下的罚款；逾期未改正的，责令停产停业整顿，并处十万元以上二十万元以下的罚款，对其直接负责的主管人员和其他直接责任人员处二万元以上五万元以下的罚款：

（一）未按照规定设置安全生产管理机构或者配备安全生产管理人员、注册安全工程师的；

（二）危险物品的生产、经营、储存、装卸单位以及矿山、金属冶炼、建筑施工、运输单位的主要负责人和安全生产管理人员未按照规定经考核合格的；

（三）未按照规定对从业人员、被派遣劳动者、实习学生进行安全生产教育和培训，或者未按照规定如实告知有关的安全生产事项的；

（四）未如实记录安全生产教育和培训情况的；

（五）未将事故隐患排查治理情况如实记录或者未向从业人员通报的；

（六）未按照规定制定生产安全事故应急救援预案或者未定期组织演练的；

（七）特种作业人员未按照规定经专门的安全作业培训并取得相应资格，上岗作业的。

第九十八条 生产经营单位有下列行为之一的，责令停止建设或者停产停业整顿，限期改正，并处十万元以上五十万元以下的罚款，对其直接负责的主管人员和其他直接责任人员处二万元以上五万元以下的罚款；逾期未改正的，处五十万元以上一百万元以下的罚款，对其直接负责的主管人员和其他直接责任人员处五万元以上十万元以下的罚款；构成犯罪的，依照刑法有关规定追究刑事责任：

（一）未按照规定对矿山、金属冶炼建设项目或者用于生产、储存、装卸危险物品的建设项目进行安全评价的；

（二）矿山、金属冶炼建设项目或者用于生产、储存、装卸危险物品的建设项目没有安全设施设计或者安全设施设计未按照规定报经有关部门审查同意的；

（三）矿山、金属冶炼建设项目或者用于生产、储存、装卸危险物品的建设项目的施工单位未按照批准的安全设施设计施工的；

（四）矿山、金属冶炼建设项目或者用于生产、储存、装卸危险物品的建设项目竣工投入生产或者使用前，安全设施未经验收合格的。

第九十九条 生产经营单位有下列行为之一的，责令限期改正，处五万元以下的罚款；逾期未改正的，处五万元以上二十万元以下的罚款，对其直接负责的主管人员和其他直接责任人员处一万元以上二万元以下的罚款；情节严重的，责令停产停业整顿；构成犯罪的，依照刑法有关规定追究刑事责任：

（一）未在有较大危险因素的生产经营场所和有关设施、设备上设置明显的安全警示标志的；

（二）安全设备的安装、使用、检测、改造和报废不符合国家标准或者行业标准的；

（三）未对安全设备进行经常性维护、保养和定期检测的；

（四）关闭、破坏直接关系生产安全的监控、报警、防护、救生设备、设施，或者篡改、隐瞒、销毁其相关数据、信息的；

（五）未为从业人员提供符合国家标准或者行业标准的劳动防护用品的；

（六）危险物品的容器、运输工具，以及涉及人身安全、危险性较大的海洋石油开采特种设备和矿山井下特种设备未经具有专业资质的机构检测、检验合格，取得安全使用证或者安全标志，投入使用的；

（七）使用应当淘汰的危及生产安全的工艺、设备的；

（八）餐饮等行业的生产经营单位使用燃气未安装可燃气体报警装置的。

第一百条 未经依法批准，擅自生产、经营、运输、储存、使用危险物品或者处置废弃危险物品的，依照有关危险物品安全管理的法律、行政法规的规定予以处罚；构成犯罪的，依照刑法有关规定追究刑事责任。

第一百零一条 生产经营单位有下列行为之一的，责令限期改正，处十万元以下的罚款；逾期未改正的，责令停产停业整顿，并处十万元以上二十万元以下的罚款，对其直接负责的主管人员和其他直接责任人员处二万元以上五万元以下的罚款；构成犯罪的，依照刑法有关规定追究刑事责任：

（一）生产、经营、运输、储存、使用危险物品或者处置废弃危险物品，未建立专门安全管理制度、未采取可靠的安全措施的；

（二）对重大危险源未登记建档，未进行定期检测、评估、监控，未制定应急预案，或者未告知应急措施的；

（三）进行爆破、吊装、动火、临时用电以及国务院应急管理部门会同国务院有关部门规定的其他危险作业，未安排专门人员进行现场安全管理的；

（四）未建立安全风险分级管控制度或者未按照安全风险分级采取相应管控措施的；

（五）未建立事故隐患排查治理制度，或者重大事故隐患排查治理情况未按照规定报告的。

第一百零二条　生产经营单位未采取措施消除事故隐患的，责令立即消除或者限期消除，处五万元以下的罚款；生产经营单位拒不执行的，责令停产停业整顿，对其直接负责的主管人员和其他直接责任人员处五万元以上十万元以下的罚款；构成犯罪的，依照刑法有关规定追究刑事责任。

第一百零三条　生产经营单位将生产经营项目、场所、设备发包或者出租给不具备安全生产条件或者相应资质的单位或者个人的，责令限期改正，没收违法所得；违法所得十万元以上的，并处违法所得二倍以上五倍以下的罚款；没有违法所得或者违法所得不足十万元的，单处或者并处十万元以上二十万元以下的罚款；对其直接负责的主管人员和其他直接责任人员处一万元以上二万元以下的罚款；导致发生生产安全事故给他人造成损害的，与承包方、承租方承担连带赔偿责任。

生产经营单位未与承包单位、承租单位签订专门的安全生产管理协议或者未在承包合同、租赁合同中明确各自的安全生产管理职责，或者未对承包单位、承租单位的安全生产统一协调、管理的，责令限期改正，处五万元以下的罚款，对其直接负责的主管人员和其他直接责任人员处一万元以下的罚款；逾期未改正的，责令停产停业整顿。

矿山、金属冶炼建设项目和用于生产、储存、装卸危险物品的建设项目的施工单位未按照规定对施工项目进行安全管理的，责令限期改正，处十万元以下的罚款，对其直接负责的主管人员和其他直接责任人员处二万元以下的罚款；逾期未改正的，责令停产停业整顿。以上施工单位倒卖、出租、出借、挂靠或者以其他形式非法转让施工资质的，责令停产停业整顿，吊销资质证书，没收违法所得；违法所得十万元以上的，并处违法所得二倍以上五倍以下的罚款，没有违法所得或者违法所得不足十万元的，单处或者并处十万元以上二十万元以下的罚款；对其直接负责的主管人员和其他直接责任人员处五万元以上十万元以下的罚款；构成犯罪的，依照刑法有关规定追究刑事责任。

第一百零四条 两个以上生产经营单位在同一作业区域内进行可能危及对方安全生产的生产经营活动，未签订安全生产管理协议或者未指定专职安全生产管理人员进行安全检查与协调的，责令限期改正，处五万元以下的罚款，对其直接负责的主管人员和其他直接责任人员处一万元以下的罚款；逾期未改正的，责令停产停业。

第一百零五条 生产经营单位有下列行为之一的，责令限期改正，处五万元以下的罚款，对其直接负责的主管人员和其他直接责任人员处一万元以下的罚款；逾期未改正的，责令停产停业整顿；构成犯罪的，依照刑法有关规定追究刑事责任：

（一）生产、经营、储存、使用危险物品的车间、商店、仓库与员工宿舍在同一座建筑内，或者与员工宿舍的距离不符合安全要求的；

（二）生产经营场所和员工宿舍未设有符合紧急疏散需要、标志明显、保持畅通的出口、疏散通道，或者占用、锁闭、封堵生产经营场所或者员工宿舍出口、疏散通道的。

第一百零六条 生产经营单位与从业人员订立协议，免除或者减轻其对从业人员因生产安全事故伤亡依法应承担的责任的，该协议无效；对生产经营单位的主要负责人、个人经营的投资人处二万元以上十万元以下的罚款。

第一百零七条　生产经营单位的从业人员不落实岗位安全责任，不服从管理，违反安全生产规章制度或者操作规程的，由生产经营单位给予批评教育，依照有关规章制度给予处分；构成犯罪的，依照刑法有关规定追究刑事责任。

第一百零八条　违反本法规定，生产经营单位拒绝、阻碍负有安全生产监督管理职责的部门依法实施监督检查的，责令改正；拒不改正的，处二万元以上二十万元以下的罚款；对其直接负责的主管人员和其他直接责任人员处一万元以上二万元以下的罚款；构成犯罪的，依照刑法有关规定追究刑事责任。

第一百零九条　高危行业、领域的生产经营单位未按照国家规定投保安全生产责任保险的，责令限期改正，处五万元以上十万元以下的罚款；逾期未改正的，处十万元以上二十万元以下的罚款。

第一百一十条　生产经营单位的主要负责人在本单位发生生产安全事故时，不立即组织抢救或者在事故调查处理期间擅离职守或者逃匿的，给予降级、撤职的处分，并由应急管理部门处上一年年收入百分之六十至百分之一百的罚款；对逃匿的处十五日以下拘留；构成犯罪的，依照刑法有关规定追究刑事责任。

生产经营单位的主要负责人对生产安全事故隐瞒不报、谎报或者迟报的，依照前款规定处罚。

第一百一十一条　有关地方人民政府、负有安全生产监督管理职责的部门，对生产安全事故隐瞒不报、谎报或者迟报的，对直接负责的主管人员和其他直接责任人员依法给予处分；构成犯罪的，依照刑法有关规定追究刑事责任。

第一百一十二条　生产经营单位违反本法规定，被责令改正且受到罚款处罚，拒不改正的，负有安全生产监督管理职责的部门可以自作出责令改正之日的次日起，按照原处罚数额按日连续处罚。

第一百一十三条 生产经营单位存在下列情形之一的，负有安全生产监督管理职责的部门应当提请地方人民政府予以关闭，有关部门应当依法吊销其有关证照。生产经营单位主要负责人五年内不得担任任何生产经营单位的主要负责人；情节严重的，终身不得担任本行业生产经营单位的主要负责人：

（一）存在重大事故隐患，一百八十日内三次或者一年内四次受到本法规定的行政处罚的；

（二）经停产停业整顿，仍不具备法律、行政法规和国家标准或者行业标准规定的安全生产条件的；

（三）不具备法律、行政法规和国家标准或者行业标准规定的安全生产条件，导致发生重大、特别重大生产安全事故的；

（四）拒不执行负有安全生产监督管理职责的部门作出的停产停业整顿决定的。

第一百一十四条 发生生产安全事故，对负有责任的生产经营单位除要求其依法承担相应的赔偿等责任外，由应急管理部门依照下列规定处以罚款：

（一）发生一般事故的，处三十万元以上一百万元以下的罚款；

（二）发生较大事故的，处一百万元以上二百万元以下的罚款；

（三）发生重大事故的，处二百万元以上一千万元以下的罚款；

（四）发生特别重大事故的，处一千万元以上二千万元以下的罚款。

发生生产安全事故，情节特别严重、影响特别恶劣的，应急管理部门可以按照前款罚款数额的二倍以上五倍以下对负有责任的生产经营单位处以罚款。

第一百一十五条 本法规定的行政处罚，由应急管理部门和其他负有安全生产监督管理职责的部门按照职责分工决定；其中，根据本法第九十五条、第一百一十条、第一百一十四条的规定应当给予民航、铁路、电力行业的生产经营单位及其主要负责人行政处罚的，也可以由主管的负有安全生产监督管理职责的部门进行处罚。予以关闭的行政处罚，由负有安全生产监督管理职责的部门报请县级以上人民政府按照国务院规定的权限决定；给予拘留的行政处罚，由公安机关依照治安管理处罚的规定决定。

第一百一十六条 生产经营单位发生生产安全事故造成人员伤亡、他人财产损失的，应当依法承担赔偿责任；拒不承担或者其负责人逃匿的，由人民法院依法强制执行。

生产安全事故的责任人未依法承担赔偿责任，经人民法院依法采取执行措施后，仍不能对受害人给予足额赔偿的，应当继续履行赔偿义务；受害人发现责任人有其他财产的，可以随时请求人民法院执行。

第七章　附　　则

第一百一十七条 本法下列用语的含义：

危险物品，是指易燃易爆物品、危险化学品、放射性物品等能够危及人身安全和财产安全的物品。

重大危险源，是指长期地或者临时地生产、搬运、使用或者储存危险物品，且危险物品的数量等于或者超过临界量的单元（包括场所和设施）。

第一百一十八条 本法规定的生产安全一般事故、较大事故、重大事故、特别重大事故的划分标准由国务院规定。

国务院应急管理部门和其他负有安全生产监督管理职责的部门应当根据各自的职责分工，制定相关行业、领域重大危险源的辨识标准和重大事故隐患的判定标准。

第一百一十九条 本法自2002年11月1日起施行。

关于《中华人民共和国安全生产法（修正草案）》的说明

——2021 年 1 月 20 日在第十三届全国人民代表大会常务委员会第二十五次会议上

应急管理部党委书记、副部长 黄 明

全国人民代表大会常务委员会：

我受国务院委托，现对《中华人民共和国安全生产法（修正草案）》作说明。

一、修改的必要性

安全生产是关系人民群众生命财产安全的大事，是经济社会高质量发展的重要标志，是党和政府对人民利益高度负责的重要体现。党中央、国务院高度重视安全生产工作。习近平总书记多次作出重要指示，强调各级党委政府务必把安全生产摆到重要位置，统筹发展和安全，坚持人民至上、生命至上，树牢安全发展理念，严格落实安全生产责任制，强化风险防控，从根本上消除事故隐患，切实把确保人民生命安全放在第一位落到实处。李克强总理多次作出重要批示，要求压实各层级各环节责任，严格安全监管执法，强化安全风险防控和隐患排查治理，加强安全基础能力建设，坚决防范遏制重特大安全事故，保障人民群众生命财产安全。

《中华人民共和国安全生产法》（以下简称《安全生产法》）

于2002年公布施行，2009年和2014年进行了两次修正，对预防和减少生产安全事故，保障人民群众生命财产安全发挥了重要作用，但新发展阶段、新发展理念、新发展格局对安全生产提出了更高的要求，需要对《安全生产法》进行修改完善。一是习近平总书记对加强安全生产工作作出一系列重要指示批示，2016年12月，中共中央、国务院印发《关于推进安全生产领域改革发展的意见》，对安全生产工作的指导思想、基本原则、制度措施等作出新的重大部署，需要通过修法进一步贯彻落实。二是我国安全生产仍处于爬坡过坎期，过去长期积累的隐患集中暴露，新的风险不断涌现，需要通过修法进一步压实各方安全生产责任，有效防范化解重大安全风险。三是根据2018年深化党和国家机构改革方案，原国家安监总局的职责划入应急部，其他有关部门和职责也作了调整，需要通过修法对原来的法定职责进行修改。

2019年1月，应急部向国务院报送了《〈中华人民共和国安全生产法〉修正案（草案送审稿）》。2019年1月和2020年2月司法部先后两次征求有关部门、省级政府和部分研究机构、行业协会、企业的意见，并会同应急部进一步开展了实地调研、专家座谈、沟通协调，反复修改完善，形成了《中华人民共和国安全生产法（修正草案）》（以下简称草案）。草案已经2020年11月25日国务院第115次常务会议讨论通过。

二、修改的总体思路

草案在总体思路上主要把握以下三点：一是将习近平总书记关于安全生产工作一系列重要指示批示精神和党中央、国务院有关决策部署转化为法律规定，确保落地见效。二是强化企业安全生产主体责任，建立完善安全风险预防控制体系，加大违法处罚力度，提高违法成本，推进依法治理。三是完善政府安全监管体制机制和责任制度，强化基础保障能力，依靠法治力量推进安全生产治理体系和治理能力现代化。

三、修改的主要内容

（一）进一步完善安全生产工作的原则要求。为加强党对安全生产工作的领导，贯彻党的十九届五中全会精神，落实习近平总书记提出的“三个必须”原则，对有关内容作了修改完善，规定安全生产工作应当坚持中国共产党的领导，以人为本，坚持人民至上、生命至上，把保护人民生命安全摆在首位，树牢安全发展理念，坚持安全第一、预防为主、综合治理的方针，从源头上防范化解重大安全风险，实行管行业必须管安全、管业务必须管安全、管生产经营必须管安全。

（二）进一步强化和落实生产经营单位的主体责任。一是确保生产经营单位的安全生产责任制落实到位，规定生产经营单位应当建立健全全员安全生产责任制和安全生产规章制度，加大投入保障力度，改善安全生产条件，加强标准化建设，构建安全风险分级管控和隐患排查治理双重预防体系，健全风险防范化解机制。明确生产经营单位的主要负责人是本单位安全生产第一责任人，其他负责人对职责范围内的安全生产工作负责。二是强化预防措施，规定生产经营单位应当建立安全风险分级管控制度，按安全风险分级采取相应管控措施；重大事故隐患排查治理情况应当及时向有关部门报告。三是加大对从业人员心理疏导、精神慰藉等人文关怀和保护力度，防范行为异常导致事故发生。四是发挥市场机制的推动作用，要求属于国家规定的高危行业、领域的生产经营单位应当投保安全生产责任保险。

（三）进一步明确地方政府和有关部门的安全生产监督管理职责。一是强化领导责任，规定各级人民政府应当加强安全生产基础设施和能力建设，所需经费列入本级预算；乡、镇人民政府和街道办事处，以及开发区、港区、风景区等应当明确负责安全监管的机构及其职责，加强监管力量建设，建立完善安全风险评估与论证机制，实施重大安全风险联防联控。二是厘清有关部门在安全生产强制性国家标准方面的职责，规定国务院有关部门分工负责安全生产强制性国家标准的有关工作，依据法定职责对强制性国家标准的实施进行监督检查。三是提升安全生产监管的信息化、智能化水平，监管部门之间应当对重大危险源及有关安全和应急措施备案信息实现信息共享。有关部门应当将重大事故隐患纳入相关信息系统，建立健全治理督办制度，督促消除重大事故隐患。国务院应急管理部门牵头建立全国统一的生产安全事故应急救援信息系统，有关部门和县级以上地方人民政府建立健全相关行业、领域、地区的事故应急救援信息系统，实现互联互通、信息共享，提升监管的精准化、智能化水平。

（四）进一步加大对生产经营单位及其负责人安全生产违法行为的处罚力度。一是在现行《安全生产法》规定的基础上，普遍提高了对违法行为的罚款数额。二是增加生产经营单位被责令改正且受到罚款处罚，拒不改正的，监管部门可以按日连续处罚。三是针对安全生产领域“屡禁不止、屡罚不改”等问题，加大对违法行为恶劣的生产经营单位关闭力度，依法吊销有关证照，对主要负责人实施职业禁入。四是加大对违法失信行为的联合惩戒和公开力度，规定监管部门发现生产经营单位未按规定履行公示义务的，予以联合惩戒；有关部门和机构对存在失信行为的单位及人员采取联合惩戒措施，并向社会公示。

草案和以上说明是否妥当，请审议。

全国人民代表大会宪法和法律委员会关于《中华人民共和国安全生产法（修正草案）》审议结果的报告

全国人民代表大会常务委员会：

常委会第二十五次会议对安全生产法修正草案进行了初次审议。会后，法制工作委员会将草案印发各省（区、市）、部分基层立法联系点、地方和中央有关单位等征求意见，在中国人大网公布草案全文，征求社会公众意见；宪法和法律委员会、法制工作委员会到江苏、湖南、山东实地调研，听取全国人大代表、地方有关部门、企业等方面的意见；宪法和法律委员会、社会建设委员会和法制工作委员会召开中央有关部门座谈会，进一步听取中央有关部门的意见建议，还就草案主要问题与有关部门交换意见，共同研究。宪法和法律委员会于5月19日召开会议，根据常委会组成人员的审议意见和各方面的意见，对草案进行了逐条审议。社会建设委员会、司法部、应急管理部的有关负责同志列席了会议。5月27日，宪法和法律委员会召开会议，再次进行了审议。宪法和法律委员会认为，为贯彻落实党中央改革决策部署，加强安全生产工作，防止和减少生产安全事故，切实保障人民群众生命和财产安全，修改安全生产法是必要的，草案经过审议修改，已经比较成熟。同时，提出以下主要修改意见：

一、有的常委委员和部门提出，应明确平台经济等新兴行业、领域的安全生产责任，加强安全生产监督管理，依法保障从业人员安全。宪法和法律委员会经研究，建议增加规定：平台经济等新兴行业、领域的生产经营单位应当根据本行业、领域的特点，建立健全并落实全员安全生产责任制，履行本法和其他法律、法规规定的有关安全生产义务；对新兴行业、领域的安全生产监督管理职责不明确的，由县级以上地方各级人民政府按照业务相近的原则确定监督管理部门。

二、有的部门和社会公众提出，餐饮等行业燃气用户存在的安全隐患，以及矿山、金属冶炼、危险物品有关建设项目施工单位非法转让施工资质、违法分包转包等，是当前安全生产工作中面临的突出问题，应完善相应安全生产保障措施和法律责任，强化安全生产监督管理。宪法和法律委员会经研究，建议增加规定：餐饮等行业的生产经营单位使用燃气的，应当安装可燃气体报警装置，并保障其正常使用；矿山、金属冶炼建设项目和用于生产、储存、装卸危险物品的建设项目施工单位应当加强对施工项目的安全管理，不得倒卖、出租、出借、挂靠或者以其他形式非法转让施工资质，不得将其承包的全部建设工程转包给第三人或者将其承包的全部建设工程支解以后以分包的名义分别转包给第三人，不得将工程分包给不具备相应资质条件的单位。同时，增加有关违法行为的法律责任。

三、有些常委委员、部门和地方提出，生产安全事故和重大事故隐患涉及国家利益和社会公共利益维护，为切实保护人民群众生命财产安全，建议根据中央有关文件精神，对安全生产领域的公益诉讼作出规定。宪法和法律委员会经研究，建议增加规定：因安全生产违法行为造成重大事故隐患或者导致重大事故，致使国家利益或者社会公共利益受到侵害的，人民检察院可以根据民事诉讼法、行政诉讼法的相关规定提起公益诉讼。

四、有的部门建议，结合安全生产应急救援工作有益经验和实践做法，进一步明确国家安全生产应急救援机构的统一协调指挥职能。宪法和法律委员会经研究，建议规定：国家加强生产安全事故应急能力建设，在重点行业、领域建立应急救援基地和应急救援队伍，并由国家安全生产应急救援机构统一协调指挥。

此外，还对修正草案作了一些文字修改。

5 月 24 日，法制工作委员会召开会议，邀请部分全国人大代表、政协委员、专家学者和生产经营单位、安全评价认证服务机构、保险机构、基层应急管理部门、检察机关的代表，就草案主要制度规范的可行性、出台时机、实施的社会效果和可能出现的问题等进行评估。与会人员普遍认为，草案贯彻落实党中央有关重大决策部署，在安全生产指导思想、生产经营单位主体责任、政府部门监督管理职责、违法行为处罚等方面增加了系列规定，修法正当其时。草案经过修改完善后，内容更加合理、切实可行，建议尽快审议通过。法律颁布实施后，必将深入推进安全生产工作，为人民群众生命和财产安全提供有力法治保障。与会人员还对草案提出了一些具体修改意见，宪法和法律委员会进行了认真研究，对有的意见予以采纳。

宪法和法律委员会已按上述意见提出了全国人民代表大会常务委员会关于修改《中华人民共和国安全生产法》的决定（草案），建议提请本次常委会会议审议通过。

修改决定草案和以上报告是否妥当，请审议。

全国人民代表大会宪法和法律委员会

2021 年 6 月 7 日

全国人民代表大会宪法和法律委员会关于《全国人民代表大会常务委员会关于修改〈中华人民共和国安全生产法〉的决定（草案）》修改意见的报告

全国人民代表大会常务委员会：

本次常委会会议于6月8日上午对关于修改安全生产法的决定草案进行了分组审议。普遍认为，草案已经比较成熟，建议进一步修改后，提请本次常委会会议表决通过。同时，有些常委会组成人员和列席人员还提出了一些修改意见和建议。宪法和法律委员会于6月9日上午召开会议，逐条研究了常委会组成人员的审议意见，对草案进行了审议。社会建设委员会、司法部、应急管理部有关负责同志列席了会议。宪法和法律委员会认为，草案是可行的，同时，提出以下修改意见：

一、有的常委委员提出，平台经济生产经营单位健全全员安全生产责任制，应该重点提高从业人员的安全生产意识。宪法和法律委员会经研究，建议增加规定：平台经济等新兴行业、领域的生产经营单位应当加强从业人员安全生产教育和培训。

二、有些常委委员提出，刑法修正案（十一）针对生产安全事故频发增加规定了危险作业罪，建议安全生产法在监督管理上与刑法的相关规定做好衔接。宪法和法律委员会经研究，建议增加规定：生产经营单位不得关闭、破坏直接关系生产安全的监控、报警、防护、救生设备、设施，或者篡改、隐瞒、销毁其相关数据、信息。生产经营单位有以上行为的，责令限期改正，处五万元以下的罚款；逾期未改正的，处五万元以上二十万元以下的罚款，对其直接负责的主管人员和其他直接责任人员处一万元以上二万元以下的罚款；情节严重的，责令停产停业整顿。

三、有的常委委员提出，近年来有关部门拓展完善网络举报途径，取得了良好社会效果，建议在法律中体现相关经验和做法。宪法和法律委员会经研究，建议增加规定：负有安全生产监督管理职责的部门应当建立举报制度，公开举报电话、信箱或者电子邮件地址等网络举报平台。

经与有关部门研究，建议将本决定的施行时间确定为2021年9月1日。

此外，根据常委会组成人员的审议意见，还对修改决定草案作了一些文字修改。

修改决定草案修改稿已按上述意见作了修改，宪法和法律委员会建议本次常委会会议审议通过。

修改决定草案修改稿和以上报告是否妥当，请审议。

全国人民代表大会宪法和法律委员会

2021年6月10日

《中华人民共和国安全生产法》修改条文前后对照表

修改前 （阴影部分为删去内容）	现行法 （黑体字为修改部分）
第一章　总　　则	**第一章　总　　则**
第一条　为了加强安全生产工作，防止和减少生产安全事故，保障人民群众生命和财产安全，促进经济社会持续健康发展，制定本法。	**第一条**　为了加强安全生产工作，防止和减少生产安全事故，保障人民群众生命和财产安全，促进经济社会持续健康发展，制定本法。
第二条　在中华人民共和国领域内从事生产经营活动的单位（以下统称生产经营单位）的安全生产，适用本法；有关法律、行政法规对消防安全和道路交通安全、铁路交通安全、水上交通安全、民用航空安全以及核与辐射安全、特种设备安全另有规定的，适用其规定。	**第二条**　在中华人民共和国领域内从事生产经营活动的单位（以下统称生产经营单位）的安全生产，适用本法；有关法律、行政法规对消防安全和道路交通安全、铁路交通安全、水上交通安全、民用航空安全以及核与辐射安全、特种设备安全另有规定的，适用其规定。
第三条　安全生产工作应当以人为本，坚持安全发展，坚持安全第一、预防为主、综合治理的方针，强化和落实生产经营单位的主体责任，建立生产经营单位负责、职工参与、政府监管、行业自律和社会监督的机制。	**第三条**　**安全生产工作坚持中国共产党的领导。** 安全生产工作应当以人为本，坚持**人民至上、生命至上，把保护人民生命安全摆在首位，树牢**安全发展**理念**，坚持安全第一、预防为主、综合治理的方针，**从源头上防范化解重大安全风险。**

修改前	现行法
	安全生产工作实行管行业必须管安全、管业务必须管安全、管生产经营必须管安全，强化和落实生产经营单位主体责任**与政府监管责任**，建立生产经营单位负责、职工参与、政府监管、行业自律和社会监督的机制。
第四条 生产经营单位必须遵守本法和其他有关安全生产的法律、法规，加强安全生产管理，建立、健全安全生产责任制和安全生产规章制度，改善安全生产条件，推进安全生产标准化建设，提高安全生产水平，确保安全生产。	**第四条** 生产经营单位必须遵守本法和其他有关安全生产的法律、法规，加强安全生产管理，建立健全**全员**安全生产责任制和安全生产规章制度，**加大对安全生产资金、物资、技术、人员的投入保障力度**，改善安全生产条件，**加强**安全生产标准化、**信息化**建设，**构建安全风险分级管控和隐患排查治理双重预防机制，健全风险防范化解机制**，提高安全生产水平，确保安全生产。 **平台经济等新兴行业、领域的生产经营单位应当根据本行业、领域的特点，建立健全并落实全员安全生产责任制，加强从业人员安全生产教育和培训，履行本法和其他法律、法规规定的有关安全生产义务。**
第五条 生产经营单位的主要负责人对本单位的安全生产工作全面负责。	**第五条** 生产经营单位的主要负责人**是本单位安全生产第一责任人**，对本单位的安全生产工作全面负责。**其他负责人对职责范围内的安全生产工作负责。**

修改前	现行法
第六条 生产经营单位的从业人员有依法获得安全生产保障的权利，并应当依法履行安全生产方面的义务。	**第六条** 生产经营单位的从业人员有依法获得安全生产保障的权利，并应当依法履行安全生产方面的义务。
第七条 工会依法对安全生产工作进行监督。 生产经营单位的工会依法组织职工参加本单位安全生产工作的民主管理和民主监督，维护职工在安全生产方面的合法权益。生产经营单位制定或者修改有关安全生产的规章制度，应当听取工会的意见。	**第七条** 工会依法对安全生产工作进行监督。 生产经营单位的工会依法组织职工参加本单位安全生产工作的民主管理和民主监督，维护职工在安全生产方面的合法权益。生产经营单位制定或者修改有关安全生产的规章制度，应当听取工会的意见。
第八条 国务院和县级以上地方各级人民政府应当根据国民经济和社会发展规划制定安全生产规划，并组织实施。安全生产规划应当与城乡规划相衔接。 国务院和县级以上地方各级人民政府应当加强对安全生产工作的领导，支持、督促各有关部门依法履行安全生产监督管理职责，建立健全安全生产工作协调机制，及时协调、解决安全生产监督管理中存在的重大问题。（移作第九条第一款） 乡、镇人民政府以及街道办事处、开发区管理机构等地方人民政府的派出机关应当按照职责，加强对本行政区域内生产经营单位安全生产状况的监督	**第八条** 国务院和县级以上地方各级人民政府应当根据国民经济和社会发展规划制定安全生产规划，并组织实施。安全生产规划应当与**国土空间规划等相关**规划相衔接。 **各级人民政府应当加强安全生产基础设施建设和安全生产监管能力建设，所需经费列入本级预算。** **县级以上地方各级人民政府应当组织有关部门建立完善安全风险评估与论证机制，按照安全风险管控要求，进行产业规划和空间布局，并对位置相邻、行业相近、业态相似的生产经营单位实施重大安全风险联防联控。**

修改前	现行法
检查，协助上级人民政府有关部门依法履行安全生产监督管理职责。（移作第九条第二款）	
	第九条 国务院和县级以上地方各级人民政府应当加强对安全生产工作的领导，建立健全安全生产工作协调机制，**支持、督促各有关部门依法履行安全生产监督管理职责**，及时协调、解决安全生产监督管理中存在的重大问题。（原第八条第二款移至此） 乡镇人民政府和街道办事处，**以及开发区、工业园区、港区、风景区**等应当**明确负责安全生产监督管理的有关工作机构及其职责，加强安全生产监管力量建设，**按照职责对本行政区域**或者管理区域**内生产经营单位安全生产状况**进行**监督检查，协助人民政府有关部门**或者按照授权**依法履行安全生产监督管理职责。（原第八条第三款移至此）
第九条 国务院安全生产监督管理部门依照本法，对全国安全生产工作实施综合监督管理；县级以上地方各级人民政府安全生产监督管理部门依照本法，对本行政区域内安全生产工作实施综合监督管理。 国务院有关部门依照本法和其他有关法律、行政法规的规定，	**第十条** 国务院**应急**管理部门依照本法，对全国安全生产工作实施综合监督管理；县级以上地方各级人民政府**应急**管理部门依照本法，对本行政区域内安全生产工作实施综合监督管理。 国务院**交通运输、住房和城乡建设、水利、民航等**有关部门依照本法和其他有关法律、行政

修改前	现行法
在各自的职责范围内对有关行业、领域的安全生产工作实施监督管理；县级以上地方各级人民政府有关部门依照本法和其他有关法律、法规的规定，在各自的职责范围内对有关行业、领域的安全生产工作实施监督管理。 安全生产监督管理部门和对有关行业、领域的安全生产工作实施监督管理的部门，统称负有安全生产监督管理职责的部门。	法规的规定，在各自的职责范围内对有关行业、领域的安全生产工作实施监督管理；县级以上地方各级人民政府有关部门依照本法和其他有关法律、法规的规定，在各自的职责范围内对有关行业、领域的安全生产工作实施监督管理。**对新兴行业、领域的安全生产监督管理职责不明确的，由县级以上地方各级人民政府按照业务相近的原则确定监督管理部门。** **应急**管理部门和对有关行业、领域的安全生产工作实施监督管理的部门，统称负有安全生产监督管理职责的部门。**负有安全生产监督管理职责的部门应当相互配合、齐抓共管、信息共享、资源共用，依法加强安全生产监督管理工作。**
第十条 国务院有关部门应当按照保障安全生产的要求，依法及时制定有关的国家标准或者行业标准，并根据科技进步和经济发展适时修订。 生产经营单位必须执行依法制定的保障安全生产的国家标准或者行业标准。	**第十一条** 国务院有关部门应当按照保障安全生产的要求，依法及时制定有关的国家标准或者行业标准，并根据科技进步和经济发展适时修订。 生产经营单位必须执行依法制定的保障安全生产的国家标准或者行业标准。
	第十二条 国务院有关部门按照职责分工负责安全生产强制性国家标准的项目提出、组织起草、征求意见、技术审查。国务院

修改前	现行法
	应急管理部门统筹提出安全生产强制性国家标准的立项计划。国务院标准化行政主管部门负责安全生产强制性国家标准的立项、编号、对外通报和授权批准发布工作。国务院标准化行政主管部门、有关部门依据法定职责对安全生产强制性国家标准的实施进行监督检查。
第十一条 各级人民政府及其有关部门应当采取多种形式，加强对有关安全生产的法律、法规和安全生产知识的宣传，增强全社会的安全生产意识。	**第十三条** 各级人民政府及其有关部门应当采取多种形式，加强对有关安全生产的法律、法规和安全生产知识的宣传，增强全社会的安全生产意识。
第十二条 有关协会组织依照法律、行政法规和章程，为生产经营单位提供安全生产方面的信息、培训等服务，发挥自律作用，促进生产经营单位加强安全生产管理。	**第十四条** 有关协会组织依照法律、行政法规和章程，为生产经营单位提供安全生产方面的信息、培训等服务，发挥自律作用，促进生产经营单位加强安全生产管理。
第十三条 依法设立的为安全生产提供技术、管理服务的机构，依照法律、行政法规和执业准则，接受生产经营单位的委托为其安全生产工作提供技术、管理服务。 生产经营单位委托前款规定的机构提供安全生产技术、管理服务的，保证安全生产的责任仍由本单位负责。	**第十五条** 依法设立的为安全生产提供技术、管理服务的机构，依照法律、行政法规和执业准则，接受生产经营单位的委托为其安全生产工作提供技术、管理服务。 生产经营单位委托前款规定的机构提供安全生产技术、管理服务的，保证安全生产的责任仍由本单位负责。

修改前	现行法
第十四条 国家实行生产安全事故责任追究制度，依照本法和有关法律、法规的规定，追究生产安全事故责任人员的法律责任。	**第十六条** 国家实行生产安全事故责任追究制度，依照本法和有关法律、法规的规定，追究生产安全事故**责任单位和**责任人员的法律责任。
	第十七条 县级以上各级人民政府应当组织负有安全生产监督管理职责的部门依法编制安全生产权力和责任清单，公开并接受社会监督。
第十五条 国家鼓励和支持安全生产科学技术研究和安全生产先进技术的推广应用，提高安全生产水平。	**第十八条** 国家鼓励和支持安全生产科学技术研究和安全生产先进技术的推广应用，提高安全生产水平。
第十六条 国家对在改善安全生产条件、防止生产安全事故、参加抢险救护等方面取得显著成绩的单位和个人，给予奖励。	**第十九条** 国家对在改善安全生产条件、防止生产安全事故、参加抢险救护等方面取得显著成绩的单位和个人，给予奖励。
第二章 生产经营单位的安全生产保障	**第二章 生产经营单位的安全生产保障**
第十七条 生产经营单位应当具备本法和有关法律、行政法规和国家标准或者行业标准规定的安全生产条件；不具备安全生产条件的，不得从事生产经营活动。	**第二十条** 生产经营单位应当具备本法和有关法律、行政法规和国家标准或者行业标准规定的安全生产条件；不具备安全生产条件的，不得从事生产经营活动。

修改前	现行法
第十八条　生产经营单位的主要负责人对本单位安全生产工作负有下列职责： （一）建立、健全本单位安全生产责任制； （二）组织制定本单位安全生产规章制度和操作规程； （三）组织制定并实施本单位安全生产教育和培训计划； （四）保证本单位安全生产投入的有效实施； （五）督促、检查本单位的安全生产工作，及时消除生产安全事故隐患； （六）组织制定并实施本单位的生产安全事故应急救援预案； （七）及时、如实报告生产安全事故。	**第二十一条**　生产经营单位的主要负责人对本单位安全生产工作负有下列职责： （一）建立健全**并落实**本单位**全员**安全生产责任制，**加强安全生产标准化建设**； （二）组织制定**并实施**本单位安全生产规章制度和操作规程； （三）组织制定并实施本单位安全生产教育和培训计划； （四）保证本单位安全生产投入的有效实施； （五）**组织建立并落实安全风险分级管控和隐患排查治理双重预防工作机制**，督促、检查本单位的安全生产工作，及时消除生产安全事故隐患； （六）组织制定并实施本单位的生产安全事故应急救援预案； （七）及时、如实报告生产安全事故。
第十九条　生产经营单位的安全生产责任制应当明确各岗位的责任人员、责任范围和考核标准等内容。 生产经营单位应当建立相应的机制，加强对安全生产责任制落实情况的监督考核，保证安全生产责任制的落实。	**第二十二条**　生产经营单位的**全员**安全生产责任制应当明确各岗位的责任人员、责任范围和考核标准等内容。 生产经营单位应当建立相应的机制，加强对**全员**安全生产责任制落实情况的监督考核，保证**全员**安全生产责任制的落实。

修改前	现行法
第二十条 生产经营单位应当具备的安全生产条件所必需的资金投入，由生产经营单位的决策机构、主要负责人或者个人经营的投资人予以保证，并对由于安全生产所必需的资金投入不足导致的后果承担责任。 有关生产经营单位应当按照规定提取和使用安全生产费用，专门用于改善安全生产条件。安全生产费用在成本中据实列支。安全生产费用提取、使用和监督管理的具体办法由国务院财政部门会同国务院安全生产监督管理部门征求国务院有关部门意见后制定。	**第二十三条** 生产经营单位应当具备的安全生产条件所必需的资金投入，由生产经营单位的决策机构、主要负责人或者个人经营的投资人予以保证，并对由于安全生产所必需的资金投入不足导致的后果承担责任。 有关生产经营单位应当按照规定提取和使用安全生产费用，专门用于改善安全生产条件。安全生产费用在成本中据实列支。安全生产费用提取、使用和监督管理的具体办法由国务院财政部门会同国务院**应急**管理部门征求国务院有关部门意见后制定。
第二十一条 矿山、金属冶炼、建筑施工、道路运输单位和危险物品的生产、经营、储存单位，应当设置安全生产管理机构或者配备专职安全生产管理人员。 前款规定以外的其他生产经营单位，从业人员超过一百人的，应当设置安全生产管理机构或者配备专职安全生产管理人员；从业人员在一百人以下的，应当配备专职或者兼职的安全生产管理人员。	**第二十四条** 矿山、金属冶炼、建筑施工、运输单位和危险物品的生产、经营、储存**、装卸**单位，应当设置安全生产管理机构或者配备专职安全生产管理人员。 前款规定以外的其他生产经营单位，从业人员超过一百人的，应当设置安全生产管理机构或者配备专职安全生产管理人员；从业人员在一百人以下的，应当配备专职或者兼职的安全生产管理人员。

修改前	现行法
第二十二条　生产经营单位的安全生产管理机构以及安全生产管理人员履行下列职责： （一）组织或者参与拟订本单位安全生产规章制度、操作规程和生产安全事故应急救援预案； （二）组织或者参与本单位安全生产教育和培训，如实记录安全生产教育和培训情况； （三）督促落实本单位重大危险源的安全管理措施； （四）组织或者参与本单位应急救援演练； （五）检查本单位的安全生产状况，及时排查生产安全事故隐患，提出改进安全生产管理的建议； （六）制止和纠正违章指挥、强令冒险作业、违反操作规程的行为； （七）督促落实本单位安全生产整改措施。	**第二十五条**　生产经营单位的安全生产管理机构以及安全生产管理人员履行下列职责： （一）组织或者参与拟订本单位安全生产规章制度、操作规程和生产安全事故应急救援预案； （二）组织或者参与本单位安全生产教育和培训，如实记录安全生产教育和培训情况； （三）**组织开展危险源辨识和评估，**督促落实本单位重大危险源的安全管理措施； （四）组织或者参与本单位应急救援演练； （五）检查本单位的安全生产状况，及时排查生产安全事故隐患，提出改进安全生产管理的建议； （六）制止和纠正违章指挥、强令冒险作业、违反操作规程的行为； （七）督促落实本单位安全生产整改措施。 **生产经营单位可以设置专职安全生产分管负责人，协助本单位主要负责人履行安全生产管理职责。**
第二十三条　生产经营单位的安全生产管理机构以及安全生产管理人员应当恪尽职守，依法履行职责。 生产经营单位作出涉及安全生产的经营决策，应当听取安全生产管理机构以及安全生产管理人员的意见。	**第二十六条**　生产经营单位的安全生产管理机构以及安全生产管理人员应当恪尽职守，依法履行职责。 生产经营单位作出涉及安全生产的经营决策，应当听取安全生产管理机构以及安全生产管理人员的意见。

修改前	现行法
生产经营单位不得因安全生产管理人员依法履行职责而降低其工资、福利等待遇或者解除与其订立的劳动合同。 危险物品的生产、储存单位以及矿山、金属冶炼单位的安全生产管理人员的任免，应当告知主管的负有安全生产监督管理职责的部门。	生产经营单位不得因安全生产管理人员依法履行职责而降低其工资、福利等待遇或者解除与其订立的劳动合同。 危险物品的生产、储存单位以及矿山、金属冶炼单位的安全生产管理人员的任免，应当告知主管的负有安全生产监督管理职责的部门。
第二十四条　生产经营单位的主要负责人和安全生产管理人员必须具备与本单位所从事的生产经营活动相应的安全生产知识和管理能力。 危险物品的生产、经营、储存单位以及矿山、金属冶炼、建筑施工、道路运输单位的主要负责人和安全生产管理人员，应当由主管的负有安全生产监督管理职责的部门对其安全生产知识和管理能力考核合格。考核不得收费。 危险物品的生产、储存单位以及矿山、金属冶炼单位应当有注册安全工程师从事安全生产管理工作。鼓励其他生产经营单位聘用注册安全工程师从事安全生产管理工作。注册安全工程师按专业分类管理，具体办法由国务院人力资源和社会保障部门、国务院安全生产监督管理部门会同国务院有关部门制定。	**第二十七条**　生产经营单位的主要负责人和安全生产管理人员必须具备与本单位所从事的生产经营活动相应的安全生产知识和管理能力。 危险物品的生产、经营、储存、**装卸**单位以及矿山、金属冶炼、建筑施工、运输单位的主要负责人和安全生产管理人员，应当由主管的负有安全生产监督管理职责的部门对其安全生产知识和管理能力考核合格。考核不得收费。 危险物品的生产、储存、**装卸**单位以及矿山、金属冶炼单位应当有注册安全工程师从事安全生产管理工作。鼓励其他生产经营单位聘用注册安全工程师从事安全生产管理工作。注册安全工程师按专业分类管理，具体办法由国务院人力资源和社会保障部门、国务院**应急**管理部门会同国务院有关部门制定。

修改前	现行法
第二十五条 生产经营单位应当对从业人员进行安全生产教育和培训，保证从业人员具备必要的安全生产知识，熟悉有关的安全生产规章制度和安全操作规程，掌握本岗位的安全操作技能，了解事故应急处理措施，知悉自身在安全生产方面的权利和义务。未经安全生产教育和培训合格的从业人员，不得上岗作业。 生产经营单位使用被派遣劳动者的，应当将被派遣劳动者纳入本单位从业人员统一管理，对被派遣劳动者进行岗位安全操作规程和安全操作技能的教育和培训。劳务派遣单位应当对被派遣劳动者进行必要的安全生产教育和培训。 生产经营单位接收中等职业学校、高等学校学生实习的，应当对实习学生进行相应的安全生产教育和培训，提供必要的劳动防护用品。学校应当协助生产经营单位对实习学生进行安全生产教育和培训。 生产经营单位应当建立安全生产教育和培训档案，如实记录安全生产教育和培训的时间、内容、参加人员以及考核结果等情况。	**第二十八条** 生产经营单位应当对从业人员进行安全生产教育和培训，保证从业人员具备必要的安全生产知识，熟悉有关的安全生产规章制度和安全操作规程，掌握本岗位的安全操作技能，了解事故应急处理措施，知悉自身在安全生产方面的权利和义务。未经安全生产教育和培训合格的从业人员，不得上岗作业。 生产经营单位使用被派遣劳动者的，应当将被派遣劳动者纳入本单位从业人员统一管理，对被派遣劳动者进行岗位安全操作规程和安全操作技能的教育和培训。劳务派遣单位应当对被派遣劳动者进行必要的安全生产教育和培训。 生产经营单位接收中等职业学校、高等学校学生实习的，应当对实习学生进行相应的安全生产教育和培训，提供必要的劳动防护用品。学校应当协助生产经营单位对实习学生进行安全生产教育和培训。 生产经营单位应当建立安全生产教育和培训档案，如实记录安全生产教育和培训的时间、内容、参加人员以及考核结果等情况。

修改前	现行法
第二十六条 生产经营单位采用新工艺、新技术、新材料或者使用新设备，必须了解、掌握其安全技术特性，采取有效的安全防护措施，并对从业人员进行专门的安全生产教育和培训。	**第二十九条** 生产经营单位采用新工艺、新技术、新材料或者使用新设备，必须了解、掌握其安全技术特性，采取有效的安全防护措施，并对从业人员进行专门的安全生产教育和培训。
第二十七条 生产经营单位的特种作业人员必须按照国家有关规定经专门的安全作业培训，取得相应资格，方可上岗作业。 特种作业人员的范围由国务院安全生产监督管理部门会同国务院有关部门确定。	**第三十条** 生产经营单位的特种作业人员必须按照国家有关规定经专门的安全作业培训，取得相应资格，方可上岗作业。 特种作业人员的范围由国务院**应急**管理部门会同国务院有关部门确定。
第二十八条 生产经营单位新建、改建、扩建工程项目（以下统称建设项目）的安全设施，必须与主体工程同时设计、同时施工、同时投入生产和使用。安全设施投资应当纳入建设项目概算。	**第三十一条** 生产经营单位新建、改建、扩建工程项目（以下统称建设项目）的安全设施，必须与主体工程同时设计、同时施工、同时投入生产和使用。安全设施投资应当纳入建设项目概算。
第二十九条 矿山、金属冶炼建设项目和用于生产、储存、装卸危险物品的建设项目，应当按照国家有关规定进行安全评价。	**第三十二条** 矿山、金属冶炼建设项目和用于生产、储存、装卸危险物品的建设项目，应当按照国家有关规定进行安全评价。
第三十条 建设项目安全设施的设计人、设计单位应当对安全设施设计负责。	**第三十三条** 建设项目安全设施的设计人、设计单位应当对安全设施设计负责。

修改前	现行法
矿山、金属冶炼建设项目和用于生产、储存、装卸危险物品的建设项目的安全设施设计应当按照国家有关规定报经有关部门审查，审查部门及其负责审查的人员对审查结果负责。	矿山、金属冶炼建设项目和用于生产、储存、装卸危险物品的建设项目的安全设施设计应当按照国家有关规定报经有关部门审查，审查部门及其负责审查的人员对审查结果负责。
第三十一条 矿山、金属冶炼建设项目和用于生产、储存、装卸危险物品的建设项目的施工单位必须按照批准的安全设施设计施工，并对安全设施的工程质量负责。 矿山、金属冶炼建设项目和用于生产、储存危险物品的建设项目竣工投入生产或者使用前，应当由建设单位负责组织对安全设施进行验收；验收合格后，方可投入生产和使用。安全生产监督管理部门应当加强对建设单位验收活动和验收结果的监督核查。	**第三十四条** 矿山、金属冶炼建设项目和用于生产、储存、装卸危险物品的建设项目的施工单位必须按照批准的安全设施设计施工，并对安全设施的工程质量负责。 矿山、金属冶炼建设项目和用于生产、储存、**装卸**危险物品的建设项目竣工投入生产或者使用前，应当由建设单位负责组织对安全设施进行验收；验收合格后，方可投入生产和使用。**负有**安全生产监督管理**职责的**部门应当加强对建设单位验收活动和验收结果的监督核查。
第三十二条 生产经营单位应当在有较大危险因素的生产经营场所和有关设施、设备上，设置明显的安全警示标志。	**第三十五条** 生产经营单位应当在有较大危险因素的生产经营场所和有关设施、设备上，设置明显的安全警示标志。
第三十三条 安全设备的设计、制造、安装、使用、检测、维修、改造和报废，应当符合国家标准或者行业标准。 生产经营单位必须对安全设备	**第三十六条** 安全设备的设计、制造、安装、使用、检测、维修、改造和报废，应当符合国家标准或者行业标准。 生产经营单位必须对安全设备

修改前	现行法
进行经常性维护、保养，并定期检测，保证正常运转。维护、保养、检测应当作好记录，并由有关人员签字。	进行经常性维护、保养，并定期检测，保证正常运转。维护、保养、检测应当作好记录，并由有关人员签字。 **生产经营单位不得关闭、破坏直接关系生产安全的监控、报警、防护、救生设备、设施，或者篡改、隐瞒、销毁其相关数据、信息。** **餐饮等行业的生产经营单位使用燃气的，应当安装可燃气体报警装置，并保障其正常使用。**
第三十四条 生产经营单位使用的危险物品的容器、运输工具，以及涉及人身安全、危险性较大的海洋石油开采特种设备和矿山井下特种设备，必须按照国家有关规定，由专业生产单位生产，并经具有专业资质的检测、检验机构检测、检验合格，取得安全使用证或者安全标志，方可投入使用。检测、检验机构对检测、检验结果负责。	**第三十七条** 生产经营单位使用的危险物品的容器、运输工具，以及涉及人身安全、危险性较大的海洋石油开采特种设备和矿山井下特种设备，必须按照国家有关规定，由专业生产单位生产，并经具有专业资质的检测、检验机构检测、检验合格，取得安全使用证或者安全标志，方可投入使用。检测、检验机构对检测、检验结果负责。
第三十五条 国家对严重危及生产安全的工艺、设备实行淘汰制度，具体目录由国务院安全生产监督管理部门会同国务院有关部门制定并公布。法律、行政法规对目录的制定另有规定的，适用其规定。 省、自治区、直辖市人民政	**第三十八条** 国家对严重危及生产安全的工艺、设备实行淘汰制度，具体目录由国务院**应急**管理部门会同国务院有关部门制定并公布。法律、行政法规对目录的制定另有规定的，适用其规定。 省、自治区、直辖市人民政

修改前	现行法
府可以根据本地区实际情况制定并公布具体目录，对前款规定以外的危及生产安全的工艺、设备予以淘汰。 生产经营单位不得使用应当淘汰的危及生产安全的工艺、设备。	府可以根据本地区实际情况制定并公布具体目录，对前款规定以外的危及生产安全的工艺、设备予以淘汰。 生产经营单位不得使用应当淘汰的危及生产安全的工艺、设备。
第三十六条　生产、经营、运输、储存、使用危险物品或者处置废弃危险物品的，由有关主管部门依照有关法律、法规的规定和国家标准或者行业标准审批并实施监督管理。 生产经营单位生产、经营、运输、储存、使用危险物品或者处置废弃危险物品，必须执行有关法律、法规和国家标准或者行业标准，建立专门的安全管理制度，采取可靠的安全措施，接受有关主管部门依法实施的监督管理。	**第三十九条**　生产、经营、运输、储存、使用危险物品或者处置废弃危险物品的，由有关主管部门依照有关法律、法规的规定和国家标准或者行业标准审批并实施监督管理。 生产经营单位生产、经营、运输、储存、使用危险物品或者处置废弃危险物品，必须执行有关法律、法规和国家标准或者行业标准，建立专门的安全管理制度，采取可靠的安全措施，接受有关主管部门依法实施的监督管理。
第三十七条　生产经营单位对重大危险源应当登记建档，进行定期检测、评估、监控，并制定应急预案，告知从业人员和相关人员在紧急情况下应当采取的应急措施。 生产经营单位应当按照国家有关规定将本单位重大危险源及有关安全措施、应急措施报有关地方人民政府安全生产监督管理部门和有关部门备案。	**第四十条**　生产经营单位对重大危险源应当登记建档，进行定期检测、评估、监控，并制定应急预案，告知从业人员和相关人员在紧急情况下应当采取的应急措施。 生产经营单位应当按照国家有关规定将本单位重大危险源及有关安全措施、应急措施报有关地方人民政府**应急**管理部门和有关部门备案。**有关地方人民政府应急管理部门和有关部门应当通过相关信息系统实现信息共享。**

修改前	现行法
第三十八条 生产经营单位应当建立健全生产安全事故隐患排查治理制度，采取技术、管理措施，及时发现并消除事故隐患。事故隐患排查治理情况应当如实记录，并向从业人员通报。 县级以上地方各级人民政府负有安全生产监督管理职责的部门应当建立健全重大事故隐患治理督办制度，督促生产经营单位消除重大事故隐患。	**第四十一条** 生产经营单位**应当建立安全风险分级管控制度，按照安全风险分级采取相应的管控措施。** 生产经营单位应当建立健全**并落实**生产安全事故隐患排查治理制度，采取技术、管理措施，及时发现并消除事故隐患。事故隐患排查治理情况应当如实记录，并**通过职工大会或者职工代表大会、信息公示栏等方式**向从业人员通报。**其中，重大事故隐患排查治理情况应当及时向负有安全生产监督管理职责的部门和职工大会或者职工代表大会报告。** 县级以上地方各级人民政府负有安全生产监督管理职责的部门应当**将重大事故隐患纳入相关信息系统，**建立健全重大事故隐患治理督办制度，督促生产经营单位消除重大事故隐患。
第三十九条 生产、经营、储存、使用危险物品的车间、商店、仓库不得与员工宿舍在同一座建筑物内，并应当与员工宿舍保持安全距离。 生产经营场所和员工宿舍应当设有符合紧急疏散要求、标志明显、保持畅通的出口。禁止锁闭、封堵生产经营场所或者员工宿舍的出口。	**第四十二条** 生产、经营、储存、使用危险物品的车间、商店、仓库不得与员工宿舍在同一座建筑物内，并应当与员工宿舍保持安全距离。 生产经营场所和员工宿舍应当设有符合紧急疏散要求、标志明显、保持畅通的出口、**疏散通道**。禁止**占用**、锁闭、封堵生产经营场所或者员工宿舍的出口、**疏散通道**。

修改前	现行法
第四十条　生产经营单位进行爆破、吊装以及国务院安全生产监督管理部门会同国务院有关部门规定的其他危险作业，应当安排专门人员进行现场安全管理，确保操作规程的遵守和安全措施的落实。	**第四十三条**　生产经营单位进行爆破、吊装**、动火、临时用电**以及国务院**应急**管理部门会同国务院有关部门规定的其他危险作业，应当安排专门人员进行现场安全管理，确保操作规程的遵守和安全措施的落实。
第四十一条　生产经营单位应当教育和督促从业人员严格执行本单位的安全生产规章制度和安全操作规程；并向从业人员如实告知作业场所和工作岗位存在的危险因素、防范措施以及事故应急措施。	**第四十四条**　生产经营单位应当教育和督促从业人员严格执行本单位的安全生产规章制度和安全操作规程；并向从业人员如实告知作业场所和工作岗位存在的危险因素、防范措施以及事故应急措施。 **生产经营单位应当关注从业人员的身体、心理状况和行为习惯，加强对从业人员的心理疏导、精神慰藉，严格落实岗位安全生产责任，防范从业人员行为异常导致事故发生。**
第四十二条　生产经营单位必须为从业人员提供符合国家标准或者行业标准的劳动防护用品，并监督、教育从业人员按照使用规则佩戴、使用。	**第四十五条**　生产经营单位必须为从业人员提供符合国家标准或者行业标准的劳动防护用品，并监督、教育从业人员按照使用规则佩戴、使用。

修改前	现行法
第四十三条 生产经营单位的安全生产管理人员应当根据本单位的生产经营特点，对安全生产状况进行经常性检查；对检查中发现的安全问题，应当立即处理；不能处理的，应当及时报告本单位有关负责人，有关负责人应当及时处理。检查及处理情况应当如实记录在案。 生产经营单位的安全生产管理人员在检查中发现重大事故隐患，依照前款规定向本单位有关负责人报告，有关负责人不及时处理的，安全生产管理人员可以向主管的负有安全生产监督管理职责的部门报告，接到报告的部门应当依法及时处理。	**第四十六条** 生产经营单位的安全生产管理人员应当根据本单位的生产经营特点，对安全生产状况进行经常性检查；对检查中发现的安全问题，应当立即处理；不能处理的，应当及时报告本单位有关负责人，有关负责人应当及时处理。检查及处理情况应当如实记录在案。 生产经营单位的安全生产管理人员在检查中发现重大事故隐患，依照前款规定向本单位有关负责人报告，有关负责人不及时处理的，安全生产管理人员可以向主管的负有安全生产监督管理职责的部门报告，接到报告的部门应当依法及时处理。
第四十四条 生产经营单位应当安排用于配备劳动防护用品、进行安全生产培训的经费。	**第四十七条** 生产经营单位应当安排用于配备劳动防护用品、进行安全生产培训的经费。
第四十五条 两个以上生产经营单位在同一作业区域内进行生产经营活动，可能危及对方生产安全的，应当签订安全生产管理协议，明确各自的安全生产管理职责和应当采取的安全措施，并指定专职安全生产管理人员进行安全检查与协调。	**第四十八条** 两个以上生产经营单位在同一作业区域内进行生产经营活动，可能危及对方生产安全的，应当签订安全生产管理协议，明确各自的安全生产管理职责和应当采取的安全措施，并指定专职安全生产管理人员进行安全检查与协调。

修改前	现行法
第四十六条 生产经营单位不得将生产经营项目、场所、设备发包或者出租给不具备安全生产条件或者相应资质的单位或者个人。 生产经营项目、场所发包或者出租给其他单位的，生产经营单位应当与承包单位、承租单位签订专门的安全生产管理协议，或者在承包合同、租赁合同中约定各自的安全生产管理职责；生产经营单位对承包单位、承租单位的安全生产工作统一协调、管理，定期进行安全检查，发现安全问题的，应当及时督促整改。	**第四十九条** 生产经营单位不得将生产经营项目、场所、设备发包或者出租给不具备安全生产条件或者相应资质的单位或者个人。 生产经营项目、场所发包或者出租给其他单位的，生产经营单位应当与承包单位、承租单位签订专门的安全生产管理协议，或者在承包合同、租赁合同中约定各自的安全生产管理职责；生产经营单位对承包单位、承租单位的安全生产工作统一协调、管理，定期进行安全检查，发现安全问题的，应当及时督促整改。 **矿山、金属冶炼建设项目和用于生产、储存、装卸危险物品的建设项目的施工单位应当加强对施工项目的安全管理，不得倒卖、出租、出借、挂靠或者以其他形式非法转让施工资质，不得将其承包的全部建设工程转包给第三人或者将其承包的全部建设工程支解以后以分包的名义分别转包给第三人，不得将工程分包给不具备相应资质条件的单位。**
第四十七条 生产经营单位发生生产安全事故时，单位的主要负责人应当立即组织抢救，并不得在事故调查处理期间擅离职守。	**第五十条** 生产经营单位发生生产安全事故时，单位的主要负责人应当立即组织抢救，并不得在事故调查处理期间擅离职守。

修改前	现行法
第四十八条 生产经营单位必须依法参加工伤保险，为从业人员缴纳保险费。 国家鼓励生产经营单位投保安全生产责任保险。	**第五十一条** 生产经营单位必须依法参加工伤保险，为从业人员缴纳保险费。 国家鼓励生产经营单位投保安全生产责任保险；**属于国家规定的高危行业、领域的生产经营单位，应当投保安全生产责任保险。具体范围和实施办法由国务院应急管理部门会同国务院财政部门、国务院保险监督管理机构和相关行业主管部门制定。**
第三章 从业人员的安全生产权利义务	**第三章 从业人员的安全生产权利义务**
第四十九条 生产经营单位与从业人员订立的劳动合同，应当载明有关保障从业人员劳动安全、防止职业危害的事项，以及依法为从业人员办理工伤保险的事项。 生产经营单位不得以任何形式与从业人员订立协议，免除或者减轻其对从业人员因生产安全事故伤亡依法应承担的责任。	**第五十二条** 生产经营单位与从业人员订立的劳动合同，应当载明有关保障从业人员劳动安全、防止职业危害的事项，以及依法为从业人员办理工伤保险的事项。 生产经营单位不得以任何形式与从业人员订立协议，免除或者减轻其对从业人员因生产安全事故伤亡依法应承担的责任。
第五十条 生产经营单位的从业人员有权了解其作业场所和工作岗位存在的危险因素、防范措施及事故应急措施，有权对本单位的安全生产工作提出建议。	**第五十三条** 生产经营单位的从业人员有权了解其作业场所和工作岗位存在的危险因素、防范措施及事故应急措施，有权对本单位的安全生产工作提出建议。

修改前	现行法
第五十一条　从业人员有权对本单位安全生产工作中存在的问题提出批评、检举、控告；有权拒绝违章指挥和强令冒险作业。 生产经营单位不得因从业人员对本单位安全生产工作提出批评、检举、控告或者拒绝违章指挥、强令冒险作业而降低其工资、福利等待遇或者解除与其订立的劳动合同。	**第五十四条**　从业人员有权对本单位安全生产工作中存在的问题提出批评、检举、控告；有权拒绝违章指挥和强令冒险作业。 生产经营单位不得因从业人员对本单位安全生产工作提出批评、检举、控告或者拒绝违章指挥、强令冒险作业而降低其工资、福利等待遇或者解除与其订立的劳动合同。
第五十二条　从业人员发现直接危及人身安全的紧急情况时，有权停止作业或者在采取可能的应急措施后撤离作业场所。 生产经营单位不得因从业人员在前款紧急情况下停止作业或者采取紧急撤离措施而降低其工资、福利等待遇或者解除与其订立的劳动合同。	**第五十五条**　从业人员发现直接危及人身安全的紧急情况时，有权停止作业或者在采取可能的应急措施后撤离作业场所。 生产经营单位不得因从业人员在前款紧急情况下停止作业或者采取紧急撤离措施而降低其工资、福利等待遇或者解除与其订立的劳动合同。
第五十三条　因生产安全事故受到损害的从业人员，除依法享有工伤保险外，依照有关民事法律尚有获得赔偿的权利的，有权向本单位提出赔偿要求。	**第五十六条　生产经营单位发生生产安全事故后，应当及时采取措施救治有关人员。** 因生产安全事故受到损害的从业人员，除依法享有工伤保险外，依照有关民事法律尚有获得赔偿的权利的，有权提出赔偿要求。

修改前	现行法
第五十四条 从业人员在作业过程中，应当严格遵守本单位的安全生产规章制度和操作规程，服从管理，正确佩戴和使用劳动防护用品。	**第五十七条** 从业人员在作业过程中，应当严格**落实岗位安全责任**，遵守本单位的安全生产规章制度和操作规程，服从管理，正确佩戴和使用劳动防护用品。
第五十五条 从业人员应当接受安全生产教育和培训，掌握本职工作所需的安全生产知识，提高安全生产技能，增强事故预防和应急处理能力。	**第五十八条** 从业人员应当接受安全生产教育和培训，掌握本职工作所需的安全生产知识，提高安全生产技能，增强事故预防和应急处理能力。
第五十六条 从业人员发现事故隐患或者其他不安全因素，应当立即向现场安全生产管理人员或者本单位负责人报告；接到报告的人员应当及时予以处理。	**第五十九条** 从业人员发现事故隐患或者其他不安全因素，应当立即向现场安全生产管理人员或者本单位负责人报告；接到报告的人员应当及时予以处理。
第五十七条 工会有权对建设项目的安全设施与主体工程同时设计、同时施工、同时投入生产和使用进行监督，提出意见。 工会对生产经营单位违反安全生产法律、法规，侵犯从业人员合法权益的行为，有权要求纠正；发现生产经营单位违章指挥、强令冒险作业或者发现事故隐患时，有权提出解决的建议，生产经营单位应当及时研究答复；发现危及从业人员生命安全的情况时，有权向生产经营单位建议组织从业人员撤离危险场所，生产经营单位必须立即作出处理。	**第六十条** 工会有权对建设项目的安全设施与主体工程同时设计、同时施工、同时投入生产和使用进行监督，提出意见。 工会对生产经营单位违反安全生产法律、法规，侵犯从业人员合法权益的行为，有权要求纠正；发现生产经营单位违章指挥、强令冒险作业或者发现事故隐患时，有权提出解决的建议，生产经营单位应当及时研究答复；发现危及从业人员生命安全的情况时，有权向生产经营单位建议组织从业人员撤离危险场所，生产经营单位必须立即作出处理。

修改前	现行法
工会有权依法参加事故调查，向有关部门提出处理意见，并要求追究有关人员的责任。	工会有权依法参加事故调查，向有关部门提出处理意见，并要求追究有关人员的责任。
第五十八条　生产经营单位使用被派遣劳动者的，被派遣劳动者享有本法规定的从业人员的权利，并应当履行本法规定的从业人员的义务。	**第六十一条**　生产经营单位使用被派遣劳动者的，被派遣劳动者享有本法规定的从业人员的权利，并应当履行本法规定的从业人员的义务。
第四章　安全生产的监督管理	**第四章　安全生产的监督管理**
第五十九条　县级以上地方各级人民政府应当根据本行政区域内的安全生产状况，组织有关部门按照职责分工，对本行政区域内容易发生重大生产安全事故的生产经营单位进行严格检查。 安全生产监督管理部门应当按照分类分级监督管理的要求，制定安全生产年度监督检查计划，并按照年度监督检查计划进行监督检查，发现事故隐患，应当及时处理。	**第六十二条**　县级以上地方各级人民政府应当根据本行政区域内的安全生产状况，组织有关部门按照职责分工，对本行政区域内容易发生重大生产安全事故的生产经营单位进行严格检查。 **应急**管理部门应当按照分类分级监督管理的要求，制定安全生产年度监督检查计划，并按照年度监督检查计划进行监督检查，发现事故隐患，应当及时处理。
第六十条　负有安全生产监督管理职责的部门依照有关法律、法规的规定，对涉及安全生产的事项需要审查批准（包括批准、核准、许可、注册、认证、颁发证照等，下同）或者验收的，必须严格依照有关法律、法规和国家标准或者行业标准规定的安全生产条件和程序进行审查；不符合	**第六十三条**　负有安全生产监督管理职责的部门依照有关法律、法规的规定，对涉及安全生产的事项需要审查批准（包括批准、核准、许可、注册、认证、颁发证照等，下同）或者验收的，必须严格依照有关法律、法规和国家标准或者行业标准规定的安全生产条件和程序进行审查；不符

修改前	现行法
有关法律、法规和国家标准或者行业标准规定的安全生产条件的，不得批准或者验收通过。对未依法取得批准或者验收合格的单位擅自从事有关活动的，负责行政审批的部门发现或者接到举报后应当立即予以取缔，并依法予以处理。对已经依法取得批准的单位，负责行政审批的部门发现其不再具备安全生产条件的，应当撤销原批准。	合有关法律、法规和国家标准或者行业标准规定的安全生产条件的，不得批准或者验收通过。对未依法取得批准或者验收合格的单位擅自从事有关活动的，负责行政审批的部门发现或者接到举报后应当立即予以取缔，并依法予以处理。对已经依法取得批准的单位，负责行政审批的部门发现其不再具备安全生产条件的，应当撤销原批准。
第六十一条　负有安全生产监督管理职责的部门对涉及安全生产的事项进行审查、验收，不得收取费用；不得要求接受审查、验收的单位购买其指定品牌或者指定生产、销售单位的安全设备、器材或者其他产品。	**第六十四条**　负有安全生产监督管理职责的部门对涉及安全生产的事项进行审查、验收，不得收取费用；不得要求接受审查、验收的单位购买其指定品牌或者指定生产、销售单位的安全设备、器材或者其他产品。
第六十二条　安全生产监督管理部门和其他负有安全生产监督管理职责的部门依法开展安全生产行政执法工作，对生产经营单位执行有关安全生产的法律、法规和国家标准或者行业标准的情况进行监督检查，行使以下职权： （一）进入生产经营单位进行检查，调阅有关资料，向有关单位和人员了解情况；	**第六十五条**　**应急**管理部门和其他负有安全生产监督管理职责的部门依法开展安全生产行政执法工作，对生产经营单位执行有关安全生产的法律、法规和国家标准或者行业标准的情况进行监督检查，行使以下职权： （一）进入生产经营单位进行检查，调阅有关资料，向有关单位和人员了解情况；

修改前	现行法
（二）对检查中发现的安全生产违法行为，当场予以纠正或者要求限期改正；对依法应当给予行政处罚的行为，依照本法和其他有关法律、行政法规的规定作出行政处罚决定； （三）对检查中发现的事故隐患，应当责令立即排除；重大事故隐患排除前或者排除过程中无法保证安全的，应当责令从危险区域内撤出作业人员，责令暂时停产停业或者停止使用相关设施、设备；重大事故隐患排除后，经审查同意，方可恢复生产经营和使用； （四）对有根据认为不符合保障安全生产的国家标准或者行业标准的设施、设备、器材以及违法生产、储存、使用、经营、运输的危险物品予以查封或者扣押，对违法生产、储存、使用、经营危险物品的作业场所予以查封，并依法作出处理决定。 监督检查不得影响被检查单位的正常生产经营活动。	（二）对检查中发现的安全生产违法行为，当场予以纠正或者要求限期改正；对依法应当给予行政处罚的行为，依照本法和其他有关法律、行政法规的规定作出行政处罚决定； （三）对检查中发现的事故隐患，应当责令立即排除；重大事故隐患排除前或者排除过程中无法保证安全的，应当责令从危险区域内撤出作业人员，责令暂时停产停业或者停止使用相关设施、设备；重大事故隐患排除后，经审查同意，方可恢复生产经营和使用； （四）对有根据认为不符合保障安全生产的国家标准或者行业标准的设施、设备、器材以及违法生产、储存、使用、经营、运输的危险物品予以查封或者扣押，对违法生产、储存、使用、经营危险物品的作业场所予以查封，并依法作出处理决定。 监督检查不得影响被检查单位的正常生产经营活动。
第六十三条　生产经营单位对负有安全生产监督管理职责的部门的监督检查人员（以下统称安全生产监督检查人员）依法履行监督检查职责，应当予以配合，不得拒绝、阻挠。	**第六十六条**　生产经营单位对负有安全生产监督管理职责的部门的监督检查人员（以下统称安全生产监督检查人员）依法履行监督检查职责，应当予以配合，不得拒绝、阻挠。

修改前	现行法
第六十四条 安全生产监督检查人员应当忠于职守，坚持原则，秉公执法。 安全生产监督检查人员执行监督检查任务时，必须出示有效的监督执法证件；对涉及被检查单位的技术秘密和业务秘密，应当为其保密。	**第六十七条** 安全生产监督检查人员应当忠于职守，坚持原则，秉公执法。 安全生产监督检查人员执行监督检查任务时，必须出示有效的**行政**执法证件；对涉及被检查单位的技术秘密和业务秘密，应当为其保密。
第六十五条 安全生产监督检查人员应当将检查的时间、地点、内容、发现的问题及其处理情况，作出书面记录，并由检查人员和被检查单位的负责人签字；被检查单位的负责人拒绝签字的，检查人员应当将情况记录在案，并向负有安全生产监督管理职责的部门报告。	**第六十八条** 安全生产监督检查人员应当将检查的时间、地点、内容、发现的问题及其处理情况，作出书面记录，并由检查人员和被检查单位的负责人签字；被检查单位的负责人拒绝签字的，检查人员应当将情况记录在案，并向负有安全生产监督管理职责的部门报告。
第六十六条 负有安全生产监督管理职责的部门在监督检查中，应当互相配合，实行联合检查；确需分别进行检查的，应当互通情况，发现存在的安全问题应当由其他有关部门进行处理的，应当及时移送其他有关部门并形成记录备查，接受移送的部门应当及时进行处理。	**第六十九条** 负有安全生产监督管理职责的部门在监督检查中，应当互相配合，实行联合检查；确需分别进行检查的，应当互通情况，发现存在的安全问题应当由其他有关部门进行处理的，应当及时移送其他有关部门并形成记录备查，接受移送的部门应当及时进行处理。

修改前	现行法
第六十七条 负有安全生产监督管理职责的部门依法对存在重大事故隐患的生产经营单位作出停产停业、停止施工、停止使用相关设施或者设备的决定，生产经营单位应当依法执行，及时消除事故隐患。生产经营单位拒不执行，有发生生产安全事故的现实危险的，在保证安全的前提下，经本部门主要负责人批准，负有安全生产监督管理职责的部门可以采取通知有关单位停止供电、停止供应民用爆炸物品等措施，强制生产经营单位履行决定。通知应当采用书面形式，有关单位应当予以配合。 负有安全生产监督管理职责的部门依照前款规定采取停止供电措施，除有危及生产安全的紧急情形外，应当提前二十四小时通知生产经营单位。生产经营单位依法履行行政决定、采取相应措施消除事故隐患的，负有安全生产监督管理职责的部门应当及时解除前款规定的措施。	**第七十条** 负有安全生产监督管理职责的部门依法对存在重大事故隐患的生产经营单位作出停产停业、停止施工、停止使用相关设施或者设备的决定，生产经营单位应当依法执行，及时消除事故隐患。生产经营单位拒不执行，有发生生产安全事故的现实危险的，在保证安全的前提下，经本部门主要负责人批准，负有安全生产监督管理职责的部门可以采取通知有关单位停止供电、停止供应民用爆炸物品等措施，强制生产经营单位履行决定。通知应当采用书面形式，有关单位应当予以配合。 负有安全生产监督管理职责的部门依照前款规定采取停止供电措施，除有危及生产安全的紧急情形外，应当提前二十四小时通知生产经营单位。生产经营单位依法履行行政决定、采取相应措施消除事故隐患的，负有安全生产监督管理职责的部门应当及时解除前款规定的措施。
第六十八条 监察机关依照行政监察法的规定，对负有安全生产监督管理职责的部门及其工作人员履行安全生产监督管理职责实施监察。	**第七十一条** 监察机关依照监察法的规定，对负有安全生产监督管理职责的部门及其工作人员履行安全生产监督管理职责实施监察。

修改前	现行法
第六十九条 承担安全评价、认证、检测、检验的机构应当具备国家规定的资质条件，并对其作出的安全评价、认证、检测、检验的结果负责。	**第七十二条** 承担安全评价、认证、检测、检验**职责**的机构应当具备国家规定的资质条件，并对其作出的安全评价、认证、检测、检验结果**的合法性、真实性**负责。**资质条件由国务院应急管理部门会同国务院有关部门制定。** **承担安全评价、认证、检测、检验职责的机构应当建立并实施服务公开和报告公开制度，不得租借资质、挂靠、出具虚假报告。**
第七十条 负有安全生产监督管理职责的部门应当建立举报制度，公开举报电话、信箱或者电子邮件地址，受理有关安全生产的举报；受理的举报事项经调查核实后，应当形成书面材料；需要落实整改措施的，报经有关负责人签字并督促落实。	**第七十三条** 负有安全生产监督管理职责的部门应当建立举报制度，公开举报电话、信箱或者电子邮件地址**等网络举报平台**，受理有关安全生产的举报；受理的举报事项经调查核实后，应当形成书面材料；需要落实整改措施的，报经有关负责人签字并督促落实。**对不属于本部门职责，需要由其他有关部门进行调查处理的，转交其他有关部门处理。** **涉及人员死亡的举报事项，应当由县级以上人民政府组织核查处理。**

修改前	现行法
第七十一条 任何单位或者个人对事故隐患或者安全生产违法行为，均有权向负有安全生产监督管理职责的部门报告或者举报。	**第七十四条** 任何单位或者个人对事故隐患或者安全生产违法行为，均有权向负有安全生产监督管理职责的部门报告或者举报。 **因安全生产违法行为造成重大事故隐患或者导致重大事故，致使国家利益或者社会公共利益受到侵害的，人民检察院可以根据民事诉讼法、行政诉讼法的相关规定提起公益诉讼。**
第七十二条 居民委员会、村民委员会发现其所在区域内的生产经营单位存在事故隐患或者安全生产违法行为时，应当向当地人民政府或者有关部门报告。	**第七十五条** 居民委员会、村民委员会发现其所在区域内的生产经营单位存在事故隐患或者安全生产违法行为时，应当向当地人民政府或者有关部门报告。
第七十三条 县级以上各级人民政府及其有关部门对报告重大事故隐患或者举报安全生产违法行为的有功人员，给予奖励。具体奖励办法由国务院安全生产监督管理部门会同国务院财政部门制定。	**第七十六条** 县级以上各级人民政府及其有关部门对报告重大事故隐患或者举报安全生产违法行为的有功人员，给予奖励。具体奖励办法由国务院**应急**管理部门会同国务院财政部门制定。
第七十四条 新闻、出版、广播、电影、电视等单位有进行安全生产公益宣传教育的义务，有对违反安全生产法律、法规的行为进行舆论监督的权利。	**第七十七条** 新闻、出版、广播、电影、电视等单位有进行安全生产公益宣传教育的义务，有对违反安全生产法律、法规的行为进行舆论监督的权利。

修改前	现行法
第七十五条 负有安全生产监督管理职责的部门应当建立安全生产违法行为信息库，如实记录生产经营单位的安全生产违法行为信息；对违法行为情节严重的生产经营单位，应当向社会公告，并通报行业主管部门、投资主管部门、国土资源主管部门、证券监督管理机构以及有关金融机构。	**第七十八条** 负有安全生产监督管理职责的部门应当建立安全生产违法行为信息库，如实记录生产经营单位**及其有关从业人员**的安全生产违法行为信息；对违法行为情节严重的生产经营单位**及其有关从业人员**，应当**及时**向社会公告，并通报行业主管部门、投资主管部门、**自然**资源主管部门、**生态环境主管部门**、证券监督管理机构以及有关金融机构。**有关部门和机构应当对存在失信行为的生产经营单位及其有关从业人员采取加大执法检查频次、暂停项目审批、上调有关保险费率、行业或者职业禁入等联合惩戒措施，并向社会公示。** **负有安全生产监督管理职责的部门应当加强对生产经营单位行政处罚信息的及时归集、共享、应用和公开，对生产经营单位作出处罚决定后七个工作日内在监督管理部门公示系统予以公开曝光，强化对违法失信生产经营单位及其有关从业人员的社会监督，提高全社会安全生产诚信水平。**

修改前	现行法
第五章　生产安全事故的应急救援与调查处理	**第五章　生产安全事故的应急救援与调查处理**
第七十六条　国家加强生产安全事故应急能力建设，在重点行业、领域建立应急救援基地和应急救援队伍，鼓励生产经营单位和其他社会力量建立应急救援队伍，配备相应的应急救援装备和物资，提高应急救援的专业化水平。 国务院安全生产监督管理部门建立全国统一的生产安全事故应急救援信息系统，国务院有关部门建立健全相关行业、领域的生产安全事故应急救援信息系统。	**第七十九条**　国家加强生产安全事故应急能力建设，在重点行业、领域建立应急救援基地和应急救援队伍，**并由国家安全生产应急救援机构统一协调指挥；**鼓励生产经营单位和其他社会力量建立应急救援队伍，配备相应的应急救援装备和物资，提高应急救援的专业化水平。 国务院**应急**管理部门**牵头**建立全国统一的生产安全事故应急救援信息系统，国务院**交通运输、住房和城乡建设、水利、民航等**有关部门**和县级以上地方人民政府**建立健全相关行业、领域、**地区**的生产安全事故应急救援信息系统，**实现互联互通、信息共享，通过推行网上安全信息采集、安全监管和监测预警，提升监管的精准化、智能化水平。**
第七十七条　县级以上地方各级人民政府应当组织有关部门制定本行政区域内生产安全事故应急救援预案，建立应急救援体系。	**第八十条**　县级以上地方各级人民政府应当组织有关部门制定本行政区域内生产安全事故应急救援预案，建立应急救援体系。 **乡镇人民政府和街道办事处，以及开发区、工业园区、港区、风景区等应当制定相应的生产安**

修改前	现行法
	全事故应急救援预案，协助人民政府有关部门或者按照授权依法履行生产安全事故应急救援工作职责。
第七十八条 生产经营单位应当制定本单位生产安全事故应急救援预案，与所在地县级以上地方人民政府组织制定的生产安全事故应急救援预案相衔接，并定期组织演练。	**第八十一条** 生产经营单位应当制定本单位生产安全事故应急救援预案，与所在地县级以上地方人民政府组织制定的生产安全事故应急救援预案相衔接，并定期组织演练。
第七十九条 危险物品的生产、经营、储存单位以及矿山、金属冶炼、城市轨道交通运营、建筑施工单位应当建立应急救援组织；生产经营规模较小的，可以不建立应急救援组织，但应当指定兼职的应急救援人员。 危险物品的生产、经营、储存、运输单位以及矿山、金属冶炼、城市轨道交通运营、建筑施工单位应当配备必要的应急救援器材、设备和物资，并进行经常性维护、保养，保证正常运转。	**第八十二条** 危险物品的生产、经营、储存单位以及矿山、金属冶炼、城市轨道交通运营、建筑施工单位应当建立应急救援组织；生产经营规模较小的，可以不建立应急救援组织，但应当指定兼职的应急救援人员。 危险物品的生产、经营、储存、运输单位以及矿山、金属冶炼、城市轨道交通运营、建筑施工单位应当配备必要的应急救援器材、设备和物资，并进行经常性维护、保养，保证正常运转。
第八十条 生产经营单位发生生产安全事故后，事故现场有关人员应当立即报告本单位负责人。 单位负责人接到事故报告后，应当迅速采取有效措施，组织抢救，防止事故扩大，减少人员伤亡	**第八十三条** 生产经营单位发生生产安全事故后，事故现场有关人员应当立即报告本单位负责人。 单位负责人接到事故报告后，应当迅速采取有效措施，组织抢救，防止事故扩大，减少人员伤亡

修改前	现行法
和财产损失，并按照国家有关规定立即如实报告当地负有安全生产监督管理职责的部门，不得隐瞒不报、谎报或者迟报，不得故意破坏事故现场、毁灭有关证据。	和财产损失，并按照国家有关规定立即如实报告当地负有安全生产监督管理职责的部门，不得隐瞒不报、谎报或者迟报，不得故意破坏事故现场、毁灭有关证据。
第八十一条 负有安全生产监督管理职责的部门接到事故报告后，应当立即按照国家有关规定上报事故情况。负有安全生产监督管理职责的部门和有关地方人民政府对事故情况不得隐瞒不报、谎报或者迟报。	**第八十四条** 负有安全生产监督管理职责的部门接到事故报告后，应当立即按照国家有关规定上报事故情况。负有安全生产监督管理职责的部门和有关地方人民政府对事故情况不得隐瞒不报、谎报或者迟报。
第八十二条 有关地方人民政府和负有安全生产监督管理职责的部门的负责人接到生产安全事故报告后，应当按照生产安全事故应急救援预案的要求立即赶到事故现场，组织事故抢救。 参与事故抢救的部门和单位应当服从统一指挥，加强协同联动，采取有效的应急救援措施，并根据事故救援的需要采取警戒、疏散等措施，防止事故扩大和次生灾害的发生，减少人员伤亡和财产损失。 事故抢救过程中应当采取必要措施，避免或者减少对环境造成的危害。 任何单位和个人都应当支持、配合事故抢救，并提供一切便利条件。	**第八十五条** 有关地方人民政府和负有安全生产监督管理职责的部门的负责人接到生产安全事故报告后，应当按照生产安全事故应急救援预案的要求立即赶到事故现场，组织事故抢救。 参与事故抢救的部门和单位应当服从统一指挥，加强协同联动，采取有效的应急救援措施，并根据事故救援的需要采取警戒、疏散等措施，防止事故扩大和次生灾害的发生，减少人员伤亡和财产损失。 事故抢救过程中应当采取必要措施，避免或者减少对环境造成的危害。 任何单位和个人都应当支持、配合事故抢救，并提供一切便利条件。

修改前	现行法
第八十三条 事故调查处理应当按照科学严谨、依法依规、实事求是、注重实效的原则，及时、准确地查清事故原因，查明事故性质和责任，总结事故教训，提出整改措施，并对事故责任者提出处理意见。事故调查报告应当依法及时向社会公布。事故调查和处理的具体办法由国务院制定。 事故发生单位应当及时全面落实整改措施，负有安全生产监督管理职责的部门应当加强监督检查。	**第八十六条** 事故调查处理应当按照科学严谨、依法依规、实事求是、注重实效的原则，及时、准确地查清事故原因，查明事故性质和责任，**评估应急处置工作**，总结事故教训，提出整改措施，并对事故责任**单位和人员**提出处理**建议**。事故调查报告应当依法及时向社会公布。事故调查和处理的具体办法由国务院制定。 事故发生单位应当及时全面落实整改措施，负有安全生产监督管理职责的部门应当加强监督检查。 **负责事故调查处理的国务院有关部门和地方人民政府应当在批复事故调查报告后一年内，组织有关部门对事故整改和防范措施落实情况进行评估，并及时向社会公开评估结果；对不履行职责导致事故整改和防范措施没有落实的有关单位和人员，应当按照有关规定追究责任。**
第八十四条 生产经营单位发生生产安全事故，经调查确定为责任事故的，除了应当查明事故单位的责任并依法予以追究外，还应当查明对安全生产的有关事项负有审查批准和监督职责的行政部门的责任，对有失职、渎职行为的，依照本法第八十七条的规定追究法律责任。	**第八十七条** 生产经营单位发生生产安全事故，经调查确定为责任事故的，除了应当查明事故单位的责任并依法予以追究外，还应当查明对安全生产的有关事项负有审查批准和监督职责的行政部门的责任，对有失职、渎职行为的，依照本法第**九十**条的规定追究法律责任。

修 改 前	现 行 法
第八十五条　任何单位和个人不得阻挠和干涉对事故的依法调查处理。	**第八十八条**　任何单位和个人不得阻挠和干涉对事故的依法调查处理。
第八十六条　县级以上地方各级人民政府安全生产监督管理部门应当定期统计分析本行政区域内发生生产安全事故的情况，并定期向社会公布。	**第八十九条**　县级以上地方各级人民政府**应急**管理部门应当定期统计分析本行政区域内发生生产安全事故的情况，并定期向社会公布。
第六章　法律责任	**第六章　法律责任**
第八十七条　负有安全生产监督管理职责的部门的工作人员，有下列行为之一的，给予降级或者撤职的处分；构成犯罪的，依照刑法有关规定追究刑事责任： （一）对不符合法定安全生产条件的涉及安全生产的事项予以批准或者验收通过的； （二）发现未依法取得批准、验收的单位擅自从事有关活动或者接到举报后不予取缔或者不依法予以处理的； （三）对已经依法取得批准的单位不履行监督管理职责，发现其不再具备安全生产条件而不撤销原批准或者发现安全生产违法行为不予查处的； （四）在监督检查中发现重大事故隐患，不依法及时处理的。	**第九十条**　负有安全生产监督管理职责的部门的工作人员，有下列行为之一的，给予降级或者撤职的处分；构成犯罪的，依照刑法有关规定追究刑事责任： （一）对不符合法定安全生产条件的涉及安全生产的事项予以批准或者验收通过的； （二）发现未依法取得批准、验收的单位擅自从事有关活动或者接到举报后不予取缔或者不依法予以处理的； （三）对已经依法取得批准的单位不履行监督管理职责，发现其不再具备安全生产条件而不撤销原批准或者发现安全生产违法行为不予查处的； （四）在监督检查中发现重大事故隐患，不依法及时处理的。

修改前	现行法
负有安全生产监督管理职责的部门的工作人员有前款规定以外的滥用职权、玩忽职守、徇私舞弊行为的，依法给予处分；构成犯罪的，依照刑法有关规定追究刑事责任。	负有安全生产监督管理职责的部门的工作人员有前款规定以外的滥用职权、玩忽职守、徇私舞弊行为的，依法给予处分；构成犯罪的，依照刑法有关规定追究刑事责任。
第八十八条 负有安全生产监督管理职责的部门，要求被审查、验收的单位购买其指定的安全设备、器材或者其他产品的，在对安全生产事项的审查、验收中收取费用的，由其上级机关或者监察机关责令改正，责令退还收取的费用；情节严重的，对直接负责的主管人员和其他直接责任人员依法给予处分。	**第九十一条** 负有安全生产监督管理职责的部门，要求被审查、验收的单位购买其指定的安全设备、器材或者其他产品的，在对安全生产事项的审查、验收中收取费用的，由其上级机关或者监察机关责令改正，责令退还收取的费用；情节严重的，对直接负责的主管人员和其他直接责任人员依法给予处分。
第八十九条 承担安全评价、认证、检测、检验工作的机构，出具虚假证明的，没收违法所得；违法所得在十万元以上的，并处违法所得二倍以上五倍以下的罚款；没有违法所得或者违法所得不足十万元的，单处或者并处十万元以上二十万元以下的罚款；对其直接负责的主管人员和其他直接责任人员处二万元以上五万元以下的罚款；给他人造成损害的，与生产经营单位承担连带赔偿责任；构成犯罪的，依照刑法有关规定追究刑事责任。	**第九十二条 承担安全评价、认证、检测、检验职责的机构出具失实报告的，责令停业整顿，并处三万元以上十万元以下的罚款；给他人造成损害的，依法承担赔偿责任。** 承担安全评价、认证、检测、检验**职责**的机构**租借资质、挂靠、**出具虚假**报告**的，没收违法所得；违法所得在十万元以上的，并处违法所得二倍以上五倍以下的罚款，没有违法所得或者违法所得不足十万元的，单处或者并处十万元以上二十万元以下的罚款；对

修改前	现行法
对有前款违法行为的机构，吊销其相应资质。	其直接负责的主管人员和其他直接责任人员处**五**万元以上**十**万元以下的罚款；给他人造成损害的，与生产经营单位承担连带赔偿责任；构成犯罪的，依照刑法有关规定追究刑事责任。 对有前款违法行为的机构**及其直接责任人员**，吊销其相应资质**和资格，五年内不得从事安全评价、认证、检测、检验等工作；情节严重的，实行终身行业和职业禁入**。
第九十条 生产经营单位的决策机构、主要负责人或者个人经营的投资人不依照本法规定保证安全生产所必需的资金投入，致使生产经营单位不具备安全生产条件的，责令限期改正，提供必需的资金；逾期未改正的，责令生产经营单位停产停业整顿。 有前款违法行为，导致发生生产安全事故的，对生产经营单位的主要负责人给予撤职处分，对个人经营的投资人处二万元以上二十万元以下的罚款；构成犯罪的，依照刑法有关规定追究刑事责任。	**第九十三条** 生产经营单位的决策机构、主要负责人或者个人经营的投资人不依照本法规定保证安全生产所必需的资金投入，致使生产经营单位不具备安全生产条件的，责令限期改正，提供必需的资金；逾期未改正的，责令生产经营单位停产停业整顿。 有前款违法行为，导致发生生产安全事故的，对生产经营单位的主要负责人给予撤职处分，对个人经营的投资人处二万元以上二十万元以下的罚款；构成犯罪的，依照刑法有关规定追究刑事责任。

修改前	现行法
第九十一条 生产经营单位的主要负责人未履行本法规定的安全生产管理职责的，责令限期改正；逾期未改正的，处二万元以上五万元以下的罚款，责令生产经营单位停产停业整顿。 生产经营单位的主要负责人有前款违法行为，导致发生生产安全事故的，给予撤职处分；构成犯罪的，依照刑法有关规定追究刑事责任。 生产经营单位的主要负责人依照前款规定受刑事处罚或者撤职处分的，自刑罚执行完毕或者受处分之日起，五年内不得担任任何生产经营单位的主要负责人；对重大、特别重大生产安全事故负有责任的，终身不得担任本行业生产经营单位的主要负责人。	**第九十四条** 生产经营单位的主要负责人未履行本法规定的安全生产管理职责的，责令限期改正，**处二万元以上五万元以下的罚款**；逾期未改正的，处**五**万元以上**十**万元以下的罚款，责令生产经营单位停产停业整顿。 生产经营单位的主要负责人有前款违法行为，导致发生生产安全事故的，给予撤职处分；构成犯罪的，依照刑法有关规定追究刑事责任。 生产经营单位的主要负责人依照前款规定受刑事处罚或者撤职处分的，自刑罚执行完毕或者受处分之日起，五年内不得担任任何生产经营单位的主要负责人；对重大、特别重大生产安全事故负有责任的，终身不得担任本行业生产经营单位的主要负责人。
第九十二条 生产经营单位的主要负责人未履行本法规定的安全生产管理职责，导致发生生产安全事故的，由安全生产监督管理部门依照下列规定处以罚款： （一）发生一般事故的，处上一年年收入百分之三十的罚款； （二）发生较大事故的，处上一年年收入百分之四十的罚款； （三）发生重大事故的，处上一年年收入百分之六十的罚款；	**第九十五条** 生产经营单位的主要负责人未履行本法规定的安全生产管理职责，导致发生生产安全事故的，由**应急**管理部门依照下列规定处以罚款： （一）发生一般事故的，处上一年年收入百分之**四**十的罚款； （二）发生较大事故的，处上一年年收入百分之**六**十的罚款； （三）发生重大事故的，处上一年年收入百分之**八**十的罚款；

修改前	现行法
（四）发生特别重大事故的，处上一年年收入百分之八十的罚款。	（四）发生特别重大事故的，处上一年年收入百分之**一百**的罚款。
第九十三条 生产经营单位的安全生产管理人员未履行本法规定的安全生产管理职责的，责令限期改正；导致发生生产安全事故的，暂停或者撤销其与安全生产有关的资格；构成犯罪的，依照刑法有关规定追究刑事责任。	**第九十六条** 生产经营单位的**其他负责人和**安全生产管理人员未履行本法规定的安全生产管理职责的，责令限期改正，**处一万元以上三万元以下的罚款**；导致发生生产安全事故的，暂停或者**吊**销其与安全生产有关的资格，**并处上一年年收入百分之二十以上百分之五十以下的罚款**；构成犯罪的，依照刑法有关规定追究刑事责任。
第九十四条 生产经营单位有下列行为之一的，责令限期改正，可以处五万元以下的罚款；逾期未改正的，责令停产停业整顿，并处五万元以上十万元以下的罚款，对其直接负责的主管人员和其他直接责任人员处一万元以上二万元以下的罚款： （一）未按照规定设置安全生产管理机构或者配备安全生产管理人员的； （二）危险物品的生产、经营、储存单位以及矿山、金属冶炼、建筑施工、道路运输单位的主要负责人和安全生产管理人员未按照规定经考核合格的；	**第九十七条** 生产经营单位有下列行为之一的，责令限期改正，**处十**万元以下的罚款；逾期未改正的，责令停产停业整顿，并处**十**万元以上**二十**万元以下的罚款，对其直接负责的主管人员和其他直接责任人员处**二**万元以上**五**万元以下的罚款： （一）未按照规定设置安全生产管理机构或者配备安全生产管理人员**、注册安全工程师**的； （二）危险物品的生产、经营、储存**、装卸**单位以及矿山、金属冶炼、建筑施工、运输单位的主要负责人和安全生产管理人员未按照规定经考核合格的；

修改前	现行法
（三）未按照规定对从业人员、被派遣劳动者、实习学生进行安全生产教育和培训，或者未按照规定如实告知有关的安全生产事项的； （四）未如实记录安全生产教育和培训情况的； （五）未将事故隐患排查治理情况如实记录或者未向从业人员通报的； （六）未按照规定制定生产安全事故应急救援预案或者未定期组织演练的； （七）特种作业人员未按照规定经专门的安全作业培训并取得相应资格，上岗作业的。	（三）未按照规定对从业人员、被派遣劳动者、实习学生进行安全生产教育和培训，或者未按照规定如实告知有关的安全生产事项的； （四）未如实记录安全生产教育和培训情况的； （五）未将事故隐患排查治理情况如实记录或者未向从业人员通报的； （六）未按照规定制定生产安全事故应急救援预案或者未定期组织演练的； （七）特种作业人员未按照规定经专门的安全作业培训并取得相应资格，上岗作业的。
第九十五条　生产经营单位有下列行为之一的，责令停止建设或者停产停业整顿，限期改正；逾期未改正的，处五十万元以上一百万元以下的罚款，对其直接负责的主管人员和其他直接责任人员处二万元以上五万元以下的罚款；构成犯罪的，依照刑法有关规定追究刑事责任： （一）未按照规定对矿山、金属冶炼建设项目或者用于生产、储存、装卸危险物品的建设项目进行安全评价的； （二）矿山、金属冶炼建设项目或者用于生产、储存、装卸危险	**第九十八条**　生产经营单位有下列行为之一的，责令停止建设或者停产停业整顿，限期改正，**并处十万元以上五十万元以下的罚款，对其直接负责的主管人员和其他直接责任人员处二万元以上五万元以下的罚款**；逾期未改正的，处五十万元以上一百万元以下的罚款，对其直接负责的主管人员和其他直接责任人员处**五**万元以上**十**万元以下的罚款；构成犯罪的，依照刑法有关规定追究刑事责任： （一）未按照规定对矿山、金属冶炼建设项目或者用于生产、

修改前	现行法
物品的建设项目没有安全设施设计或者安全设施设计未按照规定报经有关部门审查同意的； （三）矿山、金属冶炼建设项目或者用于生产、储存、装卸危险物品的建设项目的施工单位未按照批准的安全设施设计施工的； （四）矿山、金属冶炼建设项目或者用于生产、储存危险物品的建设项目竣工投入生产或者使用前，安全设施未经验收合格的。	储存、装卸危险物品的建设项目进行安全评价的； （二）矿山、金属冶炼建设项目或者用于生产、储存、装卸危险物品的建设项目没有安全设施设计或者安全设施设计未按照规定报经有关部门审查同意的； （三）矿山、金属冶炼建设项目或者用于生产、储存、装卸危险物品的建设项目的施工单位未按照批准的安全设施设计施工的； （四）矿山、金属冶炼建设项目或者用于生产、储存、**装卸**危险物品的建设项目竣工投入生产或者使用前，安全设施未经验收合格的。
第九十六条　生产经营单位有下列行为之一的，责令限期改正，可以处五万元以下的罚款；逾期未改正的，处五万元以上二十万元以下的罚款，对其直接负责的主管人员和其他直接责任人员处一万元以上二万元以下的罚款；情节严重的，责令停产停业整顿；构成犯罪的，依照刑法有关规定追究刑事责任： （一）未在有较大危险因素的生产经营场所和有关设施、设备上设置明显的安全警示标志的；	**第九十九条**　生产经营单位有下列行为之一的，责令限期改正，处五万元以下的罚款；逾期未改正的，处五万元以上二十万元以下的罚款，对其直接负责的主管人员和其他直接责任人员处一万元以上二万元以下的罚款；情节严重的，责令停产停业整顿；构成犯罪的，依照刑法有关规定追究刑事责任： （一）未在有较大危险因素的生产经营场所和有关设施、设备上设置明显的安全警示标志的；

修改前	现行法
（二）安全设备的安装、使用、检测、改造和报废不符合国家标准或者行业标准的； （三）未对安全设备进行经常性维护、保养和定期检测的； （四）未为从业人员提供符合国家标准或者行业标准的劳动防护用品的； （五）危险物品的容器、运输工具，以及涉及人身安全、危险性较大的海洋石油开采特种设备和矿山井下特种设备未经具有专业资质的机构检测、检验合格，取得安全使用证或者安全标志，投入使用的； （六）使用应当淘汰的危及生产安全的工艺、设备的。	（二）安全设备的安装、使用、检测、改造和报废不符合国家标准或者行业标准的； （三）未对安全设备进行经常性维护、保养和定期检测的； **（四）关闭、破坏直接关系生产安全的监控、报警、防护、救生设备、设施，或者篡改、隐瞒、销毁其相关数据、信息的；** **（五）**未为从业人员提供符合国家标准或者行业标准的劳动防护用品的； **（六）**危险物品的容器、运输工具，以及涉及人身安全、危险性较大的海洋石油开采特种设备和矿山井下特种设备未经具有专业资质的机构检测、检验合格，取得安全使用证或者安全标志，投入使用的； **（七）**使用应当淘汰的危及生产安全的工艺、设备的； **（八）餐饮等行业的生产经营单位使用燃气未安装可燃气体报警装置的。**
第九十七条　未经依法批准，擅自生产、经营、运输、储存、使用危险物品或者处置废弃危险物品的，依照有关危险物品安全管理的法律、行政法规的规定予以处罚；构成犯罪的，依照刑法有关规定追究刑事责任。	**第一百条**　未经依法批准，擅自生产、经营、运输、储存、使用危险物品或者处置废弃危险物品的，依照有关危险物品安全管理的法律、行政法规的规定予以处罚；构成犯罪的，依照刑法有关规定追究刑事责任。

修改前	现行法
第九十八条 生产经营单位有下列行为之一的，责令限期改正，可以处十万元以下的罚款；逾期未改正的，责令停产停业整顿，并处十万元以上二十万元以下的罚款，对其直接负责的主管人员和其他直接责任人员处二万元以上五万元以下的罚款；构成犯罪的，依照刑法有关规定追究刑事责任： （一）生产、经营、运输、储存、使用危险物品或者处置废弃危险物品，未建立专门安全管理制度、未采取可靠的安全措施的； （二）对重大危险源未登记建档，或者未进行评估、监控，或者未制定应急预案的； （三）进行爆破、吊装以及国务院安全生产监督管理部门会同国务院有关部门规定的其他危险作业，未安排专门人员进行现场安全管理的； （四）未建立事故隐患排查治理制度的。	**第一百零一条** 生产经营单位有下列行为之一的，责令限期改正，处十万元以下的罚款；逾期未改正的，责令停产停业整顿，并处十万元以上二十万元以下的罚款，对其直接负责的主管人员和其他直接责任人员处二万元以上五万元以下的罚款；构成犯罪的，依照刑法有关规定追究刑事责任： （一）生产、经营、运输、储存、使用危险物品或者处置废弃危险物品，未建立专门安全管理制度、未采取可靠的安全措施的； （二）对重大危险源未登记建档，未进行**定期检测**、评估、监控，未制定应急预案，**或者未告知应急措施**的； （三）进行爆破、吊装、**动火、临时用电**以及国务院**应急**管理部门会同国务院有关部门规定的其他危险作业，未安排专门人员进行现场安全管理的； **（四）未建立安全风险分级管控制度或者未按照安全风险分级采取相应管控措施的；** **（五）**未建立事故隐患排查治理制度**，或者重大事故隐患排查治理情况未按照规定报告的**。

修改前	现行法
第九十九条 生产经营单位未采取措施消除事故隐患的，责令立即消除或者限期消除；生产经营单位拒不执行的，责令停产停业整顿，并处十万元以上五十万元以下的罚款，对其直接负责的主管人员和其他直接责任人员处二万元以上五万元以下的罚款。	**第一百零二条** 生产经营单位未采取措施消除事故隐患的，责令立即消除或者限期消除，**处五万元以下的罚款**；生产经营单位拒不执行的，责令停产停业整顿，对其直接负责的主管人员和其他直接责任人员处**五**万元以上十万元以下的罚款；**构成犯罪的，依照刑法有关规定追究刑事责任**。
第一百条 生产经营单位将生产经营项目、场所、设备发包或者出租给不具备安全生产条件或者相应资质的单位或者个人的，责令限期改正，没收违法所得；违法所得十万元以上的，并处违法所得二倍以上五倍以下的罚款；没有违法所得或者违法所得不足十万元的，单处或者并处十万元以上二十万元以下的罚款；对其直接负责的主管人员和其他直接责任人员处一万元以上二万元以下的罚款；导致发生生产安全事故给他人造成损害的，与承包方、承租方承担连带赔偿责任。 生产经营单位未与承包单位、承租单位签订专门的安全生产管理协议或者未在承包合同、租赁合同中明确各自的安全生产管理职责，或者未对承包单位、承租单	**第一百零三条** 生产经营单位将生产经营项目、场所、设备发包或者出租给不具备安全生产条件或者相应资质的单位或者个人的，责令限期改正，没收违法所得；违法所得十万元以上的，并处违法所得二倍以上五倍以下的罚款；没有违法所得或者违法所得不足十万元的，单处或者并处十万元以上二十万元以下的罚款；对其直接负责的主管人员和其他直接责任人员处一万元以上二万元以下的罚款；导致发生生产安全事故给他人造成损害的，与承包方、承租方承担连带赔偿责任。 生产经营单位未与承包单位、承租单位签订专门的安全生产管理协议或者未在承包合同、租赁合同中明确各自的安全生产管理职责，或者未对承包单位、承租

修改前	现行法
位的安全生产统一协调、管理的，责令限期改正，可以处五万元以下的罚款，对其直接负责的主管人员和其他直接责任人员可以处一万元以下的罚款；逾期未改正的，责令停产停业整顿。	单位的安全生产统一协调、管理的，责令限期改正，处五万元以下的罚款，对其直接负责的主管人员和其他直接责任人员处一万元以下的罚款；逾期未改正的，责令停产停业整顿。 **矿山、金属冶炼建设项目和用于生产、储存、装卸危险物品的建设项目的施工单位未按照规定对施工项目进行安全管理的，责令限期改正，处十万元以下的罚款，对其直接负责的主管人员和其他直接责任人员处二万元以下的罚款；逾期未改正的，责令停产停业整顿。以上施工单位倒卖、出租、出借、挂靠或者以其他形式非法转让施工资质的，责令停产停业整顿，吊销资质证书，没收违法所得；违法所得十万元以上的，并处违法所得二倍以上五倍以下的罚款，没有违法所得或者违法所得不足十万元的，单处或者并处十万元以上二十万元以下的罚款；对其直接负责的主管人员和其他直接责任人员处五万元以上十万元以下的罚款；构成犯罪的，依照刑法有关规定追究刑事责任。**

修改前	现行法
第一百零一条 两个以上生产经营单位在同一作业区域内进行可能危及对方安全生产的生产经营活动，未签订安全生产管理协议或者未指定专职安全生产管理人员进行安全检查与协调的，责令限期改正，可以处五万元以下的罚款，对其直接负责的主管人员和其他直接责任人员可以处一万元以下的罚款；逾期未改正的，责令停产停业。	**第一百零四条** 两个以上生产经营单位在同一作业区域内进行可能危及对方安全生产的生产经营活动，未签订安全生产管理协议或者未指定专职安全生产管理人员进行安全检查与协调的，责令限期改正，处五万元以下的罚款，对其直接负责的主管人员和其他直接责任人员处一万元以下的罚款；逾期未改正的，责令停产停业。
第一百零二条 生产经营单位有下列行为之一的，责令限期改正，可以处五万元以下的罚款，对其直接负责的主管人员和其他直接责任人员可以处一万元以下的罚款；逾期未改正的，责令停产停业整顿；构成犯罪的，依照刑法有关规定追究刑事责任： （一）生产、经营、储存、使用危险物品的车间、商店、仓库与员工宿舍在同一座建筑内，或者与员工宿舍的距离不符合安全要求的； （二）生产经营场所和员工宿舍未设有符合紧急疏散需要、标志明显、保持畅通的出口，或者锁闭、封堵生产经营场所或者员工宿舍出口的。	**第一百零五条** 生产经营单位有下列行为之一的，责令限期改正，处五万元以下的罚款，对其直接负责的主管人员和其他直接责任人员处一万元以下的罚款；逾期未改正的，责令停产停业整顿；构成犯罪的，依照刑法有关规定追究刑事责任： （一）生产、经营、储存、使用危险物品的车间、商店、仓库与员工宿舍在同一座建筑内，或者与员工宿舍的距离不符合安全要求的； （二）生产经营场所和员工宿舍未设有符合紧急疏散需要、标志明显、保持畅通的出口、**疏散通道**，或者**占用**、锁闭、封堵生产经营场所或者员工宿舍出口、**疏散通道**的。

修改前	现行法
第一百零三条 生产经营单位与从业人员订立协议，免除或者减轻其对从业人员因生产安全事故伤亡依法应承担的责任的，该协议无效；对生产经营单位的主要负责人、个人经营的投资人处二万元以上十万元以下的罚款。	**第一百零六条** 生产经营单位与从业人员订立协议，免除或者减轻其对从业人员因生产安全事故伤亡依法应承担的责任的，该协议无效；对生产经营单位的主要负责人、个人经营的投资人处二万元以上十万元以下的罚款。
第一百零四条 生产经营单位的从业人员不服从管理，违反安全生产规章制度或者操作规程的，由生产经营单位给予批评教育，依照有关规章制度给予处分；构成犯罪的，依照刑法有关规定追究刑事责任。	**第一百零七条** 生产经营单位的从业人员**不落实岗位安全责任**，不服从管理，违反安全生产规章制度或者操作规程的，由生产经营单位给予批评教育，依照有关规章制度给予处分；构成犯罪的，依照刑法有关规定追究刑事责任。
第一百零五条 违反本法规定，生产经营单位拒绝、阻碍负有安全生产监督管理职责的部门依法实施监督检查的，责令改正；拒不改正的，处二万元以上二十万元以下的罚款；对其直接负责的主管人员和其他直接责任人员处一万元以上二万元以下的罚款；构成犯罪的，依照刑法有关规定追究刑事责任。	**第一百零八条** 违反本法规定，生产经营单位拒绝、阻碍负有安全生产监督管理职责的部门依法实施监督检查的，责令改正；拒不改正的，处二万元以上二十万元以下的罚款；对其直接负责的主管人员和其他直接责任人员处一万元以上二万元以下的罚款；构成犯罪的，依照刑法有关规定追究刑事责任。

修改前	现行法
	第一百零九条　高危行业、领域的生产经营单位未按照国家规定投保安全生产责任保险的，责令限期改正，处五万元以上十万元以下的罚款；逾期未改正的，处十万元以上二十万元以下的罚款。
第一百零六条　生产经营单位的主要负责人在本单位发生生产安全事故时，不立即组织抢救或者在事故调查处理期间擅离职守或者逃匿的，给予降级、撤职的处分，并由安全生产监督管理部门处上一年年收入百分之六十至百分之一百的罚款；对逃匿的处十五日以下拘留；构成犯罪的，依照刑法有关规定追究刑事责任。 生产经营单位的主要负责人对生产安全事故隐瞒不报、谎报或者迟报的，依照前款规定处罚。	**第一百一十条**　生产经营单位的主要负责人在本单位发生生产安全事故时，不立即组织抢救或者在事故调查处理期间擅离职守或者逃匿的，给予降级、撤职的处分，并由**应急**管理部门处上一年年收入百分之六十至百分之一百的罚款；对逃匿的处十五日以下拘留；构成犯罪的，依照刑法有关规定追究刑事责任。 生产经营单位的主要负责人对生产安全事故隐瞒不报、谎报或者迟报的，依照前款规定处罚。
第一百零七条　有关地方人民政府、负有安全生产监督管理职责的部门，对生产安全事故隐瞒不报、谎报或者迟报的，对直接负责的主管人员和其他直接责任人员依法给予处分；构成犯罪的，依照刑法有关规定追究刑事责任。	**第一百一十一条**　有关地方人民政府、负有安全生产监督管理职责的部门，对生产安全事故隐瞒不报、谎报或者迟报的，对直接负责的主管人员和其他直接责任人员依法给予处分；构成犯罪的，依照刑法有关规定追究刑事责任。

修改前	现行法
	第一百一十二条 生产经营单位违反本法规定，被责令改正且受到罚款处罚，拒不改正的，负有安全生产监督管理职责的部门可以自作出责令改正之日的次日起，按照原处罚数额按日连续处罚。
第一百零八条 生产经营单位不具备本法和其他有关法律、行政法规和国家标准或者行业标准规定的安全生产条件，经停产停业整顿仍不具备安全生产条件的，予以关闭；有关部门应当依法吊销其有关证照。	**第一百一十三条** 生产经营单位存在下列情形之一的，负有安全生产监督管理职责的部门应当提请地方人民政府予以关闭，有关部门应当依法吊销其有关证照。生产经营单位主要负责人五年内不得担任任何生产经营单位的主要负责人；情节严重的，终身不得担任本行业生产经营单位的主要负责人： （一）存在重大事故隐患，一百八十日内三次或者一年内四次受到本法规定的行政处罚的； （二）经停产停业整顿，仍不具备法律、行政法规和国家标准或者行业标准规定的安全生产条件的； （三）不具备法律、行政法规和国家标准或者行业标准规定的安全生产条件，导致发生重大、特别重大生产安全事故的； （四）拒不执行负有安全生产监督管理职责的部门作出的停产停业整顿决定的。

修改前	现行法
第一百零九条 发生生产安全事故，对负有责任的生产经营单位除要求其依法承担相应的赔偿等责任外，由安全生产监督管理部门依照下列规定处以罚款： （一）发生一般事故的，处二十万元以上五十万元以下的罚款； （二）发生较大事故的，处五十万元以上一百万元以下的罚款； （三）发生重大事故的，处一百万元以上五百万元以下的罚款； （四）发生特别重大事故的，处五百万元以上一千万元以下的罚款；情节特别严重的，处一千万元以上二千万元以下的罚款。	**第一百一十四条** 发生生产安全事故，对负有责任的生产经营单位除要求其依法承担相应的赔偿等责任外，由**应急**管理部门依照下列规定处以罚款： （一）发生一般事故的，处三十万元以上**一百**万元以下的罚款； （二）发生较大事故的，处**一百**万元以上二百万元以下的罚款； （三）发生重大事故的，处二百万元以上**一千**万元以下的罚款； （四）发生特别重大事故的，处**一千**万元以上二千万元以下的罚款。 **发生生产安全事故，**情节特别严重、**影响特别恶劣**的，**应急管理部门可以按照前款罚款数额的二倍以上五倍以下对负有责任的生产经营单位处以罚款。**
第一百一十条 本法规定的行政处罚，由安全生产监督管理部门和其他负有安全生产监督管理职责的部门按照职责分工决定。予以关闭的行政处罚由负有安全生产监督管理职责的部门报请县级以上人民政府按照国务院规定的权限决定；给予拘留的行政处罚由公安机关依照治安管理处罚法的规定决定。	**第一百一十五条** 本法规定的行政处罚，由**应急**管理部门和其他负有安全生产监督管理职责的部门按照职责分工决定；**其中，根据本法第九十五条、第一百一十条、第一百一十四条的规定应当给予民航、铁路、电力行业的生产经营单位及其主要负责人行政处罚的，也可以由主管的负有安全生产监督管理职责的部门进**

<table>
<tr><th>修改前</th><th>现行法</th></tr>
<tr><td></td><td>行处罚。予以关闭的行政处罚，由负有安全生产监督管理职责的部门报请县级以上人民政府按照国务院规定的权限决定；给予拘留的行政处罚，由公安机关依照治安管理处罚的规定决定。</td></tr>
<tr><td>第一百一十一条　生产经营单位发生生产安全事故造成人员伤亡、他人财产损失的，应当依法承担赔偿责任；拒不承担或者其负责人逃匿的，由人民法院依法强制执行。
生产安全事故的责任人未依法承担赔偿责任，经人民法院依法采取执行措施后，仍不能对受害人给予足额赔偿的，应当继续履行赔偿义务；受害人发现责任人有其他财产的，可以随时请求人民法院执行。</td><td>第一百一十六条　生产经营单位发生生产安全事故造成人员伤亡、他人财产损失的，应当依法承担赔偿责任；拒不承担或者其负责人逃匿的，由人民法院依法强制执行。
生产安全事故的责任人未依法承担赔偿责任，经人民法院依法采取执行措施后，仍不能对受害人给予足额赔偿的，应当继续履行赔偿义务；受害人发现责任人有其他财产的，可以随时请求人民法院执行。</td></tr>
<tr><td>第七章　附　　则</td><td>第七章　附　　则</td></tr>
<tr><td>第一百一十二条　本法下列用语的含义：
危险物品，是指易燃易爆物品、危险化学品、放射性物品等能够危及人身安全和财产安全的物品。
重大危险源，是指长期地或者临时地生产、搬运、使用或者储存危险物品，且危险物品的数量等于或者超过临界量的单元（包括场所和设施）。</td><td>第一百一十七条　本法下列用语的含义：
危险物品，是指易燃易爆物品、危险化学品、放射性物品等能够危及人身安全和财产安全的物品。
重大危险源，是指长期地或者临时地生产、搬运、使用或者储存危险物品，且危险物品的数量等于或者超过临界量的单元（包括场所和设施）。</td></tr>
</table>

修改前	现行法
第一百一十三条　本法规定的生产安全一般事故、较大事故、重大事故、特别重大事故的划分标准由国务院规定。 国务院安全生产监督管理部门和其他负有安全生产监督管理职责的部门应当根据各自的职责分工，制定相关行业、领域重大事故隐患的判定标准。	**第一百一十八条**　本法规定的生产安全一般事故、较大事故、重大事故、特别重大事故的划分标准由国务院规定。 国务院**应急**管理部门和其他负有安全生产监督管理职责的部门应当根据各自的职责分工，制定相关行业、领域**重大危险源的辨识标准和**重大事故隐患的判定标准。
第一百一十四条　本法自2002年11月1日起施行。	**第一百一十九条**　本法自2002年11月1日起施行。

图书在版编目（CIP）数据

中华人民共和国安全生产法释义 / 尚勇，张勇主编
. —北京：中国法制出版社，2021.6
ISBN 978 - 7 - 5216 - 1968 - 3

Ⅰ. ①中… Ⅱ. ①尚… ②张… Ⅲ. ①安全生产法 - 法律解释 - 中国 Ⅳ. ①D922.545

中国版本图书馆 CIP 数据核字（2021）第 104619 号

策划编辑　袁笋冰　　责任编辑　王林林　　封面设计　蒋　怡

中华人民共和国安全生产法释义

ZHONGHUA RENMIN GONGHEGUO ANQUAN SHENGCHANFA SHIYI

主编/尚勇，张勇
经销/新华书店
印刷/保定市中画美凯印刷有限公司
开本/880 毫米 × 1230 毫米　32 开　　印张/ 16　字数/ 361 千
版次/2021 年 6 月第 1 版　　2021 年 9 月第 8 次印刷

中国法制出版社出版
书号 ISBN 978 - 7 - 5216 - 1968 - 3　　定价：60.00 元

北京西单横二条 2 号
邮政编码 100031　　传真：010 - 66031119
网址：http：//www.zgfzs.com　　**编辑部电话：010 - 66067369**
市场营销部电话：010 - 66033393　　**邮购部电话：010 - 66033288**

（如有印装质量问题，请与本社印务部联系调换。电话：010 - 66032926）